토지투자 **부동산공법**

◇ 당신은 언제나 옳습니다. 그대의 삶을 응원합니다. _고려원북스

토지투자 **부동산공법**

초판 1쇄 2014년 6월 2일
　　3쇄 2019년 5월 2일

지은이 전종철·이상길·이제문
펴낸이 설응도　편집주간 안은주
영업책임 민경업

펴낸곳 고려원북스

출판등록 2004년5월6일(제2017-000034호)
주소 서울시 강남구 테헤란로 78길 14-12(대치동) 동영빌딩 4층
전화 02-466-1283　팩스 02-466-1301

문의(e-mail)
편집 editor@eyeofra.co.kr
마케팅 marketing@eyeofra.co.kr
경영지원 management@eyeofra.co.kr

ISBN : 978-89-94543-64-2 13320

이 책의 저작권은 저자와 출판사에 있습니다.
저작권법에 따라 보호를 받는 저작물이므로 무단전재와 복제를 금합니다.
이 책 내용의 일부 또는 전부를 이용하려면 반드시 저작권자와 출판사의
서면 허락을 받아야 합니다.
잘못 만들어진 책은 구입처에서 교환해드립니다.

토지투자
부동산공법

전종철 · 이상길 · 이제문 공저

(주)고려원북스

서문

앞으로 10년, 부동산시장은 '토지투자'가 대세

토지, 부동산투자의 꼭짓점

 토지는 경매를 하든, 중개업을 하든, 건축을 하든지 간에 부동산관련사업에 종사하는 모든 사람들이 만나는 교차로이며, 부동산투자의 마지막 꼭짓점이다. 그러한 토지를 정복하기 위한 바탕에 부동산공법이 있는 것이다. 물론 '토지'와 '부동산공법'이 반드시 일치하는 것은 아니다. 그렇지만, 부동산공법의 주요 골자는 대부분 토지와 관련되어 있다. 이 책은 토지를 빌어서 부동산공법을 설명하고, 부동산공법을 빌어서 토지를 정복하는 방식으로 집필하였고, 그에 따라 제목도 '토지투자 부동산공법'이라고 탄생하게 되었다.

 부동산공법은 공인중개사시험에서는 비교적 점수가 잘 나오는 과목으로 평가받는다. 그렇지만, 실무에서는 정복하기 가장 어려운 분야로 꼽힌다. 대한민국의 국토와 관련된 법령, 소위 '부동산공법'은 131개 법령과 321개 지역·지구로 이루어져 있다. 이러한 방대한 양을 다 한 권 분량의 책으로 정리하기가 쉬운 일은 아니지만, 우리 저자들은 탄탄한 이론과 실무경험을 바탕으로 기초부터 토지개발 실무까지 한 권의 책으로 엮고자 노력하였다. 독자들이 이 한 권으로 부동산공법의 모든 것을 이해하기가 쉽지는 않겠지만, 반복 학습을 통해 부동산공법의 체계를 이해하고 일정한 수준의 실무능력을 배양할 수는 있을 거라고 생각한다. 부동산공법 실력은 비단 토지시장에만 한정되지 않으며, 부동산 지식 중에서도 부동산시장 전체로의 파급 효과가 가장 큰 지식이라고 할 수 있다. '토지투자 부동산공법'은 투자가들에게 경매, 주택시장, 수익형부동산 등 기존의 부동산 투자 방식에서 한계에 직면했을 때 새로운 시장으로 고수익을 찾아갈 수 있는 돌파구 역할을 해줄 것이다.

지적측량, 토지실무의 출발

토지 실무의 출발은 측량에서부터 시작하는 만큼, 투자가들이 가장 궁금해 하는 부분이기도 하다. 그렇지만 부동산투자 관련 어느 책에도 이 부분을 소개하고 있지 않다. 우리는 독자들의 이러한 갈증을 충족시키고자, 'CHAPTER 1 토지와 지적측량'으로 소개하였다. 이를 통해 투자가들이 궁금해 하는 경계측량과 지적측량의 절차 및 비용 등에 대한 실무적인 궁금증을 해소해 줄 것으로 믿는다. 아울러, 현재진행 중인 지적재조사사업에서 보유토지의 지적과 현황이 불일치가 발생하였을 경우 어떻게 처리되는지를 예측할 수 있도록 생생한 실무사례들도 친절한 설명과 함께 수록하였다. 익히고 활용하는 것은 독자들의 몫이다.

토지의 3가지 신분 – 지목, 용도지역, 농지(또는 산지)

토지는 어떤 용도로 이용하느냐에 따라 흔히 아는 논, 밭, 산에서부터 대지까지 불리는 이름이 다양하다. 그러나 토지투자에서는 불리는 이름보다 중요한 것이 신분이다. 사실상 토지투자가치에 영향을 주는 신분은 하나의 토지를 놓고 서로 다른 법령에서 서로 다른 목적으로 분류된 지목, 용도지역, 농지 또는 산지라는 3가지의 신분이 존재한다는 것이다. 토지에 입문을 하고 깊은 실력을 쌓으려면 이 3가지 신분이 가지는 각각의 의미를 정확하게 이해하는 것이 중요하다.

토지의 첫 번째 신분인 '지목'은 지적법에서 토지의 '주된 사용용도'를 기준으로 28개 용도로 분류한 것이다. 이 지목을 기준으로 토지에 부과되는 각종 세금에서부터 토지가격, 활용도가 결정된다. 두 번째 신분인 '용도지역'은 국토계획법에서 건축을 제한하는 행위를 중심으로 21가지 지역으로 분류하고 있는 방식이다. 바로 이 '용도지역'에 따라 토지이용 및 건축물의 용도, 건폐율, 용적률, 층수 등이 제한되기 때문에 토지투자에서 토지가치에 중대한 영향을 미치는 중요한 신분이라고 할 수 있다.(본문에서는 이 중요성을 감안해 '용도지역' 신분을 '토지의 계급장'이라 표현하여 설득력을 높이고자 하였다.) 마지막, 세 번째 신분은 '농지' 또는 '산지'이다. 앞서 말했듯 토지는 사용용도에 따라 다양한 이름으로 불리고, 지목에 따라 불리는 이름도 다르지만 크게 구분하면 '농지' '산지' '대지'이다. 그러나 '대지'는 그 토지위에 집을 지으면 택지, 공장을 지으면 공장, 도로를 내면 도로가 된다. 다시 말해 토지위에 축조된 건축물의 용도에 귀속되어 사실상 토지투자대상 신분에서는 배제된다는 의미이다. 따라서 토지투자에서 진정한 토지는 '농지'와 '산지'를 말한다. '농지'는 농지법에 의해 이용이 관리되는 지목 전, 답, 과수원을 중심으로 실제 농작물 경작지 또는 다년생식물 재배지로 이용되는 토지로 정의하고 있다. '산지'는 산지관리법에서 산지를 효율적으로 이용하고 관리하기 위하여 지목이 임야를 중심으로 입목(立木)·죽(竹)이 집단적으로 생육하고 있는 토지로 정의하고 있다. 따라서 이러한 농지나 산지에 농작물, 임산물을 재배하는 이용(利用)행위가 아닌, 전원주택이나 공장부지로 개발과 같은 전용(轉用)행위를 하려면 '농지전용허가'나 '산지전용허가'를 받아야 한다. 좀 더 구체적인 내용은 본문을 통해 확인해 보도록 하자.

'개발행위허가 기준'과 실전 '개발사례'

시내(도시지역 내)에서 부동산 개발을 하기 위해서는 일반적으로 '건축허가'를 받아야 한다. 반면에, 토지시장에서 농지와 임야를 개발하기 위해서는 '개발행위허가'를 받아야 한다. 개발행위허가를 받기 위해서는 반드시 국토계획법에서 요구하는 '개발행위허가 기준'을 충족하여야 한다. 즉, 진입로를 확보하여야 하고, 경사도와 입목이 법에서 정한 기준에 들어와야 하고, 배수로도 확보하여야 한다. 이 책은 독자들이 그러한 개발행위허가 기준을 이해하고 적용할 수 있는 능력을 배양할 수 있도록 관련한 내용을 자세히 설명하고 있다. 아울러 우리는 법령의 해석과 이론의 나열에 그치지 않고, 저자들이 직접 참여한 토지개발 사례를 들어 토지의 개발을 설명하였다. 전원주택부지 개발사례와 공장부지 개발사례를 예로 들어 놓았으니, 해당 분야 토지를 개발하고자 하는 투자자들에게 매우 유용한 지침서가 될 것이다. 이 역시 익히고 실무에 활용하는 것은 독자들의 몫이다.

좀 더 좋은 책으로 거듭나기를 약속하며

우리는 이 책에서 토지를 바탕으로 부동산 공법을 설명하고, 부동산공법을 통해 토지를 정복하고자 힘썼다. 이론과 실무가 괴리되지 않도록 이론으로 씨실을 삼고, 실무로 날실을 삼아 좀 더 완성도 높은 부동산공법에 관한 전문서를 만들고자 노력하였다. 이 책이 갖고 있는 부족함에 대한 부담감은 개정을 통해 더 좋은 책으로 거듭나겠다는 약속으로 덜고자 한다.

이 책이 출간되는데 따뜻한 격려와 도움을 준 가족들에게 제일 먼저 감사를 전한다. 실무적으로 좋은 책이 출간될 수 있도록 힘써 주신 고려원북스의 설응도 대표, 김지현 편집장, 최현숙 팀장에게도 감사를 드리며, 디자인·인쇄 등 출간의 전 과정에 도움을 주신 모든 분들에게도 감사의 마음을 전한다.

끝으로, 서로 다른 이론·실무적 배경과 각자의 색깔을 극복하고 부동산공법을 한 권의 책으로 녹여낸 우리 세 명의 공동 저자들도 서로 자축의 인사를 나누었으면 한다.

2014년 5월
전종철·이상길·이제문

차례

서문 앞으로 10년, 부동산시장은 '토지투자'가 대세 • 5

PART 1 토지투자와 지적제도

CHAPTER 1 토지와 지적측량 • 15
CHAPTER 2 토지의 기초, 28개 지목 • 55
CHAPTER 3 부동산종합증명서 및 토지 공부 • 79

PART 2 국토계획법상 용도지역 용도지구 용도구역

CHAPTER 4 용도지역에서의 건축제한 • 103
CHAPTER 5 용도지구에서의 건축제한 • 149
CHAPTER 6 용도구역에서의 건축제한 • 171

PART 3 농지와 산지투자

CHAPTER 7 농지제도 • 195
CHAPTER 8 농지의 개발 • 233
CHAPTER 9 산지의 투자 및 개발 • 264

PART 4 토지의 개발과 인허가

- **CHAPTER 10** 개발행위허가 및 기준 • 291
- **CHAPTER 11** 도로 및 점용허가 • 324
- **CHAPTER 12** 전원주택 및 공장개발 사례 • 366

PART 5 그 외 지역 · 지구 및 토지제도

- **CHAPTER 13** 개발제한구역 • 381
- **CHAPTER 14** 군사기지 및 군사시설 보호구역 • 415
- **CHAPTER 15** 토지거래 허가제도 • 434
- **CHAPTER 16** 수도권정비계획 • 458

부록 개발행위허가 운영지침 • 483

PART 1
토지투자와 지적제도

01 CHAPTER

토지와 지적측량

◆ 측량기점에 대한 이해

우리는 일상에서 토지를 측량할 때 기점이라는 말을 흔하게 쓰고 한번 쯤은 말해 보았을 것이다. "기점이 없어져서 측량을 못한대!" "이쪽 기점으로 측량을 하면 내 땅이 여기고, 저쪽 기점으로 측량하면 내 땅이 저기래!" 등 측량의 비전문가라도 기점이 있어야 측량이 가능하고 기점의 상태에 따라 측량의 결과가 다르게 나타난다는 사실 정도는 쉽게 이해할 수 있다.

이러한 기점이 무엇이길래 측량에 영향을 주는 것인지 간략히 설명하도록 하겠다. 기점은 기준점을 말하는 것인데, 전문적으로는 기준점의 체계가 다소 복잡하다. 지구 곡면상의 기준점이 있고, 평면상의 기준점이 있다. 또 높이의 기준점이 있고, GPS라고 말하는 위성기준점이 있다.

기준점의 종류
① 곡면상의 기준점 : 측지기준점
② 평면상의 기준점 : 공공기준점, 지적기준점
③ 높이의 기준점 : 수준점
④ 위성기준점 : GPS상시관측소

 기준점 중 부동산관점에서 흔히 쓰이는 기점은 지적기준점을 말한다. 지적기준점은 크게 삼각점과 도근점으로 구분하고 넓은 의미에서 필지의 경계점(선)까지를 지적기준점, 즉 기점이라 말할 수 있다.

기점의 종류
① 지적삼각점
② 지적삼각보조점
③ 지적도근점
④ 지적경계점

지적삼각점
지적삼각점, 지적삼각보조점은 기초측량이라하여 전 국토에 걸쳐 1~5km 간격으로 내각이 30~120도 이내가 되도록 측량을 실시하여 설치한 삼각망을 구성하는 점들이다. 삼각점은 점들의 상호간 시통이 용이한 산 정상에 위치한다.
① 지적삼각점 : 점간거리 평균 2~5km
② 지적삼각보조점 : 점간거리 평균 1~3km

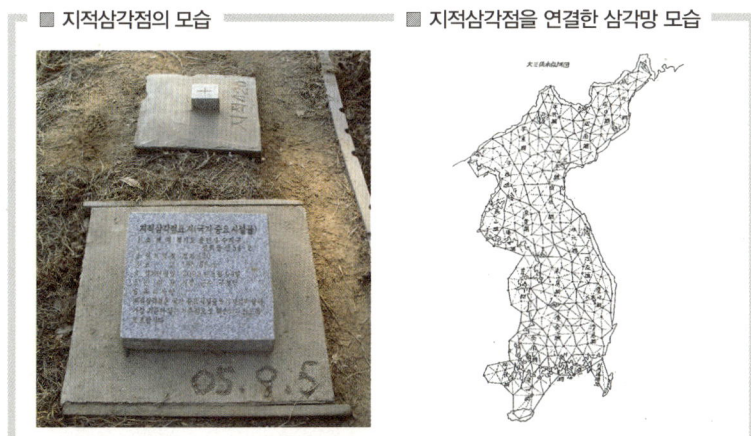

■ 지적삼각점의 모습   ■ 지적삼각점을 연결한 삼각망 모습

■ 보조삼각점 기선의 위치 및 점간거리 (일부)

위 치	길 이	위 치	길 이	위 치	길 이
대 전	2500.39410m	노량진	3075.97442m	안 동	2000.41516m
하 동	2000.84321	의 주	2701.97442	평 양	4625.47770
영등포	3400.89002	간 성	3126.11155	함 흥	4000.91794
길 주	4226.45669	강 계	2524.33613	혜산진	2175.31361
고건원	3000.81838				

지적도근점

지적도근점은 골조측량이라하여 정확한 세부측량이 용이하도록 삼각점을 이용하여 점간거리가 평균 50m 이상 300m 이하가 되도록 연결한 기초점을 의미한다.

① 지적도근점 : 점간거리 평균50~300m

한점에서 Y형 X형 등 2점 이상 시통이 되도록 망을 구성한 다각망도선법에 따르는 경우 평균 500m 이하도근점은 삼각점과 같이 국토전체를 대상으로 설치된 것이 아니라 측량이 빈번한 도시지역이나 농촌지역의 경우 부락과 같은 주택 밀집지역을 대상으로 설치한다. 도근점을 설치하는 장소는 도로 등의 교차점에 설치하여 측량의 여러 작업구역 접합부에 공통점으로 쓰이게 하여 접합오차를 방지했으며 가능한 여러 기준점과 가장 가까운 곳에 연결되도록 하여 정밀도를 높이도록 했다.

■ 지적도근점의 모습

지적경계점

지적경계점은 세부측량이라하여 도근점을 기초로 경계측량과 같은 지적측량을 실시하여 지적도상 필지를 구획하는 선의 경계점과 상호 부합되는 지상의 경계점을 말한다.

도시나 주택지 같은 도근점이 설치된 지역에서의 경계점은 지적측량을 수차례 반복측량하여도 대부분 결과가 일치한다.

■ 지적경계점의 모습

하지만 농촌지역 농지나 산지지역에는 도근점이 설치되어 있지 않기 때문에 도해법이라는 측량방법을 이용해 측량을 실시한다.

도해법은 현형법이라고도 하며 이는 일치 또는 근사하는 지상경계점과 지적도의 도상경계점의 일치하는 기지경계점(선) 수가 가장 많은 상태를 육안으로 확인해 매칭하는 방법이다. 따라서 측량자의 경험 및 숙련도와 측량횟수에 따라, 또 어느 쪽(블록)의 지상경계점을 기지경계점(선)으로 했느냐에 따라 결과에 차이도 발생할 수 있다.

기지경계점(기점)

일상에서 일반인이 통용하는 기점이라는 말은 측량기술자들이 측량결과의 정확도와 통일을 기하기 위하여 측량의 기준점으로 설치한 삼각점이나 도근점을 의미한다기보다 도해법에 의해 기준점 없이 측량 대상지 주변의 여러 필지의 지상경계점(선)을 블록단위로 측량하여 지적도의 도상경계점과 가장 일치하는 상태로 결정한 기지경계점(선)을 이용해 블록 내에 속해 있는 일필지의 경계점을 결정하는데, 이 때 이용한 기지경계점(선)을 기점이라 의미한다 할 수 있다.

■ 도해법에 의해 기지경계점(선)을 측량한 모습

이러한 도해지역의 기점에 대한 불확실성은 측량기술자에게도 부담이어서 경험과 숙련도에 따라 결과에 차이가 발생하지만, 범위를 과다하게 벗어난 경계점은 현장에서 즉시 육안으로 확인이 가능하기 때문에 현저하게 지상경계와 도상경계가 불일치 할 경우 측량을 중단하고, 번거로워도 삼각점으로부터 도근점을 내리거나 인접한 지역 도근점으로부터 도근점을 끌어와 측량을 실시한다. 그래도 결과에 큰 변화가 없다면 측량원도의 신축 또는 훼손에 의한 지적 불부합지역으로 분류한다.

지적재조사와 불부합지

도근점이 없는 도해지역이나 불부합지역은 항상 경계에 대한 불신이 상존하여 경계분쟁의 원인이 된다.

이러한 불부합지역은 전국적으로 약 15% 정도가 되고, 전국토의 약 70%인 농경지나 산지는 기준점의 사각지대에 있는 도해지역이며, 현재 지적도를 전산화하였다고 하지만 신축되고 훼손된 종이지적도를 컴퓨터로 다시 그린 것에 불과하여 진정한 의미에서 전산화라 할 수 없다.

그래서 정부는 2013.3.23 지적재조사에 관한 특별법을 제정하고 지적

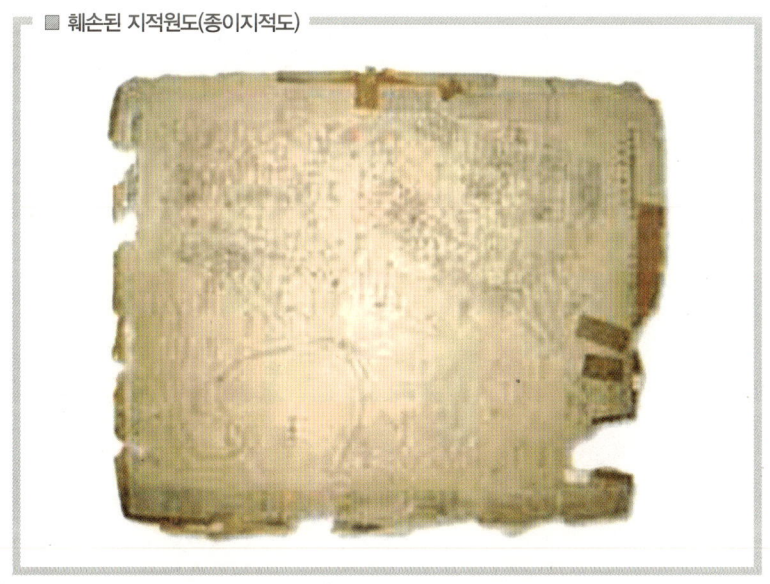

■ 훼손된 지적원도(종이지적도)

이 안고 있는 문제점을 해소할 수 있는 법적근거를 마련하였다.

지적재조사의 핵심은 훼손된 지적도의 복구라 할 수 있다. 현재 지상경계를 조사·실측하여 신축된 지적 도상경계를 바로 잡는 것이다. 그리고 영원히 신축·훼손의 염려가 없는 디지털 지적도로 제작하는 것이다.

여기서 우리가 부동산 측면에서 지적재조사에 대해 관심을 기울여 볼 만한 부분은 소유하고 있는 토지를 주변으로 새로운 하천이나 도로가 나면서 폐천, 폐도된 부지가 있어 오랫동안 점유하고 있었다거나 지상경계가 실제 대장면적보다 크게 점유하고 경계갈등을 겪고 있었다거나 하는 경우 실제 점유하고 있는 대로 소유할 수 있는 가능성이 높다는 것이다. 즉 소유면적보다 넓게 점유하고 있으면 땅을, 좁게 점유하고 있으면 돈을 받게 되는 방향으로 추진한다고 보는 것이다.

부동산 투자가치 측면에서 기대되는 지적재조사 시행사례
(국토교통부 지적재조사기획단 제공자료)

① (맹지해소 사례) 지적도상 도로에 접하지 아니하여 건축허가 등에 제한 받는 토지를 도로와 접하게 하여 토지의 가치 상승

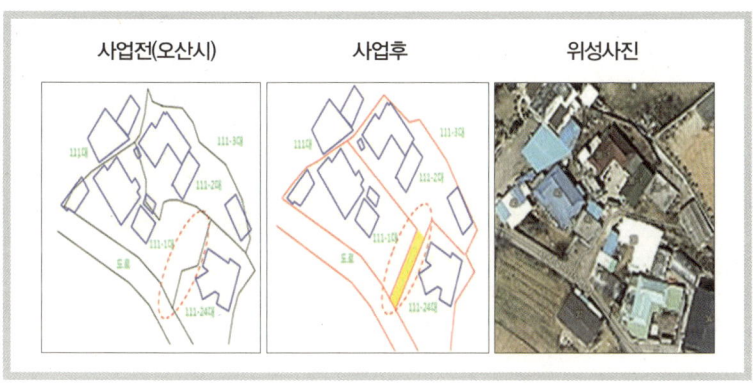

② (건축물 저촉 해소) 타인토지에 건축물이 저촉되어 사용하고 있는 경우 경계다툼으로 인한 분쟁 해소

③ **(토지형상 정형화)** 토지의 효율적으로 이용되는 면적이 증가하고, 토지의 가치 향상

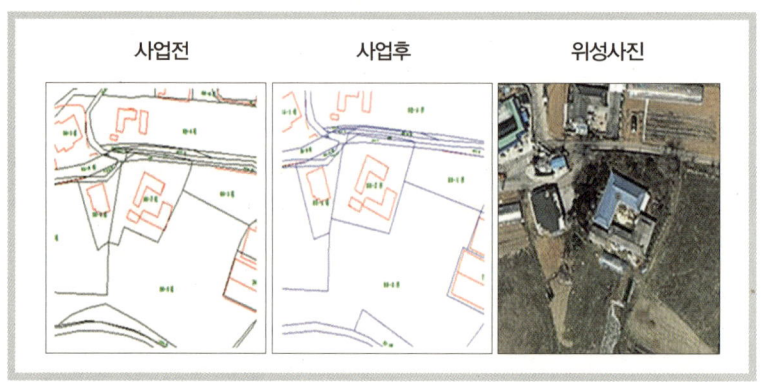

④ **(국공유지 점유해소 및 가치상승)** 함평군 소유의 토지를 개인이 점유하여 사용하던 것을 건축물이 없는 도로에 접한 토지로 변경 등록하여 가치 상승

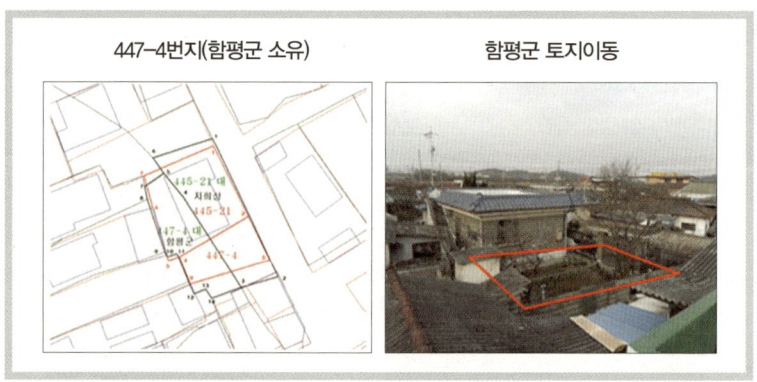

⑤ 국토의 효율적 이용을 위한 도시관리계획선 변경
- 필지중심 도시계획선 변경으로 토지 가치 상승

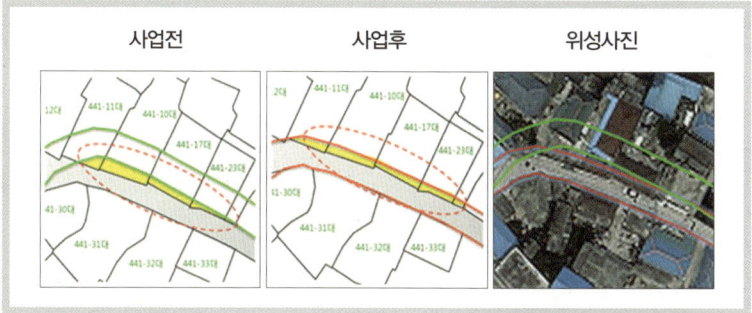

* 필지가 3등분되고 기존도로 폐도로가 되므로 이를 개선하여 변경

- 건축물중심 도시계획선 변경(철거 및 보상비용 절감)

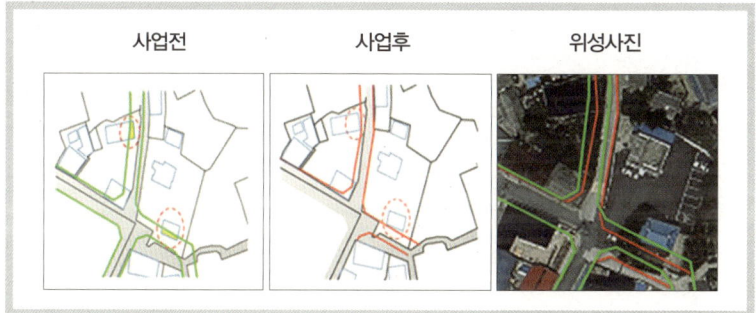

* 건물이 도시계획선에 저촉되어 철거해야 하므로 이를 개선하여 변경

- 용도지구 도시계획선 변경(용도지구계간 중첩 및 이격 해소)

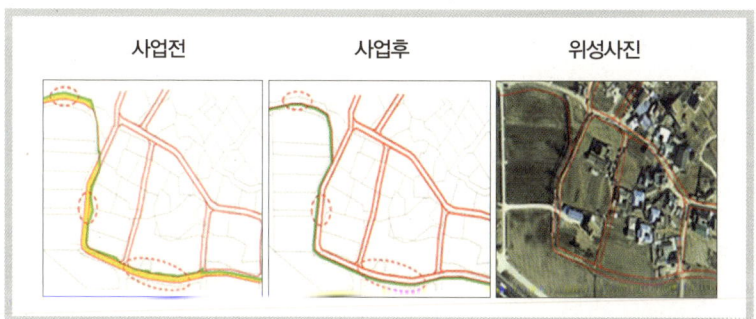

* 생산녹지와 취락지구선이 중첩/이격되므로 일치하도록 변경

⑥ **(기부채납)** 전원주택단지 내 사유 토지 도로부분을 향후 도시계획 도로로 지정하기로 하여 오산시에 기부채납

토지소재			면적(㎡)		증감(㎡)	토지소유자
동	지번	지목	변경전	변경후		
서랑동	81-23	도로	969	937.2	△31.8	이○애 외 9
서랑동	110-18	도로	2,489	2,418.2	△70.8	이○진 외 18

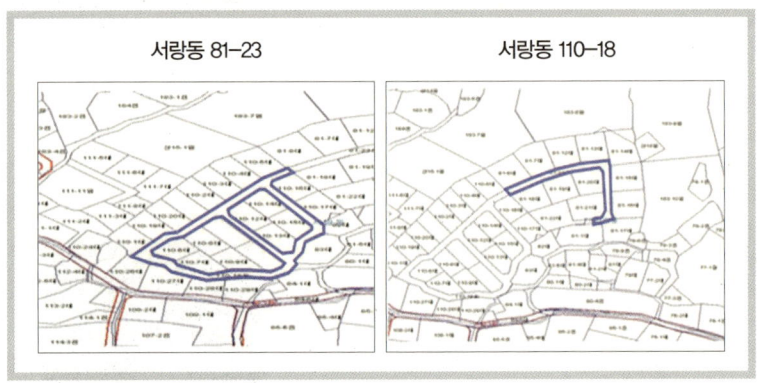

◆ 부동산(토지)와 '측량' 지식

토지에 어떠한 이용행위를 하기 위해서는 반드시 측량이라는 절차가 수반된다. 측량은 측량주체와 목적에 따라 크게 측지측량과 지적측량으로 구분한다.

측지측량은 기본측량, 공공측량, 일반측량, 수로측량으로 구분하고, 지적측량은 기준점측량, 경계측량, 분할측량, 등록전환측량 등으로 구분한다.

측지측량의 기본측량과 공공측량은 공공기준점 측량이라하여 국가에서 실시하는 측량이고, 일반측량, 수로측량은 국가, 공공기준점을 기준으로 토지나 수로의 형질을 변경하고자 하거나 조사, 개발계획을 수립하기 위하여 실시하는 토목공학적 측량이다.

지적측량의 기준점측량은 골조측량이라하여 지적삼각점측량, 지적보조삼각점측량, 지적도근점측량으로 구분하고, 경계측량, 분할측량 등은 세부측량이라하여 골조측량 기준점을 기준으로 토지를 지적도에 등록하거나 등록된 경계를 지상에 복원, 분할, 합병, 이동 등을 하기 위하여 실시하는 측량이다.

우리가 일상에서 부동산을 다루다보면 접하게 되는 측량은 주로 지적측량인데, 그 중 가장 많이 접하게 되는 경계측량과 분할측량을 소개한다.

1) 경계측량

토지는 물리적으로 연결되어있다. 이러한 토지에 소유와 과세, 재산의 개념이 도입되면서 네 땅 내 땅의 법률적 구분이 필요해졌고, 해당 토지가 속해 있는 시·군·구청에서 토지의 형태, 면적 등을 등재하여 관리하고 있다. 이 토지의 권리형태를 지상에 복원하고자 할 때 실시하는 측량이 경계측량이다.

가. 권리형태의 종류

지적도와 임야도로 구분하며, 지번 앞에 '산'자가 붙어있는 땅은 임야로 임야도에 등재되고, 그 외 27개 지목의 토지는 모두 지적도에 등재된다.

나. 지적공부 관리기관
시·군·구청 민원실 지적과 또는 토지관리과에서 관리한다.

다. 측량의뢰 하는 곳
지적측량은 지적공부 관리기관에서 실시하는 것이 원칙이다. 그러나 시·군·구 공무원이 전문적인 측량을 수행할 수 없기 때문에 별도의 지적측량업에 등록한 측량업체에서 대행할 수 있도록 위임하였는데, 대표적인 업체가 대한지적공사이다.

라. 측량의뢰 절차
대한지적공사는 공부관리기관의 지적측량업무를 위임받은 대표적인 업체로, 공무원은 아니지만 관리기관의 행정효율과 민원편의를 위하여 시·군·구 민원실 내에 지적측량 접수창구를 개설, 운영하도록 하였다. 따라서 측량대상지 지번으로 접수창구에 의뢰하면 된다.

마. 경계측량수수료
① 경계측량수수료의 산정은 계산방법이 다소 복잡하다. 그래서 대한지적공사는 자사 홈페이지에 측량수수료 산정표(http://www.lx.or.kr/lx/business/business04.jsp)를 공지하고 있다. 측량수수료 산정 방식은 공시지가와 면적에 따라 보간하여 산정하는데 최소 300㎡를 기준으로 공시지가 5,000원~4천5백만원인 1필지 토지 239,000원~852,000을 기본으로 300㎡ 단위로 평균 약 50,000원 내외수준으로 증분된다. 임야의 경우는 최소 3,000㎡를 기준으로 공시지가 5,000원~4천5백만원인 1

필지 토지 298,000원~1,065,000을 기본으로 3,000㎡ 단위로 평균 약 50,000원 내외수준으로 증분된다.

② 분할측량과 동시에 수반되는 경계복원측량 시 경계복원측량 수수료는 분할선에 따라 구분된 필지의 면적으로 한다. 다만, 전체 필지를 경계복원할 경우에는 원 면적으로 한다.

③ 동일인 소유의 연접한 필지를 합산한 면적이 기준면적을 초과하지 않고 외곽경계만 필요 시 1필지의 경계복원측량 수수료를 적용한다. 이 경우, 지가계수는 해당 필지 중 면적이 가장 큰 필지를 기준으로 적용하며, 해당 필지의 면적이 동일할 경우 지가가 낮은 필지를 기준으로 한다.

④ 해당 필지의 일부 경계점에 대한 경계복원측량이 필요한 경우에는 도해측량, 수치측량 등 측량방법의 구분에 따라 연접한 작은 면적에 해당하는 필지의 수수료를 적용한다. 이 경우 확인하려는 경계복원점이 여러 필지에 연접해 있는 경우에는 연접한 필지별 수수료를 적용한다.

⑤ 동일 지번 2종목 이상 지적측량신청 감면적용 소유자가 같은 동일 지번 또는 연접된 필지를 2종목 이상의 지적측량을 신청하여 1회 측량으로 완료될 경우, 지적공부 정리를 필요로 하지 않는 종목부터 순차적(경계복원, 현황, 분할, 등록전환 순)으로 추가종목 당 기본단가의 30%를 감면 적용한다.

• 경계측량 수수료 계산 예시 •

사례 1) 공시지가 70,600원/㎡인 임야 1필지 5,060㎡를 매수하고, 경계를 확인하기 위해 경계복원측량을 신청하고자 한다. 기본 경계측량비는 얼마나 될까?

☞ 임야는 기본최소면적 3,000㎡부터 3,000㎡단위로 증분되므로 5,060㎡는 6,000㎡ 2급간에 속하고, 공시지가 70,600원/㎡의 급간은 30,001~100,000원/㎡에 속하므로, 공시지가 30,001~100,000원/㎡인 6,000㎡ 이내 임야의 경계측량비는 3,000㎡ 기본측량비 554,000원에 약 50,000원×2급간(약 100,000원)을 더한 약 65만원선(실제 637,000원)이 된다.

사례 2) 공시지가 172,100원/㎡인 농지 1필지 2,589㎡를 경계측량을 하려면 측량수수료는 얼마일까?

☞ 토지는 기본최소면적 300㎡부터 300㎡단위로 증분 되므로 2,589㎡는 2,700㎡ 9급간에 속하고, 공시지가 172,100원/㎡의 급간은 100,001~1,000,000원/㎡에 속하므로, 공시지가 100,001~1,000,000원/㎡인 2,700㎡이내 토지의 경계측량비는 300㎡ 기본측량비 511,000원에 약 50,000원×9급간(약 450,000원)을 더한 약 100만원선(실제 1,132,000원)이 된다.

❖ 여러 필지의 경우 필지별로 각각 계산 후 합산하는 방식을 적용하고, 분할측량, 등록전환측량 등 모든 측량의 수수료 계산방식은 기본측량비, 급간 등만 다른 뿐 동일하다. 더 자세한 계산이 필요한 경우 대한지적공사 홈페이지(http://www.lx.or.kr/lx/business/business04.jsp)를 이용하거나 가까운 시군구 민원실 지적측량 창구를 방문해 문의하면 타 지역 측량수수료 관련 문의도 가능하다.

국토교통부 고시 제2013 - 968호

2014 지적측량수수료 고시

측량·수로조사 및 지적에 관한 법률 제106조제2항 및 제3항의 규정에 따라 2014년도 지적측량수수료를 다음과 같이 고시합니다.

2013. 12. 30.

국토교통부장관

1. 시행일 : 2014. 1. 1.
2. 2014지적측량수수료 일람표

가. 지적측량

(금액단위 : 원)

구분	기 준			토지 개별공시지가별					
종목별	토지구분	단위	면적별(㎡)	5,000원 이하	5,001원~15,000원	15,001원~30,000원	30,001원~100,000원	100,001원~1,000,000원	1,000,001원~5,000,000원	5,000,001원~10,000,000원
경계복원	토지(도해)	1필지	300	239,000	290,000	341,000	443,000	511,000	546,000	580,000
	임야(도해)	1필지	3,000	298,000	362,000	426,000	554,000	639,000	682,000	724,000
	수치	1필지	300	301,000	365,000	430,000	559,000	645,000	688,000	731,000

3. 부가가치세법에 의거 부가가치세는 별도
4. 경계점표지대는 지적측량수수료에 포함되지 않음
5. 분할측량, 경계복원측량, 지적현황측량, 도시계획선명시측량은 토지 개별공시지가에 대한 공정별 품셈기준에서 규정한 가격대별 지가 계수를 군지역의 고시단가에 곱하여 적용한다. 다만, 지가계수를 적용하지 않거나 연속지·집단지 측량 종목은 지역별(군·시·구) 구분 계수를 적용한 단가를 사용한다.
6. **2014 지적측량수수료표:** 국토교통부 온나라 부동산 정보통합포털 홈페이지 온나라알리미/공지사항란에 파일형태로 게재
   ※ 홈페이지 주소 : (http://www.onnara.go.kr)
7. 첨 부 : 2014 지적측량수수료 단가산출 기준 및 수수료표 각 1부. 끝.

바. 경계의 정의

㉠ 민법상의 경계

민법제237조제1항에 "인접하여 토지를 소유한 자는 공동비용으로 통상의 경계표나 담을 설치할 수 있다"라고 규정되어 있으며 같은 조 제2항에 "전항의 비용은 쌍방이 절반씩 부담한다. 그러나 측량의 비용은 토지의 면적에 비례하여 부담한다."라고 규정하고 있어 민법상의 경계라 함은 실제토지 위에 설치한 담이나 둑 또는 도로, 하천 같은 주요 지형지물에 의하여 구획된 실제 눈으로 보이는 지상경계를 뜻한다.(자료, 류병찬, 2005, "지적법해설", 한국지적연구원, 205P)

㉡ 형법상의 경계

형법 제370조에 "경계표를 손괴 · 이동 또는 제거하거나 기타 방법으로 토지의 경계를 인식 불가능하게 한자는 3년 이하 징역 또는 500만원 이하의 벌금에 처한다."라고 규정되어 있는데, 이 경우 경계라함은 장소적 한계를 나타내는 지표로 실제 소유권 등 권리관계에 부합하지 않더라도 관습적으로 인정 · 용인 · 승인되어 왔거나 이해관계인의 명시 · 묵시 · 합의에 의하여 구획된 사실상 경계를 말한다.

이 사실상 장소적 경계가 지적법상 권리적 경계와 부합하지 않는다는 이유로 당사자 한쪽이 일방적으로 측량과 같은 방법을 써서 권리적 경계의 합치를 주장할 수 없다.(자료, 류병찬, 2005, "지적법해설", 한국지적연구원, 205P)

ⓒ 지적법상의 경계

지적법은 2009.6.9 측량법과 통합되어 측량·수로조사및지적에관한 법률로 명칭이 개정되었지만 토지의 경계를 언급하는데 익숙한 법률 명칭인 지적법으로 사용하기로 하겠다.

지적법상 경계는 해당 토지의 소유권이 미치는 범위와 면적 등을 지적도와 토지대장 등에 등록, 공시한 구획선이나 좌표의 연결을 말한다. 지표상의 경계가 아닌 지적도에 등록된 경계를 뜻하는 것으로 지상경계 일치여부와 상관없이 소유권의 범위가 미치는 경계는 지적공부에 등록된 경계에 의하여 확정된다.

사. 측량의 효력

지적측량업에 등록된 지적측량기술자는 경계측량을 의뢰받으면 측량을 실시하고 경계점의 위치에 말목을 타설하며 타설한 말목의 위치, 개수, 타설된 사진, 측량자명부 등이 등재된 경계측량성과부를 발급한다. 이로부터 경계측량의 효력은 발생한다.

그러나 효력의 여부를 떠나 경계측량은 인접한 토지주와 경계분쟁의 원인이 항상 상존한다. 따라서 경계측량을 할 때에는 인접 토지주에게 현장에 측량당일 입회할 것을 서면 또는 유선으로 통보하는 것이 좋다.

아. 경계의 분쟁

경계분쟁은 측량결과가 인접 토지주가 실제 점유하고 있는 토지 내측에 말뚝이 박히고 이를 인정하지 않을 때 발생한다. 분쟁해결의 절차로 경계측량을 할 때 현장에 입회히여 지직측량기술사의 설명을 듣고 이해가 되도록 하는 방법이 있다.

  이해로 분쟁이 해소되지 않으면 소송에 의해 해결해야 하는데, 소송을 하기 위해서는 분쟁의 원인을 명확히 하여야 한다. 분쟁의 원인은 크게 두 가지로 경계측량의 결과를 인정할 수 없는 경우와 2회 이상 측량한 결과 간에 차이가 있어 어느 한 결과를 특정할 수 없는 경우를 들 수 있다.

  전자의 경우 소송에 의해 법원감정측량으로 해소하고, 후자의 경우 지적측량적부심사제도를 통해 해결하는 방법이 있다.

  ㉠ 법원감정측량

경계측량의 결과를 인정할 수 없는 경우 측량을 실시하고 발급한 경계측량성과부를 근거로 토지가 속해 있는 관할법원에 경계감정 소송을 제소하면 법원이 선정한 제3의 측량업체를 통해 감정측량을 실시하고, 잘못된 측량결과는 바로 잡기도 하고, 측량결과에 잘못이 없는 경우 불인정의 원인을 해소할 수 있도록 이유를 들어 판결이 내려진다.

  ㉡ 지적측량적부심사제도

현행 지적측량적부심사제도는 2회 이상 측량한 결과 간 차이에 의한 분쟁의 경우에만 청구하도록 행정력 낭비방지 차원에서 계도는 하고 있지만 사실상 1회의 측량을 실시하고 그 결과에 불복이 있을 경우 모든 지적측량에 대해 언제든지 누구나 시·도지사에게 적부심사를 청구할 수 있는 제도이다.

제도의 취지는 측량의 경계가 불명확하거나 경계분쟁이 있을 때 과연 지상의 어느 선, 어느 점이 적합한 것인가를 가려내는 것은 사법적 판단이 필요하나 빈도가 많은 이런 사건을 모두 사법재판에만 의존하기보다는 간편한 행정적인 절차로서 해결하는 것이 능률이나 국민의 재산권행사에 바람직하여 도입되었다.

다만 이 제도에도 한계는 있다. 시·도지사, 심사청구 결과에 불복할 경우 행정안전부장관에게 재심사청구를 할 수 있도록 하고 있지만 심사의 결과는 행정적 권고로서 사법적 구속력을 가지지는 못한다. 재심사에도 불복이 있는 경우 사법적 소송을 통해 해결해야 한다. 지적측량적부심사 청구서 및 흐름도는 다음과 같다.

측량·수로조사 및 지적에 관한 법률 시행규칙 [별지 제19호서식] 〈개정 2014.1.17〉

지적측량 적부심사 청구서

접수번호		접수일		처리기간	90일(30일 연장 가능)
청구인	성명			생년월일(법인등록번호)	
	주소			전화번호	
대상 토지	지번			지목	면적(㎡)
	소재지				
청구 취지	※ 별지 작성 가능				
측량자	법인 명칭 또는 업체 명칭			성명	
	법인 명칭 또는 업체 명칭			성명	
	법인 명칭 또는 업체 명칭			성명	

「측량·수로조사 및 지적에 관한 법률」제29조제1항, 같은 법 시행령 제24조제1항 및 같은 법 시행규칙 제27조에 따라 위와 같이 심사청구 합니다.

년 월 일

청구인 (서명 또는 인)

시·도지사 귀하

첨부 서류	1. 토지소유자 또는 이해관계인: 지적측량을 의뢰하여 발급받은 지적측량성과	수수료
	2. 지적측량수행자(지적측량수행자 소속 지적기술자가 청구하는 경우만 해당한다) : 직접 실시한 지적측량성과	없음

■ 지적측량적부심사 흐름도

소유자/ 이해관계인	소 관 청	시·도지사	지 방 지적위원회	행정자치부 장 관	중 앙 지적위원회

적부심사청구서 제출 → 적부심사청구 접수/조사 (30일이내 회부) → 심의·의결 (30일이내(1차 연장가능))

심사의결서 수령 ← 심사의결서 접수/통지 (7일이내 송부) ← 의결서 송부

불복여부 판단 — No → (90일이내)

Yes ↓

재심사청구 접수/조사 (30일이내회부) → 재심의·의결 (30일 이내 (1차 연장가능))

재심사 의결서 수령 ← 재심사의결서 접수/통지 (재심사의결서 사본 송부) ← 의결서 송부

재심사의결서 접수/통지 (7일이내통지)

지적공부 정리

자료 : 류병찬, 2005, "지적법 해설", 한국지적연구원, 421쪽. 참조작성

PART 1 토지투자와 지적제도 • 37

2) 분할측량

토지의 분할이라 함은 지적공부에 등록된 1필지의 토지를 2필지 이상으로 나누어 등록하는 것을 말한다. 분할측량을 실시한 후 발급한 분할측량성과도를 토지 관할소관청의 검사 후 토지의 필지를 나누어 등록하는 것을 말한다.

   지적관련법만 보면 경계측량과 같이 토지를 소유한 자는 누구나 측량신청만 하면 원하는 대로 토지를 분할할 수 있는 것으로 볼 수 있으나 사실은 그렇지 않다.

가. 관련법률

분할측량과 관련해서는 지적관련법인 측량·수로조사 및 지적에 관한 법률에 따르고, 도시지역(주거지역, 상업지역, 공업지역)에서의 분할은 건축법을 따른 대지의 분할조건을 준수하여야 분할이 되고, 건축이나 개발목적이 아닌 비도시지역(녹지지역, 관리지역, 농림지역, 자연환경보전지역)에서의 단순 분할목적인 경우는 국토의 계획 및 이용에 관한 법률에 따라 분할개발행위허가를 받아야 한다.

① 분할측량방법 : 측량·수로조사 및 지적에 관한 법률에 따른 분할측량 조건
② 도시지역(주거지역, 상업지역, 공업지역)에서의 분할 : 건축법에 따른 대지 분할 조건
③ 비도시지역(녹지지역, 관리지역, 농림지역, 자연환경보전지역)에서의 분할 : 국토의 계획 및 이용에 관한 법률에 따른 분할개발행위허가

나. 분할의 조건

㉠ 분할측량 조건(측량·수로조사 및 지적에 관한 법률)

■ 분할측량 기준(지적업무 처리 규정제26조)
① 측량대상토지의 점유현황이 도면에 등록된 경계와 일치하지 않으면 분할 측량 시에 그 분할 등록될 경계점을 지상에 복원하여야 한다.
② 합병된 토지를 합병전의 경계대로 분할하려면 합병 전 각 필지의 면적을 분할 후 각 필지의 면적으로 한다. 이 경우 분할되는 토지 중 일부가 등록사항정정대상토지이면 분할정리 후 그 토지에만 등록사항정정대상토지임을 등록하여야 한다.

■ 현지측량방법(지적업무 처리 규정제23조)
① 지적측량을 할 때에는 토지소유자 및 이해관계인을 입회시켜 측량에 필요한 질문을 하거나 참고자료의 제시를 요구할 수 있다.
② 지적측량결과도에는 토지소유자 및 이해관계인의 서명·전자서명 또는 날인을 받아야 한다. 다만, 토지소유자 및 이해관계인이 입회하지 못하는 경우와 입회는 하였으나 서명 또는 날인을 거부하는 때에는 그 사유를 기재하여야 한다.
③ 각종 인가·허가 등의 내용과 다르게 토지의 형질이 변경되었을 경우에는 그 변경된 토지의 현황대로 측량성과를 결정하여야 한다.
④ 지적측량을 완료한 때에는 분할등록될 경계점의 위치 또는 경계복원점의 위치를 지적기준점·담장모서리 및 전신주 등 주위 고정물

로부터 거리를 측정하여 지적측량의뢰인 및 이해관계인에게 확인시킨다.

⑤ 지적측량수행자는 지적측량자료조사 또는 지적측량결과, 지적공부의 토지의 표시에 잘못이 있음을 발견한 때에는 지체 없이 지적소관청에 관계자료 등을 첨부하여 문서로 통보하고, 지적측량의뢰인에게 그 내용을 통지하여야 한다.

■ 분할신청(측량 · 수로조사 및 지적에 관한 법률 영제65조)
① 분할신청을 할 수 있는 사유
　1. 소유권이전, 매매 등을 위하여 필요한 경우
　2. 토지이용상 불합리한 지상 경계를 시정하기 위한 경우
　3. 관계 법령에 따라 토지분할이 포함된 개발행위허가 등을 받은 경우
② 분할신청 구비서류
　1. 분할신청서
　2. 분할목적 및 사유
　3. 분할 허가 대상인 토지의 경우 그 허가서 사본
　4. 개발행위 등으로 형질변경, 용도변경되어 분할을 신청할 때에는 지목변경 신청서
③ 형질변경 등 개발행위에 따른 분할신청은 60일 내에 해야한다.

■ 분할측량수수료
① 분할측량수수료 산정 방식은 공시지가와 면적에 따라 보간하여

산정하는데 최소 1,500㎡를 기준으로 공시지가 5,000원~4천5백만원인 1필지 토지 157,000원~560,000을 기본으로 1,500㎡ 단위로 평균 약 36,000원 내외수준으로 증분 된다. 임야의 경우는 최소 5,000㎡를 기준으로 공시지가 5,000원~4천5백만원인 1필지 토지 197,000원~705,000을 기본으로 5,000㎡ 단위로 평균 약 36,000원 내외수준으로 증분 된다.

② 인·허가 면적 등을 도상에서 맞추어 분할선을 현장에 표시하는 지정분할의 경우에는 분할측량수수료 단가에 50%를 가산·적용한다.

③ 선을 도상에서 맞추어 분할선을 현장에 표시하는 지정분할의 경우에는 분할측량수수료 단가에 30%를 가산·적용한다.

국토교통부 고시 제2013 - 968호

2014 지적측량수수료 고시

측량·수로조사 및 지적에 관한 법률 제106조제2항 및 제3항의 규정에 따라 2014년도 지적측량수수료를 다음과 같이 고시합니다.

2013. 12. 30.

국토교통부장관

1. 시행일 : 2014. 1. 1.
2. 2014지적측량수수료 일람표

   가. 지적측량

   (금액단위 : 원)

구분	기준		면적별 (m²)	토지 개별공시지가별						
종목별	토지구분	단위		5,000원 이하	5,001원~15,000원	15,001원~30,000원	30,001원~100,000원	100,001원~1,000,000원	1,000,001원~5,000,000원	5,000,001원~10,000,000원
분할측량	토지(도해)	1필지(분할후)	1,500	157,000	190,000	224,000	291,000	336,000	358,000	381,000
	임야(도해)	1필지(분할후)	5,000	197,000	240,000	282,000	367,000	423,000	451,000	479,000
	수치	1필지(분할후)	1,500	187,000	227,000	267,000	347,000	400,000	427,000	454,000

3. 부가가치세법에 의거 부가가치세는 별도
4. 경계점표지대는 지적측량수수료에 포함되지 않음
5. 분할측량, 경계복원측량, 지적현황측량, 도시계획선명시측량은 토지개별공시지가에 대한 공정별 품셈기준에서 규정한 가격대별 지가계수를 군지역의 고시단가에 곱하여 적용한다. 다만, 지가계수를 적용하지 않거나 연속지·집단지 측량 종목은 지역별(군·시·구) 구분계수를 적용한 단가를 사용한다.
6. **2014 지적측량수수료표**: 국토교통부 온나라 부동산 정보통합포털 홈페이지 온나라알리미/공지사항란에 파일형태로 게재
   ※ 홈페이지 주소 : (http://www.onnara.go.kr)
7. 첨 부 : 2014 지적측량수수료 단가산출 기준 및 수수료표 각 1부. 끝.

ⓒ 대지의 분할조건(건축법)

■ 대지의 분할제한(건축법제57조)
① 건축물이 있는 대지는 용도지역별로 정한 최소 기준면적 보다 작게 분할할 수 없다. 최소 기준면적인 분할제한면적은 다음과 같다.
  1. 주거지역: 60㎡
  2. 상업지역: 150㎡
  3. 공업지역: 150㎡
  4. 녹지지역: 200㎡
  5. 그 외 지역 : 60㎡
② 건축물이 있는 대지는 도로조건, 건폐율, 용적율, 공지조건, 높이제한, 일조권 등의 기준에 미달되게 분할 할 수 없다.
  1. 대지와 도로의 관계 : 건축물의 대지는 2m 이상이 도로에 접하여야 한다.
  2. 건축물의 대지는 연면적의 합계가 2,000㎡(공장인 경우에는 3,000㎡) 이상인 건축물(축사, 작물 재배사, 그 밖에 이와 비슷한 건축물로서 건축조례로 정하는 규모의 건축물은 제외한다)의 대지는 너비 6m 이상의 도로에 4m 이상 접하여야 한다.
  3. 건축물의 대지는 용도지역별로 다음의 비율범위 내에서 각 지자체가 정하고 있는 건폐율이 초과되도록 분할할 수 없다.(평택시 조례 예)
    1) 제1종일반주거지역 : 60% 이하
    2) 일반상업지역 : 80% 이하

3) 준공업지역 : 70% 이하

4) 자연녹지지역 : 20% 이하

5) 계획관리지역 : 40% 이하

6) 농림지역 : 20% 이하

7) 자연환경보전지역 : 20% 이하

4. 건축물의 대지는 용도지역별로 다음의 비율범위 내에서 각 지자체가 정하고 있는 용적율이 초과되도록 분할할 수 없다.(평택시 조례 예)

1) 제1종일반주거지역 : 180% 이하

2) 일반상업지역 : 900% 이하

3) 일반공업지역 : 250% 이하

4) 자연녹지지역 : 100% 이하

5) 계획관리지역 : 100% 이하

6) 농림지역 : 80% 이하

7) 자연환경보전지역 : 80% 이하

5. 건축물이 있는 대지 안의 공지는 용도지역·용도지구, 건축물의 용도 및 규모 등에 따라 건축선 및 인접 대지경계선으로부터 6m 이내의 범위에서 지자체의 조례로 정하는 거리 이상을 띄워야 한다.

1) 바닥면적의 합계가 500㎡ 이상인 공장 또는 창고

   - 준공업지역 1.5m ~ 6m 이하

   - 준공업지역 외의 지역 3m ~ 6m 이하

2) 바닥면적의 합계가 1,000㎡ 이상인 판매, 숙박, 문화, 종교

시설

　　　- 3m ~ 6m 이하

　3) 아파트: 2m 이상 6m 이하 등
6. 건축법 제60조, 제61조에서 정하고 있는 일조권 등 건축물의 높이 제한이 초과하도록 토지를 분할할 수 없다.

■ 도시지역에서의 분할
① 도시지역 중 주거지역, 상업지역, 공업지역에 있는 토지의 분할은 개발행위허가 대상이 아니어서 건축법상 분할제한면적 이상으로는 분할허가 없이 분할이 가능하다.

ⓒ 분할개발행위허가(국토의 계획 및 이용에 관한 법률)

■ 분할개발행위허가제 도입의의
정부는 2006.3.8 이른바 기획부동산 분할제한이라하여 개발목적으로 허가를 받지 아니하고 기반시설이 갖추어지지 아니한 임야, 전, 답 등의 토지를 도로형태를 삽입한 택지식, 바둑판식의 분할제한과 단순 토지가격 상승을 목적으로 한 도로용지 분할 및 산지전용, 농지전용 등이 불가능하여 개발 자체가 곤란한 지역에서의 단순매매 등을 위한 반복적인 분할을 제한하고자 분할행위를 개발행위허가에 포함시켰다.
따라서 단순히 토지의 일부를 매수하고자 하거나 공유지인 토지를 분할하고 할 때에는 사전에 토지분할을 위한 개발행위허가를 받아야 한다.

■ 건축물이 있는 대지의 분할

건축물이 있는 대지는 분할개발행위허가를 받을 수 없다. 건축물이 있는 대지는 건축법에 의한 대지의 분할조건을 준수하여 건축허가(신고)를 변경한 후 그 허가증을 근거로 분할신청을 하여야 한다.

■ 분할개발행위허가 조건

① 분할개발행위허가를 받아야하는 지역은 녹지지역, 관리지역, 농림지역, 자연환경보전지역이며, 다음의 조건을 모두 갖추어야 분할허가를 받을 수 있다.
1) 건축법의 분할제한면적이상으로 분할할 것
2) 도시·군계획조례가 정하는 면적 이상으로 분할할 것

■ 도시계획조례(평택시 예)의 분할제한면적

구 분	동지역(㎡)	읍·면지역(㎡)
1. 녹지지역	200	200
2. 관리지역	90	60
3. 농림지역	90	60
4. 자연환경보전지역	90	60

3) 투기가 성행하거나 성행할 우려가 있다고 판단되는 지역(소득세법 영제168조의3에 의거 전월대비 주택시세가 물가의 130%이상 지역)으로 고시된 지역에서는 분할허가가 불가함. 그러나 전국의 모든 투기지역 및 토지거래허가지역이 모두 해제되어 사실상 유명무실한 조항임.

② 분할제한면적 미만으로도 분할이 가능한 경우는 다음과 같다.
    1) 기존묘지의 분할
    2) 사설도로를 개설하기 위한 분할
    3) 인접토지와 합병 시 분할제한면적에 미달되지 아니한 경우
③ 기존경계선과 분할선 너비가 5m 이상 될 것
④ 법 제정 이전인 2006.3.8 이전부터 소유권이 공유로 된 토지는 분할허가를 받지 않아도 분할 가능함.

■ 판례 한 가지

• 대법원 판례 2013두1621 사건 •

민사법원의 판결 효력과 행정청의 도시계획에 관한 재량이 상충하는 경우 행정청의 재량권에 관한 판례.

원고들은 종전에 공유지분으로 소유하던 토지에 대해 공유물 분할의 소를 제기해 법원에서 판결을 받았다. 원고들은 민사법원의 공유물 분할 판결을 가지고 경기 남양주시장을 상대로 판결에 따라 토지를 분할해 달라고 신청했다. 이에 남양주시장은 국토의 계획 및 이용에 관한 법률(이하 '국토계획법')상 농림 지역 및 관리 지역에 속한 토지에 대해 '남양주시 기획부동산 분할제한 운영지침'에서 이를 제한하고 있다는 이유 등을 들어 분할신청을 거부했고, 원고들은 위 거부 처분에 대해 취소를 구하는 소를 제기했다.

대법원은 위 규정의 취지가, 개발행위 허가 등 공법상 규제 요건과 확정판결 등의 사법상 권리 변동 요건의 충족 여부를 각 제출 서류에 의해 심사함으로써 국토의 효율적 관리와 소유권 보호라는 입법 목적을 조화롭게 달성하려는 것이므

로, 공유물 분할의 확정판결을 제출하더라도 행정청은 국토계획법에서 정한 허가 기준 등을 고려해 거부할 수 있고, 이러한 처분이 공유물 분할 판결의 효력에 반하는 것은 아니라고 판단하고 있다.

즉 민사 법원의 판결은 사인 간의 권리관계에 관한 판단과 집행력을 가질 뿐이지 행정청에 대해서까지 이를 강제하는 효력을 가지는 것은 아니다. 행정 법원의 판결이 대세효를 가지는 것과 차이가 있다.

측량·수로조사 및 지적(地籍)에 관한 법률은 토지 분할신청을 위해서는 분할신청서와 함께 분할 허가 대상인 지역의 토지에 대해서는 분할허가서를 첨부해야 한다고 규정하고 있다.

㉣ 농지 소유의 세분화 분할 방지(농지법)

① 농업생산기반정비사업이 시행된 농지는 다음 각 호의 어느 하나에 해당하는 경우 외에는 분할할 수 없다.
  1) 주거지역·상업지역·공업지역 또는 도시·군계획시설부지에 포함되어 있는 농지를 분할하는 경우
  2) 농지전용허가나 신고를 하고 전용한 농지를 분할하는 경우
  3) 분할 후의 각 필지의 면적이 2,000㎡를 넘도록 분할하는 경우
  4) 농지를 개량하는 경우
  5) 농지를 교환, 분합(分合)하는 경우
  6) 불합리한 경계를 시정하는 경우
② 농업생산기반 정비사업이란 다음 각 목의 사업을 말한다.

1) 농어촌용수 개발사업
2) 경지정리, 배수개선, 시설 개·보수와 준설(浚渫) 등 농업생산기반 개량사업
3) 간척, 매립, 개간 등 농지확대 개발사업
4) 농업 주산단지(主産團地) 조성과 영농시설 확충사업
5) 저수지, 담수호 등 호수와 늪의 수질오염 방지사업과 수질개선사업
6) 농지의 토양개선사업

◆ 표고와 경사도의 이해

표고점

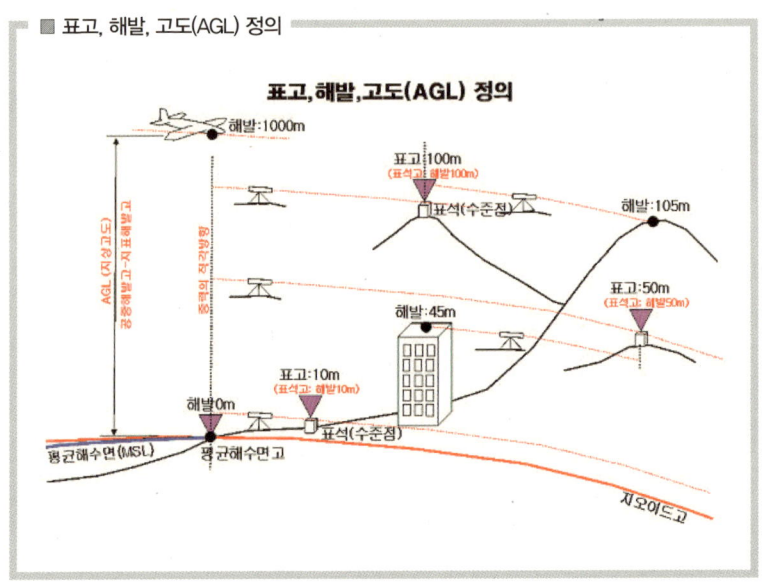

▶ AGL : "above ground level의 Initial로 지발고도 또는 지상고도를 말하며, 공중해발고-지표해발고를 한 값으로 "고도"라 함.
▶ MSL : middle sea level 로 "평균해수면고"를 말함.

　표고와 해발의 의미는 지구상의 어떤 점의 절대높이를 말하는 것으로, 지구상의 어떤 점의 절대높이를 알려면 지오이드라는 것을 이해해야 한다. 지오이드는 평균해수면이 육지와 닿는 부분에 중력과 같은 즉 등퍼텐셜선으로 지구를 둘러싼 타원체면을 말한다. 다시 말하면 산, 바다로 굴곡이 심한 지구를 가상의 타원체면으로 설정한 것이다.
　이 지오이드는 평균해수면으로 바다와 육지가 접한 부분에서 일치하고 심해에서는 수면보다 높고, 육지에서는 지면보다 낮게 설정된다.

따라서 바다육지가 접한 부분에서 지오이드와 일치하는 평균해수면을 지오이드고 "0"으로 하여 절대높이의 기준으로 삼는데 우리나라는 인천 앞바다를 기준으로 한다.

그러나 매번 측량할 때마다 평균해수면부터 측량을 할 수 없기 때문에 평균해수면(해)으로부터 출발(발)하여 표시(표)한 높이(고) 즉 괄호안 글자만 엮어 "해발표고"를 줄여서 "표고(標高)"라 하고 수준측량(물기포관 축이 중력방향에 직각이 되는 원리를 이용해 높이를 재는 측량)을 통해 지상으로 끌어와 표석(標石)을 매설하고 표고를 부여한 수준점(예 인하공대의 수준점)을 정확도에 따라 1~4등으로 전국에 수준점망(줄여서 "수준망")을 형성해 놓았다.

이렇듯 해발과 표고는 따로 불리는 별칭이 아니고, 말목이나 표석, 영구구조물에 벤치마크(B.M)한 표식을 통틀어 수준점이라 하고, 평균해수면으로부터 수준측량으로 끌어온 해발높이를 부여하면 그 절대높이가 해발높이로 표시(標)한 높이(高) 즉 해발은 빼고 "표고(標高)"라고 부르는 것이다.

그리고 일상에서는 주변(대개 관공서 마당)에 설치해 놓은 수준점의 표고를 이용하여 도로나 하천 등의 절대높이를 측량하게 되는데, 이 때 현장 가까운 곳에 TBM(Tidal Bench Mark)이라는 보조수준점을 말목, 표석, 영구구조물표식 등으로 설치하고 해발고도로 표시한 높이는 "표고00m" 라 하며, 산 정상, 건물, 철탑 같이 가시적인 물체의 절대높이를 칭할 때는 등고선으로 표시하거나 "해발높이" 또는 줄여서 "해발00m"라고 부른다.

▶ 표고기준

개발행위허가 및 기준에서 설명하겠지만 개발행위허가 기준에는 표고기준이라는 것이 있다.

〈표고기준〉: 평택시 도시계획조례 예
[제20조1항제3호] 평택시도시기본계획 개발가능지 분석에 따른 해발 50m를 기준지반고로 하며, 기준지반고를 기준으로 50m 미만의 토지

여기서 궁금한 것이 있다. "해발 50m"는 앞서 설명한 바와 같이 표석에 표시된 표고가 아닌 지형도 상에 표기되는 산의 절대높이를 해발고도로 표시한 등고선을 의미한다는 것은 알 수 있을 것이다. 즉 기준지반고는 50m 등고선을 기준으로 한다는 의미이다. 그런데 높이 기준이 하나 더 있다. "기준지반고를 기준으로 50m 미만"이 그것이다. 여기서 50m는 표고도 해발도 아닌 높이의 차이다. 따라서 기준지반고 50m에서 -50m인 0m에서 +50m인 100m까지 부호로 50m ± 50m인 해발 0 ~ 100m범위를 의미한다.

▶ 경사도(최대경사도)기준

표고기준과 마찬가지로 개발행위허가기준에 경사도 기준이 있다. 시·군마다 경사도 기준이 평균경사도를 채택하는 지역이 있고, 최대경사도를 채택하는 지역이 있다.

〈경사도기준〉: 평택시 도시계획조례 예
[제20조1항제2호] 최대경사도가 15도 미만인 토지

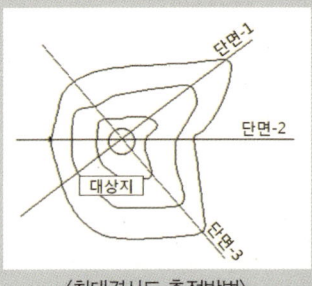

〈최대경사도 측정방법〉

최대경사도와 경사도는 약간에 차이점이 있다. 좌측의 그림처럼 대상지의 경사도가 단면마다 다를 경우 각각의 단면에 대하여 다음에 설명하는 경사도 측정방법으로 경사도를 측정하고, 그 중 가장 경사도가 최대인 단면의 경사도를 그 대상지의 전체 경사도로 한 것을 최대경사도라 한다.

예를 들어 단면-1의 경사도가 10도, 단면-2의 경사도가 20도, 단면-3의 경사도가 15도일 경우 대상지의 최대경사도는 20도가 되어 개발행위가 불가한 토지가 된다.

경사도

부지를 대표하는 지점을 선정하여 높이와 거리를 측정한 후 구간 구간의 경사도를 전체거리(L)로 나누는것. → 거리방식

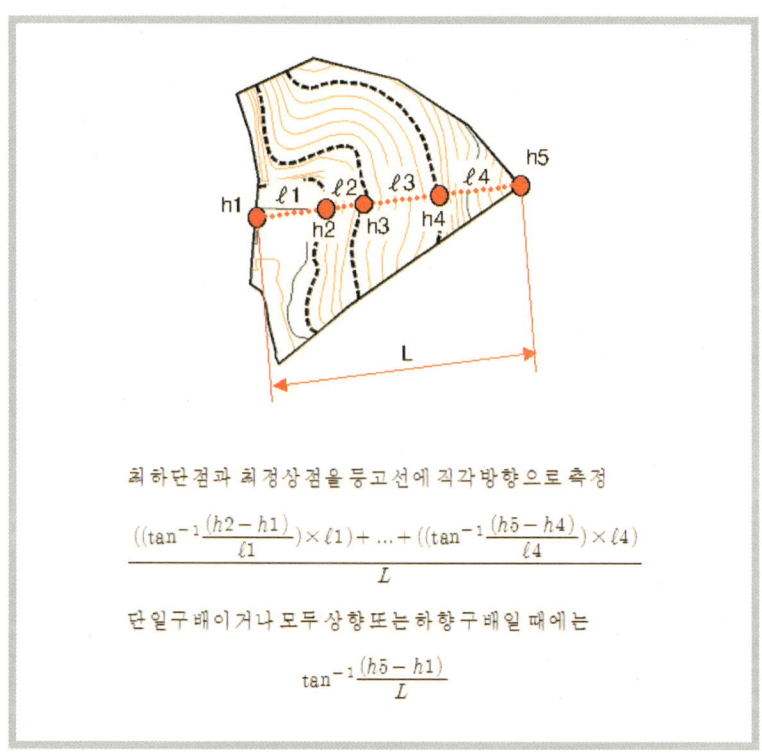

최하단점과 최정상점을 등고선에 직각방향으로 측정

$$\frac{((\tan^{-1}\frac{(h2-h1)}{\ell 1})\times \ell 1)+ ... +((\tan^{-1}\frac{(h5-h4)}{\ell 4})\times \ell 4)}{L}$$

단일구배이거나 모두 상향 또는 하향구배일 때에는

$$\tan^{-1}\frac{(h5-h1)}{L}$$

평균경사도

부지전체를 10m×10m의 셀로 구분하고, 각 셀에 포함된 등고선의 개수 (등고선 1개는 1m를 표현)를 측정한 후 전체 셀 개수(N)으로 나누는것. → 면적방식

결과적으로 면적100㎡씩 경사도를 측정하여 전체년석으로 나누는것.

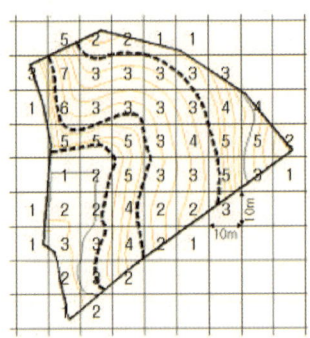

10×10셀(100㎡)당 등고선갯수(높이)를 측정.

셀 한변의 길이 (ℓ)

셀당 등고선의 갯수(높이): h_n

총셀갯수 (N)

$$\tan^{-1}\left(\frac{\Sigma(\frac{h_n}{\ell})}{N}\right)$$

02 CHAPTER

토지의 기초, 28개 지목

대한민국의 전 국토(또는 토지)를 대상으로 한 분류체계는 두 가지가 있다. 하나는 이번 장에서 배우는 '지목'이고, 다른 하나는 뒤에서 배우게 될 '용도지역'이다. 전국토를 대상으로 한다는 이야기는 투자가들이 어느 부동산을 접하든지 '지목'과 '용도지역' 두 가지는 반드시 만나게 된다는 것을 의미한다. 따라서, 토지를 전문적으로 분석하기 위한 공법적 접근을 위해서는 먼저 '지목'과 '용도지역'에 대한 이해가 선행되어야 한다. 다만, 난이도에 있어서 '지목'은 열거적으로 이해가 가능하므로 비교적 쉽다고 할 수 있지만 '용도지역'은 체계적으로 이해를 하여야 하므로 상대적으로 어렵다고 할 수 있다.

지목은 지적법에 규정되어 있다. 지적법에서 지적에 관한 부분은 지적공부(地籍公簿)의 작성 및 관리 등에 관한 사항을 규정함으로써 국토의 효율적 관리를 목적으로 한다. 따라서, 지목 및 지적공부는 행정관청에서 국토를 관리하고 조세를 부과하는 등의 행정목적으로 주로 사용되고 있다.

◆ 지적 용어 배워 보기

지적이란 '지적법'을 기준으로 하여 관리하는, 토지의 호적이라 할 수 있다. 지목, 면적, 경계, 필지 분할 시점 등의 물리적 현황을 판단하는 기준이 된다.

지적공부
통상 대장과 도면(정보처리시스템을 통하여 기록·저장된 것을 포함한다)을 지적공부라 하며, 토지의 표시와 해당 토지의 소유자 등을 기록하고 있다.
① 대장 : 토지대장 · 임야대장 · 공유지연명부 · 대지권등록부
② 도면 : 지적도 · 임야도
③ 경계점좌표등록부

필지
필지란 법령이 정하는 바에 의하여 구획되는 토지의 등록단위를 말한다.
*1필지로 정할 수 있는 기준 : 소유자와 용도가 동일하고 지반이 연속된 토지는 1필지로 할 수 있다.

지번

지번이란 필지에 부여하여 지적공부에 등록한 번호를 말한다. 지번은 아라비아숫자로 표기하며, 임야대장 및 임야도에 등록하는 토지의 지번은 숫자 앞에 '산' 자를 붙인다. 지번은 본번과 부번으로 구성하며, 본번과 부번 사이에 '-' 표시로 연결하고 '의'라고 읽는다.

▶ 지번의 부여 방법

● **부여 원칙**
지번은 북서에서 남동으로 순차적으로 부여한다.

● **토지 신규등록 및 등록전환의 경우**
그 지번부여지역 안에서 인접토지의 본번에 부번을 붙여서 지번을 부여한다. 다만, 다음에 해당하는 경우에는 그 지번부여지역의 최종 본번의 다음 순번부터 본번으로 하여 순차적으로 지번을 부여할 수 있다.

*지번부여지역 : 지번을 부여하는 단위지역으로서 동·리 또는 이에 준하는 지역을 말한다.

① 대상토지가 그 지번부여지역 안의 최종 지번의 토지와 인접해 있는 경우
② 대상토지가 이미 등록된 토지와 멀리 떨어져 있어서 등록된 토지의 본번에 부번을 부여하는 것이 불합리한 경우
③ 대상토지가 여러 필지로 되어 있는 경우
3) 토지 분할의 경우
분할 후의 필지 중 1필지의 지번은 분할 전의 지번으로 하고, 나머지 필지의 지번은 본번의 최종 부번의 다음 순번으로 부번을 부여한다. 이 경우 주거·사무실 등의 건축물이 있는 필지에 대하여는 분할 전의 지번을 우선하여 부여하여야 한다.

● **토지 합병의 경우**
합병대상 지번 중 선순위의 지번을 그 지번으로 하며, 본번으로 된 지번이 있는 때에는 본번 중 선순위의 지번을 합병 후의 지번으로 한다. 이 경우 토지소유자가 합병 전의 필지에 주거·사무실 등의 건축물이 있어서 그 건축물이 위치한 지번을 합병 후의 지번으로 신청하는 때에는 그 지번을 합병 후의 지번으로 부여하여야 한다.

지목

지목이란 토지의 주된 용도에 따라 토지의 종류를 구분하여 지적공부에 등록한 것을 말한다. 28개로 구분하고 있다.

경계

경계란 필지별로 경계점간을 직선으로 연결하여 지적공부에 등록한 선을 말한다.

면적

면적이란 지적공부에 등록한 필지의 수평면상 넓이를 말하며, 면적의 단위는 '㎡(제곱미터)'로 한다. 면적에 있어서 우리에게 익숙한 '평'이라는 단위는 2007.7.1.부터 「계량에 관한 법률」이 개정됨에 따라 사용하지 않으며, '㎡(제곱미터)'의 '평' 환산은 ㎡의 1/3 (실제는1/3.3058)로 하면 된다.

등록전환

등록전환이란 임야대장 및 임야도에 등록된 토지를 토지대장 및 지적도에 옮겨 등록하는 것을 말한다. 등록전환 과정에서 임야의 지번 숫자 앞에 붙었던 '산' 자는 떨어져 나간다.

토지의 분할

분할이란 지적공부에 등록된 1필지를 2필지 이상으로 나누어 등록하는 것을 말한다.

토지의 합병

합병이란 지적공부에 등록된 2필지 이상을 1필지로 합하여 등록하는 것을 말한다.

지목변경

지목변경이란 지적공부에 등록된 지목을 다른 지목으로 바꾸어 등록하는 것을 말하며, 지목변경을 신청할 수 있는 경우는 다음의 세 가지가 있다.
① 토지의 형질변경 등의 공사가 준공된 경우
② 토지 또는 건축물의 용도가 변경된 경우
③ 도시개발사업 등의 원활한 사업추진을 위하여 사업시행자가 공사 준공 전에 토지의 합병을 신청하는 경우

◆ 토지의 사용용도별 분류, 28가지 지목

지목은 토지를 주된 '사용용도'에 따라 분류한 것이다. 사용용도에 따라 분류한 것이기 때문에 28가지 중 상당수는 생활에서 쉽게 접할 수 있다. 따라서 지목의 개념 자체를 이해하는 것은 비교적 쉬운 일이다. 지목은 해당지목의 첫 글자를 따서 표기하지만 예외적으로 둘째 글자를 따서 표기하는 경우도 있다. 28개의 지목을 대장(토지대장, 임야대장)과 토지이용계획확인서에 표기할 때는 정식명칭을 사용하고, 도면(지적도, 임야도)에 등록할 때는 다음의 부호로 표기한다.

■ 지목의 표기

지목	부호	지목	부호
전	전	철도용지	철
답	답	제방	제
과수원	과	하천	천
목장용지	목	구거	구
임야	임	유지	유
광천지	광	양어장	양
염전	염	수도용지	수
대	대	공원	공
공장용지	장	체육용지	체
학교용지	학	유원지	원
주차장	차	종교용지	종
주유소용지	주	사적지	사
창고용지	창	묘지	묘
도로	도	잡종지	잡

지목의 설정방법, '1필지 1지목'

필지마다 하나의 지목을 설정한다. 필지가 두 가지 이상의 용도로 활용되는 경우에는 주된 용도에 따라 지목을 설정한다. 단, 토지가 일시적 또는 임시적인 용도로 사용되는 경우에는 지목을 변경하지 않는다.

◆ 지목의 종류

다음과 같이 28개로 구분해 정하고 있다.

전 전

물을 상시적으로 이용하지 아니하고 곡물·원예작물(과수류를 제외한다)·약초·뽕나무·닥나무·묘목·관상수 등의 식물을 주로 재배하는 토지와, 식용을 위하여 죽순을 재배하는 토지는 '전'으로 한다.

답 답

물을 상시적으로 직접 이용하여 벼·연·미나리·왕골 등의 식물을 주로 재배하는 토지는 '답'으로 한다.

과수원 과

사과·배·밤·호도·귤나무 등 과수류를 집단적으로 재배하는 토지와 이에 접속된 저장고 등 부속시설물의 부지는 '과수원'으로 한다. 다만, 주거용 건축물의 부지는 '대'로 한다.

목장용지 목

다음 각목의 토지는 '목장용지'로 한다. 다만, 주거용 건축물의 부지는 '대'로 한다.
① 축산업 및 낙농업을 하기 위하여 초지를 조성한 토지
② 「축산법」의 규정에 의한 가축을 사육하는 축사 등의 부지

③ 가목 및 나목의 토지와 접속된 부속시설물의 부지

임야 임
산림 및 원야를 이루고 있는 수림지 · 죽림지 · 암석지 · 자갈땅 · 모래땅 · 습지 · 황무지 등의 토지는 '임야'로 한다.

광천지 광
지하에서 온수 · 약수 · 석유류 등이 용출되는 용출구와 그 유지에 사용되는 부지는 '광천지'로 한다. 다만, 온수 · 약수 · 석유류 등을 일정한 장소로 운송하는 송수관 · 송유관 및 저장시설의 부지는 제외한다.

염전 염
바닷물을 끌어들여 소금을 채취하기 위해 조성된 토지와 이에 접속된 제염장 등 부속시설물의 부지는 '염전'으로 한다. 다만, 천일제염 방식에 의하지 아니하고 동력에 의하여 바닷물을 끌어들여 소금을 제조하는 공장시설물의 부지는 제외한다.

대 대
다음 각목의 토지는 '대'로 한다.
① 영구적 건축물 중 주거 · 사무실 · 점포와 박물관 · 극장 · 미술관 등 문화시설과 이에 접속된 정원 및 부속시설물의 부지
② 「국토계획법」 등 관계법령에 의한 택지조성공사가 준공된 토지

공장용지 장
다음 각목의 토지는 '공장용지'로 한다.
① 제조업을 하고 있는 공장시설물의 부지
② 「산업집적 활성화 및 공장설립에 관한 법률」 등에 의한 공장부지 조성 공사가 준공된 토지
③ 가목 및 나목의 토지와 같은 구역 안에 있는 의료시설 등 부속시설물의 부지

학교용지 학
학교의 교사와 이에 접속된 체육장 등 부속시설물의 부지는 '학교용지'로 한다.

주차장 차
자동차 등의 주차에 필요한 독립적인 시설을 갖춘 부지와 주차전용 건축물 및 이에 접속된 부속시설물의 부지는 '주차장'으로 한다. 다만, 다음에 해당하는 시설의 부지를 제외한다.
① 「주차장법」에 의한 노상주차장 및 부설주차장
② 자동차 등의 판매목적으로 설치된 물류장 및 야외전시장

주유소용지 주
다음 각목의 토지는 '주유소용지'로 한다. 다만, 자동차·선박·기차 등의 제작 또는 정비공장 안에 설치된 급유·송유시설 등의 부지는 제외한다.

① 석유ㆍ석유제품 또는 액화석유가스 등의 판매를 위하여 일정한 설비를 갖춘 시설물의 부지
② 저유소 및 원유저장소의 부지와 이에 접속된 부속시설물의 부지

창고용지 창

물건 등을 보관 또는 저장하기 위하여 독립적으로 설치된 보관시설물의 부지와 이에 접속된 부속시설물의 부지는 '창고용지'로 한다.

도로 도

다음 각목의 토지는 '도로'로 한다. 다만, 아파트ㆍ공장 등 단일 용도의 일정한 단지 안에 설치된 통로 등을 제외한다.
① 일반 공중의 교통운수를 위하여 보행 또는 차량운행에 필요한 일정한 설비 또는 형태를 갖추어 이용되는 토지
②「도로법」등 관계법령에 의하여 도로로 개설된 토지
③ 고속도로 안의 휴게소 부지
④ 2필지 이상에 진입하는 통로로 이용되는 토지

철도용지 철

교통운수를 위하여 일정한 궤도 등의 설비와 형태를 갖추어 이용되는 토지와 이에 접속된 역사ㆍ차고ㆍ발전시설 및 공작창 등 부속시설물의 부지는 '철도용지'로 한다.

제방 제
조수 · 자연유수 · 모래 · 바람 등을 막기 위하여 설치된 방조제 · 방수제 · 방사제 · 방파제 등의 부지는 '제방'으로 한다.

하천 천
자연의 유수가 있거나 있을 것으로 예상되는 토지는 '하천'으로 한다.

구거 구
용수 또는 배수를 위하여 일정한 형태를 갖춘 인공적인 수로 · 둑 및 그 부속시설물의 부지와 자연의 유수가 있거나 있을 것으로 예상되는 소규모 수로부지는 '구거'로 한다.

유지 유
물이 고이거나 상시적으로 물을 저장하고 있는 댐 · 저수지 · 소류지 · 호수 · 연못 등의 토지와 연 · 왕골 등이 자생하는 배수가 잘되지 아니하는 토지는 '유지'로 한다.

양어장 양
육상에 인공으로 조성된 수산생물의 번식 또는 양식을 위한 시설을 갖춘 부지와 이에 접속된 부속시설물의 부지는 '양어장'으로 한다.

수도용지 수
물을 정수하여 공급하기 위한 취수 · 저수 · 도수 · 정수 · 송수 및 배수시설의 부지 및 이에 접속된 부속시설물의 부지는 '수도용지'로 한다.

공원 공

일반 공중의 보건·휴양 및 정서생활에 이용하기 위한 시설을 갖춘 토지로서 「국토계획법」에 의하여 공원 또는 녹지로 결정·고시된 토지는 '공원'으로 한다.

체육용지 체

국민의 건강증진 등을 위한 체육활동에 적합한 시설과 형태를 갖춘 종합운동장·실내체육관·야구장·골프장·스키장·승마장·경륜장 등 체육시설의 토지와 이에 접속된 부속시설물의 부지는 '체육용지'로 한다. 다만, 체육시설로서의 영속성과 독립성이 미흡한 정구장·골프연습장·실내수영장 및 체육도장, 유수를 이용한 요트장 및 카누장, 산림 안의 야영장 등의 토지를 제외한다.

유원지 원

일반 공중의 위락·휴양 등에 적합한 시설물을 종합적으로 갖춘 수영장·유선장·낚시터·어린이놀이터·동물원·식물원·민속촌·경마장 등의 토지와 이에 접속된 부속시설물의 부지는 '유원지'로 한다. 다만, 이들 시설과의 거리 등으로 보아 독립적인 것으로 인정되는 숙식시설 및 유기장의 부지와 하천·구거 또는 유지(공유의 것에 한한다)로 분류되는 것을 제외한다.

종교용지 종

일반 공중의 종교의식을 위하여 예배·법요·설교·제사 등을 하기 위한 교회·사찰·향교 등 건축물의 부지와 이에 접속된 부속시설물의 부지는 '종교용지'로 한다.

사적지 사

문화재로 지정된 역사적인 유적·고적·기념물 등을 보존하기 위하여 구획된 토지는 '사적지'로 한다. 다만, 학교용지·공원·종교용지 등 다른 지목으로 된 토지 안에 있는 유적·고적·기념물 등을 보호하기 위하여 구획된 토지를 제외한다.

묘지 묘

사람의 시체나 유골이 매장된 토지, 「도시공원 및 녹지 등에 관한 법률」에 의한 묘지공원으로 결정·고시된 토지 및 「장사 등에 관한 법률」의 규정에 의한 봉안시설과 이에 접속된 부속시설물의 부지는 '묘지'로 한다. 다만, 묘지의 관리를 위한 건축물의 부지는 '대'로 한다.

잡종지 잡

다음 각목의 토지는 '잡종지'로 한다. 다만, 원상회복을 조건으로 돌을 캐내는 곳 또는 흙을 파내는 곳으로 허가된 토지를 제외한다.
① 갈대밭, 실외에 물건을 쌓아두는 곳, 돌을 캐내는 곳, 흙을 파내는 곳, 야외시장, 비행장, 공동우물
② 영구적 건축물 중 변전소, 송신소, 수신소, 송유시설, 도축장, 자동차

운전학원, 쓰레기 및 오물처리장 등의 부지

③ 다른 지목에 속하지 아니하는 토지

◆ 부동산공법 현장실무

목장용지의 구분

목장용지는 초지인 목장용지와 축사인 목장용지를 구분할 수 있어야 한다. 해당 토지의 토지이용계획확인서를 발급(열람)받으면 지목은 '목장용지'로 동일하지만, '다른 법령에 따른 지역·지구 등'에 초지는 별도로 "초지〈초지법〉"이라고 표시가 되어 있다. '다른 법령에 따른 지역·지구 등'에 별도의 표시가 없으면 축사인 목장용지로 볼 수 있다.

1) 초지인 목장용지

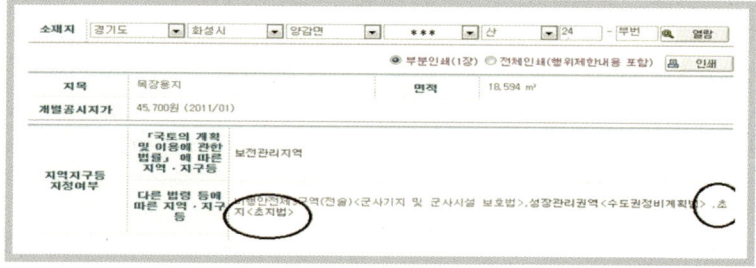

▶ '다른 법령에 따른 지역·지구 등'에 초지〈초지법〉으로 표시되어 있는 것이 초지인 목장용지이다.

2) 축사인 목장용지

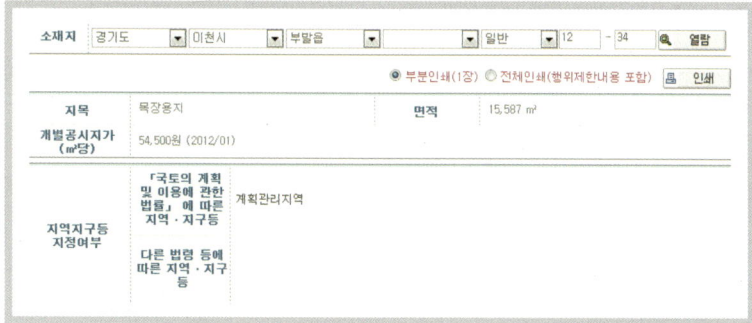

▶ '다른 법령에 따른 지역·지구 등'에 초지(초지법)으로 표시가 없는 것이 축사인 목장용지이다.

토지의 분할

토지소유자가 토지를 분할하려면 지적소관청에 분할을 신청하여야 한다. 토지의 분할이나 합병 등의 신청은 뒤에 나오는 서식「토지이동신청서」를 작성하여 시·군에 제출하면 된다.

1) 지적법에 의한 토지의 분할

소유권이전, 매매 등을 위하여 필요한 경우에 분할할 수 있다.

▶ 지적법시행령 제65조

> 제65조(분할 신청)
> ① 법 제79조제1항에 따라 분할을 신청할 수 있는 경우는 다음 각 호와 같다.
> 1. 소유권이전, 매매 등을 위하여 필요한 경우
> 2. 토지이용상 불합리한 지상 경계를 시정하기 위한 경우

2) 국토계획법에 의한 토지의 분할

(1) 관계법령에 따른 허가 · 인가 등을 받아 분할하는 경우

녹지지역 · 관리지역 · 농림지역 및 자연환경보전지역 안에서 관계법령에 따른 허가 · 인가 등을 받으면 허가받은 내용대로 토지를 분할할 수 있다. 예를 들어, 어느 토지의 일부에 창고건축목적으로 허가를 받았다면 허가를 받은 내용대로 분할이 가능하다.

(2) 관계법령에 따른 허가 · 인가 등을 받지 아니하고 분할하는 경우

토지의 분할은 개발행위허가의 대상 6개의 행위 중 하나에 해당하며, 녹지지역 · 관리지역 · 농림지역 및 자연환경보전지역 안에서 관계법령에 따른 허가 · 인가 등을 받지 아니하고 행하는 토지의 분할은 개발행위허가를 받아야만 분할 할 수 있다.

▶ **국토의 계획 및 이용에 관한 법률 시행령 제51조 제1항**

> **제51조(개발행위허가의 대상)**
> ① 법 제56조제1항에 따라 개발행위허가를 받아야 하는 행위는 다음 각 호와 같다.
>   1. 건축물의 건축 : 「건축법」 제2조제1항제2호에 따른 건축물의 건축
>   2. 공작물의 설치 : 인공을 가하여 제작한 시설물(「건축법」 제2조제1항제2호에 따른 건축물을 제외한다)의 설치
>   3. 토지의 형질변경 : 절토 · 성토 · 정지 · 포장 등의 방법으로 토지의 형상을 변경하는 행위와 공유수면의 매립(경작을 위한 토지의 형질변경을 제외한다)
>   4. 토석채취 : 흙 · 모래 · 자갈 · 바위 등의 토석을 채취하는 행위. 다만, 토지의 형질변경을 목적으로 하는 것을 제외한다.
>   5. 토지분할 : 다음 각 목의 어느 하나에 해당하는 토지의 분할(「건축법」 제57조에 따른 건축물이 있는 대지는 제외한다)
>   가. 녹지지역 · 관리지역 · 농림지역 및 자연환경보전지역 안에서 관계법령에 따른

> 허가 · 인가 등을 받지 아니하고 행하는 토지의 분할
> 나. 「건축법」 제57조제1항에 따른 분할제한면적 미만으로의 토지의 분할
> 다. 관계 법령에 의한 허가 · 인가 등을 받지 아니하고 행하는 너비 5m 이하로의 토지의 분할
> 6. 물건을 쌓아놓는 행위 : 녹지지역 · 관리지역 또는 자연환경보전지역안에서 건축물의 울타리안(적법한 절차에 의하여 조성된 대지에 한한다)에 위치하지 아니한 토지에 물건을 1월 이상 쌓아놓는 행위

3) 기획부동산에 의한 토지분할규제

"기획부동산"이란 일선 시 · 군의 토지분할 관련 업무처리지침에서 '관계 법령에 의하여 원칙적으로 개발이 불가능한 토지 또는 개발이 허용되는 범위와 다르게 하여 광고 등을 통해 토지를 분양 또는 판매하는자를 말한다'고 정의되어 있으며, 토지분할방식으로는 택지식분할과 바둑판식분할 방식이 많이 이용되고 있다.

▶ "택지식분할"이란 인 · 허가를 득하지 않고 도로형태를 갖추어 그 필지에 접하게 다수필지로 분할하는 것을 말한다.

▶ "바둑판식분할"이란 인 · 허가를 득하지 않고 도로 형태를 갖추지 않은 바둑판형태의 다수 필지로 분할하는 것을 말한다.

경기도 용인시의 토지분할지침을 참조하면 토지분할허가기준은 다음과 같다.

▶ '용인시 기획부동산의 택지식 · 바둑판식 분할제한지침'에 의한 토지분할허가 기준

제5조(토지분할허가 기준)
토지분할은 다음 각 호의 기준에 모두 적합한 경우에 한하여 허가하여야 한다.
1. 공유지분 및 매매에 의해 분할할 경우 도시지역은 990㎡이상, 비도시 지역은 1,650㎡ 이상으로 한다.
2. 이미 분할된 필지의 재분할은 소유권 이전일로부터 1년 이상 경과되어야 한다.
3. 관계 법령에 의하여 인·허가를 득하지 않고 분할 할 경우 택지식 및 바둑판식 형태의 토지분할이 아닐 것.

제6조(공유지분 분할허가)
토지분할허가 기준을 회피하고자 공유지분(법원의 판결 등)을 통하여 분할하는 경우에도 제5조를 적용한다.

토지의 합병

토지의 합병은 토지소유자의 신청에 의하여 가능하지만 지적법 제80조 제3항에서 규정한 합병불가능 사유에 해당하지 않아야 한다.

▶ 지적법 제80조 제3항

제80조(합병 신청)
③ 다음 각 호의 어느 하나에 해당하는 경우에는 합병 신청을 할 수 없다.
1. 합병하려는 토지의 지번부여지역, 지목 또는 소유자가 서로 다른 경우
2. 합병하려는 토지에 다음 각 목의 등기 외의 등기가 있는 경우
   가. 소유권·지상권·전세권 또는 임차권의 등기
   나. 승역지(承役地)에 대한 지역권의 등기
   다. 합병하려는 토지 전부에 대한 등기원인(登記原因) 및 그 연월일과 접수번호가 같은 저당권의 등기

3. 그 밖에 합병하려는 토지의 지적도 및 임야도의 축척이 서로 다른 경우 등 대통령령으로 정하는 경우
   - 합병하려는 토지의 지적도 및 임야도의 축척이 서로 다른 경우
   - 합병하려는 각 필지의 지반이 연속되지 아니한 경우
   - 합병하려는 토지가 등기된 토지와 등기되지 아니한 토지인 경우
   - 합병하려는 각 필지의 지목은 같으나 일부 토지의 용도가 다르게 되어 법 제79조 제2항에 따른 분할대상 토지인 경우. 다만, 합병 신청과 동시에 토지의 용도에 따라 분할 신청을 하는 경우는 제외한다.
   - 합병하려는 토지의 소유자별 공유지분이 다르거나 소유자의 주소가 서로 다른 경우
   - 합병하려는 토지가 구획정리, 경지정리 또는 축척변경을 시행하고 있는 지역의 토지와 그 지역 밖의 토지인 경우

등록전환

토지소유자는 등록전환할 토지가 있으면 대통령령으로 정하는 바에 따라 그 사유가 발생한 날부터 60일 이내에 지적소관청에 등록전환을 신청하여야 한다

▶ 지적법 시행령 제64조(등록전환 신청)

제64조(등록전환 신청)
① 법 제78조에 따라 등록전환을 신청할 수 있는 토지는 「산지관리법」, 「건축법」 등 관계 법령에 따른 토지의 형질변경 또는 건축물의 사용승인 등으로 인하여 지목을 변경하여야 할 토지로 한다.
② 다음 각 호의 어느 하나에 해당하는 경우에는 제1항에도 불구하고 지목변경 없이 등록전환을 신청할 수 있다. 〈개정 2012.4.10〉
  1. 대부분의 토지가 등록전환되어 나머지 토지를 임야도에 계속 존치하는 것이 불합리한 경우
  2. 임야도에 등록된 토지가 사실상 형질변경되었으나 지목변경을 할 수 없는 경우

> 3. 도시·군관리계획선에 따라 토지를 분할하는 경우
>
> ③ 토지소유자는 법 제78조에 따라 등록전환을 신청할 때에는 등록전환 사유를 적은 신청서에 국토해양부령으로 정하는 서류를 첨부하여 지적소관청에 제출하여야 한다.

지목변경

법 제81조(지목변경 신청) 토지소유자는 지목변경을 할 토지가 있으면 대통령령으로 정하는 바에 따라 그 사유가 발생한 날부터 60일 이내에 지적소관청에 지목변경을 신청하여야 한다.

▶ **지적법 시행령 제67조(지목변경 신청)**

> **제67조(지목변경 신청)**
> ① 법 제81조에 따라 지목변경을 신청할 수 있는 경우는 다음 각 호와 같다.
>   1. 「국토의 계획 및 이용에 관한 법률」 등 관계 법령에 따른 토지의 형질변경 등의 공사가 준공된 경우
>   2. 토지나 건축물의 용도가 변경된 경우
>   3. 법 제86조에 따른 도시개발사업 등의 원활한 추진을 위하여 사업시행자가 공사 준공 전에 토지의 합병을 신청하는 경우
>
> ② 토지소유자는 법 제81조에 따라 지목변경을 신청할 때에는 지목변경 사유를 적은 신청서에 국토해양부령으로 정하는 서류를 첨부하여 지적소관청에 제출하여야 한다.

측량·수로조사 및 지적에 관한 법률 시행규칙 [별지 제75호서식]

토지이동 신청서

뒤쪽의 수수료와 처리기간을 확인하시고, [ ]에는 해당되는 곳에 √ 표시를 합니다.　　　　(앞 쪽)

접수번호	접수일	발급일	처리기간	뒤 쪽 참조

신청구분	[ ]토지(임야)신규등록　　[ ]토지(임야)분할　　[ ]토지(임야)지목변경 [ ]등록전환　　　　　　　[ ]토지(임야)합병　　[ ]토지(임야)등록사항정정 [ ]기타

신청인	성명	(주민)등록번호
	주소	전화번호

신청내용

토지소재			이동전			이동후			토지이동 결의일 및 이동사유
시·군·구	읍·면	동·리	지번	지목	면적(m²)	지번	지목	면적(m²)	

위와 같이 관계 증명 서류를 첨부하여 신청합니다.

　　　　　　　　　　　　　　　　　　　　　　　　　　　년　월　일

　　　　　　　　　　　　　신청인　　　　　　　　　(서명 또는 인)

시장 · 군수 · 구청장 귀하

수입증지 첨부란

「측량 · 수로조사 및 지적에 관한 법률」시행규칙 제115조제1항에 따른 수수료(뒷면 참조)

210mm×297mm[일반용지 60g/m²]

💬 "등록전환"을 토지의 가치개념에서 좀 더 자세히 살펴보자!

등록전환은 임야대장 및 임야도에 등록하여 관리하는 임야를 토지대장 및 지적도에 옮겨 등록하는 지적공부정리의 행위로서 토지소유자가 언제든 해당 임야가 소재한 시군구청 민원실 지적측량창구에 신청하면 전환이 가능하다. 현행 지적법에는 원칙적으로 28개 지목의 모든 토지를 지적도와 토지대장에 등록하여 관리하도록 규정하고 있는데, 예외적으로 임야는 임야도와 임야대장에 등록하여 관리할 수 있도록 하였다. 이유는 보편적으로 지적도는 1:1,200 축척을 사용하는데, 토지에 비하여 상대적으로 1필지 면적이 큰 임야를 1:1,200 축척으로 등록할 경우 지적원도 1도곽(50cm×40cm 도화지 크기를 의미함)보다 커서 등록할 수 없는 임야가 발생하거나 원도 양 또한 폭발적으로 증가하여 임야는 1:6,000 축척의 임야도에 등록 관리하도록 한 것이다. 그런데 2002년 지적도 전산화 구축사업이 완료되면서 이전까지는 산지전용허가나 전원주택 같은 개발사업인허가를 득한 경우, 자투리 임야, 소규모 임야 등에 한해 소극적으로 전환을 해주었던 반면, 전산화 이후 등록에 제약이 없어지면서 1:6,000 축척 임야를 1:1,200 축척 임야로 등록전환을 권장하는 추세다.

여기서 우리가 반드시 주목해야 할 부분은 등록전환이 신청주의라는 것이다. 이는 소유자가 원해야 등록전환이 된다는 의미인데, 여기에는 중요한 한 가지 사실이 숨겨져 있다. 단순히 등록전환이 소축척 임야도에서 대축척 지적도로 옮기는 지적공부의 전환을 의미하는 것이라면 행정문서로서 행정적으로 직권 전환을 해도 무방할 텐데 신청주의를 고수하고 있는 이유는 등록전환을 하면 공부상 면적에 변동이 생긴다는 것이다. 그것도 99% 면적이 감소한다는데 문제가 있다.

면적이 대체로 감소하는 이유는 지적도를 그릴 때 선의 굵기를 0.1mm로 그리는데, 0.1mm가 1:1,200 축척에서는 12cm이고, 1:6,000 축척에서는 60cm가 된다. 즉 임야의 경계를 60cm 굵기로 그려졌던 임야도를 12cm 굵기의 지적도로 전환하면서 가늘어지는 선 굵기와 경계 표현이 상세해 지면서 면적의 감소가 발생한다.

▶ 사례

매도자가 넘겨주는 임야도와 임야대장을 보니 평택시 포승읍 ○○리 산167-1임 5,060㎡이었다. 물건이 너무 맘에 들어 매수를 한 후, 창고부지로 개발하고자 산지전용허가를 득한 후 허가대로 필지를 분할 하기위해 분할측량을 신청하였더니 등록전환측량을 먼저 신청해야 한다는 것이다. 며칠 후 등록전환측량 성과도를 받아보고 깜짝 놀랐다. 면적이

4,849㎡로 211㎡나 줄어 있는 것이다. 그래서 시청을 찾아가 면적이 잘못된 것이 아니냐고 항의를 하자 등록전환을 하면 면적이 준다고 하는 것이다. 그러면 먼저 임야 소유주가 임야대장을 위조해 사기를 친 것이냐고 묻자 그렇지 않다는 것이다. 눈뜨고 몇 천만 원을 사기 맞은 바보가 된 기분이었다.

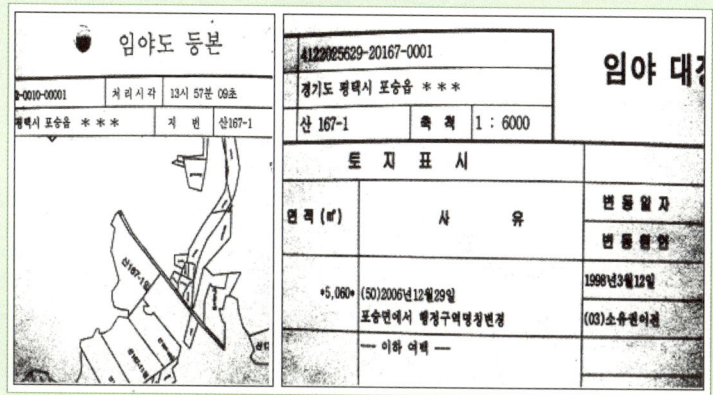

〈등록전환 전 임야도 및 임야대장 '산167-1임' 면적 5,060㎡〉

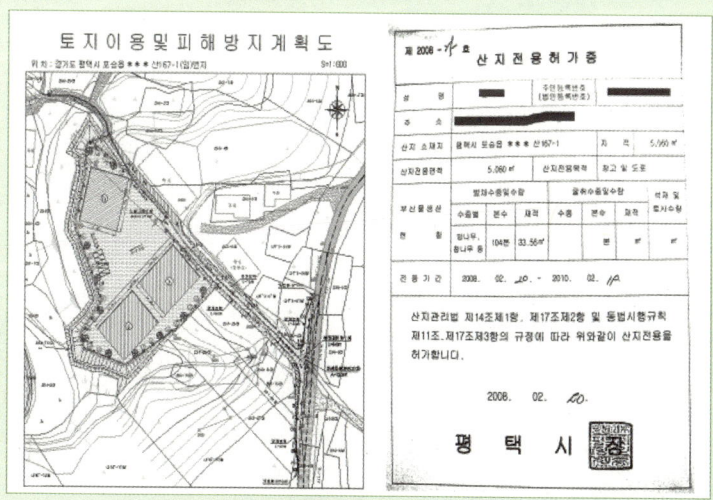

〈등록전환 전 임야도 및 임야대장 '산167-1임' 면적 5,060㎡〉

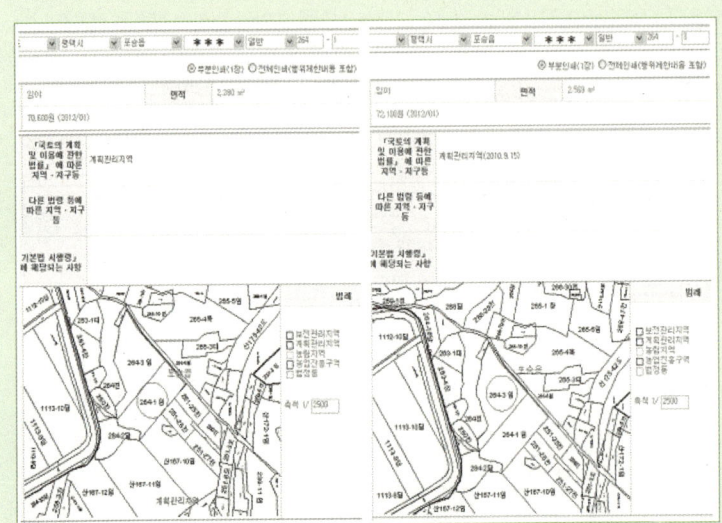

〈산지전용 후 '산167-1임' 5,060㎡이 '264-1임' 2,280㎡, '264-3임' 2,569㎡로 등록전환 및 분할되면서 면적이 211㎡ 감소〉

▶ **전문가 조언**
등록전환이 되지 않은 지번 앞에 '산'자가 붙어있는 임야를 매수할 때는 요즘 등록전환 측량 며칠이면 성과도를 받아 볼 수 있으니 등록전환 후 매수하는 것이 가장 확실하고, 그럴 여건이 되지 않을 경우 계약서에 매수 후 등록전환 시 변동되는 면적 증감분에 대한 금전 정산 조항을 삽입해 두면 위 사례와 같은 황당한 일을 방지할 수 있다.

03 CHAPTER

부동산종합증명서 및 토지 공부

◆ 실전, 4대 공부 해석

토지와 관련된 네 가지 공부에는 소재, 지번, 지목, 소유자, 소유자주소, 면적 등 동일한 내용이 여러 서류에서 반복되고 있기 때문에 투자가는 문서마다 포인트를 찍어서 해석할 수 있는 실력을 갖추어야 한다.

전문가의 필수품, 토지이용계획확인서와 토지(임야)대장

토지전문가는 주로 토지이용계획확인서와 토지(임야)대장, 이 두 가지 공부를 참조한다. 토지이용계획확인서는 용도지역과 토지거래허가구역을 확인하기 위해서이고, 토지(임야)대장은 면적을 확인하기 위해서이다.

'면적'을 표시하는 토지대장, 임야대장

토지(임야)대장은 면적과 지목, 그리고 필지분할 시점에 대한 정보를 제공해준다. 면적은 등기부등본에도 표시가 되지만 등기부등본과 대장의 면적이 상이한 경우가 종종 있다. 따라서 전문가들은 면적을 정확히 하기 위해 대장을 발급받는다. 또한 필지분할 시점은 특별대책지역1권역에서 부동산 개발허가를 받을 때 건축할 수 있는 건축물의 용도를 판단하는 데 중요한 역할을 한다.

'형상과 경계'를 표시하는 지적도, 임야도

토지의 형상과 경계, 주변 도로여건 및 개발현황 등을 파악하기 위해 사용한다. 지적도와 임야도가 이원화되어 있기 때문에 임야와 다른 지목들이 혼재된 지역에서는 현황을 파악하는 데 효율성이 떨어진다. 따라서 실전에서는 토지이용규제서비스의 컬러 지적임야도나 시중에서 판매되는 5,000분의 1 지적임야도를 사용한다.

'용도지역'을 표시하는 토지이용계획확인서

토지이용계획확인서를 보고 분석해내는 것이 부동산 공부의 시작이며 마지막이다. 토지이용계획확인서에서 가장 중요한 것은 바로 용도지역이다. 용도지역에 따라 해당 토지에서의 건폐율·용적률·건축할 수 있는 건축물을 판단하게 된다. 또한 해당 토지가 개발행위허가제한에 묶여 공장이나 창고 등으로 개발이 불가능한 상태에 있는지 여부도 토지이용계획확인서를 통해 확인할 수 있다.

◆ 지적제도와 등기제도

지적제도와 등기제도

토지와 관련된 문서는 등기부, 대장, 도면, 토지이용계획확인서 4가지가 있다. 이중 대장과 도면을 지적공부라 한다. 부동산과 관련된 사항을 등기부에 기록하는 것을 등기한다고 하고, 지적공부에 기록하는 것을 등록한다고 한다. 행정기관이 직권으로 작성해야 할 대장에는 토지대장, 임야대장, 건축물대장 등이 존재한다. 토지대장 및 임야대장은 공유자연명부, 대지권등록부, 지적도, 임야도, 경계점좌표등록부와 함께 작성된다. 또한 일반건축물대장은 종래 건축물관리대장(가옥대장)이라고 불리던 것으로 「건축법」제29조에서 작성의무를 부과하고 있으며, 집합건축물대장은 「집합건물의소유및관리에관한법률」에 근거하고 있다.

■ 지적제도(대장작성)와 등기제도(등기부작성)의 비교

구분	지 적 제 도	등 기 제 도
의의	토지의 물리적 현황을 공시	권리관계를 공시
대상	권리의 객체(전국의 모든 토지)	권리의 주체(토지, 건물)
심사	실질적 심사주의	형식적 심사주의 (당사자의 신청이 있어야)
신청	직권등록주의	신청주의 원칙
기능	등기부상의 토지표시의 기초제공	지적공부를 기초로 등기부의 토지표시 작성
작성 및 보관	행정관청(시장·군수·구청장 작성)	등기소

지적공부와 등기부의 이원화

지적공부(대장)는 부동산의 사실관계를 중심으로 공시하는 제도이고, 등기부는 부동산에 대한 사실관계 및 권리관계를 중심으로 공시하는 제도이다. 부동산의 지목이나 면적 등의 사실관계에 관한 변동사항은 대장을 중심으로 이루어지며, 변경된 대장에 기초하여 등기부의 변경이 이루어진다. 소유권의 변동이 있는 경우에는 등기부에 소유권의 변동된 내용을 등기하면, 변경된 등기부에 기초하여 대장의 소유자를 정리하게 된다. 따라서 대장에 표시된 면적, 지목 등과 등기부에 표시된 면적, 지목 등이 서로 일치하지 않는 경우에는 대장을 기준으로 등기부를 변경해야 하고, 대장에 표시된 등기명의인의 표시가 등기부와 일치하지 않는 경우에는 등기부를 기준으로 대장을 변경해야 한다.

▶ **대장상 분필절차 없는 분필등기의 효력(무효)**

등기부만으로 어떤 토지 중 일부가 분할되고 그 분할된 토지에 대하여 지번과 지적이 부여되어 등기가 되어 있어도, 지적공부 소관청에 의한 지번, 지적, 지목, 경계확정 등의 분필절차를 거친바가 없다면 그 등기가 표상하는 목적물은 특정되었다고 할 수 없어 분필의 효과가 발생할 수 없고 분할 전 토지는 한 필지의 토지로 존재한다고 보아야 한다.(대판95다47664).

우리나라 등기제도는 공신의 원칙을 취하지 않기 때문에 진정한 권리자보호에는 치중하지만, 거래의 안전보호는 상대적으로 미흡하다. 또한 대장과 등기부를 이원화시켜 놓고 양자의 일치를 요구하고 있으며, 형식적 심사주의를 채택함으로써 등기의 신속한 진행에는 도움이 되지만 등기의 진정성확보에는 어려움이 있다. 따라서 거래의 안전을 보호하고 등기의 진정성확보를 위해서 에스크로우(escrow)제도의 도입이나 부동산권원보험제도의 활성화시켜 실질심사를 하는 것과 같은 제도의 보완이 시급한 실정이다.

➜ 권원보장보험이란?

권원보장보험은 매입하고자하는 부동산의 소유권과 일체의 서류에 등기된 내용이 같다는 보증으로, 부동산 매입 시 대금을 지불하고 얻게 되는 권리에 대한 일종의 보증수단을 말한다. 권원보장보험제도는 등기의 공신력이 인정되지 않는 나라의 경우에 부동산 거래로부터 생기는 손해를 전보할 목적으로 활용되며 우리나라에서는 2001년부터 실시되고 있다.

➜ 에스크로우(ESCROW)제도란?

에스크로우는 중립적인 제3자 또는 기관이 쌍방대리인의 자격으로 매매에 관련된 보증금이나 보증 또는 그것에 해당하는 재산과 서류 일체를 계약조건이 종료될 때까지 보관하는 것을 의미하며, 에스크로우가 개설되면 모든 기록을 통하여 해당부동산의 권원의 변화를 조사하여 매도인 및 매수인을 보호하고 부동산거래와 관련된 부동산중개인, 변호사, 은행 등 이해당사자간에 부동산 거래와 관련하여 발생하는 모든 업무를 공정하게 수행하는 객관적인 제3자적 입장에서 업무를 수행한다. 따라서 공신력 없는 등기제도를 보완하는 기능을 하게 하는 제도이다.

◆ 사실관계 및 권리관계를 나타내는 '등기부등본'

등기부는 소유권, 부동산에 관한 물리적 현황 및 권리관계를 기재하는 공적장부로서, 부동산물권의 공시를 통하여 거래안전에 이바지할 수 있도록 창안된 제도이다. 1등기용지는 등기번호란, 표제부, 갑구, 을구로 구성되어 있다. 구분건물의 등기용지는 1동 건물의 표제부, 각각의 전유부분의 표제부·갑구·을구로 구성한다. 아파트의 복도·계단 등 구조상공용부분은 각층 면적에 포함되어 1동 건물의 표제부에 기재한다. 등기번호란에는 각 토지 또는 각 건물대지의 지번을 기재한다. 다만, 건물의 경우에는 소재·지번이 수개인 경우에는 선순위 소재·지번만을 기재한다.

① 일반 토지 및 건물의 경우 1등기용지의 구성

표제부(표시란과 표시번호란으로 구성)
표시번호란에는 표시란에 등기한 순서를 기재하고 표시란에는 토지 또는 건물의 표시와 그 변경에 관한 사항을 기재한다. 토지의 표시란에는 신청서 접수연월일, 토지의 소재·지번·지목·면적을 기재하며, 건물의 표시란에는 접수연월일, 건물의 소재·지번·구조·종류·면적 등을 기재하고 수개의 건물이 있는 경우에는 건물의 번호, 부속건물이 있는 경우에는 그 구조·종류·면적을 기재한다.

갑구(사항란과 순위번호란으로 구성)
사항란에는 소유권에 관한 사항을 기재하고, 순위번호란에는 사항란에 등기한 순위를 기재한다. 소유권에 관한 사항이란 소유권보존·소유권이전·소유권이전청구권보전가등기·소유권이전담보가등기·소유권의 변경·경정·말소·예고등기사항, 소유권의 처분제한의 등기인 압류·가압류·처분금지가처분·강제경매개시결정등기사항, 저당권에 기한 경매등기를 포함한 임의경매개시결정등기, 소유권의 소멸에 관한 약정, 환매특약등기, 소유권이 대지인 경우의 대지권인 취지의 등기, 위 각 등기의 말소등기 등을 의미한다.

을구(사항란과 순위번호란으로 구성)

사항란에는 소유권이외의 권리를 기재하며, 순위번호란에는 사항란에 등기한 순위를 기재한다. 소유권 이외의 권리라 함은 지상권, 지역권, 전세권, 권리질권, 임차권의 설정등기·이전등기·변경등기·경정등기·말소등기·가등기·예고등기·가압류·가처분 등 처분제한등기, 소유권이외의 권리가 대지권인 경우의 대지권인 취지의 등기 등을 기재한다.

② 아파트 등과 같은 구분건물의 1등기용지의 구성

1동 건물의 표제부

1동 건물의 표제부는 1동의 건물의 표시란과 대지권의 목적인 토지의 표시란으로 구성된다.

  1동의 건물의 표시란에는 접수연월일과 소재·지번·건물의 명칭이 있는 때에는 그 명칭, 건물번호, 구조, 종류, 각층의 면적, 도면 편철장의 책수와 면수 및 그 변경을 기재하며, 대지권의 목적인 토지의 표시란에는

1동 건물의 전체의 표시와 대지권의 목적인 토지의 일련번호·소재·지번·지목·면적 및 그 변경·말소 등에 관한 사항을 기재한다.

전유부분의 표제부

각 전유부분의 표제부의 표시란은 전유부분의 건물 표시란과 대지권 표시란으로 구분되어 있다. 전유부분의 건물표시란에는 각 구분건물의 접수연월일·구조·건물번호·면적과 그 변경에 관한 사항을 기재하며, 대지권 표시란에는 일련번호, 대지권의 종류와 비율, 대지권의 발생원인과 그 연월일 및 그 변경·말소에 관한 사항과 해당 구분건물에 관한 토지등기부에 별도의 등기가 있다 라는 취지를 기재한다.

◆ 사실관계의 표시 1 : 토지대장, 임야대장

대장의 종류

지적공부에는 대장과 도면이 있으며, 대장에는 토지대장과 임야대장이 있다. 28개 지목 중에서 '산'(예: 산78-2) 임야는 임야대장에 등록하고, '산' 자가 없는 번지의 임야나 나머지 지목은 토지대장에 등록한다.

대장의 등록사항

대장은 조세의 부과징수와 행정 목적의 달성을 위해 부동산의 물리적인 현황과 소유자에 관한 사항을 행정부에서 직권으로 대장에 등록해 정리하도록 하고 있다. 토지대장 및 임야대장에는 ㉠토지의 소재 ㉡지번 ㉢지목

㉣면적 ㉤소유자의 성명 또는 명칭, 주소 및 주민등록번호를 등록한다.

토지대장 해석하기

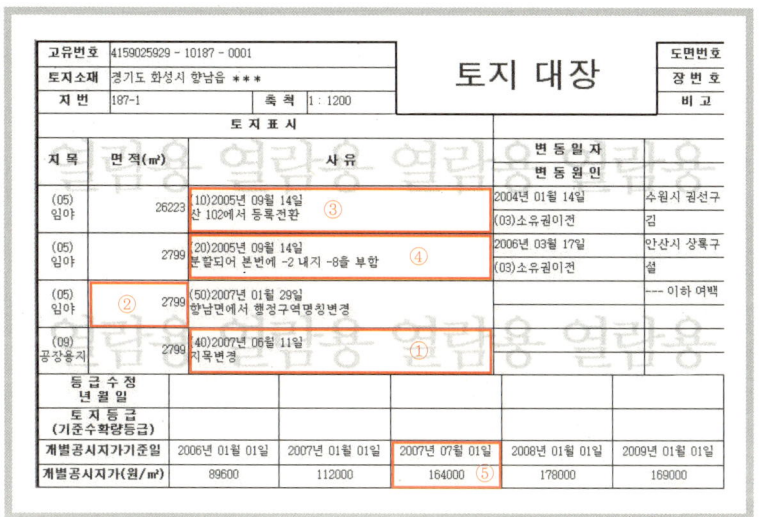

① 지목과 지목변경

당초에 임야에서 2007년 6월 11일자로 공장용지로 변경되었다.

② 면적

2,799㎡를 표시하고 있다.

③ 등록전환

2005년 9월 14일 '산' 102번지에서 등록전환 되었다. 즉, 임야대장 임야도에 등록되어 있던 것을 토지대장 지적도에 등록하여 관리하게 되었다. 따라서 임야지만 임야대장이 아닌 토지대장으로 발급되었다.

④ 필지분할 시점

2005년 9월 14일 필지분할이 되었다.
⑤ 공시지가
지목변경이 이루어진 시점 이후인 2007년 7월 1일자 기준으로 공시지가가 약 46% 상승하였다.

◆ 사실관계의 표시 2 : 지적도, 임야도

도면의 종류
도면은 지적도와 임야도가 있다. '산'(예: 산78-2) 임야는 임야도에 등록하고, '산' 자가 없는 번지의 임야나 나머지 지목은 지적도에 등록한다.

도면의 등록사항
지적도 및 임야도에는 ①토지의 소재 ②지번 ③지목 ④경계사항을 등록한다.

도면에서 주는 정보
지적도 및 임야도는 토지의 투자 및 개발과 관련하여 ①토지의 형상 ②경계 ③주변 필지 현황 등에 대한 정보를 제공해준다. 지적도와 임야도가 분리되어 있어, 임야도는 임야만을 표시하고 지적도는 임야 외의 지목을 표시한다. 때문에 관리하는 행정관청은 편리할지 모르나 소비자가 지적도와 임야도를 활용하여 투자가치 판단을 위한 정보를 얻기에는 매우 불편하다. 따라서 실무에서는 지적도와 임야도를 합친 지적임야도가 더욱

유용하게 사용되고 있다.

지적도상 1㎝가 실제로는 12m

지적도는 보통 1,200분의 1 축척을 사용하고, 임야도는 6,000분의 1 축척을 사용한다. 따라서 지적도상 1㎝가 실제로는 12m이며, 임야도상 1㎝는 실제로 60m이다. 이러한 축척을 이용하여 도로의 폭이나 해당 필지의 폭, 그리고 도로에서 떨어진 거리 등을 추정해볼 수 있다.

➜ 토지대장 및 지적도에 등록된 임야, '토임'

번지 앞에 붙은 '산' 자의 의미

임야 중에는 번지 앞에 '산'(예: 산78-2 임) 자가 붙은 임야가 있고, '산'(예: 산78-2 임) 없이 그냥 번지 뒤에 '임'이라는 지목만 붙은 임야가 있다. 이렇듯 번지 앞에 '산' 자가 붙지 않은 임야를 '토임'이라고 한다. 즉, 토지대장에 등록된 임야를 말한다.

고유번호	4150034027 - 10506 - 0001		토 지 대 장	
토지소재	경기도 이천시 마장면 ***			
지 번	506-1	축 척 1:1200		
토 지 표 시				
지 목	면 적(㎡)	사 유	변 동 일 자	
			변 동 원 인	
(05) 임야	6984	(10)2006년 06월 27일 산 61에서 등록전환	2006년 01월 27일	
			(03)소유권이전	
(05) 임야	6325	(20)2006년 06월 27일 분할되어 본번에 -2를 부함	2008년 01월 04일	
			(03)소유권이전	
(05) 임야	6137	(20)2007년 08월 08일 분할되어 본번에 -3를 부함		
		--- 이하 여백 ---		

사례 토지의 지목은 임야지만 번지 앞에 '산' 자가 없는 임야로, 대장은 임야대장이 아닌 토지대장에 등록되어 관리되고 있다. 지목은 그대로 임야로 변동이 없지만 2006년 6월 27일 등록전환되었음을 표시하고 있다.

◆ 토지공부의 시작과 끝, '토지이용계획확인서'

토지이용계획확인서는 지역·지구 등에 관한 정보를 제공

토지이용규제기본법에 의하여 국토교통부장관과 지방자치단체의 장은 국토이용정보체계를 이용하여 필지별로 지역·지구 등의 지정 여부 및 행위제한 내용을 일반 국민에게 제공하여야 한다. 토지이용계획확인서를 통해 지역·지구 지정 여부 등에 관한 정보를 제공해주는 이유 중의 하나는 토지에 가해지는 공적규제가 그 토지 가격의 결정 및 변화에 매우 큰 영향을 미치기 때문이다.

▶ 토지이용규제기본법 제10조

제10조(토지이용계획확인서의 발급 등)
① 시장·군수 또는 구청장은 다음 각 호의 사항을 확인하는 서류(이하 "토지이용계획확인서"라 한다)의 발급 신청이 있는 경우에는 대통령령으로 정하는 바에 따라 토지이용계획확인서를 발급하여야 한다.
1. 지역·지구 등의 지정 내용
2. 지역·지구 등에서의 행위제한 내용
3. 그 밖에 대통령령으로 정하는 사항

도시계획구역 내 토지는 도시계획사실확인서, 비도시계획구역 내 토지는 국토이용계획확인서로 이원화해 서류가 발급되었으나, 1992년 9월 1일자로 도시계획구역 내외 토지를 불문하고 토지이용계획확인서로 일원화해 발급하고 있다. 그래서 부동산에 종사한 지 오래된 사람들 중 일부는 아직도 도시계획확인원으로 부르기도 한다.

[별지 제2호서식]　　　　　　　　　　　　　　　　　　　　　　　　(앞 쪽)

토지이용계획확인서

처리기간
1일

신청인	성명	전종철	주소	
			전화번호	

신청토지	소재지		지번	지목	면적(㎡)
	경기도 광주시 실촌읍 곤지암리		123	전	1,000

지역·지구 등 지정여부	「국토의 계획 및 이용에 관한 법률」에 따른 지역·지구 등	계획관리지역
	다른 법령 등에 따른 지역·지구 등	특별대책지역(1권역)
「토지이용규제 기본법 시행령」제9조 제4항 각 호에 해당되는 사항		토지거래허가구역

확인 도면	범례
	축척 1 / 1200

「토지이용규제 기본법」제10조 제1항에 따라 귀하의 신청토지에 대한 현재의 토지이용계획을 위와 같이 확인합니다. 　　　　　　　　2009년 9월 9일 　　　　　　　　**시장·군수·구청장** (인)	수입증지 붙이는 곳
	수입증지 금액

◆『부동산종합증명서』및 온라인문서 발급 따라하기

정부는 부동산종합공부의 관리·운영 및 증명서발급을 통합하여 시행하기 위한「측량·수로조사 및 지적에 관한 법률」을 개정하여 2013년 7월 17일에 공포한 후 시범 운영을 거친 후 2014년 1월 18일부터 전국적으로 시행되었다. 동법에서 정의된 부동산 종합공부란『토지의 표시와 소유자에 관한 사항, 건축물의 표시와 소유자에 관한 사항, 토지의 이용 및 규제에 관한 사항, 부동산의 가격에 관한 사항 등 부동산에 관한 종합정보를 정보관리 체계를 통하여 기록·저장한 것』을 말한다. 이에 따라『부동산종합증명서』란 개별법에 의해 관리하던 18종의 부동관리증명서를 하나의 정보관리체계로 통합하여 시행하는 새로운 모델로서 공간정보의 기반이 되는 디지털 종합공부가 최초로 제도화된 것이다. 따라서 서울시는「부동산 행정정보 일원화」사업을, '일사편리'라는 이름으로 2013년 8월부터 실

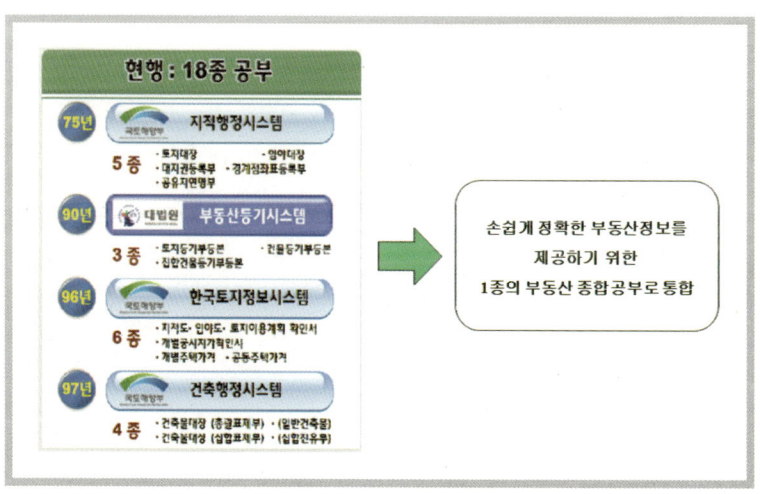

시하고 있다. 그러나 부동산관련 정보가 1장의 문서로 통합되었다고 해서 모든 것이 해결되는 것은 아니며 투자 또는 개발을 위한 해석과 분석의 문제는 투자자의 몫으로 남는다.

『부동산종합증명서』는 필요한 일부 정보를 선택하여 발급 받는 「맞춤형」과 이력, 공유지 등 모든 정보를 포함하여 발급받는 「종합형」으로 구분된다. 또한 『부동산종합증명서』는 부동산 형태에 따라 3가지 유형(토지, 토지·건축물, 토지·집합건물)으로 구분하여 발급되는데, 맞춤형의 경우에는 1,000원, 종합형의 경우에는 1,500원으로 제공되기 때문에 기존 개별 증명서 발급 시(토지대장(500원), 건축물대장(500원), 공시지가(800원), 토지이용계획(1,500원) 등) 드는 비용의 합산 금액보다 저렴하게 든다.

◆ 온라인 일사천리 문서발급 따라하기

"일사편리"(一事便利)는 부동산 행정정보 일원화 사업의 정책브랜드로서 한 장으로 편한 부동산 서비스를 의미한다.

「국토교통부」 온나라 부동산포털(www.onnara.go.kr)에 접속

인증을 통해 민원 및 증명서 발급 신청 접속

「종합증명서 열람·발급」을 선택하여 종합형 서비스

필요한 정보만 선택하여 맞춤형 서비스

PART 1 토지투자와 지적제도 • 97

일사편리 – 서울

등기부 등본

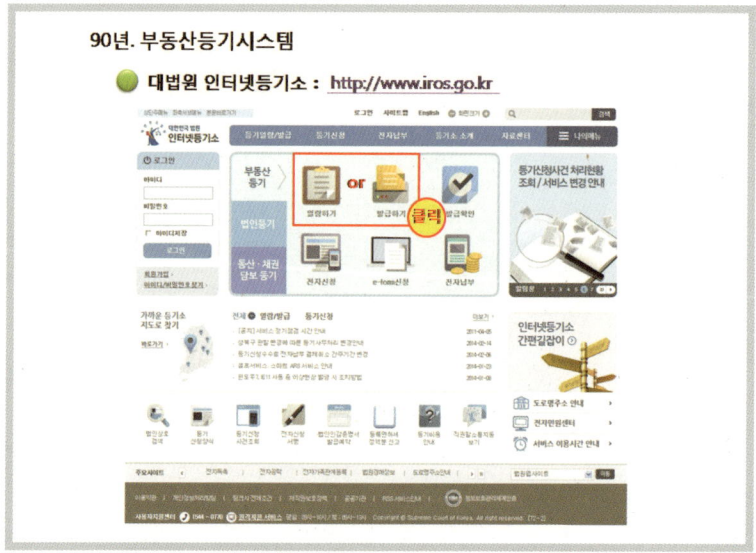

대법원 인터넷등기소(www.iros.go.kr)

대법원 인터넷등기소를 이용하면 등기소에 가지 않고 온라인으로 문서를 열람 또는 발급받을 수 있다.

◆ 등기부등본 발급(열람)

1. 부동산 구분을 먼저 선택을 한다. 그리고 시/도를 선택하고 리/동 과 지번을 타이핑 한다. 또한 토지등기부등본 발급 시 '산'번지 임야는 지번 앞에 "산"을 적는다. 예) 산 17

   토지 + 건물 : 단독주택

   토지 : 대지, 도로, 전답, 임야 등

   건물 : 하나의 독립적인 건물로 등기된 건물(일반주택, 다가구주택, 단일상가 등)

   집합건물 : 1동의 건물을 수개로 구분하여 등기한 건물 (아파트, 연립주택, 오피스텔, 상가 등)

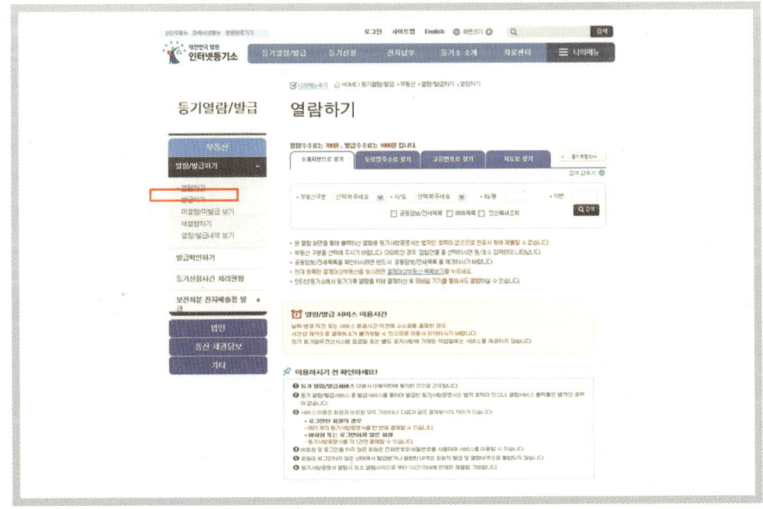

◆ 알아두면 편리한 정보 검색 사이트

도로명주소 검색

100년간 지속되어온 지번주소체계의 문제점을 해소하고 21세기의 물류·정보체계에 맞는 국민생활양식의 일대혁신을 기하고 국가경쟁력을 강화하기 위하여 주소의 기준을 지번에서 『도로명과 건물번호』로 바꾸어 2014년 1월부터 전면 시행되었다. 따라서 지번 위주의 주소표기로 인해 혼동을 피하기 위해 새로운 주소를 알아볼 수 있어 유용하다.

PART 2
국토계획법상 용도지역 용도지구 용도구역

04 CHAPTER

용도지역에서의 건축제한

◆ 건축용어 배워 보기

용도지역·용도지구·용도구역을 배우는 가장 중요한 목적은 해당 토지에서의 건축제한을 확인하기 위해서이다. 중첩으로 지정된 용도지역·용도지구·용도구역에서의 건축제한을 확인하고, 궁극적으로 해당 토지에서 개발할 수 있는 건폐율·용적률·건축할 수 있는(또는 없는) 건축물·건축물의 높이 등을 확정적으로 정의할 수 있어야 한다. 따라서, 용도지역·용도지구·용도구역에서의 건축제한을 배우기 위해서는 먼저 건축과 관련된 기초 용어를 먼저 이해하고 있어야 한다.

대지

"대지(垈地)"란 「측량·수로조사 및 지적에 관한 법률」에 따라 각 필지(筆地)

로 나눈 토지를 말한다. 다만, 대통령령으로 정하는 토지는 둘 이상의 필지를 하나의 대지로 하거나 하나 이상의 필지의 일부를 하나의 대지로 할 수 있다.

건축

건축이란 건축물을 신축·증축·개축·재축하거나 건축물을 이전하는 것을 말한다.

① 신축이란 건축물이 없는 대지에 새로 건축물을 축조하는 것을 말한다.
② 증축이란 기존 건축물이 있는 대지에서 건축물의 건축면적, 연면적, 층수 또는 높이를 늘리는 것을 말한다.
③ 개축이란 기존 건축물의 전부 또는 일부를 철거하고 그 대지에 종전과 같은 규모의 범위에서 건축물을 다시 축조하는 것을 말한다.
④ 재축이란 건축물이 천재지변이나 그 밖의 재해로 멸실된 경우 그 대지에 종전과 같은 규모의 범위에서 다시 축조하는 것을 말한다.
⑤ 이전이란 건축물의 주요 구조부를 해체하지 아니하고 같은 대지의 다른 위치로 옮기는 것을 말한다.

건축물

건축물이란 토지에 정착하는 공작물 중 지붕과 기둥 또는 벽이 있는 것과 이에 딸린 시설물, 지하나 고가의 공작물에 설치하는 사무소·공연장·점포·차고·창고, 그 밖에 법령으로 정하는 것을 말한다.

건축물의 용도

"건축물의 용도"란 건축물의 종류를 유사한 구조, 이용 목적 및 형태별로 묶어 분류한 것을 말한다.

건축선의 지정

도로와 접한 부분에 건축물을 건축할 수 있는 선은 대지와 도로의 경계선으로 한다. 다만, 소요 너비에 못 미치는 너비의 도로인 경우에는 그 중심선으로부터 그 소요 너비의 2분의 1의 수평거리만큼 물러난 선을 건축선으로 한다. 시장·군수·구청장은 건축선을 지정하면 지체 없이 이를 고시하여야 한다.

건축신고

건축허가 대상 건축물이라 하더라도 다음에 해당하는 경우에는 미리 시장·군수·구청장에게 신고를 하면 건축허가를 받은 것으로 본다. ②번의 경우가 토지의 투자 및 개발과 관련된 대표적인 경우이다. 건축신고를 한 자가 신고일부터 1년 이내에 공사에 착수하지 아니하면 그 신고의 효력은 없어진다.

① 바닥면적의 합계가 85㎡ 이내의 증축·개축 또는 재축
② 「국토계획법」에 따른 관리지역, 농림지역 또는 자연환경보전지역에서 연면적이 200㎡ 미만이고 3층 미만인 건축물의 건축(다만, 국토계획법에 따른 지구단위 계획구역에서의 건축은 제외)
③ 연면적이 200㎡ 미만이고 3층 미만인 건축물의 대수선
④ 주요 구조부의 해체가 없는 등 법령으로 정하는 대수선

⑤ 그 밖에 소규모 건축물로서 법령으로 정하는 건축물의 건축

건축물의 건폐율

대지면적에 대한 건축면적(대지에 건축물이 둘 이상 있는 경우에는 이들 건축면적의 합계로 한다)의 비율을 말한다. 최대한도는 「국토계획법」에서 정하고 있지만 적용 건폐율은 시·군마다 별도로 「시·군계획조례」로 정하고 있으므로 개발이나 건축을 할 경우에는 「시·군계획조례」에서 정한 건폐율을 참조하여 적용하여야 한다.

건축물의 용적률

대지면적에 대한 연면적(대지에 건축물이 둘 이상 있는 경우에는 이들 연면적의 합계로 한다)의 비율을 말한다. 용적률을 산정할 때에는 ①지하층의 면적과 ②지상층의 주차용(해당 건축물의 부속용도인 경우만 해당한다)으로 쓰는 면적은 제외한다.

건폐율과 마찬가지로 최대한도는 「국토계획법」에서 정하고 있지만 적용 용적률은 시·군마다 별도로 「시·군계획조례」로 정하고 있으므로 개발이나 건축을 할 경우에는 시·군 「시·군계획조례」에서 정한 용적률을 참조하여 적용하여야 한다.

◆ 건축법상 용도별 건축물의 종류

분석대상 토지의 용도지역에서 건축할 수 있는 건축물을 이해하고 확인하려면 건축물의 종류에 대한 이해가 선행되어야 한다. 건축법에서는 건축물을 다음과 같이 28가지로 구분하고 있다.

※ 건축물의 용도는 다음과 같이 구분하되, 각 용도에 속하는 건축물의 세부 용도는 대통령령으로 정한다.

1. 단독주택
2. 공동주택
3. 제1종 근린생활시설
4. 제2종 근린생활시설
5. 문화 및 집회시설
6. 종교시설
7. 판매시설

8. 운수시설
9. 의료시설
10. 교육연구시설
11. 노유자(노유자: 노인 및 어린이)시설
12. 수련시설
13. 운동시설
14. 업무시설

15. 숙박시설

16. 위락(慰樂)시설

17. 공장

18. 창고시설

19. 위험물 저장 및 처리 시설

20. 자동차 관련 시설

21. 동물 및 식물 관련 시설

22. 자원순환 관련 시설

23. 교정(矯正) 및 군사 시설

24. 방송통신시설

25. 발전시설

26. 묘지 관련 시설

27. 관광 휴게시설

28. 그 밖에 대통령령으로 정하는 시설

건축법 시행령

[별표 1] <개정 2014.3.24> [시행 2014.4.29]

용도별 건축물의 종류(제3조의4 관련)

1. 단독주택[단독주택의 형태를 갖춘 가정어린이집·공동생활가정·지역아동센터 및 노인복지시설(노인복지주택은 제외한다)을 포함한다]

   가. 단독주택

   나. 다중주택: 다음의 요건을 모두 갖춘 주택을 말한다.
   1) 학생 또는 직장인 등 여러 사람이 장기간 거주할 수 있는 구조로 되어 있는 것
   2) 독립된 주거의 형태를 갖추지 아니한 것(각 실별로 욕실은 설치할 수 있으나, 취사시설은 설치하지 아니한 것을 말한다. 이하 같다)
   3) 연면적이 330㎡ 이하이고 층수가 3층 이하인 것

   다. 다가구주택: 다음의 요건을 모두 갖춘 주택으로서 공동주택에 해당하지 아니하는 것을 말한다.
   1) 주택으로 쓰는 층수(지하층은 제외한다)가 3개 층 이하일 것. 다만, 1층의 바닥면적 2분의 1 이상을 필로티 구조로 하여 주차장으로 사용하고 나머지 부분을 주택 외의 용도로 쓰는 경우에는 해당 층을 주택의 층수에서 제외한다.
   2) 1개 동의 주택으로 쓰이는 바닥면적(부설 주차장 면적은 제외한다. 이하 같다)의 합계가 660㎡ 이하일 것
   3) 19세대 이하가 거주할 수 있을 것

   라. 공관(公館)

2. 공동주택[공동주택의 형태를 갖춘 가정어린이집·공동생활가정·지역아동센터·노인복지시설(노인복지주택은 제외한다) 및 「주택법 시행령」 제3조제1항에 따른 원룸형 주택을 포함한다]. 다만, 가목이나 나목에서 층수를 산정할 때 1층 전부를 필로티 구조로 하여 주차장으로 사용하는 경우에는 필로티 부분을 층수에서 제외하고, 다목에서 층수를 산정할 때 1층의 바닥면적 2분의 1 이상을 필로티 구조로 하여 주차장으로 사용하고 나머지 부분을 주택 외의 용도로 쓰는 경우에는 해당 층을 주택의 층수에서 제외하며, 가목부터 라목까지의 규정에서 층수를 산정할 때 지하층을 주택의 층수에서 제외한다.

   가. 아파트: 주택으로 쓰는 층수가 5개 층 이상인 주택

   나. 연립주택: 주택으로 쓰는 1개 동의 바닥면적(2개 이상의 동을 지하주차장으로 연

결하는 경우에는 각각의 동으로 본다) 합계가 660㎡를 초과하고, 층수가 4개 층 이하인 주택
다. 다세대주택: 주택으로 쓰는 1개 동의 바닥면적 합계가 660㎡ 이하이고, 층수가 4개 층 이하인 주택(2개 이상의 동을 지하주차장으로 연결하는 경우에는 각각의 동으로 본다)
라. 기숙사: 학교 또는 공장 등의 학생 또는 종업원 등을 위하여 쓰는 것으로서 공동취사 등을 할 수 있는 구조를 갖추되, 독립된 주거의 형태를 갖추지 아니한 것(「교육기본법」 제27조제2항에 따른 학생복지주택을 포함한다)

3. 제1종 근린생활시설
가. 식품·잡화·의류·완구·서적·건축자재·의약품·의료기기 등 일용품을 판매하는 소매점으로서 같은 건축물(하나의 대지에 두 동 이상의 건축물이 있는 경우에는 이를 같은 건축물로 본다. 이하 같다)에 해당 용도로 쓰는 바닥면적의 합계가 1천 ㎡ 미만인 것
나. 휴게음식점, 제과점 등 음료·차(茶)·음식·빵·떡·과자 등을 조리하거나 제조하여 판매하는 시설(제4호너목 또는 제17호에 해당하는 것은 제외한다)로서 같은 건축물에 해당 용도로 쓰는 바닥면적의 합계가 300㎡ 미만인 것
다. 이용원, 미용원, 목욕장, 세탁소 등 사람의 위생관리나 의류 등을 세탁·수선하는 시설(세탁소의 경우 공장에 부설되는 것과 「대기환경보전법」, 「수질 및 수생태계 보전에 관한 법률」 또는 「소음·진동관리법」에 따른 배출시설의 설치 허가 또는 신고의 대상인 것은 제외한다)
라. 의원, 치과의원, 한의원, 침술원, 접골원(接骨院), 조산원, 안마원, 산후조리원 등 주민의 진료·치료 등을 위한 시설
마. 탁구장, 체육도장으로서 같은 건축물에 해당 용도로 쓰는 바닥면적의 합계가 500㎡ 미만인 것
바. 지역자치센터, 파출소, 지구대, 소방서, 우체국, 방송국, 보건소, 공공도서관, 건강보험공단 사무소 등 공공업무시설로서 같은 건축물에 해당 용도로 쓰는 바닥면적의 합계가 1천 ㎡ 미만인 것
사. 마을회관, 마을공동작업소, 마을공동구판장, 공중화장실, 대피소, 지역아동센터(단독주택과 공동주택에 해당하는 것은 제외한다) 등 주민이 공동으로 이용하는 시설
아. 변전소, 도시가스배관시설, 정수장, 양수장 등 주민의 생활에 필요한 에너지공급

이나 급수·배수와 관련된 시설

4. 제2종 근린생활시설

　가. 공연장(극장, 영화관, 연예장, 음악당, 서커스장, 비디오물감상실, 비디오물소극장, 그 밖에 이와 비슷한 것을 말한다. 이하 같다)으로서 같은 건축물에 해당 용도로 쓰는 바닥면적의 합계가 500㎡ 미만인 것

　나. 종교집회장[교회, 성당, 사찰, 기도원, 수도원, 수녀원, 제실(祭室), 사당, 그 밖에 이와 비슷한 것을 말한다. 이하 같다]으로서 같은 건축물에 해당 용도로 쓰는 바닥면적의 합계가 500㎡ 미만인 것

　다. 자동차영업소로서 같은 건축물에 해당 용도로 쓰는 바닥면적의 합계가 1천㎡ 미만인 것

　라. 서점(제1종 근린생활시설에 해당하지 않는 것)

　마. 총포판매소

　바. 사진관, 표구점

　사. 청소년게임제공업소, 복합유통게임제공업소, 인터넷컴퓨터게임시설제공업소, 그 밖에 이와 비슷한 게임 관련 시설로서 같은 건축물에 해당 용도로 쓰는 바닥면적의 합계가 500㎡ 미만인 것

　아. 휴게음식점, 제과점 등 음료·차(茶)·음식·빵·떡·과자 등을 조리하거나 제조하여 판매하는 시설(너목 또는 제17호에 해당하는 것은 제외한다)로서 같은 건축물에 해당 용도로 쓰는 바닥면적의 합계가 300㎡ 이상인 것

　자. 일반음식점

　차. 장의사, 동물병원, 동물미용실, 그 밖에 이와 유사한 것

　카. 학원(자동차학원 및 무도학원은 제외한다), 교습소(자동차 교습 및 무도 교습을 위한 시설은 제외한다), 직업훈련소(운전·정비 관련 직업훈련소는 제외한다)로서 같은 건축물에 해당 용도로 쓰는 바닥면적의 합계가 500㎡ 미만인 것

　타. 독서실, 기원

　파. 테니스장, 체력단련장, 에어로빅장, 볼링장, 당구장, 실내낚시터, 골프연습장, 놀이형시설(「관광진흥법」에 따른 기타유원시설업의 시설을 말한다. 이하 같다) 등 주민의 체육 활동을 위한 시설(제3호마목의 시설은 제외한다)로서 같은 건축물에 해당 용도로 쓰는 바닥면적의 합계가 500㎡ 미만인 것

　하. 금융업소, 사무소, 부동산중개사무소, 결혼상담소 등 소개업소, 출판사 등 일반업무시설로서 같은 건축물에 해당 용도로 쓰는 바닥면적의 합계가 500㎡ 미만인

만인 것
거. 다중생활시설(「다중이용업소의 안전관리에 관한 특별법」에 따른 다중이용업 중 고시원업의 시설로서 독립된 주거의 형태를 갖추지 않은 것을 말한다. 이하 같다)로서 같은 건축물에 해당 용도로 쓰는 바닥면적의 합계가 500㎡ 미만인 것
너. 제조업소, 수리점 등 물품의 제조·가공·수리 등을 위한 시설로서 같은 건축물에 해당 용도로 쓰는 바닥면적의 합계가 500㎡ 미만이고, 다음 요건 중 어느 하나에 해당하는 것
   1) 「대기환경보전법」, 「수질 및 수생태계 보전에 관한 법률」 또는 「소음·진동관리법」에 따른 배출시설의 설치 허가 또는 신고의 대상이 아닌 것
   2) 「대기환경보전법」, 「수질 및 수생태계 보전에 관한 법률」 또는 「소음·진동관리법」에 따른 배출시설의 설치 허가 또는 신고의 대상 시설이나 귀금속·장신구 및 관련 제품 제조시설로서 발생되는 폐수를 전량 위탁처리하는 것
더. 단란주점으로서 같은 건축물에 해당 용도로 쓰는 바닥면적의 합계가 150㎡ 미만인 것
러. 안마시술소, 노래연습장

5. 문화 및 집회시설
가. 공연장으로서 제2종 근린생활시설에 해당하지 아니하는 것
나. 집회장[예식장, 공회당, 회의장, 마권(馬券) 장외 발매소, 마권 전화투표소, 그 밖에 이와 비슷한 것을 말한다]으로서 제2종 근린생활시설에 해당하지 아니하는 것
다. 관람장(경마장, 경륜장, 경정장, 자동차 경기장, 그 밖에 이와 비슷한 것과 체육관 및 운동장으로서 관람석의 바닥면적의 합계가 1천 ㎡ 이상인 것을 말한다)
라. 전시장(박물관, 미술관, 과학관, 문화관, 체험관, 기념관, 산업전시장, 박람회장, 그 밖에 이와 비슷한 것을 말한다)
마. 동·식물원(동물원, 식물원, 수족관, 그 밖에 이와 비슷한 것을 말한다)

6. 종교시설
가. 종교집회장으로서 제2종 근린생활시설에 해당하지 아니하는 것
나. 종교집회장(제2종 근린생활시설에 해당하지 아니하는 것을 말한다)에 설치하는 봉안당(奉安堂)

7. 판매시설
가. 도매시장(「농수산물유통 및 가격안정에 관한 법률」에 따른 농수산물도매시장, 농수산물공판장, 그 밖에 이와 비슷한 것을 말하며, 그 안에 있는 근린생활시설을

수산물공판장, 그 밖에 이와 비슷한 것을 말하며, 그 안에 있는 근린생활시설을 포함한다)
  나. 소매시장(「유통산업발전법」 제2조제3호에 따른 대규모 점포, 그 밖에 이와 비슷한 것을 말하며, 그 안에 있는 근린생활시설을 포함한다)
  다. 상점(그 안에 있는 근린생활시설을 포함한다)으로서 다음의 요건 중 어느 하나에 해당하는 것
    1) 제3호가목에 해당하는 용도(서점은 제외한다)로서 제1종 근린생활시설에 해당하지 아니하는 것
    2) 「게임산업진흥에 관한 법률」 제2조제6호의2가목에 따른 청소년게임제공업의 시설, 같은 호 나목에 따른 일반게임제공업의 시설, 같은 조 제7호에 따른 인터넷컴퓨터게임시설제공업의 시설 및 같은 조 제8호에 따른 복합유통게임제공업의 시설로서 제2종 근린생활시설에 해당하지 아니하는 것

8. 운수시설
  가. 여객자동차터미널
  나. 철도시설
  다. 공항시설
  라. 항만시설
  마. 삭제 〈2009.7.16〉

9. 의료시설
  가. 병원(종합병원, 병원, 치과병원, 한방병원, 정신병원 및 요양병원을 말한다)
  나. 격리병원(전염병원, 마약진료소, 그 밖에 이와 비슷한 것을 말한다)

10. 교육연구시설(제2종 근린생활시설에 해당하는 것은 제외한다)
  가. 학교(유치원, 초등학교, 중학교, 고등학교, 전문대학, 대학, 대학교, 그 밖에 이에 준하는 각종 학교를 말한다)
  나. 교육원(연수원, 그 밖에 이와 비슷한 것을 포함한다)
  다. 직업훈련소(운전 및 정비 관련 직업훈련소는 제외한다)
  라. 학원(자동차학원 및 무도학원은 제외한다)
  마. 연구소(연구소에 준하는 시험소와 계측계량소를 포함한다)
  바. 도서관

11. 노유자시설
  가. 아동 관련 시설(어린이집, 아동복지시설, 그 밖에 이와 비슷한 것으로서 단독주택,

공동주택 및 제1종 근린생활시설에 해당하지 아니하는 것을 말한다)
　나. 노인복지시설(단독주택과 공동주택에 해당하지 아니하는 것을 말한다)
　다. 그 밖에 다른 용도로 분류되지 아니한 사회복지시설 및 근로복지시설
12. 수련시설
　가. 생활권 수련시설(「청소년활동진흥법」에 따른 청소년수련관, 청소년문화의집, 청소년특화시설, 그 밖에 이와 비슷한 것을 말한다)
　나. 자연권 수련시설(「청소년활동진흥법」에 따른 청소년수련원, 청소년야영장, 그 밖에 이와 비슷한 것을 말한다)
　다. 「청소년활동진흥법」에 따른 유스호스텔
13. 운동시설
　가. 탁구장, 체육도장, 테니스장, 체력단련장, 에어로빅장, 볼링장, 당구장, 실내낚시터, 골프연습장, 놀이형시설, 그 밖에 이와 비슷한 것으로서 제1종 근린생활시설 및 제2종 근린생활시설에 해당하지 아니하는 것
　나. 체육관으로서 관람석이 없거나 관람석의 바닥면적이 1천㎡ 미만인 것
　다. 운동장(육상장, 구기장, 볼링장, 수영장, 스케이트장, 롤러스케이트장, 승마장, 사격장, 궁도장, 골프장 등과 이에 딸린 건축물을 말한다)으로서 관람석이 없거나 관람석의 바닥면적이 1천 ㎡ 미만인 것
14. 업무시설
　가. 공공업무시설: 국가 또는 지방자치단체의 청사와 외국공관의 건축물로서 제1종 근린생활시설에 해당하지 아니하는 것
　나. 일반업무시설: 다음 요건을 갖춘 업무시설을 말한다.
　　1) 금융업소, 사무소, 결혼상담소 등 소개업소, 출판사, 신문사, 그 밖에 이와 비슷한 것으로서 제2종 근린생활시설에 해당하지 않는 것
　　2) 오피스텔(업무를 주로 하며, 분양하거나 임대하는 구획 중 일부 구획에서 숙식을 할 수 있도록 한 건축물로서 국토교통부장관이 고시하는 기준에 적합한 것을 말한다)
15. 숙박시설
　가. 일반숙박시설 및 생활숙박시설
　나. 관광숙박시설(관광호텔, 수상관광호텔, 한국전통호텔, 가족호텔, 호스텔, 소형호텔, 의료관광호텔 및 휴양 콘도미니엄)
　다. 다중생활시설(제2종 근린생활시설에 해당하지 아니하는 것을 말한다)

라. 그 밖에 가목부터 다목까지의 시설과 비슷한 것

16. 위락시설

가. 단란주점으로서 제2종 근린생활시설에 해당하지 아니하는 것

나. 유흥주점이나 그 밖에 이와 비슷한 것

다. 「관광진흥법」에 따른 유원시설업의 시설, 그 밖에 이와 비슷한 시설(제2종 근린생활시설과 운동시설에 해당하는 것은 제외한다)

라. 삭제 〈2010.2.18〉

마. 무도장, 무도학원

바. 카지노영업소

17. 공장

물품의 제조·가공[염색·도장(塗裝)·표백·재봉·건조·인쇄 등을 포함한다] 또는 수리에 계속적으로 이용되는 건축물로서 제1종 근린생활시설, 제2종 근린생활시설, 위험물저장 및 처리시설, 자동차 관련 시설, 분뇨 및 쓰레기처리시설 등으로 따로 분류되지 아니한 것

18. 창고시설(위험물 저장 및 처리 시설 또는 그 부속용도에 해당하는 것은 제외한다)

가. 창고(물품저장시설로서 「물류정책기본법」에 따른 일반창고와 냉장 및 냉동 창고를 포함한다)

나. 하역장

다. 「물류시설의 개발 및 운영에 관한 법률」에 따른 물류터미널

라. 집배송 시설

19. 위험물 저장 및 처리 시설

「위험물안전관리법」, 「석유 및 석유대체연료 사업법」, 「도시가스사업법」, 「고압가스 안전관리법」, 「액화석유가스의 안전관리 및 사업법」, 「총포·도검·화약류 등 단속법」, 「유해화학물질 관리법」 등에 따라 설치 또는 영업의 허가를 받아야 하는 건축물로서 다음 각 목의 어느 하나에 해당하는 것. 다만, 자가난방, 자가발전, 그 밖에 이와 비슷한 목적으로 쓰는 저장시설은 제외한다.

가. 주유소(기계식 세차설비를 포함한다) 및 석유 판매소

나. 액화석유가스 충전소·판매소·저장소(기계식 세차설비를 포함한다)

다. 위험물 제조소·저장소·취급소

라. 액화가스 취급소·판매소

마. 유독물 보관·저장·판매시설

바. 고압가스 충전소·판매소·저장소
사. 도료류 판매소
아. 도시가스 제조시설
자. 화약류 저장소
차. 그 밖에 가목부터 자목까지의 시설과 비슷한 것
20. 자동차 관련 시설(건설기계 관련 시설을 포함한다)
  가. 주차장
  나. 세차장
  다. 폐차장
  라. 검사장
  마. 매매장
  바. 정비공장
  사. 운전학원 및 정비학원(운전 및 정비 관련 직업훈련시설을 포함한다)
  아. 「여객자동차 운수사업법」, 「화물자동차 운수사업법」 및 「건설기계관리법」에 따른 차고 및 주기장(駐機場)
21. 동물 및 식물 관련 시설
  가. 축사(양잠·양봉·양어시설 및 부화장 등을 포함한다)
  나. 가축시설[가축용 운동시설, 인공수정센터, 관리사(管理舍), 가축용 창고, 가축시장, 동물검역소, 실험동물 사육시설, 그 밖에 이와 비슷한 것을 말한다]
  다. 도축장
  라. 도계장
  마. 작물 재배사
  바. 종묘배양시설
  사. 화초 및 분재 등의 온실
  아. 식물과 관련된 마목부터 사목까지의 시설과 비슷한 것(동·식물원은 제외한다)
22. 자원순환 관련 시설
  가. 하수 등 처리시설
  나. 고물상
  다. 폐기물재활용시설
  라. 폐기물 처분시설
  마. 폐기물감량화시설

23. 교정 및 군사 시설(제1종 근린생활시설에 해당하는 것은 제외한다)
    가. 교정시설(보호감호소, 구치소 및 교도소를 말한다)
    나. 갱생보호시설, 그 밖에 범죄자의 갱생·보육·교육·보건 등의 용도로 쓰는 시설
    다. 소년원 및 소년분류심사원
    라. 국방·군사시설
24. 방송통신시설(제1종 근린생활시설에 해당하는 것은 제외한다)
    가. 방송국(방송프로그램 제작시설 및 송신·수신·중계시설을 포함한다)
    나. 전신전화국
    다. 촬영소
    라. 통신용 시설
    마. 그 밖에 가목부터 라목까지의 시설과 비슷한 것
25. 발전시설
    발전소(집단에너지 공급시설을 포함한다)로 사용되는 건축물로서 제1종 근린생활시설에 해당하지 아니하는 것
26. 묘지 관련 시설
    가. 화장시설
    나. 봉안당(종교시설에 해당하는 것은 제외한다)
    다. 묘지와 자연장지에 부수되는 건축물
27. 관광 휴게시설
    가. 야외음악당
    나. 야외극장
    다. 어린이회관
    라. 관망탑
    마. 휴게소
    바. 공원·유원지 또는 관광지에 부수되는 시설
28. 장례식장[의료시설의 부수시설(「의료법」 제36조제1호에 따른 의료기관의 종류에 따른 시설을 말한다)에 해당하는 것은 제외한다]

비고

1. 제3호 및 제4호에서 "해당 용도로 쓰는 바닥면적"이란 부설 주차장 면적을 제외한 실(實) 사용면적에 공용부분 면적(복도, 계단, 화장실 등의 면적을 말한다)을 비례 배분한 면적을 합한 면적을 말한다.

2. 비고 제1호에 따라 "해당 용도로 쓰는 바닥면적"을 산정할 때 「집합건물의 소유 및 관리에 관한 법률」에 따라 건축물의 내부를 여러 개의 부분으로 구분하여 독립한 건축물로 사용하는 경우에는 그 구분된 면적 단위로 바닥면적을 산정한다. 다만, 다음 각 목에 해당하는 경우에는 각 목에서 정한 기준에 따른다.

    가. 제4호너목에 해당하는 건축물의 경우에는 내부가 여러 개의 부분으로 구분되어 있더라도 해당 용도로 쓰는 바닥면적을 모두 합산하여 산정한다.

    나. 동일인이 둘 이상의 구분된 건축물을 같은 세부 용도로 사용하는 경우에는 연접되어 있지 않더라도 이를 모두 합산하여 산정한다.

    다. 구분 소유자가 다른 경우에도 구분된 건축물을 같은 세부 용도로 연계하여 함께 사용하는 경우(통로, 창고 등을 공동으로 활용하는 경우 또는 명칭의 일부를 동일하게 사용하여 홍보하거나 관리하는 경우 등을 말한다)에는 연접되어 있지 않더라도 연계하여 함께 사용하는 바닥면적을 모두 합산하여 산정한다.

3. 「청소년 보호법」 제2조제5호가목8) 및 9)에 따라 여성가족부장관이 고시하는 청소년 출입·고용금지업의 영업을 위한 시설은 제1종 근린생활시설 및 제2종 근린생활시설에서 제외한다.

4. 국토교통부장관은 별표 1 각 호의 용도별 건축물의 종류에 관한 구체적인 범위를 정하여 고시할 수 있다.

◆ 용도지역과 건축제한

토지의 계급장, '21개 용도지역'

용도지역의 정의

용도지역이란 토지의 이용 및 건축물의 용도·건폐율·용적률·높이 등을 제한함으로써 토지를 경제적·효율적으로 이용하고 공공복리의 증진을 도모하기 위하여 서로 중복되지 않게 '도시·군관리계획'으로 결정하는 지역을 말한다.

용도지역은 전 국토를 대상으로 지정된다.「국토계획법」에서는 전 국토를 토지의 이용실태 및 특성, 장래의 토지이용 방향 등을 고려하여 대분류로는 도시지역·관리지역·농림지역·자연환경보전지역으로 구분하며, 소분류해서 21개의 용도지역으로 구분하고 있다.

용도지역은 "부동산종합증명서(토지)"의 "토지이용계획부문"중에서 "국토의계획및이용"란에서 확인할 수 있다. 또한, 토지이용계획확인서를 열람 또는 발급받아 확인할 수 있다. 전문가들이 토지 뿐 아니고 모든 부동산을 분석할 때 용도지역을 첫 번째로 확인하는 이유는 해당 토지에서의 건폐율 및 용적률·건축할 수 있는(또는 없는) 건축물·건축물의 높이에 관한 건축제한을 확인하기 위해서이다.

▶ 용도지역의 지정

국토계획법 제36조(용도지역의 지정)
국토교통부장관, 시·도지사 또는 대도시 시장은 다음 각 호의 어느 하나에 해당하는 용도지역의 지정 또는 변경을 도시관리계획으로 결정한다.(2013. 3. 23)

1. 도시지역: 다음 각 목의 어느 하나로 구분하여 지정한다.
   가. 주거지역: 거주의 안녕과 건전한 생활환경의 보호를 위하여 필요한 지역
   나. 상업지역: 상업이나 그 밖의 업무의 편익을 증진하기 위하여 필요한 지역
   다. 공업지역: 공업의 편익을 증진하기 위하여 필요한 지역
   라. 녹지지역: 자연환경·농지 및 산림의 보호, 보건위생, 보안과 도시의 무질서한 확산을 방지하기 위하여 녹지의 보전이 필요한 지역
2. 관리지역: 다음 각 목의 어느 하나로 구분하여 지정한다.
   가. 보전관리지역
   나. 생산관리지역
   다. 계획관리지역
3. 농림지역
4. 자연환경보전지역

▶ 국토교통부장관, 시·도지사 또는 대도시시장은 대통령령이 정하는 바에 따라 제1항 각호 및 같은 항 각호, 각목의 용도지역을 도시·군관리계획 결정으로 다시 세분하여 지정하거나 변경할 수 있다.(2013. 3. 23)

■ 21개 용도지역의 세분 및 건폐율·용적률(세부계획은 도시·계획조례로 정함)

용도지역				건폐율	용적률
도시지역	주거지역	전용주거지역	제1종	50%이하	50%이상 100%이하
			제2종	50%이하	50%이상 150%이하
		일반주거지역	제1종	60%이하	50%이상 200%이하
			제2종	60%이하	50%이상 250%이하
			제3종	50%이하	50%이상 300%이하
		준주거지역		70%이하	50%이상 500%이하
	상업지역	중심상업지역		90%이하	50%이상 1,500%이하
		일반상업지역		80%이하	50%이상 1,300%이하
		근린상업지역		70%이하	50%이상 900%이하
		유통상업지역		80%이하	50%이상 1,100%이하
	공업지역	전용공업지역		70%이하	50%이상 300%이하
		일반공업지역		70%이하	50%이상 350%이하
		준공업지역		70%이하	50%이상 400%이하
	녹지지역	보전녹지지역		20%이하	50%이상 80%이하
		생산녹지지역		20%이하	50%이상 100%이하
		자연녹지지역		20%이하	50%이상 100%이하
관리지역	보존관리지역			20%이하	50%이상 80%이하
	생산관리지역			20%이하	50%이상 80%이하
	계획관리지역			40%이하	50%이상 100%이하
농림지역				20%이하	50%이상 80%이하
자연환경보전지역				20%이하	50%이상 80%이하

토지투자 대상 8개 용도지역

토지의 투자와 개발은 지목 또는 외관을 중심으로 하면 주로 농지(전, 답, 과수원 등)와 임야에서 행위가 이루어지지만, 용도지역을 중심으로 하면 주로 다음과 같은 8개 용도지역에서 이루어지고 있으므로 해당 용도지역에서의 건폐율 및 용적률, 건축할 수 있는(또는 없는) 건축물을 확인할 줄 아는 것이 토지분석의 첫걸음이며, 토지공법의 근간이라 할 수 있다.

1. **보전녹지지역**

   도시의 자연환경 · 경관 · 산림 및 녹지공간을 보전할 필요가 있는 지역

2. **생산녹지지역**

   주로 농업적 생산을 위하여 개발을 유보할 필요가 있는 지역

3. **자연녹지지역**

   도시의 녹지공간의 확보, 도시확산의 방지, 장래 도시용지의 공급 등을 위하여 보전할 필요가 있는 지역으로서 불가피한 경우에 한하여 제한적인 개발이 허용되는 지역

4. **보전관리지역**

   자연환경 보호, 산림 보호, 수질오염 방지, 녹지공간 확보 및 생태계 보전 등을 위하여 보전이 필요하나, 주변 용도지역과의 관계 등을 고려할 때 자연환경보전지역으로 지정하여 관리하기가 곤란한 지역

5. **생산관리지역**

   농업 · 임업 · 어업 생산 등을 위하여 관리가 필요하나, 주변 용도지역과의 관계 등을 고려할 때 농림지역으로 지정하여 관리하기가 곤란한 지역

6. **계획관리지역**

   도시지역으로의 편입이 예상되는 지역이나 자연환경을 고려하여 제한적인 이용 · 개발을 하려는 지역으로서 계획적 · 체계적인 관리가 필요한 지역

7. **농림지역**

   도시지역에 속하지 아니하는 「농지법」에 따른 농업진흥지역 또는 「산지관리법」에 따른 보전산지 등으로서 농림업을 진흥시키고 산림을 보전하기 위하여 필요한 지역

8. 자연환경보전지역

자연환경 · 수자원 · 해안 · 생태계 · 상수원 및 문화재의 보전과 수산자원의 보호 · 육성 등을 위하여 필요한 지역

용도지역에서의 건폐율 및 용적률

1. 녹지지역, 관리지역, 농림지역, 자연환경보전지역에서의 건폐율

건폐율이 높을수록 토지의 이용이 효율적이기 때문에 건폐율은 일반적으로 높을수록 좋다고 할 수 있다. 보전목적의 녹지지역, 관리지역, 농림지역, 자연환경보전지역 토지에서는 계획관리지역을 제외하고는 건폐율을 20% 이하를 적용하고 있다.(계획관리지역의 건폐율은 40% 이하)

2. 녹지지역, 관리지역, 농림지역, 자연환경보전지역에서의 용적률

용적률도 높을수록 토지의 이용이 효율적이기 때문에 그에 비례해서 토지의 가치는 올라간다. 녹지지역, 관리지역, 농림지역, 자연환경보전지역 토지에서는 개발이나 건축을 허가하더라도 용적률 50% ~ 100% 이하를 적용하고 있다.

용도지역에서 건축할 수 있는(또는 없는) 건축물

용도지역에서 건축할 수 있는(또는 없는) 건축물은 해당 시 · 군의 「시 · 군계획조례」에서 [별표]로 정리되어 있다. [별표]에는 용도지역별로 건축할 수 있는 (또는 없는) 건축물이 나열되어 있는 것이다. 시 · 군에 따라서는 [별표]가 아닌 도시계획조례의 조문으로 직접 나열하고 있는 경우도 있다. 용도지역에 따라 건축할 수 있는 (또는 없는) 건축물이 크게 차이가 나

며, 이러한 차이가 토지의 가격에 결정적인 영향을 미친다. 예를 들면 수도권 토지의 대표적인 개발행위인 공장과 창고 등의 개발여부가 용도지역의 차이에 따라 결정되는 것이다.

허용행위 열거방식(positive system)과 금지행위열거방식(negative system)

1. 허용행위 열거방식(positive system)

용도지역에서 건축할 수 있는 건축물을 열거하는 방식이다. 따라서, 열거된 건축물은 해당 용도지역에서 건축할 수 있지만, 열거되어 있지 않은 건축물은 해당 용도지역에서 건축할 수 없다. 행정관청의 입장에서는 난개발을 방지하고 관리가 용이하다는 장점이 있다. 국토계획법에서는 21개 용도지역 중에서 준주거지역, 상업지역, 준공업지역, 계획관리지역을 제외한 용도지역에서 '허용행위열거방식'을 적용하고 있다.

2. 금지행위열거방식(negative system)

용도지역에서 건축할 수 없는 건축물을 열거하는 방식이다. 따라서, 해당 용도지역에서는 금지대상으로 열거된 건축물을 제외한 모든 건축물을 건축할 수 있다. 2014년 7월 15일 부터 규제완화 측면에서 국토계획법상 준주거지역, 상업지역, 준공업지역, 계획관리지역에서 '금지행위열거방식'을 채택하여 적용하고 있다. 다만, 과거에 준농림지역에서 이 방식을 채택하였다가 난개발이 심화되면서 '허용행위열거방식'으로 전환한 사례가 있다.

1) 보전녹지지역에서 건축할 수 있는 건축물

보전녹지지역에서의 건축제한은 허용행위열거방식을 채택하고 있다. 따라서, '건축할 수 있는 건축물'로 열거된 건축물만 해당 용도지역에서 건축 또는 개발할 수 있다.

보전녹지지역안에서 건축할 수 있는 건축물

1. 건축할 수 있는 건축물(4층 이하의 건축물에 한한다. 다만, 4층 이하의 범위안에서 도시·군계획조례로 따로 층수를 정하는 경우에는 그 층수 이하의 건축물에 한한다)
   가. 「건축법 시행령」 별표 1 제10호의 교육연구시설 중 초등학교
   나. 「건축법 시행령」 별표 1 제18호가목의 창고(농업·임업·축산업·수산업용만 해당한다)
   다. 「건축법 시행령」 별표 1 제23호의 교정 및 국방·군사시설

2. 도시·군계획조례가 정하는 바에 의하여 건축할 수 있는 건축물(4층 이하의 건축물에 한한다. 다만, 4층 이하의 범위안에서 도시·군계획조례로 따로 층수를 정하는 경우에는 그 층수 이하의 건축물에 한한다)
   가. 「건축법 시행령」 별표 1 제1호의 단독주택(다가구주택을 제외한다)
   나. 「건축법 시행령」 별표 1 제3호의 제1종 근린생활시설로서 해당용도에 쓰이는 바닥면적의 합계가 500㎡ 미만인 것
   다. 「건축법 시행령」 별표 1 제4호의 제2종 근린생활시설 중 종교집회장
   라. 「건축법 시행령」 별표 1 제5호의 문화 및 집회시설 중 동호 라목에 해당하는 것
   마. 「건축법 시행령」 별표 1 제6호의 종교시설
   바. 「건축법 시행령」 별표 1 제9호의 의료시설
   사. 「건축법 시행령」 별표 1 제10호의 교육연구시설 중 유치원·중학교·고등학교
   아. 「건축법 시행령」 별표 1 제11호의 노유자시설
   자. 「건축법 시행령」 별표 1 제19호의 위험물저장 및 처리시설 중 액화석유가스충전소 및 고압가스충전·저장소
   차. 「건축법 시행령」 별표 1 제21호의 동물 및 식물관련시설(동호 다목 및 라목에 해당하는 것을 제외한다)
   카. 「건축법 시행령」 별표 1 제26호의 묘지관련시설
   타. 「건축법 시행령」 별표 1 제28호의 장례식장

2) 생산녹지지역에서 건축할 수 있는 건축물(2014. 3. 24. 개정)

생산녹지지역에서의 건축제한은 허용행위열거방식을 채택하고 있다. 따라서, '건축할 수 있는 건축물'로 열거된 건축물만 해당 용도지역에서 건축 또는 개발할 수 있다.

[별표 16] 〈개정 2014.3.24〉
생산녹지지역안에서 건축할 수 있는 건축물
(제71조제1항제15호관련)

1. 건축할 수 있는 건축물(4층 이하의 건축물에 한한다. 다만, 4층 이하의 범위안에서 도시·군계획조례로 따로 층수를 정하는 경우에는 그 층수 이하의 건축물에 한한다)
   가. 「건축법 시행령」 별표 1 제1호의 단독주택
   나. 「건축법 시행령」 별표 1 제3호의 제1종 근린생활시설
   다. 「건축법 시행령」 별표 1 제10호의 교육연구시설 중 유치원·초등학교
   라. 「건축법 시행령」 별표 1 제11호의 노유자시설
   마. 「건축법 시행령」 별표 1 제12호의 수련시설
   바. 「건축법 시행령」 별표 1 제13호의 운동시설 중 운동장
   사. 「건축법 시행령」 별표 1 제18호가목의 창고(농업·임업·축산업·수산업용만 해당한다)
   아. 「건축법 시행령」 별표 1 제19호의 위험물저장 및 처리시설 중 액화석유가스충전소 및 고압가스충전·저장소
   자. 「건축법 시행령」 별표 1 제21호의 동물 및 식물관련시설(동호 다목 및 라목에 해당하는 것을 제외한다)
   차. 「건축법 시행령」 별표 1 제23호의 교정 및 국방·군사시설
   카. 「건축법 시행령」 별표 1 제24호의 방송통신시설
   타. 「건축법 시행령」 별표 1 제25호의 발전시설

2. 도시·군계획조례가 정하는 바에 의하여 건축할 수 있는 건축물(4층 이하의 건축물에 한한다. 다만, 4층 이하의 범위안에서 도시·군계획조례로 따로 층수를 정하는 경우에는 그 층수 이하의 건축물에 한한다)
   가. 「건축법 시행령」 별표 1 제2호의 공동주택(아파트를 제외한다)

나. 「건축법 시행령」 별표 1 제4호의 제2종 근린생활시설로서 해당용도에 쓰이는 바닥면적의 합계가 1천㎡ 미만인 것(단란주점을 제외한다)

다. 「건축법 시행령」 별표 1 제5호의 문화 및 집회시설 중 동호 나목 및 라목에 해당하는 것

라. 「건축법 시행령」 별표 1 제7호의 판매시설(농업·임업·축산업·수산업용에 한한다)

마. 「건축법 시행령」 별표 1 제9호의 의료시설

바. 「건축법 시행령」 별표 1 제10호의 교육연구시설 중 중학교·고등학교·교육원(농업·임업·축산업·수산업과 관련된 교육시설로 한정한다)·직업훈련소 및 연구소(농업·임업·축산업·수산업과 관련된 연구소로 한정한다)

사. 「건축법 시행령」 별표 1 제13호의 운동시설(운동장을 제외한다)

아. 「건축법 시행령」 별표 1 제17호의 공장 중 도정공장·식품공장(「농어업·농어촌 및 식품산업 기본법」 제3조제6호에 따른 농수산물을 직접 가공하여 음식물을 생산하는 것으로 한정한다)·제1차산업생산품 가공공장 및 「산업집적활성화 및 공장설립에 관한 법률 시행령」 별표 1 제2호마목의 첨단업종의 공장(이하 "첨단업종의 공장"이라 한다)으로서 다음의 어느 하나에 해당하지 아니하는 것

  (1) 「대기환경보전법」 제2조제9호에 따른 특정대기유해물질을 배출하는 것
  (2) 「대기환경보전법」 제2조제11호에 따른 대기오염물질배출시설에 해당하는 시설로서 같은 법 시행령 별표 1에 따른 1종사업장 내지 3종사업장에 해당하는 것
  (3) 「수질 및 수생태계 보전에 관한 법률」 제2조제8호에 따른 특정수질유해물질을 배출하는 것. 다만, 동법 제34조에 따라 폐수무방류배출시설의 설치허가를 받아 운영하는 경우를 제외한다.
  (4) 「수질 및 수생태계 보전에 관한 법률」 제2조제10호에 따른 폐수배출시설에 해당하는 시설로서 같은 법 시행령 별표 13에 따른 제1종사업장부터 제4종사업장까지 해당하는 것
  (5) 「폐기물관리법」 제2조제4호에 따른 지정폐기물을 배출하는 것

자. 「건축법 시행령」 별표 1 제18호가목의 창고(농업·임업·축산업·수산업용으로 쓰는 것은 제외한다)

차. 「건축법 시행령」 별표 1 제19호의 위험물저장 및 처리시설(액화석유가스충전소 및 고압가스충전·저장소를 제외한다)

카. 「건축법 시행령」 별표 1 제20호의 자동차관련시설 중 동호 사목 및 아목에 해당하

> 는 것
> 타. 「건축법 시행령」 별표 1 제21호의 동물 및 식물관련시설 중 동호 다목 및 라목에 해당하는 것
> 파. 「건축법 시행령」 별표 1 제22호의 자원순환 관련 시설
> 하. 「건축법 시행령」 별표 1 제26호의 묘지관련시설
> 거. 「건축법 시행령」 별표 1 제28호의 장례식장

3) 자연녹지지역에서 건축할 수 있는 건축물

자연녹지지역에서의 건축제한은 허용행위열거방식을 채택하고 있다. 따라서, '건축할 수 있는 건축물'로 열거된 건축물만 해당 용도지역에서 건축 또는 개발할 수 있다.

> [별표 17] 〈개정 2014.3.24〉
> **자연녹지지역 안에서 건축할 수 있는 건축물**
> (제71조제1항제16호관련)
>
> 1. 건축할 수 있는 건축물(4층 이하의 건축물에 한한다. 다만, 4층 이하의 범위안에서 도시·군계획조례로 따로 층수를 정하는 경우에는 그 층수 이하의 건축물에 한한다)
>   가. 「건축법 시행령」 별표 1 제1호의 단독주택
>   나. 「건축법 시행령」 별표 1 제3호의 제1종 근린생활시설
>   다. 「건축법 시행령」 별표 1 제4호의 제2종 근린생활시설[같은 호 아목, 자목, 더목 및 러목(안마시술소만 해당한다)은 제외한다]
>   라. 「건축법 시행령」 별표 1 제9호의 의료시설(종합병원·병원·치과병원 및 한방병원을 제외한다)
>   마. 「건축법 시행령」 별표 1 제10호의 교육연구시설(직업훈련소 및 학원을 제외한다)
>   바. 「건축법 시행령」 별표 1 제11호의 노유자시설
>   사. 「건축법 시행령」 별표 1 제12호의 수련시설
>   아. 「건축법 시행령」 별표 1 제13호의 운동시설

자. 「건축법 시행령」 별표 1 제18호가목의 창고(농업·임업·축산업·수산업용만 해당한다)
차. 「건축법 시행령」 별표 1 제21호의 동물 및 식물관련시설
카. 「건축법 시행령」 별표 1 제22호의 자원순환 관련 시설
타. 「건축법 시행령」 별표 1 제23호의 교정 및 국방·군사시설
파. 「건축법 시행령」 별표 1 제24호의 방송통신시설
하. 「건축법 시행령」 별표 1 제25호의 발전시설
거. 「건축법 시행령」 별표 1 제26호의 묘지관련시설
너. 「건축법 시행령」 별표 1 제27호의 관광휴게시설
더. 「건축법 시행령」 별표 1 제28호의 장례식장

2. 도시·군계획조례가 정하는 바에 의하여 건축할 수 있는 건축물(4층 이하의 건축물에 한한다. 다만, 4층 이하의 범위안에서 도시·군계획조례로 따로 층수를 정하는 경우에는 그 층수 이하의 건축물에 한한다)

가. 「건축법 시행령」 별표 1 제2호의 공동주택(아파트를 제외한다)
나. 「건축법 시행령」 별표 1 제4호아목·자목 및 러목(안마시술소만 해당한다)에 따른 제2종 근린생활시설
다. 「건축법 시행령」 별표 1 제5호의 문화 및 집회시설
라. 「건축법 시행령」 별표 1 제6호의 종교시설
마. 「건축법 시행령」 별표 1 제7호의 판매시설 중 다음의 어느 하나에 해당하는 것
  (1) 「농수산물유통 및 가격안정에 관한 법률」 제2조에 따른 농수산물공판장
  (2) 「농수산물유통 및 가격안정에 관한 법률」 제68조제2항에 따른 농수산물직판장으로서 해당용도에 쓰이는 바닥면적의 합계가 1만㎡ 미만인 것(「농어업·농어촌 및 식품산업 기본법」 제3조제2호 및 제4호에 따른 농업인·어업인 및 생산자단체, 같은 법 제25조에 따른 후계농어업경영인, 같은 법 제26조에 따른 전업농어업인 또는 지방자치단체가 설치·운영하는 것에 한한다)
  (3) 지식경제부장관이 관계중앙행정기관의 장과 협의하여 고시하는 대형할인점 및 중소기업공동판매시설
바. 「건축법 시행령」 별표 1 제8호의 운수시설
사. 「건축법 시행령」 별표 1 제9호의 의료시설 중 종합병원·병원·치과병원 및 한방병원
아. 「건축법 시행령」 별표 1 제10호의 교육연구시설 중 직업훈련소 및 학원

자. 「건축법 시행령」 별표 1 제15호의 숙박시설로서 「관광진흥법」에 따라 지정된 관광지 및 관광단지에 건축하는 것
차. 「건축법 시행령」 별표 1 제17호의 공장 중 다음의 어느 하나에 해당하는 것
  (1) 첨단업종의 공장, 지식산업센터, 도정공장 및 식품공장(「농어업·농어촌 및 식품산업 기본법」 제3조제6호에 따른 농수산물을 직접 가공하여 음식물을 생산하는 것으로 한정한다)과 읍·면지역에 건축하는 제재업의 공장으로서 별표 16 제2호 아목(1) 내지 (5)의 어느 하나에 해당하지 아니하는 것
  (2) 「공익사업을 위한 토지 등의 취득 및 보상에 관한 법률」에 따른 공익사업 및 「도시개발법」에 따른 도시개발사업으로 해당 특별시·광역시·시 및 군 지역으로 이전하는 레미콘 또는 아스콘공장
카. 「건축법 시행령」 별표 1 제18호가목의 창고(농업·임업·축산업·수산업용으로 쓰는 것은 제외한다) 및 같은 호 라목의 집배송시설
타. 「건축법 시행령」 별표 1 제19호의 위험물저장 및 처리시설
파. 「건축법 시행령」 별표 1 제20호의 자동차관련시설

4) 보전관리지역에서 건축할 수 있는 건축물(2014. 3. 24. 개정)

보전관리지역에서의 건축제한은 허용행위열거방식을 채택하고 있다. 따라서, '건축할 수 있는 건축물'로 열거된 건축물만 해당 용도지역에서 건축 또는 개발할 수 있다.

[별표 18] 〈개정 2014.3.24〉
보전관리지역 안에서 건축할 수 있는 건축물(제71조제1항제17호 및 대통령령 제17816호 국토의계획및이용에관한법률시행령 부칙 제13조제1항 관련)

1. 건축할 수 있는 건축물(4층 이하의 건축물에 한한다. 다만, 4층 이하의 범위 안에서 도시·군계획조례로 따로 층수를 정하는 경우에는 그 층수 이하의 건축물에 한한다)
  가. 「건축법 시행령」 별표 1 제1호의 단독주택

나. 「건축법 시행령」 별표 1 제10호의 교육연구시설 중 초등학교
　　다. 「건축법 시행령」 별표 1 제23호의 교정 및 국방·군사시설
2. 도시·군계획조례가 정하는 바에 의하여 건축할 수 있는 건축물(4층 이하의 건축물에 한한다. 다만, 4층 이하의 범위 안에서 도시·군계획조례로 따로 층수를 정하는 경우에는 그 층수 이하의 건축물에 한한다)
　　가. 「건축법 시행령」 별표 1 제3호의 제1종 근린생활시설(휴게음식점 및 제과점을 제외한다)
　　나. 「건축법 시행령」 별표 1 제4호의 제2종 근린생활시설(같은 호 아목, 자목, 너목 및 더목은 제외한다)
　　다. 「건축법 시행령」 별표 1 제6호의 종교시설 중 종교집회장
　　라. 「건축법 시행령」 별표 1 제9호의 의료시설
　　마. 「건축법 시행령」 별표 1 제10호의 교육연구시설 중 유치원·중학교·고등학교
　　바. 「건축법 시행령」 별표 1 제11호의 노유자시설
　　사. 「건축법 시행령」 별표 1 제18호가목의 창고(농업·임업·축산업·수산업용만 해당한다)
　　아. 「건축법 시행령」 별표 1 제19호의 위험물저장 및 처리시설
　　자. 「건축법 시행령」 별표 1 제21호의 동물 및 식물관련시설 중 동호 가목 및 마목 내지 아목에 해당하는 것
　　차. 「건축법 시행령」 별표 1 제24호의 방송통신시설
　　카. 「건축법 시행령」 별표 1 제25호의 발전시설
　　타. 「건축법 시행령」 별표 1 제26호의 묘지관련시설
　　파. 「건축법 시행령」 별표 1 제28호의 장례식장

5) 생산관리지역에서 건축할 수 있는 건축물(2014. 3. 24. 개정)

생산관리지역에서의 건축제한은 허용행위열거방식을 채택하고 있다. 따라서, '건축할 수 있는 건축물'로 열거된 건축물만 해당 용도지역에서 건축 또는 개발할 수 있다.

[별표 19] 〈개정 2014.3.24〉

생산관리지역안에서 건축할 수 있는 건축물
(제71조제1항제18호관련)

1. 건축할 수 있는 건축물(4층 이하의 건축물에 한한다. 다만, 4층 이하의 범위안에서 도시·군계획조례로 따로 층수를 정하는 경우에는 그 층수 이하의 건축물에 한한다)
   가. 「건축법 시행령」 별표 1 제1호의 단독주택
   나. 「건축법 시행령」 별표 1 제3호가목, 사목(공중화장실, 대피소, 그 밖에 이와 비슷한 것만 해당한다) 및 아목에 따른 제1종 근린생활시설
   다. 「건축법 시행령」 별표 1 제10호의 교육연구시설 중 초등학교
   라. 「건축법 시행령」 별표 1 제13호의 운동시설 중 운동장
   마. 「건축법 시행령」 별표 1 제18호가목의 창고(농업·임업·축산업·수산업용만 해당한다)
   바. 「건축법 시행령」 별표 1 제21호의 동물 및 식물관련시설 중 동호 마목 내지 아목에 해당하는 것
   사. 「건축법 시행령」 별표 1 제23호의 교정 및 국방·군사시설
   아. 「건축법 시행령」 별표 1 제25호의 발전시설
2. 도시·군계획조례가 정하는 바에 의하여 건축할 수 있는 건축물(4층 이하의 건축물에 한한다. 다만, 4층 이하의 범위안에서 도시·군계획조례로 따로 층수를 정하는 경우에는 그 층수 이하의 건축물에 한한다)
   가. 「건축법 시행령」 별표 1 제2호의 공동주택(아파트를 제외한다)
   나. 「건축법 시행령」 별표 1 제3호의 제1종 근린생활시설[같은 호 가목, 나목, 사목(공중화장실, 대피소, 그 밖에 이와 비슷한 것만 해당한다) 및 아목은 제외한다]
   다. 「건축법 시행령」 별표 1 제4호의 제2종 근린생활시설(같은 호 아목, 자목, 너목 및 더목은 제외한다)

라. 「건축법 시행령」 별표 1 제7호의 판매시설(농업·임업·축산업·수산업용에 한한다)
마. 「건축법 시행령」 별표 1 제9호의 의료시설
바. 「건축법 시행령」 별표 1 제10호의 교육연구시설 중 유치원·중학교·고등학교 및 교육원(농업·임업·축산업·수산업과 관련된 교육시설에 한한다)
사. 「건축법 시행령」 별표 1 제11호의 노유자시설
아. 「건축법 시행령」 별표 1 제12호의 수련시설
자. 「건축법 시행령」 별표 1 제17호의 공장(동시행령 별표 1 제4호의 제2종 근린생활시설 중 제조업소를 포함한다) 중 도정공장 및 식품공장(「농어업·농어촌 및 식품산업 기본법」 제3조제6호에 따른 농수산물을 직접 가공하여 음식물을 생산하는 것으로 한정한다)과 읍·면지역에 건축하는 제재업의 공장으로서 다음의 어느 하나에 해당하지 아니하는 것
  (1) 「대기환경보전법」 제2조제9호에 따른 특정대기유해물질을 배출하는 것
  (2) 「대기환경보전법」 제2조제11호에 따른 대기오염물질배출시설에 해당하는 시설로서 같은 법 시행령 별표 1에 따른 1종사업장 내지 3종사업장에 해당하는 것
  (3) 「수질 및 수생태계 보전에 관한 법률」 제2조제8호에 따른 특정수질유해물질을 배출하는 것. 다만, 동법 제34조에 따라 폐수무방류배출시설의 설치허가를 받아 운영하는 경우를 제외한다.
  (4) 「수질 및 수생태계 보전에 관한 법률」 제2조제10호에 따른 폐수배출시설에 해당하는 시설로서 같은 법 시행령 별표 13에 따른 제1종사업장부터 제4종사업장까지 해당하는 것
차. 「건축법 시행령」 별표 1 제19호의 위험물저장 및 처리시설
카. 「건축법 시행령」 별표 1 제20호의 자동차관련시설 중 동호 사목 및 아목에 해당하는 것
타. 「건축법 시행령」 별표 1 제21호의 동물 및 식물관련시설 중 동호 가목 내지 라목에 해당하는 것
파. 「건축법 시행령」 별표 1 제22호의 자원순환 관련 시설
하. 「건축법 시행령」 별표 1 제24호의 방송통신시설
거. 「건축법 시행령」 별표 1 제26호의 묘지관련시설
너. 「건축법 시행령」 별표 1 제28호의 장례식장

6) 계획관리지역에서 건축할 수 없는 건축물

계획관리지역에서의 건축제한은 금지행위열거방식을 채택하고 있다. 따라서, '건축할 수 없는 건축물'로 열거된 건축물을 제외한 모든 건축물이 해당 용도지역에서 건축 또는 개발할 수 있다는 점에 유의하여야 한다.

[별표 20] 〈개정 2014.3.24〉 [시행일:2014.7.15] 도시·군계획조례에 위임된 사항

계획관리지역안에서 건축할 수 없는 건축물
(제71조제1항제19호 관련)

1. 건축할 수 없는 건축물
   가. 4층을 초과하는 모든 건축물
   나. 「건축법 시행령」 별표 1 제2호의 공동주택 중 아파트
   다. 「건축법 시행령」 별표 1 제3호의 제1종 근린생활시설 중 휴게음식점 및 제과점으로서 국토교통부령으로 정하는 기준에 해당하는 지역에 설치하는 것
   라. 「건축법 시행령」 별표 1 제4호의 제2종 근린생활시설 중 일반음식점·휴게음식점·제과점으로서 국토교통부령으로 정하는 기준에 해당하는 지역에 설치하는 것과 단란주점
   마. 「건축법 시행령」 별표 1 제7호의 판매시설(성장관리방안이 수립된 지역에 설치하는 판매시설로서 그 용도에 쓰이는 바닥면적의 합계가 3천㎡ 미만인 경우는 제외한다)
   바. 「건축법 시행령」 별표 1 제14호의 업무시설
   사. 「건축법 시행령」 별표 1 제15호의 숙박시설로서 국토교통부령으로 정하는 기준에 해당하는 지역에 설치하는 것
   아. 「건축법 시행령」 별표 1 제16호의 위락시설
   자. 「건축법 시행령」 별표 1 제17호의 공장 중 다음의 어느 하나에 해당하는 것(「공익사업을 위한 토지 등의 취득 및 보상에 관한 법률」에 따른 공익사업 및 「도시개발법」에 따른 도시개발사업으로 해당 특별시·광역시·특별자치시·특별자치도·시 또는 군의 관할구역으로 이전하는 레미콘 또는 아스콘 공장은 제외한다)
      (1) 별표 19 제2호자목(1)부터 (4)까지에 해당하는 것. 다만, 인쇄·출판시설이나 사진처리시설로서 「수질 및 수생태계 보전에 관한 법률」 제2조제8호에 따라 배

출되는 특정수질유해물질을 모두 위탁처리하는 경우는 제외한다.
  (2) 화학제품제조시설(석유정제시설을 포함한다). 다만, 물·용제류 등 액체성 물질을 사용하지 않고 제품의 성분이 용해·용출되지 않는 고체성 화학제품제조시설은 제외한다.
  (3) 제1차금속·가공금속제품 및 기계장비제조시설 중 「폐기물관리법 시행령」 별표 1 제4호에 따른 폐유기용제류를 발생시키는 것
  (4) 가죽 및 모피를 물 또는 화학약품을 사용하여 저장하거나 가공하는 것
  (5) 섬유제조시설 중 감량·정련·표백 및 염색시설
  (6) 「수도권정비계획법」 제6조제1항제3호에 따른 자연보전권역 외의 지역 및 「환경정책기본법」 제38조에 따른 특별대책지역 외의 지역의 사업장 중 「폐기물관리법」 제25조에 따른 폐기물처리업 허가를 받은 사업장. 다만, 「폐기물관리법」 제25조제5항제5호부터 제7호까지의 규정에 따른 폐기물 중간·최종·종합재활용업으로서 특정수질유해물질이 배출되지 않는 경우는 제외한다.
  (7) 「수도권정비계획법」 제6조제1항제3호에 따른 자연보전권역 및 「환경정책기본법」 제38조에 따른 특별대책지역에 설치되는 부지면적(둘 이상의 공장을 함께 건축하거나 기존 공장부지에 접하여 건축하는 경우와 둘 이상의 부지가 너비 8m 미만의 도로에 서로 접하는 경우에는 그 면적의 합계를 말한다) 1만㎡ 미만의 것. 다만, 특별시장·광역시장·특별자치시장·특별자치도지사·시장 또는 군수가 1만5천㎡ 이상의 면적을 정하여 공장의 건축이 가능한 지역으로 고시한 지역 안에 입지하는 경우는 제외한다.
2. 지역 여건 등을 고려하여 도시·군계획조례로 정하는 바에 따라 건축할 수 없는 건축물
  가. 4층 이하의 범위에서 도시·군계획조례로 따로 정한 층수를 초과하는 모든 건축물
  나. 「건축법 시행령」 별표 1 제2호의 공동주택(제1호나목에 해당하는 것은 제외한다)
  다. 「건축법 시행령」 별표 1 제4호아목, 자목, 너목 및 러목(안마시술소만 해당한다)에 따른 제2종 근린생활시설
  라. 「건축법 시행령」 별표 1 제4호의 제2종 근린생활시설 중 일반음식점·휴게음식점·제과점으로서 도시·군계획조례로 정하는 지역에 설치하는 것과 안마시술소 및 같은 호 사목에 해당하는 것
  마. 「건축법 시행령」 별표 1 제5호의 문화 및 집회시설
  바. 「건축법 시행령」 별표 1 제6호의 종교시설

사. 「건축법 시행령」 별표 1 제8호의 운수시설
아. 「건축법 시행령」 별표 1 제9호의 의료시설 중 종합병원·병원·치과병원 및 한방병원
자. 「건축법 시행령」 별표 1 제10호의 교육연구시설 중 같은 호 다목부터 마목까지에 해당하는 것
차. 「건축법 시행령」 별표 1 제13호의 운동시설(운동장은 제외한다)
카. 「건축법 시행령」 별표 1 제15호의 숙박시설로서 도시·군계획조례로 정하는 지역에 설치하는 것
타. 「건축법 시행령」 별표 1 제17호의 공장 중 다음의 어느 하나에 해당하는 것
  (1) 「수도권정비계획법」 제6조제1항제3호에 따른 자연보전권역 외의 지역 및 「환경정책기본법」 제38조에 따른 특별대책지역 외의 지역에 설치되는 경우(제1호 자목에 해당하는 것은 제외한다)
  (2) 「수도권정비계획법」 제6조제1항제3호에 따른 자연보전권역 및 「환경정책기본법」 제38조에 따른 특별대책지역에 설치되는 것으로서 부지면적(둘 이상의 공장을 함께 건축하거나 기존 공장부지에 접하여 건축하는 경우와 둘 이상의 부지가 너비 8m 미만의 도로에 서로 접하는 경우에는 그 면적의 합계를 말한다)이 1만㎡ 이상인 경우
  (3) 「공익사업을 위한 토지 등의 취득 및 보상에 관한 법률」에 따른 공익사업 및 「도시개발법」에 따른 도시개발사업으로 해당 특별시·광역시·특별자치시·특별자치도·시 또는 군의 관할구역으로 이전하는 레미콘 또는 아스콘 공장
파. 「건축법 시행령」 별표 1 제18호의 창고시설(창고 중 농업·임업·축산업·수산업용으로 쓰는 것은 제외한다)
하. 「건축법 시행령」 별표 1 제19호의 위험물 저장 및 처리 시설
거. 「건축법 시행령」 별표 1 제20호의 자동차 관련 시설
너. 「건축법 시행령」 별표 1 제27호의 관광 휴게시설

7) 농림지역에서 건축할 수 있는 건축물(2014. 3. 24. 개정)

농림지역에서의 건축제한은 허용행위열거방식을 채택하고 있다. 따라서, '건축할 수 있는 건축물'로 열거된 건축물만 해당 용도지역에서 건축 또는 개발할 수 있다.

[별표 21] 〈개정 2014.3.24〉

농림지역안에서 건축할 수 있는 건축물
(제71조제1항제20호관련)

1. 건축할 수 있는 건축물
   가. 「건축법 시행령」 별표 1 제1호의 단독주택으로서 현저한 자연훼손을 가져오지 아니하는 범위 안에서 건축하는 농어가주택
   나. 「건축법 시행령」 별표 1 제3호사목(공중화장실, 대피소, 그 밖에 이와 비슷한 것만 해당한다) 및 아목에 따른 제1종 근린생활시설
   다. 「건축법 시행령」 별표 1 제10호의 교육연구시설 중 초등학교
   라. 「건축법 시행령」 별표 1 제18호가목의 창고(농업·임업·축산업·수산업용만 해당한다)
   마. 「건축법 시행령」 별표 1 제21호의 동물 및 식물관련시설 중 동호 마목 내지 아목에 해당하는 것
   바. 「건축법 시행령」 별표 1 제25호의 발전시설
2. 도시·군계획조례가 정하는 바에 의하여 건축할 수 있는 건축물
   가. 「건축법 시행령」 별표 1 제3호의 제1종 근린생활시설[같은 호 나목, 사목(공중화장실, 대피소, 그 밖에 이와 비슷한 것만 해당한다) 및 아목은 제외한다]
   나. 「건축법 시행령」 별표 1 제4호의 제2종 근린생활시설[같은 호 아목, 자목, 너목, 더목 및 러목(안마시술소만 해당한다)은 제외한다]
   다. 「건축법 시행령」 별표 1 제5호의 문화 및 집회시설 중 동호 마목에 해당하는 것
   라. 「건축법 시행령」 별표 1 제6호의 종교시설
   마. 「건축법 시행령」 별표 1 제9호의 의료시설
   바. 「건축법 시행령」 별표 1 제12호의 수련시설
   사. 「건축법 시행령」 별표 1 제19호의 위험물저장 및 처리시설 중 액화석유가스충전소

및 고압가스충전·저장소
아. 「건축법 시행령」 별표 1 제21호의 동물 및 식물관련시설(동호 마목 내지 아목에 해당하는 것을 제외한다)
자. 「건축법 시행령」 별표 1 제22호의 자원순환 관련 시설
차. 「건축법 시행령」 별표 1 제23호의 교정 및 국방·군사시설
카. 「건축법 시행령」 별표 1 제24호의 방송통신시설
타. 「건축법 시행령」 별표 1 제26호의 묘지관련시설
파. 「건축법 시행령」 별표 1 제28호의 장례식장

비고
「국토의 계획 및 이용에 관한 법률」 제76조제5항제3호에 따라 농림지역 중 농업진흥지역, 보전산지 또는 초지인 경우에 건축물이나 그 밖의 시설의 용도·종류 및 규모 등의 제한에 관하여는 각각 「농지법」, 「산지관리법」 또는 「초지법」에서 정하는 바에 따른다.

8) 자연환경보전지역에서 건축할 수 있는 건축물(2014. 3. 24. 개정)

자연환경보전지역에서의 건축제한은 허용행위열거방식을 채택하고 있다. 따라서, '건축할 수 있는 건축물'로 열거된 건축물만 해당 용도지역에서 건축 또는 개발할 수 있다.

[별표 22] 〈개정 2014.3.24〉

자연환경보전지역안에서 건축할 수 있는 건축물
(제71조제1항제21호관련)

1. 건축할 수 있는 건축물
   가. 「건축법 시행령」 별표 1 제1호의 단독주택으로서 현저한 자연훼손을 가져오지 아니하는 범위 안에서 건축하는 농어가주택
   나. 「건축법 시행령」 별표 1 제10호의 교육연구시설 중 초등학교
2. 도시·군계획조례가 정하는 바에 의하여 건축할 수 있는 건축물(수질오염 및 경관훼손의 우려가 없다고 인정하여 도시·군계획조례가 정하는 지역내에서 건축하는 것에 한한다)
   가. 「건축법 시행령」 별표 1 제3호의 제1종 근린생활시설 중 같은 호 가목, 바목, 사목(지역아동센터는 제외한다) 및 아목에 해당하는 것
   나. 「건축법 시행령」 별표 1 제4호의 제2종 근린생활시설 중 종교집회장으로서 지목이 종교용지인 토지에 건축하는 것
   다. 「건축법 시행령」 별표 1 제6호의 종교시설로서 지목이 종교용지인 토지에 건축하는 것
   라. 「건축법 시행령」 별표 1 제21호의 동물 및 식물관련시설 중 동호 마목 내지 아목에 해당하는 것과 양어시설(양식장을 포함한다)
   마. 「건축법 시행령」 별표 1 제23호라목의 국방·군사시설 중 관할 시장·군수 또는 구청장이 입지의 불가피성을 인정한 범위에서 건축하는 시설
   바. 「건축법 시행령」 별표 1 제25호의 발전시설
   사. 「건축법 시행령」 별표 1 제26호의 묘지관련시설

◆ 용도지역 세분화

일반주거지역 종세분화

일반주거지역은 2003년 7월 1일 자로 1종일반주거지역, 2종일반주거지역, 3종일반주거지역으로 세분화하여 현재까지 적용되고 있다. 세분화된 용도지역에 따라, 건폐율 및 용적률·건축할 수 있는 건축물·건축물의 높이가 다르게 적용되고 있다.

일반주거지역이란?
주거지역은 전용주거지역, 일반주거지역, 준주거지역 3가지가 있으며, 일반주거지역은 편리한 주거환경을 조성하기 위해 지정된 지역을 말한다. 2003년 세분화 당시 서울시 기준 일반주거지역 면적은 서울시 전체면적의 47%, 시가화된 면적의 약 85%, 주거지역 면적의 95%를 차지함으로써 도시관리상 매우 중요한 부분을 차지하고 있었다.

일반주거지역 종세분화란?
현재의 일반주거지역을 지역의 입지특성과 주택의 유형, 개발밀도를 반영하여 제1종·제2종·제3종 일반주거지역으로 세분하여 지정하는 것을 말한다. 즉, 구릉지·주택가·역세권의 구분 없이 동일한 일반주거지역으로 지정되어 획일적인 규제를 받던 것을, 입지에 맞게 세분화하여 차등화된 건축규제를 적용하여 도시를 관리하자는 것이다.

① 제1종 일반주거지역

저층주택 중심의 편리한 주거환경 조성이 필요한 지역에 지정한다.

② 제2종 일반주거지역

중층주택 중심의 편리한 주거환경이 필요한 지역에 지정한다.

③ 제3종 일반주거지역

도시기반시설이 정비되어 토지의 고도이용이 가능한 중·고층주택 중심의 편리한 주거환경이 필요한 지역에 지정한다.

일반주거지역 종세분화와 건축규제

세분화가 이루어지면 일반주거지역에서 건물을 지을 경우에 획일적으로 용적률 300% 이하 건폐율 60% 이하를 적용하던 것을 2003년 7월 1일부터는 아래와 같이 차등 적용받게 되었다.

① 제1종 일반주거지역

용적률 150% 이하, 건폐율 60% 이하, 건축물 4층 이하를 적용하며 공동주택 중 아파트 등을 건축할 수 없다.

② 제2종 일반주거지역

용적률 200% 이하, 건폐율 60% 이하를 적용하며, 공동주택 중 아파트 등을 건축할 수 있다.

③ 제3종 일반주거지역

용적률 250% 이하, 건폐율 50% 이하를 적용하며, 공동주택 중 아파트 등을 건축할 수 있다.

일반주거지역 세분화의 기준

① 제1종 일반주거지역으로 분류되는 기준

제1종 일반주거지역은 주로 구릉지 및 급경사지의 주택지, 개발제한구역, 공원, 녹지 등의 인접 주택지, 역사문화 및 자연환경의 보호가 필요한 곳, 전용주거지역, 자연녹지지역 등의 인접 주택지, 저층의 양호한 주거환경 유지가 요구되는 주택지이다. 또한 최고고도지구, 자연경관지구, 문화재보호구역 등과 같이 도시계획적인 높이규제와 관리가 요구되는 지역을 그 대상으로 한다.

② 제2종 일반주거지역으로 분류되는 기준

제2종 일반주거지역은 주로 평지에 입지한 다세대 · 다가구 주택 밀집지, 중저층 공동주택단지, 역세권에 인접한 주택지, 역세권 지역 중 도로 등 지구 내 교통환경이 불량하거나 도시기반 정비가 이루어지지 않는 곳, 주거환경 유지가 우선시되는 곳이 해당된다. 그리고 제1종과 제3종 입지특성 외의 일반주택지 등을 대상으로 한다.

③ 제3종 일반주거지역으로 분류되는 기준

제3종 일반주거지역은 주로 간선도로변 또는 역세권 등에 속하면서 교통환경이 양호하고 도시기반 시설정비가 완료된 고층·고밀화된 주택지, 상업지역 또는 준주거지역 등에 인접하여 타 용도침투로부터 주거환경보호를 위해 완충이 필요한 곳, 그리고 도시계획사업 등 향후 토지이용 변화가 예상되는 곳 등을 대상으로 한다.

일반주거지역 종세분화와 부동산 투자

1종 일반주거지역으로 편입이 예상되는 구릉지 등에 위치한 일반주거지역은 세분화가 확정되기 전에 높은 용적률을 적용해 건축허가를 받아 건축된 건축물이 많다. 이러한 건축물은 관악산 등 산자락 구릉지에 위치한 제1종 일반주거지역에서 많이 볼 수 있다. 대지지분과 전용면적은 같을지라도 성장성 측면에서 제2종 일반주거지역이나 제3종 일반주거지역과 분명한 차이가 있다.

관리지역 세분화

관리지역 세분화기준

관리지역은 도시지역의 인구와 산업을 수용하기 위하여 도시지역에 준하여 체계적으로 관리하거나 농림업의 진흥, 자연환경 또는 산림의 보전을 위하여 농림지역 또는 자연환경보전지역에 준하여 관리가 필요한 지역에 지정된 용도지역이다. 1994년에 지정된 준농림지역이 난개발을 방지하고 체계적인 관리를 도모하자는 취지에서 2003년부터 관리지역으로 명칭이 변경되었다. 관리지역은 2005년 말부터 2010년까지에 걸쳐 전국적으로 보전관리지역, 생산관리지역, 계획관리지역으로 세분화되었다.

관리지역 세분화의 방법

관리지역을 세분화함에 있어서 하나의 용도지역으로 구분되는 일단의 토지의 면적은 3만㎡ 이상이어야 한다. 다만, 기존의 관리지역의 면적이 3만㎡ 이하인 경우에는 1만㎡ 이상으로 할 수 있다. 1만㎡ 미만인 경우에는 토지의 특성에 따라 인근의 토지와 용도지역을 같게 하고 보전할 필요가 있는 토지는 용도지구 등으로 지정할 수 있다. 이러한 관리지역의 세분은 토지적성평가 결과 5등급으로 세분된 해당 지역의 필지 및 면적분포를 고려하여 1·2등급 토지는 보전관리지역 또는 생산관리지역으로 편입하며, 4·5등급 토지는 계획관리지역으로, 3등급 토지는 도시기본계획 또는 지역별 개별수요 등을 고려하여 보전·생산·계획관리지역으로 구분하여 편입한다. 관리지역의 행위제한을 기존의 Negative 방식에서 Positive 방식으로 전환하면서 개발밀도를 녹지지역 수준으로 강화하였다.

기초조사와 토지적성평가 결과에 의한 관리지역 구분

1. 보전관리지역

자연환경 보호, 산림보호, 수질오염 방지, 녹지공간 확보 및 생태계 보전 등을 위해 보전이 필요하나, 주변의 용도지역과의 관계 등을 고려할 때 자연환경 보전지역으로 지정하여 관리하기가 곤란한 지역으로서 장래 보전산지나 자연환경보전지역으로 변경할 필요가 있는 지역을 의미한다.

2. 생산관리지역

농업·임업·어업 생산 등을 위해 관리가 필요하나, 주변의 용도지역과의 관계 등을 고려할 때 농림지역으로 지정해 관리하기가 곤란한 지역으로서 장래 농업진흥지역이나 농림지역으로 변경할 필요가 있는 지역을 의미한다.

3. 계획관리지역

도시지역으로의 편입이 예상되는 지역 또는 자연환경을 고려하여 제한적인 이용·개발을 하려는 지역으로서 계획적·체계적인 관리가 필요한 지역과 관리지역 중에서 기반시설이 어느 정도 갖추어져 있어 개발의 압력을 많이 받고 있는 지역과 이로 인하여 난개발이 예상되는 지역을 의미한다.

토지적성평가

토지적성평가는 국토의 난개발을 방지하고 개발과 보전의 조화를 유도하기 위하여 「국토의계획 및 이용에 관한 법」 제27조에 규정되었고 토지의 환경 생태적·물리적·공간적 특성을 종합적으로 평가하여 보전할 지역과 개발가능한 지역의 체계적 판단 및 구분, 관리지역의 세분 등에 활용되어지고 있다. 이러한 토지적성평가는 관리지역세분을 위한 경우와 용도지역·용도지구·용도구역·도시계획시설·지구단위계획 등 각종 사업목적의 도시관리계획의 입안을 위한 경우로 구분하여 시행되고 있다.

▶ **관리지역 세분을 위한 토지적성평가**

① 개발이 완료된 필지의 경우에는 우선개발등급(5등급)을, 절대적인 보전이 필요한 필지는 우선보전등급(1등급)을 부여한다.

② 개발적성, 농업적성, 보전적성의 3개 특성별로 각 평가지표의 평가점수를 산정하고 평가점수를 합계하여 종합적성값을 산정한다.
③ 토지적성평가의 결과 1·2등급인 경우에는 보전 및 농업적성이 강하고, 4·5등급인 경우 개발적성이 강한 것으로 평가한다.

➡ **토지적성평가 자료를 토대로 한 관리지역 세분화**
① 토지를 효율적으로 이용·관리·보전할 수 있도록 일단의 토지를 정형화한다.
② 정형화된 토지의 적성평가의 결과 1·2등급토지의 면적이 50%를 초과하는 경우에는 보전 관리지역 또는 생산관리지역으로 지정한다. 보전관리지역과 생산관리지역의 구분은 토지 적성평가의 결과를 참고로 하여 보전적성이 큰 경우에는 보전관리지역으로, 농업적성이 큰 경우에는 생산관리지역으로 지정한다.
③ 정형화된 토지의 적성평가의 결과 4·5등급토지의 면적이 50%를 초과하는 경우에는 계획 관리지역으로 지정한다. 계획관리지역으로 지정된 지역에 1·2등급의 토지가 있는 경우에는 공원·녹지 또는 경관지구·생태보전지구 등으로 지정하여 보전할 수 있도록 한다.
④ 1·2등급 및 4·5등급 토지의 면적이 각각 50% 이하인 경우에는 3등급의 토지를 어느 지역으로 편입시킬지를 우선 결정한다. 3등급을 계획관리지역으로 편입시키려고 결정한 경우에는 전체를 계획관리지역으로, 보전 및 생산관리지역으로 편입시키려고 결정한 경우에는 전체를 보전 및 생산관리지역으로 지정한다.

※ 토지적성평가 제외지역

① 주거·상업·공업지역, 개발이 완료되어 조성된 지역
② 구법 당시 개발용도로 기지정된 지역
③ 토지적성평가 실시일로부터 5년 이내인 지역
④ 「도시개발법」에 의한 도시개발사업 구역
⑤ 기 환경평가를 거친 개발제한구역 해제지역으로서 해제일로부터 5년 이내인 토지
⑥ 개발용도에서 보전용도로 변경되거나 보전용도간의 변경

■ 관리지역 세분현황 (2010년 3월 기준)   (단위) ; km²

구분	관리지역 세분 결과						
	계획관리	비율(%)	생산관리	비율(%)	보전관리	비율(%)	계
대구		0.00	0.02	100.00		0.00	0.02
광주	6.76	34.77	6.17	31.74	6.51	33.49	19.44
대전	2.80	24.63	1.53	13.45	7.04	61.92	11.37
울산	9.54	24.80	8.40	21.83	20.54	53.38	38.48
인천	141.09	48.15	25.84	8.82	126.12	43.04	293.05
경기	1,288.40	49.53	325.90	12.53	986.70	37.94	2,601.00
강원	1,566.20	55.96	431.00	15.40	801.80	28.65	2,799.00
충북	831.80	42.14	314.40	15.93	827.80	41.94	1,974.00
충남	1,546.71	52.09	498.17	16.78	924.44	31.13	2,969.32
전북	869.10	36.58	664.10	27.95	842.90	35.47	2,376.10
전남	1,226.10	38.98	611.00	19.42	1,308.70	41.60	3,145.80
경북	2,179.50	48.68	597.80	13.35	1,700.20	37.97	4,477.50
경남	1,091.24	41.55	445.94	16.98	1,089.46	41.48	2,626.64
제주	638.50	57.90	251.08	22.77	213.20	19.33	2,626.64
소계	11,397.74	46.65	4,181.35	17.11	8,855.41	36.24	24,434.5

※ 제주도는 2010.3.8./충남 태안은 2010.1.20. 고시완료

관리지역에서 건축할 수 있는 건축물

- 관리지역에서 건축할 수 있는 (또는 없는) 건축물은 앞에서 배운 바와 같이 국토계획법에서 보전관리지역, 생산관리지역, 계획관리지역으로 구분하여 규정하고 있다.
- '관리지역 미분류'(향후 세분화 예정임) 용도지역에서는 보전관리지역에 해당하는 건축제한을 적용받는다.
- 관리지역에서 건축할 수 있는 건축물은 4층 이하의 건축물에 한한다. 다만 4층 이하의 범위 안에서 도시·군 계획조례로 따로 층수를 정하는 경우에는 그 층수 이하의 건축물에 한한다.
- 계획관리지역에서 도시·군 계획조례가 정하는 바에 의하여 건축할 수 없는 건축물 중 휴게음식점·제과점·일반음식점 및 숙박시설(바닥면적의 합계가 660㎡ 이하이고 3층 이하로 건축하는 것에 한한다)은 국토해양부령이 정하는 기준에 해당하는 지역의 범위 안에서 도시·군 계획조례가 정하는 지역에 설치하는 것에 한한다.

05 CHAPTER

용도지구에서의 건축제한
(자연취락지구와 개발진흥지구를 중심으로)

◆ 용도지구에서의 행위제한

용도지구란?

'용도지구'란 토지의 이용 및 건축물의 용도·건폐율·용적률·높이 등에 대한 용도지역의 제한을 강화하거나 완화하여 적용함으로써 용도지역의 기능을 증진시키고 미관·경관·안전을 도모하기 위하여 도시·군관리계획으로 결정하는 지역을 말한다. 즉, 용도지역만 지정되어 있다면 앞에서 배운 21개 용도지역에서의 건폐율, 용적률, 건축할 수 있는 건축물, 높이 등을 적용하면 되는데, 추가로 용도지구가 지정되어 있다면 해당토지에서의 건폐율, 용적률, 건축할 수 있는 건축물, 높이 중 일부 또는 전부가 다르게 적용된다는 것이다.

용도지구의 지정 및 변경

국토계획법에 의한 용도지구는 국토교통부장관, 시·도지사 또는 대도시 시장에 의하여 도시·군관리계획으로 결정 또는 변경되며 다음과 같이 11가지 용도지구로 구분한다.

1. 경관지구: 경관을 보호·형성하기 위하여 필요한 지구
2. 미관지구: 미관을 유지하기 위하여 필요한 지구
3. 고도지구: 쾌적한 환경 조성 및 토지의 효율적 이용을 위하여 건축물 높이의 최저한도 또는 최고한도를 규제할 필요가 있는 지구
4. 방화지구: 화재의 위험을 예방하기 위하여 필요한 지구
5. 방재지구: 풍수해, 산사태, 지반의 붕괴, 그 밖의 재해를 예방하기 위하여 필요한 지구
6. 보존지구: 문화재, 중요 시설물 및 문화적·생태적으로 보존가치가 큰 지역의 보호와 보존을 위하여 필요한 지구
7. 시설보호지구: 학교시설·공용시설·항만 또는 공항의 보호, 업무기능의 효율화, 항공기의 안전운항 등을 위하여 필요한 지구
8. 취락지구: 녹지지역·관리지역·농림지역·자연환경보전지역·개발제한구역 또는 도시자연공원구역의 취락을 정비하기 위한 지구
9. 개발진흥지구: 주거기능·상업기능·공업기능·유통물류기능·관광기능·휴양기능 등을 집중적으로 개발·정비할 필요가 있는 지구
10. 특정용도제한지구: 주거기능 보호나 청소년 보호 등의 목적으로 청소년 유해시설 등 특정시설의 입지를 제한할 필요가 있는 지구
11. 그 밖에 대통령령으로 정하는 지구

> **방재지구**
>
> 시·도지사 또는 대도시 시장은 연안침식이 진행 중이거나 우려되는 지역 등 대통령령으로 정하는 지역에 대해서는 제1항제5호의 방재지구의 지정 또는 변경을 도시·군관리계획으로 결정하여야 한다. 이 경우 도시·군관리계획의 내용에는 해당 방재지구의 재해저감대책을 포함하여야 한다. 〈신설 2013.7.16.〉

용도지구의 세분 지정

국토계획법에 의한 용도지구 중에서 경관지구·미관지구·고도지구·보존지구·시설보호지구·취락지구 및 개발진흥지구 등 7개의 용도지구는 다음과 같이 세분하여 지정할 수 있다. 또한, 시·도지사 또는 대도시 시장은 지역여건상 필요한 때에는 도시·군계획조례로 정하는 바에 따라 경관지구 및 미관지구를 추가적으로 세분하거나 특정용도제한지구를 세분하여 지정할 수 있다.

1. 경관지구

　가. 자연경관지구 : 산지·구릉지 등 자연경관의 보호 또는 도시의 자연풍치를 유지하기 위하여 필요한 지구

　나. 수변경관지구 : 지역내 주요 수계의 수변 자연경관을 보호·유지하기 위하여 필요한 지구

　다. 시가지경관지구 : 주거지역의 양호한 환경조성과 시가지의 도시경관을 보호하기 위하여 필요한 지구

2. 미관지구

　가. 중심지미관지구 : 토지의 이용도가 높은 지역의 미관을 유시·판

리하기 위하여 필요한 지구

　나. 역사문화미관지구 : 문화재와 문화적으로 보존가치가 큰 건축물 등의 미관을 유지·관리하기 위하여 필요한 지구

　다. 일반미관지구 : 중심지미관지구 및 역사문화미관지구 외의 지역으로서 미관을 유지·관리하기 위하여 필요한 지구

3. **고도지구**

　가. 최고고도지구 : 환경과 경관을 보호하고 과밀을 방지하기 위하여 건축물높이의 최고한도를 정할 필요가 있는 지구

　나. 최저고도지구 : 토지이용을 고도화하고 경관을 보호하기 위하여 건축물높이의 최저한도를 정할 필요가 있는 지구

4. **보존지구**

　가. 역사문화환경보존지구 : 문화재·전통사찰 등 역사·문화적으로 보존가치가 큰 시설 및 지역의 보호와 보존을 위하여 필요한 지구

　나. 중요시설물보존지구 : 국방상 또는 안보상 중요한 시설물의 보호와 보존을 위하여 필요한 지구

　다. 생태계보존지구 : 야생동식물서식처 등 생태적으로 보존가치가 큰 지역의 보호와 보존을 위하여 필요한 지구

5. **시설보호지구**

　가. 학교시설보호지구 : 학교의 교육환경을 보호·유지하기 위하여 필요한 지구

　나. 공용시설보호지구 : 공용시설을 보호하고 공공업무기능을 효율화하기 위하여 필요한 지구

　다. 항만시설보호지구 : 항만기능을 효율화하고 항만시설을 관리·운

영하기 위하여 필요한 지구

라. 공항시설보호지구 : 공항시설의 보호와 항공기의 안전운항을 위하여 필요한 지구

6. 취락지구

가. 자연취락지구 : 녹지지역·관리지역·농림지역 또는 자연환경보전지역안의 취락을 정비하기 위하여 필요한 지구

나. 집단취락지구 : 개발제한구역안의 취락을 정비하기 위하여 필요한 지구

7. 개발진흥지구

가. 주거개발진흥지구 : 주거기능을 중심으로 개발·정비할 필요가 있는 지구

나. 산업·유통개발진흥지구 : 공업기능 및 유통·물류기능을 중심으로 개발·정비할 필요가 있는 지구

다. 삭제 〈2012.4.10〉

라. 관광·휴양개발진흥지구 : 관광·휴양기능을 중심으로 개발·정비할 필요가 있는 지구

마. 복합개발진흥지구 : 주거기능, 공업기능, 유통·물류기능 및 관광·휴양기능중 2 이상의 기능을 중심으로 개발·정비할 필요가 있는 지구

바. 특정개발진흥지구 : 주거기능, 공업기능, 유통·물류기능 및 관광·휴양기능 외의 기능을 중심으로 특정한 목적을 위하여 개발·정비할 필요가 있는 지구

그 밖에 용도지구의 신설

국토계획법에 의한 용도지구의 신설은 시·도지사 또는 대도시 시장에게 허용되며, 시·도지사 또는 대도시 시장은 지역여건상 필요하면 다음의 국토계획법 시행령으로 정하는 기준에 따라 그 시·도 또는 대도시의 조례로 용도지구의 명칭 및 지정목적, 건축이나 그 밖의 행위의 금지 및 제한에 관한 사항 등을 정하여 새로운 용도지구의 지정 또는 변경을 도시·군관리계획으로 결정할 수 있다.

⑤ 법 제37조제4항에서 "연안침식이 진행 중이거나 우려되는 지역 등 대통령령으로 정하는 지역"이란 다음 각 호의 어느 하나에 해당하는 지역을 말한다.〈신설 2014.1.14.〉

1. 연안침식으로 인하여 심각한 피해가 발생하거나 발생할 우려가 있어 이를 특별히 관리할 필요가 있는 지역으로서 「연안관리법」 제20조의2에 따른 연안침식관리구역으로 지정된 지역(같은 법 제2조 제3호의 연안육역에 한정한다)

2. 풍수해, 산사태 등의 동일한 재해가 최근 10년 이내 2회 이상 발생하여 인명 피해를 입은 지역으로서 향후 동일한 재해 발생 시 상당한 피해가 우려되는 지역[시행일 : 2014.8.14.] 제31조 제5항 제1호

용도지구의 신설 기준

시·도 또는 대도시의 도시·군계획조례로 국토계획법 제37조 제1항 각 호 외의 용도지구를 정할 때에는 다음 각호의 기준을 따라야 한다.

1. 용도지구의 신설은 법에서 정하고 있는 용도지역·용도지구 또는 용도구역만으로는 효율적인 토지이용을 달성할 수 없는 부득이한 사유

가 있는 경우에 한할 것
2. 용도지구안에서의 행위제한은 그 용도지구의 지정목적 달성에 필요한 최소한도에 그치도록 할 것
3. 당해 용도지역 또는 용도구역의 행위제한을 완화하는 용도지구를 신설하지 아니할 것

◆ 취락지구에서의 건축제한

취락지구의 구분

취락지구는 '녹지지역·관리지역·농림지역·자연환경보전지역·개발제한구역 또는 도시자연공원구역의 취락을 정비하기 위한 지구'를 말한다. 국토계획법시행령에 의한 취락지구는 다음과 같이 2가지가 있다.
1. 자연취락지구 : 녹지지역·관리지역·농림지역 또는 자연환경보전지역안의 취락을 정비하기 위하여 필요한 지구
2. 집단취락지구 : 개발제한구역안의 취락을 정비하기 위하여 필요한 지구

취락지구에서의 건축제한

용도지구는 용도지역에 의하여 결정된 해당 토지에서의 ①토지의 이용 ②건축물의 용도 ③건폐율 ④용적률 ⑤높이 등에 대한 행위제한을 강화 또는 완화하여 적용시키는 역할을 한다. 따라서, 용도지역에 추가로 취락지구가 지정되어 있는 토지에서는 해당 시·군의 시·군계획조례에서 정하고 있는 용도지구에서의 행위제한을 반영하여 결정하여야 한다.

국토계획법에서는 취락지구의 건축제한에 관하여는 용도지역에 의한 건축규제에도 불구하고 별도로 정하고 있다

> **국토계획법 제76조(용도지역 및 용도지구에서의 건축물의 건축 제한 등)**
> ① 제36조에 따라 지정된 용도지역에서의 건축물이나 그 밖의 시설의 용도·종류 및 규모 등의 제한에 관한 사항은 대통령령으로 정한다.
> ② 제37조에 따라 지정된 용도지구에서의 건축물이나 그 밖의 시설의 용도·종류 및 규모 등의 제한에 관한 사항은 이 법 또는 다른 법률에 특별한 규정이 있는 경우 외에는 대통령령으로 정하는 기준에 따라 특별시·광역시·특별자치시·특별자치도·시 또는 군의 조례로 정할 수 있다. 〈개정 2011.4.14〉
> ③ 제1항과 제2항에 따른 건축물이나 그 밖의 시설의 용도·종류 및 규모 등의 제한은 해당 용도지역과 용도지구의 지정목적에 적합하여야 한다.
> ④ 건축물이나 그 밖의 시설의 용도·종류 및 규모 등을 변경하는 경우 변경 후의 건축물이나 그 밖의 시설의 용도·종류 및 규모 등은 제1항과 제2항에 맞아야 한다.
> ⑤ 다음 각 호의 어느 하나에 해당하는 경우의 건축물이나 그 밖의 시설의 용도·종류 및 규모 등의 제한에 관하여는 제1항부터 제4항까지의 규정에도 불구하고 각 호에서 정하는 바에 따른다. 〈개정 2009.4.22, 2011.8.4〉
>
> 1. 제37조제1항제8호에 따른 취락지구에서는 취락지구의 지정목적 범위에서 대통령령으로 따로 정한다.
> 2. 「산업입지 및 개발에 관한 법률」 제2조제8호라목에 따른 농공단지에서는 같은 법에서 정하는 바에 따른다.
> 3. 농림지역 중 농업진흥지역, 보전산지 또는 초지인 경우에는 각각 「농지법」, 「산지관리법」 또는 「초지법」에서 정하는 바에 따른다.
> 4. 자연환경보전지역 중 「자연공원법」에 따른 공원구역, 「수도법」에 따른 상수원보호구역, 「문화재보호법」에 따라 지정된 지정문화재 또는 천연기념물과 그 보호구역, 「해양생태계의 보전 및 관리에 관한 법률」에 따른 해양보호구역인 경우에는 각각 「자연공원법」, 「수도법」 또는 「문화재보호법」 또는 「해양생태계의 보전 및 관리에 관한 법률」에서 정하는 바에 따른다.
> 5. 자연환경보전지역 중 수산자원보호구역인 경우에는 「수산자원관리법」에서 정하는 바에 따른다.

⑥ 보전관리지역이나 생산관리지역에 대하여 농림축산식품부장관·해양수산부장관·환경부장관 또는 산림청장이 농지 보전, 자연환경 보전, 해양환경 보전 또는 산림 보전에 필요하다고 인정하는 경우에는 「농지법」, 「자연환경보전법」, 「야생생물 보호 및 관리에 관한 법률」, 「해양생태계의 보전 및 관리에 관한 법률」 또는 「산림자원의 조성 및 관리에 관한 법률」에 따라 건축물이나 그 밖의 시설의 용도·종류 및 규모 등을 제한할 수 있다. 이 경우 이 법에 따른 제한의 취지와 형평을 이루도록 하여야 한다. 〈개정 2011.7.28, 2013.3.23〉

[전문개정 2009.2.6]

[시행일:2012.7.1] 제76조 중 특별자치시에 관한 개정규정

취락지구가 지정된 토지에서의 건축제한

취락지구에서는 자연취락지구와 집단취락지구에서의 건축제한을 구분하여야 한다. 자연취락지구안에서의 건축제한은 국토계획법에서 규정하고 있으며 집단취락지구 안에서의 건축제한에 관하여는 개발제한구역의지정및관리에관한특별조치법이 정하는 바에 따른다고 명백히 규정하고 있다. 따라서, 여기에서는 자연취락지구 안에서의 건축제한을 설명하고, 집단취락지구 안에서의 건축제한은 개발제한구역 편에서 따로 설명하기로 하겠다.

1. 먼저 용도지역에서의 건폐율, 용적률, 건축할 수 있는 건축물 등의 행위제한을 확인한다.
2. 추가로 지정된 용도지구에서의 강화 또는 완화된 건폐율, 용적률, 건축할 수 있는 건축물 등의 행위제한을 찾아서 확인한다.
3. 용도지구에서의 강화 또는 완화된 건폐율, 용적률, 건축할 수 있는 건축물 등의 행위제한을 우선 적용하여 최종적으로 해당 토지에서의 건폐율, 용적률, 건축할 수 있는 건축물 등의 행위제한을 확인한다.

자연취락지구에서의 건축제한

자연취락지구 사례의 토지는 경기도 이천시에 위치하는 토지이다. 따라서 설명의 편의상 이천시 도시계획조례를 직접 적용하여 설명하도록 하겠다. 앞에서 설명한 3단계의 방식을 거쳐서 행위제한을 확인할 수 있다.

토지이용계획확인서 발췌

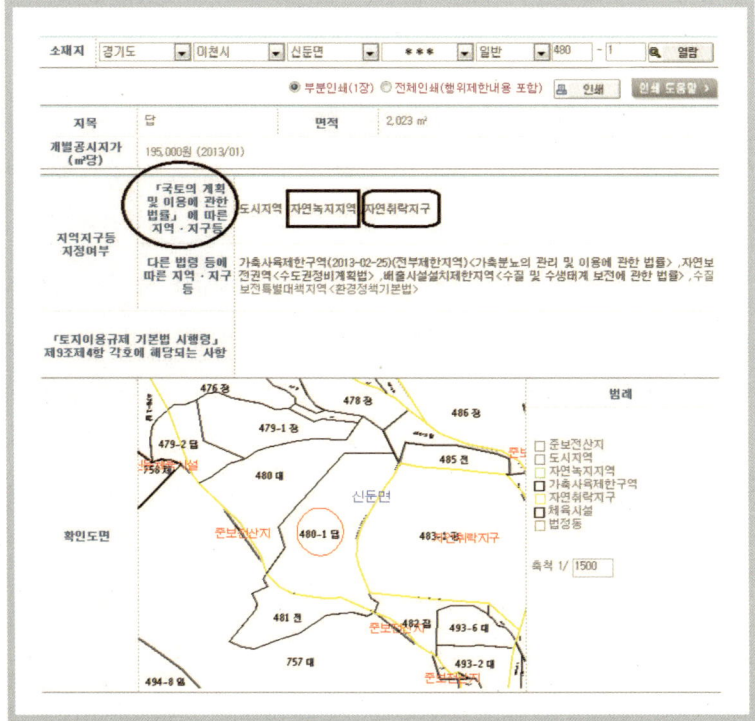

▶ 토지이용계획확인서의 '국토계획법에 따른 지역·지구등' 란에 용도지역은 자연녹지지역으로 지정되어 있고, 추가로 용도지구인 자연취락지구가 지정되어 있다.

용도지역 자연녹지지역에서의 건축제한

건폐율
사례의 토지가 소재하는 이천시에서는 도시계획조례로 자연녹지지역안에서 건폐율 20%이하를 적용하고 있다.

용적률
사례의 토지가 소재하는 이천시에서는 도시계획조례로 자연녹지지역에서 용적률 100%이하를 적용하고 있다.

건축할 수 있는 건축물
사례의 토지가 소재하는 이천시에서는 도시계획조례로 자연녹지지역에서 건축할 수 있는 건축물은 이천시 도시계획조례(별표 16)에 규정되어 있다.

용도지구 자연취락지구에서의 건축제한
이천시 도시계획조례에서는 자연취락지구 안에서의 건축제한으로 건폐율 및 건축할 수 있는 건축물과 건축물의 높이에 대하여 별도로 규정하고 있다.

자역녹지지역 / 자연치락지구에서의 건축제한

건폐율

이천시 도시계획조례에서 별도로 정한 자연취락지구안에서의 건폐율 60%를 적용한다.

> **이천시 도시계획조례 제53조(기타 용도지구·구역 등의 건폐율)**
> 영 제84조제3항의 규정에 따른 다음 각 호의 1에 해당하는 용도지구·용도구역 등의 건폐율은 다음 각 호와 같다.
> 1. 취락지구 : 60% 이하
> 2. 도시지역외의 지역에 지정된 개발진흥지구 : 40% 이하
> 3. 자연공원법에 따른 자연공원 및 공원보호구역 : 60% 이하
> 4. 「산업입지 및 개발에 관한 법률」제2조제5호다목의 규정에 따른 농공단지 : 70% 이하
> 5. 공업지역안에 있는「산업입지 및 개발에 관한 법률」제2조제5호가목 및 나목의 규정에 따른 국가산업단지 및 지방산업단지 : 80% 이하

용적률

이천시 도시계획조례에서 자연취락지구에 대하여 용적률에 대하여는 따로 정함이 없음으로 앞에서 설명한 용도지역인 자연녹지지역에서의 이천시 도시계획조례에 의한 용적률 100% 이하를 적용하면 된다.

건축할 수 있는 건축물과 높이

이천시 도시계획조례에서 별도로 정한 자연취락지구안에서 건축할 수 있는 건축물을 적용한다. 건축할 수 있는 건축물의 종류와 함께 건축물의 높이도 '4층 이하의 건축물'로 제한하고 있다

이천시 도시계획조례〔별표 22〕자연취락지구 안에서 건축할 수 있는 건축물 (4층 이하의 건축물에 한한다)

가. 「건축법시행령」별표 1 제1호의 단독주택
나. 「건축법시행령」별표 1 제2호의 공동주택(아파트를 제외한다)
다. 「건축법시행령」별표 1 제3호의 제1종 근린생활시설
라. 「건축법시행령」별표 1 제4호의 제2종 근린생활시설(단란주점 및 안마시술소를 제외한다)
마. 「건축법시행령」별표 1 제5호의 문화 및 집회시설
바. 「건축법시행령」별표 1 제6호의 종교시설
사. 「건축법시행령」별표 1 제7호의 판매시설중 다음의 어느 하나에 해당하는 것
  1) 「농수산물 유통 및 가격 안정에 관한 법률」제2조의 규정에 의한 농수산물공판장
  2) 「농수산물 유통 및 가격 안정에 관한 법률」제68조제2항의 규정에 의한 농수산물직판장으로서 당해 용도에 쓰이는 바닥면적의 합계가 만㎡인 것(「농어촌발전특별조치법」제2조제2호 및 제3호 또는 동법 제4조에 해당하는 자나 지방자치단체가 설치·운영하는 것에 한한다)
아. 「건축법시행령」별표 1 제9호의 의료시설중 종합병원·병원·치과병원 및 한방병원
자. 「건축법시행령」별표 1 제10호의 교육연구시설
차. 「건축법시행령」별표 1 제11호의 노유자시설
카. 「건축법시행령」별표 1 제12호의 수련시설
타. 「건축법시행령」별표 1 제13호의 운동시설
파. 「건축법시행령」별표 1 제15호의 숙박시설로서「관광진흥법」에 의하여 지정된 관광지 및 관광단지에 건축하는 것
하. 「건축법시행령」별표 1 제17호의 공장중 도정공장·식품공장과 읍·면지역에 건축하는 제재업의 공장 및 첨단업종공장으로서 다음에 해당하지 아니하는 것
  1) 「대기환경보전법」제2조제9호에 따른 특정대기유해물질을 배출하는 것
  2) 「대기환경보전법」제2조제11호에 따른 대기오염물질배출시설에 해당하는 시설로서 동법 시행령 별표 8에 따른 1종사업장 내지 3종사업장에 해당하는 것
  3) 「수질 및 수생태계 보전에 관한 법률」제2조제8호에 따른 특정수질유해물질을 배출하는 것.(다만, 동법 제34조에 따라 폐수무방류배출시설의 설치허가를 받아 운영하는 경우를 제외한다)
  4) 「수질 및 수생태계 보전에 관한 법률」제2조제10호에 따른 폐수배출시설에 해당하

는 시설로서 같은 법 시행령 별표 13에 따른 제1종사업장부터 제4종사업장까지 해당하는 것
거.「건축법시행령」별표 1 제18호 가목의 창고(농·임·축·수사업용에 한한다)
너.「건축법시행령」별표 1 제19호의 위험물저장 및 처리시설
더.「건축법시행령」별표 1 제21호의 동물 및 식물관련시설
러.「건축법시행령」별표 1 제22호의 분뇨 및 쓰레기처리시설(단, 고물상은 제외한다)
머.「건축법시행령」별표 1 제23호의 교정 및 국방·군사시설
버.「건축법시행령」별표 1 제24호의 방송통신시설
서.「건축법시행령」별표 1 제25호의 발전시설

◆ 개발진흥지구에서의 행위제한

개발진흥지구의 구분

개발진흥지구는 '주거기능·상업기능·공업기능·유통물류기능·관광기능·휴양기능 등을 집중적으로 개발·정비할 필요가 있는 지구'를 말한다. 국토계획법에 의한 개발진흥지구는 다음과 5가지가 있다.

1. 주거개발진흥지구 : 주거기능을 중심으로 개발·정비할 필요가 있는 지구

2. 산업·유통개발진흥지구 : 공업기능 및 유통·물류기능을 중심으로 개발·정비할 필요가 있는 지구

3. 관광·휴양개발진흥지구 : 관광·휴양기능을 중심으로 개발·정비할 필요가 있는 지구

4. 복합개발진흥지구 : 주거기능, 공업기능, 유통·물류기능 및 관광·휴양기능중 2 이상의 기능을 중심으로 개발·정비할 필요가 있는 지구

5. 특정개발진흥지구 : 주거기능, 공업기능, 유통·물류기능 및 관광·휴양기능 외의 기능을 중심으로 특정한 목적을 위하여 개발·정비할 필요가 있는 지구

개발진흥지구에서의 행위제한

용도지구인 개발진흥지구는 용도지역에 의하여 결정된 해당 토지에서의 ①토지의 이용 ②건축물의 용도 ③건폐율 ④용적률 ⑤높이 등에 대한 행위제한을 강화 또는 완화하여 적용시키는 역할을 한다. 따라서, 용도지역에 추가로 개발진흥지구가 지정되어 있는 토지에서는 해당 시·군의 시·군계획조례에서 정하고 있는 용도지구에서의 행위제한을 반영하여 결정하여야 한다. 국토계획법에서는 개발진흥지구의 건축제한에 관하여는 용도지역에 의한 건축규제에도 불구하고 별도로 정하고 있다. 여기에서는 용인시의 사례를 들어가면서 개발진흥지구에서의 건축제한을 설명하도록 하겠다.

개발진흥지구 안에서의 건축할 수 있는 건축물 및 높이 등

개발진흥지구 안에서의 건축제한은 국토계획법 시행령 제79에서 지구단위계획이 수립된 토지와 지구단위계획이 수립되지 않은 토지 두 가지로 구분해서 건축제한을 가하고 있다. 따라서 개발진흥지구로 지정된 토지에서의 건축제한을 이해하기 위해서는 먼저 해당 지구단위계획이 수립된 토지이냐 수립되기 전의 토지이냐를 판단하여야 한다.

> **국토계획법 제79조(개발진흥지구안에서의 건축제한)**
>
> 개발진흥지구안에서는 지구단위계획 또는 관계 법률에 의한 개발계획에 위반하여 건축물을 건축할 수 없으며, 지구단위계획 또는 개발계획이 수립되기 전에는 개발진흥지구의 계획적 개발에 위배되지 아니하는 범위 안에서 도시·군계획조례가 정하는 건축물을 건축할 수 있다.

지구단위계획이 수립되기 전 개발진흥지구 에서의 건축제한

개발진흥지구로 지정된 토지에서 지구단위계획이 수립되기 전의 건축제한은 다음과 같다.

개발진흥지구에서의 건폐율 (용인시 도시계획조례 54조)

도시지역 외의 지역에 지정된 개발진흥지구 : 40% 이하를 적용한다.

> **용인시 도시계획조례제54조(기타 용도지구·구역 등의 건폐율)**
>
> 영 제84조제3항의 규정에 의하여 다음 각 호의 1에 해당하는 용도지구·용도구역 등의 건폐율은 다음 각 호와 같다.
> 1. 취락지구 : 40% 이하
> 2. 도시지역 외의 지역에 지정된 개발진흥지구 : 40% 이하
> 3. 「자연공원법」에 의한 자연공원 및 공원보호구역 : 40% 이하
> 4. 「산업입지 및 개발에 관한 법률」제2조제5호다목의 규정에 의한 농공단지 : 60% 이하
> 5. 공업지역 안에 있는「산업입지 및 개발에 관한 법률」제2조제5호가목 및 나목의 규정에 의한 국가산업단지 및 지방산업단지 : 80% 이하

개발진흥지구에서의 용적률 (용인시도시계획조례 59조)

도시지역외의 지역에 지정된 개발진흥지구 : 100% 이하를 적용한다.

용인시 도시계획조례 제59조(기타 용도지구·구역 등의 용적률)

영 제85조제3항의 규정에 의하여 다음 각 호의 1에 해당하는 용도지구·용도구역 등의 용적률은 다음 각 호와 같다.

1. 취락지구 : 100% 이하
2. 도시지역 외의 지역에 지정된 개발진흥지구 : 100% 이하
3. 「자연공원법」에 의한 자연공원 및 공원보호구역 : 80% 이하(다만, 「자연공원법」에 의한 집단시설지구의 경우에는 100% 이하로 한다)
4. 「산업입지 및 개발에 관한 법률」제2조제5호다목의 규정에 의한 농공단지 : 150% 이하

개발진흥지구에서 건축할 수 있는 건축물 (용인시 도시계획조례 제48조)

용인시 도시계획조례 제48조(개발진흥지구 안에서의 건축제한)

영 제79조의 규정에 의하여 개발진흥지구 안에서는 지구단위계획 또는 관계 법률에 의한 개발계획에 위반하여 건축물을 건축할 수 없다. 다만, 지구단위계획 또는 개발계획이 수립되기 전에는 개발진흥 지구의 계획적 개발에 위배되지 아니하는 범위 안에서 다음 각 호의 건축물을 건축할 수 있다.

1. 「건축법 시행령」별표 1 제1호의 단독주택 중 가목의 단독주택
2. 「건축법 시행령」별표 1 제3호의 제1종근린생활시설(바닥면적의 합계가 200㎡ 이하에 한한다)
3. 법 제81조 및 영 제88조에 해당하는 건축물
4. 국가 또는 지방자치단체가 필요하다고 판단하는 도시계획시설의 설치 및 건축물(시 도시계획위원회의 심의를 거친 경우에 한한다)

* 법 제81조 및 영 제88조에 해당하는 건축물은 시가화조정구역에서의 행위제한에 해당하며 시가화조정구역편에서 자세하게 설명한다.

지구단위계획이 수립 된 개발진흥지구에서의 건축제한

개발진흥지구로 지정된 토지에서는 해당 토지의 용도지역 안에서의 건축제한은 무시된다. 용도지역 안에서의 건축제한과 상관없이 수립된 지구단위계획의 건축제한에 따라 건폐율, 용적률, 건축할 수 있는 건축물, 높이 등을 적용하여 개발할 수 있다. 따라서, 검토대상 토지가 소재하는 시군의 지구단위계획을 담당하는 부서(도시계획과 도시정책과 등)를 방문하여 지구단위계획구역 안에서의 행위제한을 확인하고 수립된 지구단위계획의 건축제한에 따라 건폐율, 용적률, 건축할 수 있는 건축물, 높이 등을 적용하여 개발할 수 있다.

사례1 : 주거개발진흥지구로 지정된 계획관리지역 토지

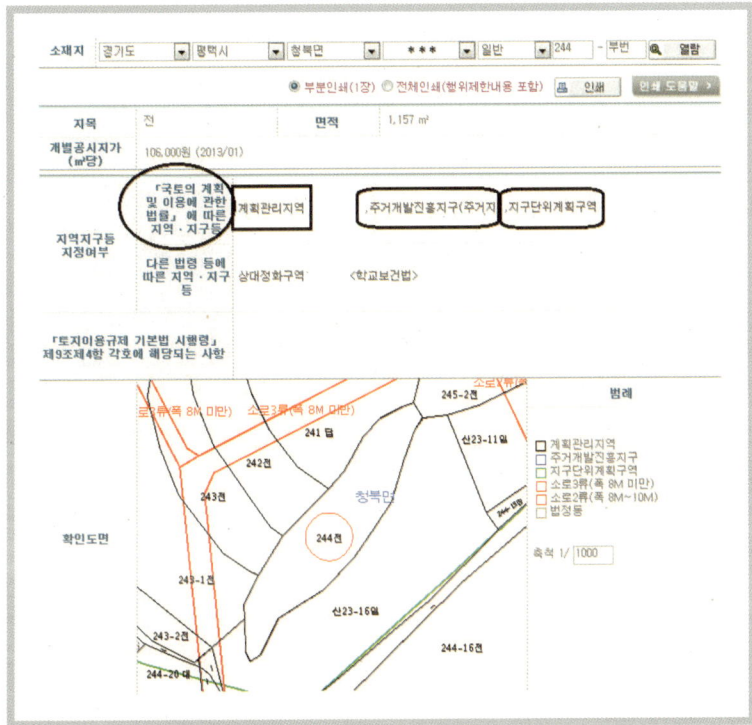

▶ 토지이용계획확인서의 '국토계획법에 따른 지역·지구등' 란에 용도지역은 계획관리지역으로 지정되어 있고, 추가로 용도지구인 개발진흥지구가 지정되어 있으며 용도구역인 지구단위계획구역으로 지정되어 있다.

계획관리지역과 개발진흥지구

사례토지에서는 계획관리지역과 개발진흥지구라는 두 가지 건축제한이 충돌하지만 개발진흥지구로 지정된 토지 안에서의 건축제한은 용도지역인 계획관리지역 안에서의 건축제한은 적용되지 않고 개발진흥지구의 건축제한을 적용해야 한다.

지구단위계획이 수립되었는지 여부를 판단한다.

1. **지구단위계획이 수립된 토지**

   지구단위계획으로 정한 건축제한을 적용하여 건폐율, 용적률, 건축할 수 있는 건축물, 건축물의 높이 등을 적용하여 개발할 수 있다.

2. **지구단위계획이 미 수립된 토지**

   앞에서 언급한 것처럼 토지가 소재하는 시군 도시계획조례에서 정한 개발진흥지구 안에서 지구단위계획이 미 수립된 경우의 건축제한을 적용하여 개발할 수 있다.

사례2 : 특정개발진흥지구

특정개발진흥지구란 '주거기능, 공업기능, 유통·물류기능 및 관광·휴양기능 외의 기능을 중심으로 특정한 목적을 위하여 개발·정비할 필요가 있는 지구'를 말한다.

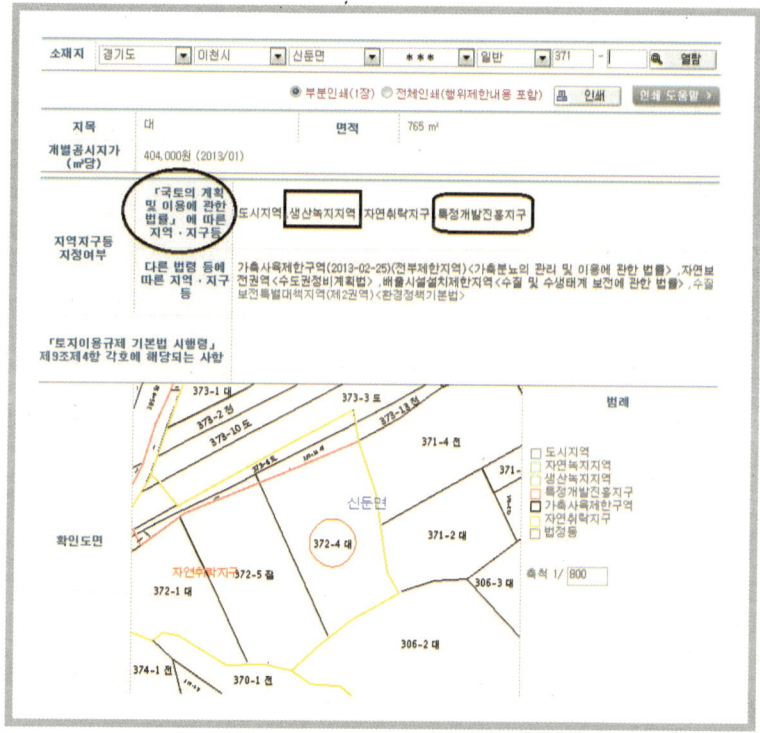

▶ 토지이용계획확인서의 '국토계획법에 따른 지역·지구등' 란에 용도지역은 생산녹지지역으로 지정되어 있고, 추가로 용도지구인 특정개발진흥지구가 지정되어 있다.

생산녹지지역과 개발진흥지구

사례토지에서는 생산녹지지역과 개발진흥지구라는 두 가지 건축제한이 충돌하지만 개발진흥지구로 지정된 토지 안에서의 건축제한은 용도지역인 생산녹지지역 안에서의 건축제한은 적용되지 않고 개발진흥지구의 건축제한을 적용해야 한다.

지구단위계획이 수립되었는지 여부를 판단한다.

1. **지구단위계획이 수립된 토지**

   지구단위계획으로 정한 건축제한을 적용하여 건폐율, 용적률, 건축할 수 있는 건축물, 건축물의 높이 등을 적용하여 개발할 수 있다.

2. **지구단위계획이 미 수립된 토지**

   앞에서 언급한 것처럼 토지가 소재하는 시군 도시계획조례에서 정한 개발진흥지구 안에서 지구단위계획이 미 수립된 경우의 건축제한을 적용하여 개발할 수 있다.

06 CHAPTER

용도구역에서의 건축제한

◆ 용도구역에서의 행위제한

용도구역의 지정 및 변경

"용도구역"이란 토지의 이용 및 건축물의 용도·건폐율·용적률·높이 등에 대한 용도지역 및 용도지구의 제한을 강화하거나 완화하여 따로 정함으로써 시가지의 무질서한 확산방지, 계획적이고 단계적인 토지이용의 도모, 토지이용의 종합적 조정·관리 등을 위하여 도시·군관리계획으로 결정하는 지역을 말한다. 국토계획법에서는 개발제한구역, 도시자연공원구역, 시가화조정구역, 수산자원보호구역의 4가지가 지정되어 있다. 국토계획법에 의한 용도구역에서의 행위제한은 따로 법률로 정하거나 도시·군관리계획으로 결정하고 있다. 여기서는 도시자연공원구역, 시가화조정구역 중심으로 설명한다.

국토계획법에 의한 용도구역의 지정 현황〈국토계획법 2014.7.1 시행〉

국토계획법 제38조(개발제한구역의 지정)
① 국토교통부장관은 도시의 무질서한 확산을 방지하고 도시주변의 자연환경을 보전하여 도시민의 건전한 생활환경을 확보하기 위하여 도시의 개발을 제한할 필요가 있거나 국방부장관의 요청이 있어 보안상 도시의 개발을 제한할 필요가 있다고 인정되면 개발제한구역의 지정 또는 변경을 도시·군관리계획으로 결정할 수 있다.
② 개발제한구역의 지정 또는 변경에 필요한 사항은 따로 법률로 정한다.

제38조의2(도시자연공원구역의 지정)
① 시·도지사 또는 대도시 시장은 도시의 자연환경 및 경관을 보호하고 도시민에게 건전한 여가·휴식공간을 제공하기 위하여 도시지역 안에서 식생(植生)이 양호한 산지(山地)의 개발을 제한할 필요가 있다고 인정하면 도시자연공원구역의 지정 또는 변경을 도시·군관리계획으로 결정할 수 있다.
② 도시자연공원구역의 지정 또는 변경에 필요한 사항은 따로 법률로 정한다.

제39조(시가화조정구역의 지정)
① 시·도지사는 직접 또는 관계 행정기관의 장의 요청을 받아 도시지역과 그 주변지역의 무질서한 시가화를 방지하고 계획적·단계적인 개발을 도모하기 위하여 대통령령으로 정하는 기간 동안 시가화를 유보할 필요가 있다고 인정되면 시가화조정구역의 지정 또는 변경을 도시·군관리계획으로 결정할 수 있다. 다만, 국가계획과 연계하여 시가화조정구역의 지정 또는 변경이 필요한 경우에는 국토교통부장관이 직접 시가화조정구역의 지정 또는 변경을 도시·군관리계획으로 결정할 수 있다.〈개정 2011.4.14, 2013.3.23, 2013.7.16〉
② 시가화조정구역의 지정에 관한 도시·군관리계획의 결정은 제1항에 따른 시가화 유보기간이 끝난 날의 다음날부터 그 효력을 잃는다. 이 경우 국토교통부장관 또는 시·도지사는 대통령령으로 정하는 바에 따라 그 사실을 고시하여야 한다.〈개정 2011.4.14, 2013.3.23, 2013.7.16〉 [전문개정 2009.2.6.]

제40조(수산자원보호구역의 지정)
해양수산부장관은 직접 또는 관계 행정기관의 장의 요청을 받아 수산자원을 보호·육성하기 위하여 필요한 공유수면이나 그에 인접한 토지에 대한 수산자원보호구역의 지정 또는 변경을 도시·군관리계획으로 결정할 수 있다.

◆ 도시자연공원구역에서의 행위제한

도시자연공원구역에서의 행위제한

도시자연공원구역의 지정 또는 변경과 행위제한에 관한 사항은 도시공원 및녹지등에관한법률에서 따로 정하고 있다.

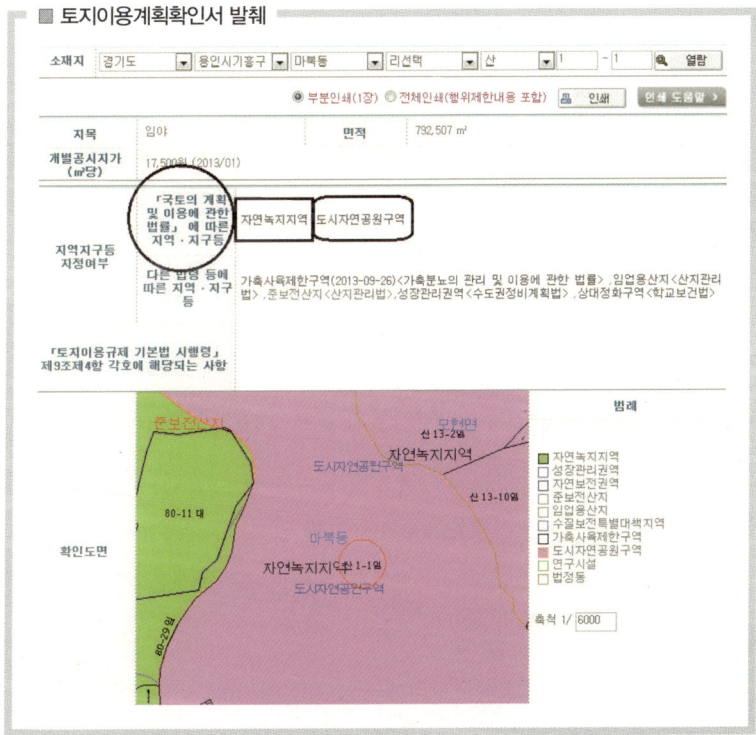

▶ 토지이용계획확인서의 '국토계획법에 따른 지역·지구등' 란에 용도지역이 도시지역 중 자연녹지지역이라고 표시되어 있고 용도구역은 '도시자연공원구역'으로 지정되어 있는 것이 자연녹지지역에 지정된 도시자연공원구역 토지이다.

도시자연공원구역에서의 행위제한

1. **자연녹지지역 안에서의 건축제한**

    해당토지에서 다른 지역지구의 지정이 없다면 자연녹지지역에서의 건폐율, 용적률, 건축할 수 있는 건축물을 적용하여 개발할 수 있다.

2. **자연녹지지역 / 도시자연공원구역에서의 행위제한**

    사례 토지에서 도시자연공원구역에서의 행위제한은 도시공원및녹지등에관한법률에서 따로 정하고 있으므로, 국토계획법에 의한 자연녹지지역에서의 건축제한은 적용하지 않고 해당법률에서 정한 건축제한 또는 행위제한을 적용하여야 한다.

건폐율

국토계획법에 의한 자연녹지지역에서의 건폐율 20% 이하를 적용하지 않고 도시공원및녹지등에관한법률에서 정한 도시자연공원구역에서의 건폐율을 적용하여야 한다. 건폐율은 100분의 20 이내로 허용하고 있다.

용적률

국토계획법에 의한 자연녹지지역에서의 용적률 100% 이하를 적용하지 않고 도시공원및녹지등에관한법률에서 정한 도시자연공원구역에서의 용적률을 적용하여야 한다. 용적률은 100% 이내로 허용하고 있다.

건축할 수 있는 건축물

국토계획법에 의한 자연녹지지역에서 건축할 수 있는 건축물 및 높이 등을 적용하지 않고 도시공원및녹지등에관한법률에서 정한 도시자연공원구역에서의 행위제한 및 건축제한을 적용하여야 한다. 건축물의 높이는 최대 12m, 3층 이하로 하고, 주변 미관과 조화를 이루어야 한다고 규정하고 있다.

허가를 받아야 할 수 있는 행위

도시공원및녹지등에관한법률 제27조(도시자연공원구역에서의 행위 제한) 에 의하여 도시자연공원구역에서는 건축물의 건축 및 용도변경, 공작물의 설치, 토지의 형질변경, 흙과 돌의 채취, 토지의 분할, 죽목의 벌채, 물건의 적치 또는 「국토계획법」 제2조제11호에 따른 도시 · 군계획사업의 시행을 할 수 없다. 다만, 다음 각 호의 어느 하나에 해당하는 행위는 특별시장 · 광역시장 · 특별자치시장 · 특별자치도지사 · 시장 또는 군수의 허가를 받아 할 수 있다.

1. 다음 각 목의 어느 하나에 해당하는 건축물 또는 공작물로서 "도시공원및녹지등에관한법률시행령〔별표2〕"에서 정하는 건축물의 건축 또는 공작물의 설치와 이에 따르는 토지의 형질변경

   가. 도로, 철도 등 공공용 시설
   나. 임시 건축물 또는 임시 공작물
   다. 휴양림, 수목원 등 도시민의 여가활용시설
   라. 등산로, 철봉 등 체력단련시설
   마. 전기 · 가스 관련 시설 등 공익시설

바. 주택 · 근린생활시설

　　사.「노인복지법」제31조에 따른 노인복지시설 중 도시자연공원구역에 입지할 필요성이 큰 시설로서 자연환경을 훼손하지 아니하는 시설

　　아.「영유아보육법」제10조에 따른 어린이집 중 도시자연공원구역에 입지할 필요성이 큰 시설로서 자연환경을 훼손하지 아니하는 시설

2. 기존 건축물 또는 공작물의 개축 · 재축 · 증축 또는 대수선(大修繕)
3. 건축물의 건축을 수반하지 아니하는 토지의 형질변경
4. 흙과 돌을 채취하거나 죽목을 베거나 물건을 쌓아놓는 행위로서 도시공원및녹지등에관한법률 시행령으로 정하는 행위

도시자연공원구역 안의 허가대상 건축물 또는 공작물의 종류와 범위

※ 도시공원및녹지등에관한법률 시행령[별표 2] 도시자연공원구역 안의 허가대상 건축물 또는 공작물의 종류와 범위

건축물 또는 공작물	건축물의 건축 또는 공작물의 설치의 범위
1. 공공용 시설 　가. 도로 및 교량 　나. 철도 및 궤도	도시계획시설에 한한다. 다만, 다목은 그러하지 아니하다. 철도 및 궤도는 지하 또는 고가로 설치하여야 하고, 지하에 설치하는 시설은 그 시설의 최상단부와 지면과의 거리가 1.5m 이상이어야 하며, 도로 위에 고가로 설치하는 시설은 그 시설의 최하단부와 도로노면과의 거리가 4.8m 이상이 되도록 할 것
다. 공중화장실 　라. 선착장 　마. 수도관 및 하수도관	시설은 지하에 설치하여야 하며 본선은 그 시설의 최상단부와 지면과의 거리가 1.5m 이상이 되도록 할 것. 다만, 노폭 5m 이상의 도로 또는 중량물의 압력을 받을 위험이 많은 장소의 지하에 설치하는 하수도관의 본선은 그 시설의 최상단부와 지면과의 거리가 3m 이상이 되도록 하여야 한다.
바. 공동구(관리사무소를 포함한다)	(1) 시설은 지하에 설치하여야 하며 본선은 그 시설의 최상단부와 지면과의 거리가 1.5m 이상이 되도록 할 것 (2) 관리사무소는 도시자연공원구역의 미관을 해치지 아니하는 범위 안에서 도시자연공원구역의 입지가 불가피한 경우에 한하여 설치할 것
2. 임시건축물 또는 임시공작물 　가. 임시건축물 　(1) 농업 · 임업 · 수산업 또는 광업을 위한 관리용 가설건축물	「건축법」 제20조에 따른 가설건축물을 말한다. 농업 · 임업 · 수산업 또는 광업에 종사하는 자가 생산에 직접 공여할 목적으로 자기 소유의 토지에 설치하는 관리용 가설건축물의 경우로서 건축면적(연면적을 말한다)이 200㎡ 이하가 되도록 할 것. 다만, 「측량 · 수로조사 및 지적에 관한 법률」에 의한 지목이 전 · 답인 토지의 경우에는 농업용수의 고갈, 토양의 오염 등으로 인하여 경작이 불가능하다고 특별시장 · 광역시장 · 특별자치시장 · 특별자치도지사 · 시장 또는 군수가 인정한 때에 한하여 건축면적(연면적을 말한다)이 66㎡ 이하인 가설건축물을 설치할 수 있다.
(2) 사무소 등의 용도별 가설건축물	「건축법 시행령」 별표 1의 규정에 의한 제2종근린생활시설 중 사무소, 창고시설, 동물 및 식물관련시설 중 축사, 작물 재배사, 종묘배양시설, 화초 및 분재 등의 온실 목적의 시설로서 자기 소유의 토지에 설치하는 가설건축물이어야 하고, 「측량 · 수로조사 및 지적에 관한 법률」에 의한 지목이 대, 공장용지, 철도용지, 학교용지 또는 잡종지인 토지로서 건축물이 건축되어 있지 아니하거나 공작물이 설치되어 있지 아니한 토지이어야 하며, 건축면적(연면적을 말한다)은 200㎡ 이하가 되도록 할 것. 다만, 「측량 · 수로조사 및 지적에 관한 법률」에 의한 지목이 전 · 답인 토지의 경우에는 농업용수의 고갈, 토양의 오염 등으로 인하여 경작이 불가능하다고 특별시장 · 광역시장 · 특별자치시장 · 특별자치도지사 · 시장 또는 군수가 인정한 때에 한하여 건축면적(연면적을 말한다)이 66㎡ 이하인 가설건축물을 설치할 수 있다.

	(3) 도시자연공원구역 관리용 가설건축물	도시자연공원구역을 관리하는 공원관리청이 도시자연공원구역의 관리 및 운영을 위하여 필요로 하는 가설건축물의 경우로 다음의 요건에 적합할 것 (가) 건축연면적이 200㎡ 이하일 것 (나) 존속기간이 6개월 이하일 것
	(4) 관람ㆍ전시용 단기 가설건축물	경기ㆍ집회ㆍ전시회ㆍ박람회 및 공연을 위하여 설치하는 단기의 가설건축물로 다음의 요건에 적합할 것 (가) 존속기간은 1월 이하이며, 연중 6월을 넘지 아니할 것 (나) 허가목적이 교육ㆍ종교ㆍ예술ㆍ과학 및 산업 등의 발전을 위한 것이어야 하며, 일체의 판매행위나 입장료 등의 징수행위를 하지 아니할 것
나. 임시공작물	(1) 관람ㆍ전시용 단기 가설공작물	경기ㆍ집회ㆍ전시회ㆍ박람회 및 공연을 위하여 설치하는 단기의 가설공작물로 다음의 요건에 적합할 것 (가) 존속기간은 1월 이하이며, 연중 6월을 넘지 아니할 것 (나) 허가목적이 교육ㆍ종교ㆍ예술ㆍ과학 및 산업 등의 발전을 위한 것이어야 하며, 일체의 판매행위나 입장료 등의 징수행위를 하지 아니할 것
	(2) 비상재해용 가설공작물	비상재해로 인한 이재민을 수용하기 위한 임시공작물의 설치에 한할 것
	(3) 도시자연공원구역을 관리하는 공원관리청이 인정하는 공작물	도시자연공원구역을 관리하는 공원관리청이 재해의 예방 또는 복구를 위하여 필요하다고 인정하는 공작물의 설치에 한할 것
3. 도시민의 여가활용시설		도시기반시설에 해당하는 경우로서 건축물의 연면적이 1천500㎡ 이상, 토지의 형질변경면적이 5천㎡ 이상인 경우에는 도시계획시설로 설치하여야 한다.
가. 휴양림 및 수목원		「산림문화ㆍ휴양에 관한 법률」 제13조에 따른 자연휴양림 및 「수목원 조성 및 진흥에 관한 법률」 제7조의 규정에 의한 수목원(국립수목원을 포함한다)과 그 안에 설치하는 시설일 것
나. 골프장		(가) 6홀 이하의 규모에 한할 것 (나) 100만㎡ 이상의 도시자연공원구역에 한할 것
4. 체력단련시설		등산로ㆍ산책로ㆍ어린이놀이터ㆍ간이휴게소 및 철봉ㆍ평행봉 그 밖의 이와 유사한 시설로 다음의 요건에 적합하여야 한다. (가) 국가ㆍ지방자치단체 또는 서울올림픽기념국민체육진흥공단이 설치하는 경우에 한할 것 (나) 간이휴게소는 33㎡ 이하로 설치할 것
5. 공익시설 가. 전기관련시설		(가) 전주ㆍ전선ㆍ변전소ㆍ지중변압기 및 개폐기의 설치에 한할 것 (나) 전선은 불가피한 경우를 제외하고는 지하에 설치할 것 (다) 변전소는 지하에 설치하여야 하며, 그 시설의 최상단부와 지면과의 거리가 3m 이상이 되도록 할 것

	나. 가스관련시설	(가) 가스관 및 가스정압시설에 한할 것
		(나) 가스관은 지하에 설치하여야 하며, 본선은 그 시설의 최상단부와 지면과의 거리가 1.5m 이상이 되도록 할 것
		(다) 가스정압시설은 안전을 고려하여 가능한 지하구조물로 설치하며 다음의 요건 모두에 적합하게 설치할 것
		  1) 도시자연공원구역 내 가스정압시설은 도시자연공원구역의 규모가 최소 3만㎡ 이상일 것
		  2) 1)의 경우라도 주변환경을 고려하여 특별히 안전에 이상이 없을 것
		  3) 행위허가를 받아 설치하는 가스정압시설은 주위에 철망 혹은 산울타리 등을 설치하고 외부사람이 허가 없이 출입하는 것을 금하는 내용의 경계표지를 보기 쉬운 장소에 부착할 것
		  4) 그 밖의 도시자연공원구역 내 설치하거나 설치된 가스관 및 가스정압시설 등 가스공급시설의 안전에 관한 사항은 「도시가스사업법」에서 정하는 바에 의할 것

	다. 취수 및 배수시설	농업을 목적으로 하는 용수의 취수시설, 관개용수로(위험방지시설을 설치하는 경우에 한한다), 생활용수의 공급을 위하여 고지대에 설치하는 배수시설(자연유하방식으로 공급하는 경우에 한한다), 비상급수시설과 그 부대시설의 설치에 한할 것
	라. 경찰관파출소·초소·표지·등대	경찰관파출소의 건축면적(연면적을 말한다)은 116㎡ 이하가 되도록 할 것
	마. 방화용 저수조, 지하대피시설	방화용 저수조 및 지하대피시설은 지하에 설치하여야 하며, 그 시설의 최상단부와 지면과의 거리가 1.5m 이상이 되도록 할 것
	바. 전기통신설비·축성시설 등 (1) 군용전기통신설비, 축성시설 등 (2) 전기통신설비(군용 설비는 제외한다)	군용전기통신설비, 축성시설, 그 밖에 국방부장관이 군사작전상 필요하다고 인정하는 최소한의 시설을 설치할 것 불가피한 경우를 제외하고는 지하에 설치할 것
	사. 공사의 비품 및 재료의 적치장	가목 내지 바목의 시설의 설치에 필요한 공사용 비품 및 재료의 적치장의 설치에 한할 것
6. 주택·근린생활시설		취락지구에 한하여 다음의 어느 하나에 해당되는 토지인 경우 주택(「건축법 시행령」 별표 1 제1호가목에 따른 단독주택을 말한다), 「건축법 시행령」 별표 1 제3호에 따른 제1종 근린생활시설(슈퍼마켓·일용품소매점·이용원·미용원·세탁소·탁구장 및 체육도장만 해당한다) 및 「건축법 시행령」 별표 1 제4호에 따른 제2종 근린생활시설(기원·당구장·사진관·표구점·목공소·방앗간 및 독서실만 해당한다)의 신축이 가능하다. (가) 도시자연공원구역(법률 제7476호 도시공원법개정법률에 의하여 개정되기 전의 도시자연공원을 포함한다. 이하 이 호에서 같다)으로 결정 당시부터 지목이 대인 토지 (나) 도시자연공원구역으로 결정 당시부터 주택(「건축법」 등 관계 법령의 규정에 의한 허가를 받아 설치되었거나 「특정건축물 정리에 관한 특별조치법」에 의하여 준공검사필증이 교부된 건축물로서 건축물대장에 등재된 적법한 건축물을 말한다)이 있는 토지

7. 노인복지시설	「노인복지법」 제31조에 따른 노인복지시설 중 같은 법 제36조제1항제1호 및 제2호에 따른 노인복지관 및 경로당으로서 국가 또는 지방자치단체가 설치하는 시설
8. 어린이집시설	「영유아보육법」 제10조제1호에 따른 국공립어린이집

도시자연공원구역 안의 행위허가의 세부기준

건축제한과 관련하여 건폐율은 100분의 20 이내로 하고, 용적률은 100% 이내로 하며, 건축물의 높이는 최대 12m, 3층 이하로 하고, 주변 미관과 조화를 이루어야 한다.

[별표 3] 〈개정 2013.3.23〉

도시자연공원구역 안의 행위허가의 세부기준
(제30조 관련)

[별표 3] 〈개정 2013.3.23〉
도시자연공원구역 안의 행위허가의 세부기준(제30조 관련)

1. 일반적 기준
    가. 행위허가 목적물은 도시자연공원구역의 풍치 및 미관과 공원으로서의 기능을 저해하지 아니하도록 배치되어야 한다.
    나. 지상에 설치하는 행위허가 목적물의 구조는 넘어지거나 무너지는 것 등을 예방할 수 있도록 하여야 하며 도시자연공원구역의 보전과 이용에 지장이 없도록 하여야 한다.
    다. 지하에 설치하는 행위허가 목적물의 구조는 견고하고 오래 견딜 수 있도록 하여야 하며, 도시자연공원구역 및 다른 행위허가 목적물의 보전과 이용에 지장이 없도록 하여야 한다.
    라. 당해 지역 및 그 주변지역에 있는 역사적·문화적·향토적 가치가 있는 지역을 훼손하지 아니하여야 한다.
    마. 토지의 형질변경 및 나무를 베는 행위를 하는 경우에는 표고, 경사도, 임상, 인근 도로의 높이 및 물의 배수 등을 현지 여건에 맞게 참작하여야 한다.

바. 임야 또는 경지정리된 농지는 건축물의 건축 또는 공작물의 설치를 위한 부지에서 가능한 제외하여야 한다.

사. 건축물을 건축하기 위한 대지면적이 60㎡ 미만인 경우에는 건축물의 건축을 허가하지 아니하여야 한다. 다만, 기존의 건축물을 개축하거나 재축하는 경우에는 이를 적용하지 아니한다.

2. 건축물의 건축 또는 공작물의 설치

가. 도시자연공원구역 안에 행위허가된 시설의 부지면적은 전체 도시자연공원구역 면적[취락지구와 공공용시설(도시계획시설에 한한다)을 제외한 면적을 말한다]의 5%를 초과할 수 없다.

나. 건폐율은 100분의 20 이내로 하고, 용적률은 100% 이내로 한다.

다. 높이는 최대 12m, 3층 이하로 하고, 주변 미관과 조화를 이루어야 한다.

라. 건축물 또는 공작물 중 기반시설로서 건축 연면적이 1천500㎡ 이상이거나, 토지의 형질변경면적이 5천㎡ 이상인 시설은 「국토의 계획 및 이용에 관한 법률 시행령」 제35조의 규정에 불구하고 도시계획시설로 설치하도록 하여야 한다.

마. 도로·상수도 및 하수도가 설치되지 아니한 지역에 대하여는 원칙적으로 건축물의 건축(건축물의 건축을 목적으로 하는 토지의 형질변경을 포함한다)을 허가하여서는 아니된다. 다만, 무질서한 개발을 초래하지 아니하는 경우 등 특별시장·광역시장·시장 또는 군수가 인정하는 경우에는 그러하지 아니하다.

3. 도시자연공원구역의 설치에 관한 도시관리계획 결정 당시 기존건축물 또는 기존공작물의 개축·재축·증축 또는 대수선

가. 새로운 대지조성이 수반되지 아니하여야 한다. 다만, 다음의 어느 하나에 해당하는 경우에는 그러하지 아니하다.

(1) 전통사찰, 문화재 및 문화체육관광부장관이 인정한 종교시설의 경내지에서 공작물(탑·불상·종각 등 종교목적의 시설만 해당한다)을 설치하는 경우

(2) 기존 건축물 또는 공작물을 증축·개축·재축 또는 대수선하는 데에 대지를 정형화하는 것이 불가피하여 기존 대지면적의 10% 범위에서 추가로 대지를 조성하는 경우

(3) 나목(2) 및 (3)에 따라 전통사찰 및 문화재를 증축하는 경우로서 추가로 조성되는 부분을 포함한 전체 대지면적이 그 건축면적을 「국토의 계획 및 이용에 관한 법률」 제77조에 따른 건폐율로 나눈 면적(기존 대지면적보다 작은 경우에는 기존 대지면적)에 기존 대지면적의 30%(1만㎡를 초과하는 경우에는 1만㎡)를 더한 면적 이내인 경우

나. 증축연면적은 기존시설의 연면적 범위 이내이어야 한다. 다만, 다음에 해당하는 종교시설 및 문화재는 각각 다음에 따른다.
　(1) 연면적이 225㎡ 이내인 종교시설(전통사찰은 제외한다): 기존의 연면적을 포함하여 450㎡까지 증축이 가능하다.
　(2) 연면적이 330㎡ 이내인 전통사찰: 기존의 연면적을 포함하여 660㎡까지 증축이 가능하다.
　(3) 전통사찰(연면적이 330㎡ 이내인 전통사찰은 제외한다) 및 문화재: 문화체육관광부장관(문화재의 경우에는 문화재청장을 말한다)이 국토교통부장관과 협의하여 정하는 연면적까지 증축이 가능하다.
다. 건축면적이 증가되지 아니하여야 한다(어린이집인 경우에 한한다).
라. 증축 후의 층수가 3층 이내(어린이집인 경우에는 2층 이내를 말한다)이어야 한다.
4. 건축물의 건축 또는 공작물의 설치에 따르는 토지의 형질변경
　가. 토지의 형질변경면적은 건축물의 건축면적 및 공작물의 바닥면적의 2배 이내로 한다. 다만, 다음의 어느 하나에 해당하는 경우에는 그 해당면적으로 한다.
　　(1) 축사는 3배 이내
　　(2) 주택 또는 근린생활시설의 건축을 위하여 대지를 조성하는 경우에는 기존 면적을 포함하여 330㎡ 이내
　　(3) 별표 2의 건축물 및 공작물과 관련하여 이 영 및 다른 법령에서 토지의 형질변경을 수반하는 시설을 설치하도록 따로 규정하는 경우에는 그 규정에서 허용하는 범위 이내
　나. 가목의 규정에 의하여 토지의 형질변경을 하는 경우에 당해 필지의 잔여토지의 면적이 60㎡ 미만이 되는 때에는 당해 잔여토지를 포함하여 토지의 형질변경을 할 수 있다. 다만, 토지의 형질변경 전에 미리 토지분할을 한 경우로서 가목의 규정에 의한 토지형질변경면적에 적합하게 분할할 수 있었음에도 당해 면적을 초과하여 분할한 경우에는 그러하지 아니하다.
　다. 법 제27조제1항 각 호의 건축물(축사와 공사용 임시가설건축물 및 임시시설을 제외한다)의 건축 또는 공작물의 설치를 위한 토지의 형질변경면적이 200㎡를 초과하는 경우에는 토지의 형질변경면적의 100분의 5 이상에 해당하는 면적에 대하여 식수 등 조경을 하도록 하여야 한다.
　라. 도시자연공원구역 안에서 시행되는 공공사업으로 인하여 대지(건축물 또는 공작물이 있는 토지를 말한다)의 일부가 편입된 경우에는 그 편입된 면적만큼 새로이 대지를 조성하는데 따르는 토지의 형질변경을 할 수 있다. 이 경우 편

입되지 아니한 대지와 연접하여 새로이 조성한 면적만으로는 관계 법령에 의한 시설의 최소기준면적에 미달하는 경우에는 그 최소면적까지 대지를 확장할 수 있다.
　마. 토지의 형질변경의 대상인 토지가 연약한 지반인 때에는 그 두께·넓이·지하수위 등의 조사와 지반의 지지력·내려앉음·솟아오름에 대한 시험을 실시하여 환토·다지기·배수 등의 방법으로 이를 개량하여야 한다.
　바. 토지의 형질변경에 수반되는 성토 및 절토에 의한 비탈면 또는 절개면에 대하여는 옹벽 또는 석축의 설치 등 안전조치를 하여야 한다.
5. 도시자연공원구역 안에 골프장을 설치할 수 있는 토지의 입지기준
　가. 경사도 15도를 넘는 부분의 면적이 골프장의 사업계획면적의 100분의 50 이내이어야 한다.
　나. 절토 또는 성토하는 부분의 높이가 15m를 초과하지 아니하여야 한다.
　다. 다음의 면적을 모두 합한 면적이 골프장의 사업계획면적의 100분의 60을 초과하여야 한다. 이 경우 다음의 면적을 합하는 때에 서로 중복되는 부분은 1회에 한하여 계산한다.
　　(1) 원형으로 보존되는 임야의 면적
　　(2) 행위허가의 신청 당시 이미 토취장 그 밖에 이와 유사한 용도로 사용됨으로 인하여 훼손된 지역의 면적
　　(3) 잡종지 또는 나대지 그 밖에 이와 유사한 토지의 면적
　　(4) 골프코스가 조성되는 면적 외의 사업계획면적 중 수목을 심고 가꾸어 녹지로 조성되는 면적
　　(5) 골프코스 연못으로 조성되는 면적
　라. 간이골프장 안에 설치하는 골프연습장의 면적은 간이골프장의 면적의 100분의 10 이내이어야 한다.

허가 없이도 할 수 있는 경미한 행위

도시공원및녹지등에관한법률 시행령 제29조(행위허가 없이 할 수 있는 경미한 행위)에 의하여 산림의 솎아베기 등 다음의 각 호의 경미한 행위는 허가 없이 할 수 있다.

1. 산림의 경영을 목적으로 간벌을 하는 행위
2. 나무를 베는 행위 없이 나무를 심는 행위

3. 농사를 짓기 위하여 자기 소유의 논·밭을 갈거나 파는 행위
4. 자기 소유 토지의 이용 용도가 과수원인 경우로서 과수목을 베거나 보충하여 심는 행위

◆ 시가화조정구역에서의 행위제한

시가화조정구역이란?

시가화조정구역이란 도시지역과 그 주변지역의 무질서한 시가화를 방지하고 계획적·단계적인 개발을 도모하기 위하여 5년에서 20년 이내의 기간 동안 시가화를 유보할 필요가 있을 때 지정되는 구역이다. 시가화조정구역의 지정에 관한 도시·군관리계획의 결정은 시가화 유보기간이 끝난 날의 다음날부터 그 효력을 잃는다.

국토부에서 2002년 10월 인천국제공항 배후지원단지 역할을 하게 될 인천시 중구 영종도 중산.운남.운서동 일대 3백47만평을 난개발을 막고 인천공항 2단계개발과 연계해 단계적·계획적인 개발을 유도하기 위해 15년간 시가화조정구역으로 지정한 것이 대표적인 사례이다.

시가화조정구역에서의 행위제한

시가화조정구역의 지정 또는 변경과 행위제한에 관한 사항은 국토계획법에서 따로 정하고 있다. 시가화조정구역에서는 국토계획법에 의한 용도지역 및 용도지구에서의 건축제한(건폐율, 용적률, 건축물의 용도, 높이 등)에도 불구하고 국토계획법 시행령 제88조 및 제89조의 행위제한을 적용한다.

국토계획법 시행령 제87조(시가화조정구역안에서 시행할 수 있는 도시·군계획사업)
법 제81조제1항에서 "대통령령이 정하는 사업"이라 함은 국방상 또는 공익상 시가화조정구역안에서의 사업시행이 불가피한 것으로서 관계 중앙행정기관의 장의 요청에 의하여 국토교통부장관이 시가화조정구역의 지정목적달성에 지장이 없다고 인정하는 도시·군계획사업을 말한다.

국토계획법 시행령 제88조(시가화조정구역안에서의 행위제한)
법 제81조제2항의 규정에 의하여 시가화조정구역안에서 특별시장·광역시장·특별자치시장·특별자치도지사·시장 또는 군수의 허가를 받아 할 수 있는 행위는 별표 24와 같다.

[별표 24] 〈개정 2009.11.20〉
시가화조정구역안에서 할 수 있는 행위
(제88조 관련)

1. 법 제81조제2항제1호의 규정에 의하여 할 수 있는 행위 : 농업·임업 또는 어업을 영위하는 자가 행하는 다음 각목의 1에 해당하는 건축물 그 밖의 시설의 건축
   가. 축사
   나. 퇴비사
   다. 잠실
   라. 창고(저장 및 보관시설을 포함한다)
   마. 생산시설(단순가공시설을 포함한다)
   바. 관리용건축물로서 기존 관리용건축물의 면적을 포함하여 33㎡ 이하인 것
   사. 양어장

2. 법 제81조제2항제2호의 규정에 의하여 할 수 있는 행위
   가. 주택 및 그 부속건축물의 건축으로서 다음의 1에 해당하는 행위
      (1) 주택의 증축(기존주택의 면적을 포함하여 100㎡ 이하에 해당하는 면적의 증축을 말한다)
      (2) 부속건축물의 건축(주택 또는 이에 준하는 건축물에 부속되는 것에 한하되, 기

존건축물의 면적을 포함하여 33㎡ 이하에 해당하는 면적의 신축·증축·재축 또는 대수선을 말한다)

나. 마을공동시설의 설치로서 다음의 1에 해당하는 행위

  (1) 농로·제방 및 사방시설의 설치
  (2) 새마을회관의 설치
  (3) 기존정미소(개인소유의 것을 포함한다)의 증축 및 이축(시가화조정구역의 인접지에서 시행하는 공공사업으로 인하여 시가화조정구역안으로 이전하는 경우를 포함한다)
  (4) 정자 등 간이휴게소의 설치
  (5) 농기계수리소 및 농기계용 유류판매소(개인소유의 것을 포함한다)의 설치
  (6) 선착장 및 물양장의 설치

다. 공익시설·공용시설 및 공공시설 등의 설치로서 다음의 1에 해당하는 행위

  (1) 공익사업을위한토지등의취득및보상에관한법률 제4조에 해당하는 공익사업을 위한 시설의 설치
  (2) 문화재의 복원과 문화재관리용 건축물의 설치
  (3) 보건소·경찰파출소·119안전센터·우체국 및 읍·면·동사무소의 설치
  (4) 공공도서관·전신전화국·직업훈련소·연구소·양수장·초소·대피소 및 공중화장실과 예비군운영에 필요한 시설의 설치
  (5) 농업협동조합법에 의한 조합, 산림조합 및 수산업협동조합(어촌계를 포함한다)의 공동구판장·하치장 및 창고의 설치
  (6) 사회복지시설의 설치
  (7) 환경오염방지시설의 설치
  (8) 교정시설의 설치
  (9) 야외음악당 및 야외극장의 설치

라. 광공업 등을 위한 건축물 및 공작물의 설치로서 다음의 1에 해당하는 행위

  (1) 시가화조정구역 지정당시 이미 외국인투자기업이 경영하는 공장, 수출품의 생산 및 가공공장, 「중소기업진흥에 관한 법률」 제29조에 따라 중소기업협동화실천계획의 승인을 얻어 설립된 공장 그 밖에 수출진흥과 경제발전에 현저히 기여할 수 있는 공장의 증축(증축면적은 기존시설 연면적의 100%에 해당하는 면적 이하로 하되, 증축을 위한 토지의 형질변경은 증축할 건축물의 바닥면적의 200%를 초과할 수 없다)과 부대시설의 설치
  (2) 시가화조정구역 지정당시 이미 관계법령의 규정에 의하여 설치된 공장의 부

대시설의 설치(새로운 대지조성은 허용되지 아니하며, 기존공장 부지안에서의 건축에 한한다)
(3) 시가화조정구역 지정당시 이미 광업법에 의하여 설정된 광업권의 대상이 되는 광물의 개발에 필요한 가설건축물 또는 공작물의 설치
(4) 토석의 채취에 필요한 가설건축물 또는 공작물의 설치
마. 기존 건축물의 동일한 용도 및 규모안에서의 개축·재축 및 대수선
바. 시가화조정구역안에서 허용되는 건축물의 건축 또는 공작물의 설치를 위한 공사용 가설건축물과 그 공사에 소요되는 블록·시멘트벽돌·쇄석·레미콘 및 아스콘 등을 생산하는 가설공작물의 설치
사. 다음의 1에 해당하는 용도변경행위
(1) 관계법령에 의하여 적법하게 건축된 건축물의 용도를 시가화조정구역안에서의 신축이 허용되는 건축물로 변경하는 행위
(2) 공장의 업종변경(오염물질 등의 배출이나 공해의 정도가 변경전의 수준을 초과하지 아니하는 경우에 한한다)
(3) 공장·주택 등 시가화조정구역안에서의 신축이 금지된 시설의 용도를 근린생활시설(수퍼마켓·일용품소매점·취사용가스판매점·일반음식점·다과점·다방·이용원·미용원·세탁소·목욕탕·사진관·목공소·의원·약국·접골시술소·안마시술소·침구시술소·조산소·동물병원·기원·당구장·장의사·탁구장 등 간이운동시설 및 간이수리점에 한한다) 또는 종교시설로 변경하는 행위
아. 종교시설의 증축(새로운 대지조성은 허용되지 아니하며, 증축면적은 시가화조정구역 지정당시의 종교시설 연면적의 200%를 초과할 수 없다)
3. 법 제81조제2항제3호의 규정에 의하여 할 수 있는 행위
가. 입목의 벌채, 조림, 육림, 토석의 채취
나. 다음의 1에 해당하는 토지의 형질변경
(1) 제1호 및 제2호의 규정에 의한 건축물의 건축 또는 공작물의 설치를 위한 토지의 형질변경
(2) 공익사업을위한토지등의취득및보상에관한법률 제4조에 해당하는 공익사업을 수행하기 위한 토지의 형질변경
(3) 농업·임업 및 어업을 위한 개간과 축산을 위한 초지조성을 목적으로 하는 토지의 형질변경
(4) 시가화조정구역 지정당시 이미 광업법에 의하여 설정된 광업권의 대상이 되는 광물의 개발을 위한 토지의 형질변경
다. 토지의 합병 및 분할

국토계획법 시행령 제89조(시가화조정구역안에서의 행위허가의 기준 등)

③ 특별시장·광역시장·특별자치시장·특별자치도지사·시장 또는 군수는 별표 25에 규정된 행위에 대하여는 특별한 사유가 없는 한 법 제81조제2항의 규정에 의한 허가를 거부하여서는 아니 된다.

[별표 25] 〈개정 2010.4.29〉

시가화조정구역안에서 허가를 거부할 수 없는 행위
(제89조 관련)

1. 제52조제1항 각호 및 제53조 각호의 경미한 행위
2. 다음 각목의 1에 해당하는 행위
   - 가. 축사의 설치 : 1가구(시가화조정구역안에서 주택을 소유하면서 거주하는 경우로서 농업 또는 어업에 종사하는 1세대를 말한다. 이하 이 호에서 같다)당 기존축사의 면적을 포함하여 300㎡ 이하(나환자촌의 경우에는 500㎡ 이하). 다만, 과수원·초지 등의 관리사 인근에는 100㎡ 이하의 축사를 별도로 설치할 수 있다.
   - 나. 퇴비사의 설치 : 1가구당 기존퇴비사의 면적을 포함하여 100㎡ 이하
   - 다. 잠실의 설치 : 뽕나무밭 조성적 2천㎡당 또는 뽕나무 1천800주당 50㎡ 이하
   - 라. 창고의 설치 : 시가화조정구역안의 토지 또는 그 토지와 일체가 되는 토지에서 생산되는 생산물의 저장에 필요한 것으로서 기존창고면적을 포함하여 그 토지면적의 0.5% 이하. 다만, 감귤을 저장하기 위한 경우에는 1% 이하로 한다.
   - 마. 관리용건축물의 설치 : 과수원·초지·유실수단지 또는 원예단지안에 설치하되, 생산에 직접 공여되는 토지면적의 0.5% 이하로서 기존관리용 건축물의 면적을 포함하여 33㎡ 이하
3. 「건축법」 제14조제1항 각 호의 건축신고로서 건축허가를 갈음하는 행위

◆ 수산자원보호구역에서의 행위제한

수산자원보호구역이란?

수산자원보호구역이란 수산자원을 보호·육성하기 위하여 해양수산부장관이 직접 또는 관계 행정기관의 장의 요청을 받아 필요한 공유수면이나 그에 인접한 토지에 대하여 도시·군관리계획으로 지정된 지역을 말한다.

수산자원보호구역에서의 행위제한

수산자원보호구역에서의 행위제한은 수산자원관리법에서 따로 법률로 정하고 있다.

수산자원관리법 제52조(수산자원보호구역에서의 행위제한 등)

① 수산자원보호구역에서의 「국토의 계획 및 이용에 관한 법률」 제2조제11호에 따른 도시·군계획사업은 대통령령으로 정하는 사업에 한하여 시행할 수 있다.

② 수산자원보호구역에서는 「국토의 계획 및 이용에 관한 법률」 제57조 및 같은 법 제76조에도 불구하고 제1항에 따른 도시·군계획사업에 따른 경우를 제외하고는 다음 각 호의 어느 하나에 해당하는 행위(이하 "허가대상행위"라 한다)에 한하여 그 구역을 관할하는 관리관청의 허가를 받아 할 수 있다.

  1. 수산자원의 보호 또는 조성 등을 위하여 필요한 건축물, 그 밖의 시설 중 대통령령으로 정하는 종류와 규모의 건축물 그 밖의 시설을 건축하는 행위

  2. 주민의 생활을 영위하는 데 필요한 건축물, 그 밖의 시설을 설치하는 행위로서 대통령령으로 정하는 행위

  3. 「산림자원의 조성 및 관리에 관한 법률」 또는 「산지관리법」에 따른 조림, 육림, 임도의 설치, 그 밖에 대통령령으로 정하는 행위

③ 관리관청은 다음 각 호의 어느 하나에 해당하는 경우를 제외하고는 제2항에 따른 허가를 하여야 한다.

1. 허가대상행위와 관련된 사업계획, 해당 행위에 따른 기반시설 설치계획, 환경오염 방지계획, 경관 또는 조경 등에 관한 계획이 대통령령으로 정하는 허가기준에 적합하지 아니한 경우
2. 수산자원보호구역의 지정목적 달성에 지장이 있는 경우
3. 해당 토지 또는 주변 토지의 합리적인 이용에 지장이 있는 경우
4. 그 밖에 이 법 또는 다른 법령에 따른 제한에 위반되는 경우

④ 관리관청은 제2항에 따른 허가를 하는 경우 제7항에서 정하는 허가기준을 충족하기 위하여 필요하다고 인정하면 기반시설의 설치, 환경오염방지 등의 조치를 할 것을 조건으로 허가할 수 있다. 이 경우 관리관청은 미리 행위허가를 신청한 자의 의견을 들어야 한다.

⑤ 관리관청은 수산자원보호구역에서 제2항에 따른 허가를 받지 아니하고 허가대상행위를 하거나 제2항에 따라 허가받은 내용과 다르게 행위를 하는 자 및 그 건축물이나 토지 등을 양수한 자에 대하여는 그 행위의 중지 및 원상회복을 명할 수 있다.

⑥ 관리관청은 제5항에 따른 원상회복의 명령을 받은 자가 원상회복을 하지 아니하는 때에는 「행정대집행법」에 따른 행정대집행에 따라 원상회복을 할 수 있다.

⑦ 제2항에 따른 허가의 기준·신청절차 등에 필요한 사항 및 제5항에 따른 원상회복명령의 기간·횟수 등은 대통령령으로 정한다.

◆ 개발제한구역에서의 행위제한

개발제한구역에서의 행위제한

개발제한구역의 지정 또는 변경과 행위제한에 관한 사항은 개발제한구역의지정및관리에관한특별조치법에서 따로 정하고 있으며 개발제한구역 편에서 따로 설명하기로 한다.

◆ 둘 이상의 용도지역 · 용도지구 · 용도구역에 걸치는 대지에 대한 적용 기준

둘 이상의 용도지역 · 용도지구 · 용도구역에 걸치는 대지에 대한 적용 기준

① 하나의 대지가 둘 이상의 용도지역 · 용도지구 또는 용도구역(이하 이 항에서 "용도지역등"이라 한다)에 걸치는 경우로서 각 용도지역 등에 걸치는 부분 중 가장 작은 부분의 규모가 대통령령으로 정하는 규모("대통령령으로 정하는 규모"라 함은 330㎡를 말한다. 다만, 도로변에 띠 모양으로 지정된 상업지역에 걸쳐 있는 토지의 경우에는 660㎡를 말한다.) 이하인 경우에는,

1. 전체 대지의 건폐율 및 용적률은 각 부분이 전체 대지 면적에서 차지하는 비율을 고려하여 다음 각 호의 구분에 따라 각 용도지역등별 건폐율 및 용적률을 가중평균한 값을 적용하고,

    1) 가중평균한 건폐율 = (f1x1 + f2x2 + … + fnxn) / 전체 대지 면적. 이 경우 f1부터 fn까지는 각 용도지역등에 속하는 토지 부분의 면적을 말하고, x1부터 xn까지는 해당 토지 부분이 속하는 각 용도지역등의 건폐율을 말하며, n은 용도지역등에 걸치는 각 토지 부분의 총 개수를 말한다.

    2) 가중평균한 용적률 = (f1x1 + f2x2 + … + fnxn) / 전체 대지 면적. 이 경우 f1부터 fn까지는 각 용도지역등에 속하는 토지 부분의 면적을 말하고, x1부터 xn까지는 해당 토지 부분이 속하는 각 용도지역등의 용적률을 말하며, n은 용도지역등에 걸치는 각 토

지 부분의 총 개수를 말한다.
2. 그 밖의 건축 제한 등에 관한 사항은 그 대지 중 가장 넓은 면적이 속하는 용도지역등에 관한 규정을 적용한다. 다만, 건축물이 미관지구나 고도지구에 걸쳐 있는 경우에는 그 건축물 및 대지의 전부에 대하여 미관지구나 고도지구의 건축물 및 대지에 관한 규정을 적용한다.

② 하나의 건축물이 방화지구와 그 밖의 용도지역·용도지구 또는 용도구역에 걸쳐 있는 경우에는 제1항에도 불구하고 그 전부에 대하여 방화지구의 건축물에 관한 규정을 적용한다. 다만, 그 건축물이 있는 방화지구와 그 밖의 용도지역·용도지구 또는 용도구역의 경계가「건축법」제50조제2항에 따른 방화벽으로 구획되는 경우 그 밖의 용도지역·용도지구 또는 용도구역에 있는 부분에 대하여는 그러하지 아니하다.

③ 하나의 대지가 녹지지역과 그 밖의 용도지역·용도지구 또는 용도구역에 걸쳐 있는 경우에는 제1항에도 불구하고 각각의 용도지역·용도지구 또는 용도구역의 건축물 및 토지에 관한 규정을 적용한다. 다만, 녹지지역의 건축물이 미관지구·고도지구 또는 방화지구에 걸쳐 있는 경우에는 제1항 단서나 제2항에 따른다.

PART 3
농지와 산지투자

07 CHAPTER

농지제도

◆ 농지의 소유 및 임대

농지 용어 배워 보기

농지의 정의

농지는 농지법에 정의되어 있으며, 지목이 전·답, 과수원 그 밖에 법적 지목을 불문하고 실제로 농작물 경작지 또는 다년생식물 재배지로 이용되는 토지를 말한다. 또한, 위 토지의 개량시설(유지, 양·배수시설, 수로, 농로, 제방 등)의 부지와 농지에 설치하는 고정식온실·버섯재배사 및 비닐하우스와 그 부속시설의 부지, 축사와 농림축산 식품부령으로 정하는 그 부속시설의 부지, 농막·간이퇴비장 또는 간이액비저장조의 부지도 농지에 해당한다.

다년생식물 재배지란?

다년생식물 재배지는 다음 각 호의 어느 하나에 해당하는 식물의 재배지를 말한다.

1. 목초 · 종묘 · 인삼 · 약초 · 잔디 및 조림용 묘목
2. 과수 · 뽕나무 · 유실수 그 밖의 생육기간이 2년 이상인 식물
3. 조경 또는 관상용 수목과 그 묘목(조경목적으로 식재한 것을 제외한다)

농지에서 제외되는 토지는?

1. 「측량 · 수로조사 및 지적에 관한 법률」에 따른 지목이 전 · 답, 과수원이 아닌 토지로서 농작물 경작지 또는 다년생식물 재배지로 계속하여 이용되는 기간이 3년 미만인 토지
2. 「측량 · 수로조사 및 지적에 관한 법률」에 따른 지목이 임야인 토지로서 그 형질을 변경하지 아니하고 과수, 유실수 등 다년생식물의 재배에 이용되는 토지
3. 「초지법」에 따라 조성된 초지

농업인

농업에 종사하는 개인으로서 다음의 어느 하나에 해당하는 자를 말한다.

① 1,000㎡ 이상의 농지에서 농작물 또는 다년생식물을 경작 또는 재배하거나 1년 중 90일 이상 농업에 종사하는 자
② 농지에 330㎡ 이상의 고정식 온실 · 버섯재배사 · 비닐하우스, 그 밖의 농림축산식품부령으로 정하는 농업생산에 필요한 시설을 설치하여 농작물 또는 다년생식물을 경작 또는 재배하는 자

③ 대가축 2두, 중가축 10두, 소가축 100두, 가금 1천수 또는 꿀벌 10군 이상을 사육하거나 1년 중 120일 이상 축산업에 종사하는 자
④ 농업경영을 통한 농산물의 연간 판매액이 120만 원 이상인 자

농업법인

농업법인이란 「농어업경영체 육성 및 지원에 관한 법률」 제16조에 따라 설립된 영농조합법인과 같은 법 제19조에 따라 설립되고 업무집행권을 가진 자 중 3분의 1 이상이 농업인인 농업회사법인을 말한다.

> * 제16조(농지이용증진사업의 요건) 농지이용증진사업은 다음 각 호의 모든 요건을 갖추어야 한다.
>
> 1. 농업경영을 목적으로 농지를 이용할 것
> 2. 농지 임차권 설정, 농지 소유권 이전, 농업경영의 수탁·위탁이 농업인 또는 농업법인의 경영규모를 확대하거나 농지이용을 집단화하는 데에 기여할 것
> 3. 기계화·시설자동화 등으로 농산물 생산 비용과 유통 비용을 포함한 농업경영 비용을 절감하는 등 농업경영 효율화에 기여할 것
>
> * 제19조(농지이용증진사업에 대한 지원) 국가와 지방자치단체는 농지이용증진사업을 원활히 실시하기 위하여 필요한 지도와 주선을 하며, 예산의 범위에서 사업에 드는 자금의 일부를 지원할 수 있다.

농업경영

농업인이나 농업법인이 자기의 계산과 책임으로 농업을 영위하는 것을 말한다.

자경

농업인이 그 소유 농지에서 농작물 경작 또는 다년생식물 재배에 상시 종사하거나 농작업의 2분의 1 이상을 자기의 노동력으로 경작 또는 재배하는 것과 농업법인이 그 소유 농지에서 농작물을 경작하거나 다년생식물을 재배하는 것을 말한다.

위탁경영

농지 소유자가 타인에게 일정한 보수를 지급하기로 약정하고 농작업의 전부 또는 일부를 위탁하여 행하는 농업경영을 말한다.

농지의 전용

농지의 전용이란 농지를 농작물의 경작이나 다년생식물의 재배 등 농업생산 또는 농지개량 외의 용도로 사용하는 것을 말한다. 다만, 제1호나목에서 정한 용도로 사용하는 경우에는 전용(轉用)으로 보지 아니한다.

농지의 소유제도

농지를 소유할 수 있는 자

「농지법」 제6조에 의해 농지는 자기의 농업경영에 이용하거나 이용할 자가 아니면 소유하지 못한다. 반대해석을 하면 농업인이 아닌 일반인이라도 '농지를 자기의 농업경영에 이용할 자'의 자격으로 농지를 취득하여 소유할 수 있다.

농업경영에 이용하지 않더라도 농지를 소유할 수 있는 경우

농지는 「농지법」에 의하여 자기의 농업경영에 이용하는 경우에만 소유할 수 있도록 엄격히 제한하고 있다. 그러나 다음에 해당하는 경우에는 자기의 농업경영에 이용하지 아니할지라도 농지를 소유할 수 있으며 「농지법」에서 허용된 경우 외에는 농지 소유에 관한 특례를 따로 정하지 못한다.

① 국가나 지방자치단체가 농지를 소유하는 경우

② 학교, 공공단체·농업연구기관·농업생산자단체 또는 종묘나 그 밖의 농업 기자재 생산자가 그 목적사업을 수행하기 위하여 필요한 시험지·연구지·실습지 또는 종묘생산지로 쓰기 위하여 농림축산식품부령으로 정하는 바에 따라 농지를 취득하여 소유하는 경우

③ 주말·체험영농(농업인이 아닌 개인이 주말 등을 이용하여 취미생활이나 여가활동으로 농작물을 경작하거나 다년생식물을 재배하는 것을 말한다. 이하 같다)을 하려고 농지를 소유하는 경우

④ 상속[상속인에게 한 유증(遺贈)을 포함한다. 이하 같다]으로 농지를 취득하여 소유하는 경우

⑤ 8년 이상 농업경영을 하던 자가 이농(離農)한 후에도 이농 당시 소유하고 있던 농지를 계속 소유하는 경우

⑥ 담보농지를 취득하여 소유하는 경우(유동화전문회사등이 저당권자로부터 농지를 취득하는 경우를 포함한다)

⑦ 농지전용허가를 받거나 농지전용신고를 한 자가 그 농지를 소유하는 경우

⑧ 농지전용협의를 마친 농지를 소유하는 경우

⑨ 「한국농어촌공사 및 농지관리기금법」에 따른 농지의 개발사업지구에

있는 농지로서 법령으로 정하는 1천500㎡ 미만의 농지나 「농어촌정비법」 제98조제3항에 따른 농지를 취득하여 소유하는 경우

⑨-2. 농업진흥지역 밖의 농지 중 최상단부부터 최하단부까지의 평균경사율이 15% 이상인 농지로서 대통령령으로 정하는 농지를 소유하는 경우

⑩ 다음 각 목의 어느 하나에 해당하는 경우

- 제6조제2항제1호 · 제4호부터 제9호까지 · 제9호의2 및 제10호의 규정에 해당하는 농지를 임대하거나 사용대하는 경우
- 농지이용증진사업 시행계획에 따라 농지를 임대하거나 사용대하는 경우
- 질병, 징집, 취학, 선거에 따른 공직취임, 그 밖에 대통령령으로 정하는 부득이한 사유로 인하여 일시적으로 농업경영에 종사하지 아니하게 된 자가 소유하고 있는 농지를 임대하거나 사용대하는 경우
- 60세 이상이 되어 더 이상 농업경영에 종사하지 아니하게 된 자로서 대통령령으로 정하는 자가 소유하고 있는 농지 중에서 자기의 농업경영에 이용한 기간이 5년이 넘은 농지를 임대하거나 사용대하는 경우
- 농지를 주말 · 체험영농을 하려는 자에게 임대하거나 사용대하는 경우, 또는 주말 · 체험영농을 하려는 자에게 임대하는 것을 업(業)으로 하는 자에게 임대하거나 사용대하는 경우
- 한국농어촌공사나 그 밖에 대통령령으로 정하는 자에게 위탁하여 임대하거나 사용대하는 경우
- 다음 각 목의 어느 하나에 해당하는 농지를 한국농어촌공사나 그 밖에 대통령령으로 정하는 자에게 위탁하여 임대하거나 사용대하는 경우

    * 상속으로 농지를 취득한 자로서 농업경영을 하지 아니하는 자가 제7조제1항에서 규정한 소유 상한을 초과하여 소유하고 있는 농지
    * 대통령령으로 정하는 기간 이상 농업경영을 한 후 이농한 자가 제7조제2항에서 규정한 소유 상한을 초과하여 소유하고 있는 농지

⑪ 다음의 어느 하나에 해당하는 경우

> 가. 한국농어촌공사가 농지를 취득하여 소유하는 경우
> 나. 「농어촌정비법」제16조 · 제25조 · 제43조 · 제82조 또는 제100조에 따라 농지를 취득하여 소유하는 경우
> 다. 「공유수면매립법」에 따라 매립농지를 취득하여 소유하는 경우
> 라. 토지수용으로 농지를 취득하여 소유하는 경우
> 마. 농림축산식품부장관과 협의를 마치고 「공익사업을 위한 토지 등의 취득 및 보상에 관한 법률」에 따라 농지를 취득하여 소유하는 경우
> 바. 「공공토지의 비축에 관한 법률」제2조제1호가목에 해당하는 토지 중 같은 법 제7조제1항에 따른 공공토지비축심의위원회가 비축이 필요하다고 인정하는 토지로서 「국토의 계획 및 이용에 관한 법률」제36조에 따른 계획관리지역과 자연녹지지역 안의 농지를 한국토지주택공사가 취득하여 소유하는 경우. 이 경우 그 취득한 농지를 전용하기 전까지는 한국농어촌공사에 지체 없이 위탁하여 임대하거나 사용대(使用貸)하여야 한다.
>
> ③제23조제2호부터 제6호까지의 규정에 따라 농지를 임대하거나 사용대(使用貸)하는 경우에는 제1항에도 불구하고 자기의 농업경영에 이용하지 아니할지라도 그 기간 중에는 농지를 계속 소유할 수 있다.

농지의 소유 상한

농지의 소유 상한과 관련하여서 농지법에서는 다음의 4가지의 경우에 한하여 한도를 정하고 있다.

① 상속으로 취득한 농지를 자기의 농업경영으로 이용하지 않는 경우에는 그 상속 농지 중에서 10,000㎡까지만 소유할 수 있다.

② 8년 이상 농업경영을 한 후 이농한 자는 이농 당시 소유 농지 중에서 10,000㎡까지만 소유할 수 있다.

③ 주말 · 체험영농 농지는 1,000㎡ 미만까지만 소유할 수 있다. 면적은

그 세대원 전부가 소유하는 면적으로 한다.

④ 상속으로 농지를 취득한 자로서 농업경영을 하지 아니하는 자가 10,000㎡를 초과하여 소유하고 있는 농지(20,000㎡ 이내 한도)나, 8년 이상 농업경영을 한 후 이농한 자가 10,000㎡를 초과하여 소유하고 있는 농지를 한국농어촌공사에 위탁하여 임대하거나 사용대하는 경우

농지처분명령 제도

농지법 시행일인 1996년 1월 1일 이후 취득한 농지를 정당한 사유 없이 휴경 또는 임대차하고 있다가 발각되는 경우 농지처분의무 통지를 받게 된다. 그러나 처분의무 통지를 받았다고 해서 반드시 농지를 처분하여야 하는 것은 아니다. 농지를 자기의 농업경영에 3년간 이용하는 경우에 처분의무는 소멸한다. 또한 강제처분 통지를 받고 농지를 팔려고 해도 사려는 사람이 없는 경우에도 농지은행에 매도를 위탁한 경우에는 3년이 경과하면 처분의무는 소멸한다.

① 농지처분의무 통지(1년 이내)

소유 농지를
- 자연재해 · 농지개량 · 질병 등 법령이 정하는 정당한 사유 없이 자기의 농업경영에 이용하지 아니하거나
- 농지 소유 상한을 초과하여 농지를 소유한 것이 판명된 경우
- 거짓이나 그 밖의 부정한 방법으로 농지취득자격증명을 발급받아 농지를 소유한 것이 판명된 경우
- 정당한 사유 없이 농업경영계획서 내용을 이행하지 아니하는 경우에는, 처분의무 발생사유 및 사유 발생일로부터 1년 이내에 해당

농지를 처분하라는 처분의무통지를 받게 된다.

② **농지처분명령(6개월 이내)과 매수 청구**

시장 군수는 위의 1년의 처분의무 기간 내에 농지를 처분하지 아니한 농지 소유자에게는 6개월 이내에 그 농지를 처분할 것을 명할 수 있다. 그리고 처분명령을 이행하지 않았을 경우, 토지가액의 20%에 해당하는 이행강제금이 매년 부과된다. 농지 소유자는 처분명령을 받으면 한국농어촌공사에 그 농지의 매수를 청구할 수 있다. 한국농어촌공사는 매수 청구를 받으면 공시지가를 기준으로 해당 농지를 매수할 수 있다. 이 경우 인근 지역의 실제 거래 가격이 공시지가보다 낮으면 실제 거래 가격을 기준으로 매수할 수 있다.

③ **처분명령의 유예**

처분의무 기간 내에 처분 대상 농지를 처분하지 아니한 농지 소유자가 ㉠ 해당 농지를 자기의 농업경영에 이용하는 경우나 ㉡ 한국농어촌공사와 해당 농지의 매도위탁계약을 체결한 경우에는 처분명령이 3년간 유예된다.

④ **처분의무 소멸**

농지 소유자가 처분명령을 유예받은 후 처분명령을 받지 않고 유예기간 3년이 지나면 처분의무는 소멸된다.

⑤ **처분대상 농지 사례**

- 한 필지의 농지 중 일부(1/2 이상)는 경작을 하고 일부는 휴경한 경우에는 자기의 농업경영에 이용한 것에 해당하므로 강제처분 통지대상이 아니다.
- 소유농지를 주말농장으로 직접 임대하거나 주말농장을 업으로 하

는 자에게 임대하는 것은 농지법에서 허용되는 사항으로 강제처분 통지대상이 아니다.

주말·체험영농 농지의 소유

주말·체험영농이란 농업인이 아닌 개인이 주말 등을 이용하여 취미생활이나 여가활동으로 농작물을 경작하거나 다년생식물을 재배하는 것을 말한다. 주말·체험영농 목적으로는 1,000㎡ 미만의 농지를 소유할 수 있다. 이 경우 면적 계산은 그 세대원 전부가 소유하는 면적으로 한다. 따라서 면적이 1,000㎡ 이상인 농지는 친구나 동호인끼리 각자 1,000㎡ 미만의 지분으로 해서 투자를 할 수도 있다.

주말·체험영농으로 취득하는 농지도 농지취득자격증명을 발급받아야 한다. 다만, 영농계획서는 제출하지 않아도 된다. 주말·체험영농 농지는 구입 시 거주지나 통작거리 등의 제한이 없으며 양도할 때 비사업용 농지로 보지 않아 중과세 대상이 되지 않는다는 장점도 있다.

그러나 소득세법상 주말·체험영농 농지라 함은 우리가 일반적으로 알고 있는 주말 등을 이용하여 농작물을 경작하는 모든 농지를 의미하는 것이 아니라, 농지법의 규정에 의하여 2003년 1월 1일 이후 발급받은 농지취득자격증명으로 취득한 농지로서 세대별 소유면적이 1,000㎡ 미만의 농지를 말하는 것임을 유의하여야 한다. 비사업용 농지로 보지 않기 때문에 재촌 의무가 없다.

토지거래허가제와 관련하여서 토지거래허가구역에서는 주말·체험영농 목적으로는 농지의 토지거래허가가 나지 않는다. 즉, 주말·체험영농 목적으로 농지의 구입이 불가능하다.

[농지처분의무통지서 양식]

농지처분의무통지서

1. 성명(명칭)

2. 주민등록번호(법인등록번호)

3. 주소

4. 처분대상 농지 및 그 면적(아래 농지 ☐ 전체 ☐ 중   ㎡)

소재지				지번	지목	면적(㎡)	비고
시·도	시·군	읍·면	리·동				
합 계							

5. 처분의무 발생사유

6. 처분의무기간 및 기한 — 년 월 일 ~ 년 월 일 (1년)

귀하는 「농지법」 제10조 제1항에 따라 귀하의 소유농지 중 처분대상농지를 처분의무기간에 처분하여야 함을 같은 법 제10조 제2항 및 같은 법 시행규칙 제8조제1항에 따라 알려드립니다.

년   월   일

시장 · 군수 · 구청장 (인)

※ 안내말씀

1. 이 통지서에 따라 처분기간에 농지를 처분하지 아니하는 경우에는 「농지법」 제11조 제1항에 따라 처분명령을 하게 되며 그 처분명령을 이행하지 아니하는 경우에는 같은 법 제62조에 따라 공시지가의 100분의 20에 상당하는 이행강제금이 매년 부과됩니다.
2. 이 통지서의 통지내용에 이의가 있는 경우에는 통지일부터 60일 안에 통지관청에 서면으로 이의를 제기하여야 합니다.

◆ 농지은행(한국농어촌공사) 위탁제도

한국농어촌공사에서 운영하는 농지은행은 국내 쌀시장 개방에 대비하여 2005년에 도입되었다. 사업 내용은 ①농지매도수탁사업 ②농지임대수탁사업 ③경영회생지원사업 ④농지매입비축사업 등 4가지 이상이다.

농지매도위탁제도

농지매도위탁은 2006년 4월부터 시행되었다. 농지를 팔려고 하지만 매수자를 찾을 수 없는 소유자나 농지처분명령을 받은 농지 소유자로부터 매도위탁을 받아 매입자를 물색, 농지를 대신 매도해주는 방식이다. 처분의무 기간 내에 처분 대상 농지를 처분하지 아니한 소유자가 한국농어촌공사와 해당 농지의 매도위탁계약을 체결한 경우에는 처분명령이 3년간 유예된다.

농지매도위탁제도(자료출처 : 농지은행)

매도위탁 가능자: 개인, 법인, 국가, 지방자치단체, 정부투자기관

시행근거
- 「농지법」제12조(처분명령의 유예)
- 「한국농어촌공사및농지관리기금법」제10조(사업), 제24조(농지의 임대 등의 수탁)

매도수탁 대상농지
- 「농지법」제2조 제1호에 해당하는 농지
  전·답, 과수원, 그 밖에 법적 지목을 불문하고 실제로 농작물 경작지 또는 다년생식물 재배지로 이용되는 토지(위탁농지에 부속한 고정식 온실, 비닐하우스 및 버섯재배사 등 농업용 시설물 부지 포함)
- 한 필지 또는 동일인이 소유하는 서로 연접한 여러 필지의 농지로서 그 면적의 합이 농업진흥지역 내 1,000㎡ 이상, 농업진흥지역 외 1,500㎡ 이상인 농지
- 농지 취득 후 자경에 이용하지 않아 처분통지를 받은 농지
- 기타 매도를 희망하는 자의 소유농지

매도수탁 대상에서 제외되는 농지
- 도시지역 중 주거·상업·공업지역 내의 농지
- 농지전용허가를 받거나 농지전용신고를 한 농지
- 각종 개별법에 의한 개발계획구역 및 예정지 내의 농지
- 2인 이상이 공유하는 농지의 일부 지분
- 자연재해로 형질이 변경되거나 장기간 유휴화되어 농작물의 경작에 부적합한 농지
- '농지처분의무통지서'를 받은 농지로서 공사와 매도위탁계약을 체결하였으나, 매도수탁기간(6개월) 중 매입자를 선정할 수 없어 매도위탁계약이 해지된 농지
- 공사에서 농지매매사업자금 및 농지구입자금(농협구입자금을 포함)을 지원받아 상환 중인 농지
- 기타 영농규모화사업 업무지침에 따른 '지사심의회'에서 제외를 인정하는 농지

매도대상 제외자
- 경영이양직접지불사업 대상으로 보조금을 수령한 자

- 토지거래 허가구역으로 지정된 구역 내의 농지로서 토지거래 허가기준에 부합되지 않는 자
- 영농능력 또는 영농을 위한 준비가 미흡하다고 심의회에서 인정한 자

매도위탁기간
- 6개월 이내(위탁자와 공사 협의 결정)

매도가격결정
- 공시지가와 실거래가를 감안 위탁자와 공사 협의 결정
- 수탁기간 동안 3회에 걸쳐 매도가격 변경 가능

매도위탁 수수료 : 매도금액의 1% 이내

매매가격	수수료율	상한액
5천만 원 미만	0.9%	40만 원
5천만 원 이상 ~ 1억 원 미만	0.8%	70만 원
1억 원 이상 ~ 1억 5천만 원 미만	0.7%	90만 원
1억 5천만 원 이상	0.6%	-

(산출된 수수료액이 10만 원 미만일 경우에는 금 100,000원으로 함)

농지임대위탁제도

「농지법」 시행일인 1996년 1월 1일 이전부터 소유하고 있는 농지와 1996년 1월 1일 이후 상속받거나 이농한 후 계속 소유하고 있는 농지는 제한 없이 친지 등에게 개인적으로 임대할 수 있다. 그러나 1996년 1월 1일 이후에 취득한 농지는 질병, 징집 등 부득이한 사유가 있거나 농지은행에 위탁하는 경우에만 임대가 허용된다. 농지임대위탁은 「농지법」을 근거로 하여 2005년 10월부터 시행되었다.

추진방향
- 임대차가 허용된 농지와 노동력 부족·고령화로 자경하기 어려운 자의 농지·농지에 부속한 농업용 시설을 임대수탁 받아 전업농 중심으로 임대, 효율적·안정적 관리
- 수탁농지 등은 전업농 및 신규 창업농 중심으로 임대하여, 규모 확대, 임차인의 안정 영농, 농지시장 안정 도모

시행근거
- 「농지법」 제6조(농지 소유 제한), 제7조(농지 소유 상한) 및 제23조(농지의 임대차 또는 사용대차)
- 「한국농어촌공사 및 농지관리기금법」 제10조(사업) 및 제24조의 4(농지의 임대 등의 수탁)

사업추진체계
- 농지소유자가 임대위탁을 신청하면 공사는 현지조사와 공고 등을 거쳐 임차인 선정
- 임차인이 선정되면 위탁자와 공사 간에는 임대수위탁계약을, 공사와 임차인 간에는 임대차계약을 체결

사업내용

〈소유농지의 임대위탁〉

- 임대위탁 대상농지
• 실제 농업경영에 이용되고 있는 전·답·과수원
• 수탁농지에 부속한 농업용 시설(고정식온실·버섯재배사·비닐하우스 등)

- 임대위탁 대상에서 제외되는 농지
• 「농지법」에 따른 농지전용허가·협의·신고를 거쳐 전용이 결정된 농지
• 소규모 농지(1,000㎡ 미만, 이 경우 세대를 같이 하는 소유하는 농지는 일반인이 소유하는 것으로 본다)
• 도시지역 중 주거지역, 상업지역 공업지역 안의 농지
• 각종 개별법에 의한 개발계획구역 및 예정지 내의 농지
• 2인 이상이 공유하는 농지의 일부분

- 자연재해로 형질이 변경되거나 유휴화되어 농작물의 경작에 부적합한 농지
- 「농지법」 제6조의 규정에 따른 주말·체험영농 목적의 취득농지
- 「농지법」의 제10의 규정에 따라 시장·군수·구청장이 농지처분의무 부과대상으로 결정한 농지
- 「국토의 계획 및 이용에 관한 법률」의 규정에 따라 토지거래허가를 받은 자가토지이용 의무기간(2년)을 마치지 않은 농지

- 임대위탁 신청장소 : 한국농어촌공사의 본사, 지역본부, 지사
- 임대수·위탁 협의(임대차료의 결정 등)
  공사는 현지조사 및 임차인과 협의한 결과를 근거로 임대차료, 임대차절차, 수수료 등 수탁조건을 위탁 신청자에 제시하고 위탁 의사를 확인
- 농지임대위탁계약의 체결
- 계약 시기 : 다음의 조건이 모두 충족되었을 때 계약체결
  ① 임차인의 선정
  ② 위탁신청자가 공사의 수탁 및 임대조건에 동의
- 계약기간
  ① 임대수탁 : 5년 이상.
  * 최초의 계약기간 만료 후 동일 임차인과 재계약하는 경우에는 기간제한 없음
  ② 사용대수탁 : 5년(계약 종료 후 5년 단위로 재계약)
- 계약체결 : 공사와 위탁자는 관련 지침에 따른 계약서 양식으로 약정을 체결하고 계약기간 동안의 임대차료 지급약정서를 첨부
- 수탁수수료의 기준
- 농지임대위탁 시 : 아래의 건당 수탁규모별 수수료율을 해당 농지 연간 임대차료에 적용하여 매년 부과

매도위탁 수수료 : 매도금액의 1% 이내

건당 수탁규모	수수료율
5,000㎡ 미만	12%
5,000㎡~10,000㎡ 미만	11%
10,000㎡~20,000㎡ 미만	10%
20,000㎡~30,000㎡ 미만	9%
30,000㎡ 이상	8%

- 사용대위탁 시 : 건당 100천 원으로 계약 시 1회에 한하여 부과

〈수탁농지의 임대〉

- 임대대상자 : 자기의 농업경영에 이용하고자 하는 농업인 및 농업법인
- 임대대상 제외자
  - 경영이양보조금을 수령하고 그 사후관리 기간 내에 있는 자
  - 영농규모화사업 지원을 받은 쌀 전업농으로서 사후관리 위반으로 쌀 전업농 지정이 취소된 자
  - 기타 영농능력 또는 영농을 위한 준비가 미흡하다고 농지은행심의위원회에서 인정한 자
- 농지임대 공고 및 홍보
  - 농지임대위탁 신청접수일로부터 5일 이내에 농지의 표시, 농지조건, 임대기간 등을 공고
  - 공고방법 : 지사 게시판 및 농지은행포털사이트(www.fbo.or.kr)에 게시
  - 공고기간 : 1차로 7일간 공고하고, 임차 신청이 없을 경우 최장 7일간 연장 공고, 다만, 임대위탁신청 당시 임차영농인이 있는 경우로서 동 농업인이 임차인 선정 1순위에 해당하는 때와 사용대위탁자가 사용차인을 지정할 수 있는 때에는 공고 생략.
- 임차인 선정
  선정기간 : 「농지법」 관련 규정에 따라 개인간 임대가 불가한 농지는 신청 접수일로부터 60일 이내(공휴일 포함)에 임차인 선정. 기타 농지의 경우 위탁신청자와 협의하여 지정
- 임차인 선정 우선순위
  ㉠ 전업농 또는 전업농육성대상자, 농업법인, 영농정책자금을 지원받은 신규창업농 및 창업후계농, '고품질쌀 최적경영체 육성사업' 대상 경영체 참여농. 다만, 위탁신청 농지를 임차 중에 있는 농업인이 다음에 해당하는 경우에는 임차인 선정순위를 1순위로 조정 가능
    • 친환경인증 농산물을 생산하는 경우
    • 시설원예 및 다년생 식물을 재배하는 경우
    • 임차인이 자기 비용으로 농로 및 용·배수로 등 기반정비 등을 실시한 경우
  ㉡ 위탁신청 당시의 임차영농인, 기타 당해 농지를 자기의 농업경영에 이용하고자 하는 자

- 사용차인의 지정 : 농지사용대수위탁을 신청한 위탁자는 다음의 경우에는 사용차인을 지정할 수 있음
    - ㉠ 사용차인이 위탁자 본인 또는 배우자의 직계존비속 · 형제 · 자매인 경우
    - ㉡ 사용차인이 ㉠ 이외의 위탁자 또는 배우자의 친 · 인척으로 농지은행심의위원회에서 인정한 경우
- 임대차료의 결정
- 공사에서 당해 농지에 대해 조사한 임대차료 수준과 임대차료 동향 등을 고려, 임차인과 협의하여 현금으로 환산 결정
- ※ 농지소재지 관할 지사의 '농지은행심의위원회'에서 심의 결정된 지역별 임대차료 상한을 초과할 수 없음

- 임대차 계약체결
- 계약장소 : 농지소재지 관할 지사. 다만, 신청인 편의를 위하여 타부서에서 계약을 체결한 경우에는 계약체결 후 관련서류 일체를 농지소재지 관할지사로 송부
- 계약시기 : 임차인이 선정되고, 동 임차인이 임대조건에 동의할 때
- 계약기간 : 해당 농지의 농지임대수탁기간
- 계약체결 : 공사와 임차인은 관련 지침에 따른 계약서 양식으로 약정을 체결하고 계약기간 동안의 임대차료 납부약정서를 첨부

〈임대차료의 수납 및 지급〉

- 공사는 임차인으로부터 매년 납부약정일에 임대차료를 수납
- 공사는 임차인으로부터 수납한 연간 임대차료에서 수탁수수료를 공제하고 잔액을 위탁자에게 지급약정일에 계좌입금
- 공사는 임차인이 지급약정일까지 임차료를 납부하지 아니할 경우 공사에서 위탁자에게 대위지급함

〈계약위반시의 불이익(위약금)〉

공사와 계약을 체결한 위탁자 또는 임차인이 다음의 경우에 해당할 경우 공사는 위탁자 또는 임차인으로부터 계약 잔여기간 동안의 총 임대차료의 20% 상당액을 위약금으로 징수

- 위탁자의 귀책사유 또는 일방적인 계약해지로 공사와 임차인 간의 임대차계약이 해지되도록 한 경우
- 임차인의 귀책사유 또는 일방적인 계약해지로 공사와 위탁자 간의 임대수위탁계약이 해지되도록 한 경우
※ 위탁자로부터 징수한 위약금은 임차인에게, 임차인으로부터 징수한 위약금은 위탁자에게 지급
※ 위탁자가 당해 위탁농지를 현 임차인에게 매도할 경우에는 위약금을 부과하지 않음

◆ 농지원부 및 농지취득자격증명

농지원부의 개념

농지원부란?

농지의 소유와 이용 실태를 파악하고 이를 효율적으로 이용, 관리하기 위하여 「농지법」 제49조에 의하여 농업인의 주소지, 농업법인 또는 준농업법인의 경우에는 주사무소의 소재지를 관할하는 시·구·읍·면·동에서 작성하여 비치하는 것을 말한다. 농지원부는 농업인, 농업법인, 준농업법인 별로 작성되며 농업관련 지원사업 대상자 선정시 경작상황, 경영규모 파악 등 농정시책 추진을 위한 기초자료로서 활용된다. 농지원부를 작성한지 2년 이상 경과하고 농지의 소재지나 연접 시군에 거주하면서 도시지역에 해당하지 않는 농지를 추가로 취득할 경우에는 전체 보유농지의 면적이 30,000㎡를 넘지 않는 범위 내에서 취득세와 등록세를 50% 감면받을 수 있다.

■ 농업인 · 농업법인 · 준농업법인

구분	구체적 내용	비고
농업인	· 1,000㎡ 이상의 농지에서 농작물을 경작하거나 다년생 식물을 재배하는 자 · 농지에 330㎡ 이상의 고정식온실 · 비닐하우스 · 버섯재배사 등 농업용 시설을 설치하여 농작물을 경작하거나 다년생식물을 재배하는 자	· 한 세대에서 농업경영에 이용하는 농지가 1,000㎡(비닐하우스 등 330㎡)이상이면 임차농지를 포함하여 농지원부 작성대상이다.
농업 법인	· 「농업 · 농촌 및 식품산업기본법」 제28조의 규정에 의하여 설립된 영농조합법인 · 농업회사법인의 업무집행권을 갖는 사원의 3분의 10상이 농업인일 것	
준 영농법인	· 직접 농지에 농작물을 경작하거나 다년생식물을 재배하는 국가기관 · 지방자치단체 · 학교 · 「농지법」 시행규칙〈별표2〉에 의한 공공단체 · 농업생산자단체 · 농업연구기관 또는 농업기자재를 생산하는 자 등	

◆ 농지원부의 작성

주요기재사항

① 농가일반현황 ; 농가주 성명, 주민등록번호, 주소, 세대원사항 등

② 소유농지현황 ; 주민번호, 지분율을 계산한 소유면적, 자경 또는 임대 등의 경작구분 등

③ 임차농지현황 ; 농지소유자, 임차인 주민번호, 임차기간 등

④ 농지일반현황 ; 지번, 농지구분, 주재배작물, 경지정리여부, 면적 등

농지원부 양식

[별지 제58호 서식]

농 지 원 부

1. 일반현황

| 고유번호 | | - | | | 최초작성일자 : 년 월 일 |

농업인 또는 농업법인	성명 또는 명칭	주민(법인) 등록번호	농업외겸업	작성자	확인자	최종확인
준농업법인	명 칭	조직형태	사업목적	농업경영 변동사항		기록자확인
주소	시 구 동 도 시·군 읍·면 리·동 번지					

세대원(업무집행사원)사항			농지소유 비동거 가족사항			기록사항변경		
성명	주민등록번호	관계	성명	주민등록번호	관계	사유	일자	확인
	~			~				
	~			~				
	~			~				

2. 소유농지등록
① 소유면적 : 소유농지의 면적은 경작면적을 기준으로 한다.
② 경작구분 : 농지의 경작상태로 자경, 임대, 휴경 중 하나
③ 최종확인일 : 농지담당자가 해당 경작상황 등을 확인한 날자를 기재한다.
④ 관할구역 밖의 농지를 등록 또는 수정할 경우 : 해당 농지소재지에 요청하여 등록·수정한 후 관리기관의 농지원부에 반영한다.

3. 임차농지등록
① 경작구분 : 농지의 현재 경작상태를 임차, 사용차, 휴경 등으로 구분하여 기재한다.
② 임차상황기재 : 임차인정보, 소유자정보, 임차일의 기재
③ 최종확인일 : 농지담당자가 경작상황 등을 최종 확인한 날짜를 기재한다. 다만, 1996년 1월1일 이후에 취득한 농지로서 개인간 임대차가 허용되지 않는 농지는 농지은행을 통한 임대차여부를 확인한 후에 농지원부에 기재한다.

4. 농지경작현황

| 고유번호 | | | - | | |

년월일	구분	전		답		과수원		그 밖에		계		변경사유	기록자(인)
		필지수	면적(㎡)	필지수	면적(㎡)	필지수	면적(㎡)	필지수	면적(㎡)	필지수	면적(㎡)		
	소유												
	자경												
	임대												
	임차												

◆ 농지원부의 열람 및 등본교부

농지원부의 열람 또는 교부

농지원부를 열람 신청하거나 등본을 교부 받고자 하는 자는 구두, 또는 서면(전자문서포함, 무인민원 및 전자민원 G4C를 통한 온라인 발급가능. my.g4c.go.kr)으로 신청한다. 또한 농지원부 작성자 중 2004년 5월 이후 과거 소유나 임차농지에 등록되었던 자료의 이력발급 요청시에는 농지원부의 이력자료를 등록하여 발급한다. 또한 관외농지가 포함되어 있는 경우에는 통합전자민원창구(www.egov.go.kr)의 어디서나 민원으로 발급신청이 가능하다.

열람 또는 교부

발급기관은 농지원부 열람 또는 등본교부 신청 시 신청자의 신원 및 경작상황 등 농지원부 기재내용을 확인 한 후 열람·교부한다. 또한 경작상황 확인 시 자경의 경우에는 농지소재지의 경작사실 확인을 거치고 임대 또는 휴경의 경우에는 농지소유자에게 확인받은 사항을 기재한다.

> ▶ 자경
>
> 자경이란 농업인이 그 소유농지에서 농작물의 경작 또는 다년생식물의 재배에 상시 종사하거나 농작업의 2분의1 이상을 자기의 노동력에 의하여 경작 또는 재배하는 것이다. 또한 농업법인이 그 소유 농지에서 농작물을 경작하거나 다년생식물을 재배하는 것을 말한다.

자경증명의 발급

「농지법」제2조에 의한 농업인 또는 농업법인이 경작면적에 관계없이 자경증명을 발급 받고자 하는 경우에는 자경증명발급신청서(「농지법」시행규칙 제60호)를 당해 농지 소재를 관할하는 시·구·읍·면장에게 작성하여 신청한다. 발급기관은 신청인의 농업경영상황을 조사한 후 자경하는 사실이 명백한 경우에는 신청일로부터 4일 이내에 발급한다.

농지원부와 농지의 경매

농지원부와 농지의 경매입찰자격과는 전혀 무관하므로 농지원부가 없어도 농지의 경매입찰은 가능하다.

농지원부와 농지취득자격증명

농지취득자격증명은 농지원부와 무관하게 발급된다.

◆ 농지취득자격증명

농지를 취득하려는 자는 농지의 소재지를 관할하는 시장·구청장, 읍·면장으로부터 농지취득자격증명을 발급받아야 한다. 농지법이 개정되기 전에는 농지를 취득하려는 자는 농업경영계획서를 작성하여 농지관리위원회 2인 이상으로부터 농지의 제한사유 저촉여부를 확인받아 시·구·읍·면장에게 발급받아 등기소에 제출하였지만, 2005년 7월 1일 농지법의 개정으로 농지위원회를 거칠 필요 없이 시장, 구청장, 읍·면장으로부터 농업취득자격증명을 발급받게 하여 절차를 간소화하여 농지구입이 용이하게 하였다.

농지취득자격증명제의 도입취지

농지는 어느 토지보다도 투기의 우려가 높다. 따라서 농지에 대한 투기적 거래를 막고 실수요자로 하여금 농지를 소유하게 하기 위하여 제도화된 것이 농지취득자격증명제이다. 따라서 농지는 농업경영 의사가 있는 자만이 소유하게 할 목적과 부분적으로 농지의 소유상한의 제한 규정에 저촉되는지 여부를 확인할 목적으로 농지취득자격증명서면을 발급받도록 하는데 제도적 취지가 있다. 농지취득자격증명 발급대상 농지를 취득하여 소유권 이전등기를 신청할 때에는 농지취득자격증명을 반드시 첨부하여야 한다. 그러나 임야는 취득자격증명제도가 없기 때문에 토지거래허가구역이 아니면 누구나 임야를 취득 할 수 있다.

농지의 소유자 제한과 소유상한의 제한

농지는 원칙적으로 자기의 농업경영에 이용하거나 이용할 자가 아니면 이를 소유하지 못한다. 예외적으로 국가나 지방자치단체가 농지를 소유하는 경우, 농업인이 아닌 개인이 주말 등을 이용하여 취미 또는 여가활동으로 농작물을 경작하거나 다년생식물을 재배하기 위해 농지를 소유하는 경우, 상속에 의하여 농지를 취득하여 농지를 소유하는 경우에는 농업인이 아니더라도 농지를 소유할 수 있다.

소유 상한의 제한

① 상속에 의하여 농지를 취득한 자로서 농업경영을 하지 아니하는 자는 그 상속농지 중에서 10,000㎡ 이내의 것에 한하여 이를 소유할 수 있다.

② 8년 이상 농업경영을 하여 자경요건을 갖춘 농민이 이농을 한 경우에는 이농당시의 소유농지 중에서 10,000㎡ 이내의 것에 한하여 이를 소유할 수 있다.
③ 주말·체험영농을 하고자 하는 자는 1,000㎡ 미만의 농지에 한하여 이를 소유할 수 있다.
④ 제23조 제7호에 따라 농지를 임대하거나 사용하는 경우에는 제1항 또는 제2항에도 불구하고 소유상한을 초과할지라도 그 기간에는 그 농지를 계속 소유할 수 있다.

농지취득자격증명을 첨부해야 하는 경우

① 자연인, 영농조합법인, 농업회사법인이 농지에 대하여 매매·증여·교환·양도담보·명의신탁해지·신탁법상의 신탁 또는 신탁해지·사인증여·계약해제·공매·상속인이외의 자에 대한 특정적 유증 등을 등기원인으로 하여 소유권 이전등기를 신청하는 경우
② 「초·중등교육법」 및 「고등고육법」에 의한 학교, 농림부령이 정하는 공공단체·농업연구기관 등이 실험·연구·실습지 등의 목적으로 농림부령이 정하는 바에 의하여 농지를 취득하는 경우
③ 국가나 지방자치단체로부터 농지를 매수하여 소유권이전등기를 신청하는 경우
④ 농지전용허가를 받거나 농지전용신고를 한 농지에 대하여 소유권이전등기를 신청하는 경우.
⑤ 부자간 및 부부간 또는 친족간의 매매, 증여 등을 원인으로 하여 소유권 이전등기를 신청하는 경우

⑥ 상속인에 의한 등기에 의해서 매수인이 농지를 취득하는 경우
⑦ 판결에 의하여 농지에 대한 소유권이전등기를 신청하는 경우. 따라서 등기원인을 증명하는 서면이 집행력 있는 판결인 때에도 농지에 대한 소유권이전등기를 신청하는 경우에는 농지취득자격증명을 첨부하여야 한다.
⑧ 관리신탁 · 처분신탁 · 담보신탁 등 신탁의 목적에 상관없이 소유권이전등기를 신청하는 경우
⑨ 영농조합법인이 농지를 취득하는 경우

농지취득자격증명을 첨부하지 않는 경우

① 국가나 지방자치단체가 농지를 취득하여 소유권이전등기를 신청하는 경우
② 도시계획구역 내의 농지에 대한 소유권이전등기를 신청하는 경우. 「국토의 계획 및 이용에 관한 법」상 도시지역 내의 농지는 「농지법」제8조가 적용되지 않으므로 소유권이전등기 시 농지취득자격증명을 첨부하지 아니한다. 다만, 도시지역 중 녹지지역은 원칙적으로 농지취득자격증명을 제출하여야 하지만, 도시계획사업에 필요하다는 소명이 있으면 예외적으로 첨부할 필요가 없다.
③ 「공익사업을 위한토지등의취득및보상에관한법」에 의하여 농지를 취득하는 경우와 동법에 의한 환매권자가 환매권에 기하여 농지를 취득하여 소유권이전등기를 하는 경우
④ 상속 및 포괄유증, 상속인에 대한 특정적 유증, 취득시효완성, 공유물분할, 이혼 당사자간의 재산분할, 농업법인의 합병을 원인으로 하여

소멸회사의 명의로 되어 있는 농지의 소유권이전등기를 신청하는 경우

⑤ 「농지법」제36조 제2항에 의한 농지전용협의를 완료한 농지를 취득하여 소유권이전등기를 신청하는 경우
⑥ 농지에 대하여 소유권이전청구권보전가등기를 신청하는 경우
⑦ 농지에 대하여 근저당권 설정등기 신청시
⑧ 「부동산소유권이전등기등에관한특별조치법」에 의해서 농지소유권이전등기를 취득하는 경우
⑨ 「산업집적활성화및공장설립에관한법률」제13조제1항 또는 제20조 제2항의 규정에 의한 공장설립 등의 승인을 신청하여 공장입지승인을 얻은 자 및 「중소기업창업지원법」제21조 제1항의 규정에 의한 사업계획의 승인을 신청하여 공장입지승인을 얻은 자가 당해 농지를 취득하여 소유권이전등기를 신청하는 경우
⑩ 지목이 농지이나 토지의 현상이 농작물의 경작 또는 다년생식물재배지로 이용되지 않음이 관할관청이 발급하는 서면에 의하여 증명되는 토지에 관하여 소유권이전등기를 신청하는 경우
⑪ 「국토의계획및이용에관한법」에 의해 토지거래허가를 받은 경우
⑫ 한국농촌공사가 「농어촌정비법」제16조에 의해 농지를 취득하거나 동법 제85조의 한계농지를 취득하거나 「농지법」제16조의 규정에 의한 농지이용증진사업시행계획에 의하여 농지를 취득하여 농지에 대한 소유권이전등기를 신청하는 경우

농지취득 자격증명을 첨부할 필요가 없는 농지

농지가 주택대지로 이용되고 있는 경우

토지대장상 지목이 농지인 토지의 일부에 주택을 신축하여 건축물대장이 작성되어 있는 경우에는 위 토지의 현상이 농작물의 경작 또는 다년생식물 재배지로 이용되지 않음을 관할관청의 서면에 의하여 증명하거나, 기존주택의 부지로 사용되어 있어 농업경영에 부적합하며 원상회복이 불가능하다는 취지의 확인서 또는 사실조회회신을 건축물대장등본과 함께 첨부하면 농지취득자격증명서면을 첨부할 필요가 없다.

농지가 콘크리트로 메워진 경우, 하천부지, 비무장지대, 재해위험지역으로 편입된 경우

지목이 전·답·과수원이라고 하여도 실제 농지 현황이 농작물이 경작에 이용되지 않고, 콘크리트로 메워진 경우, 하천부지, 비무장지대, 재해위험지역으로 편입된 농지인 경우에는 원상회복이 불가능하다는 내용이 기재된 농지취득자격증명신청서 반려통지서를 첨부한 경우에는 농지취득자격증명서의 첨부 없어도 소유권이전등기를 할 수 있다.

"오랫동안 농사를 짓지 않아 잡목이 있고 주변 일대에 석회광이 조업 중이며 사실상 경작이 불가능하다"라는 문구가 기재되었다면 농지취득자격증명신청서 반려통지서로서 적합한지 여부

농지가 아님을 증명하는 서면으로서 농지취득자격증명신청서 반려통지서를 첨부하는 경우에는 그 반려사유가 신청대상 토지가 지목상 농지로서 실제현황이 「농지법」제2조 제1호에 의한 농지가 아닌 경우에는 『신청대상 토지가 「농지법」에 의한 농지에 해당하지 않음』이라고 구체적이고 명확하게 기재하여야 하므로 상기와 같이 기재되었다면 반려통지서로 볼 수 없다.

농지취득자격증명의 반려 통지서

신청인이 자격증명발급요건에 부합되지 아니하는 경우에는 신청서 접수일부터 4일(농업경영계획서를 작성하지 아니하고 자격증명 발급을 신청하는 경우에는 2일) 이내에 그 사유를 명시한 농지취득자격증명신청서 반려통지서를 신청인에게 교부한다. 농지취득자격증명신청서 반려통지서는 반려사유를 아래와 같이 구체적으로 기재하여 교부한다.

① 신청대상 토지가 농지에 해당하지 않는 경우
　『신청대상 토지가 「농지법」에 의한 농지에 해당되지 아니함』
② 신청대상 농지가 자격증명을 발급받지 아니하고 취득할 수 있는 농지인 경우
　『신청대상 농지는 농지취득자격증명을 발급받지 아니하고 취득할 수 있는 농지임('도시계획구역 안 주거지역으로 결정된 농지' 등 해당 사유를 기재)』
③ 신청인의 농지취득 원인이 자격증명을 발급받지 아니하고 농지를 취득할 수 있는 것인 경우
　『취득원인이 농지취득자격증명을 발급받지 아니하고 농지를 취득할 수 있는 경우에 해당함』
④ 신청대상 농지가 「농지법」을 위반하여 불법으로 형질을 변경한 농지인 경우
　『신청대상 농지는 취득 시 농지취득자격증명을 발급받아야 하는 농지이나 불법으로 형질변경한 부분에 대한 복구가 필요하며 현 상태에서는 농지취득자격증명을 발급할 수 없음』

[별지 제3호 서식]

(앞 쪽)

농지취득자격 증명신청서

처리기간	접수 *	. . . 제 호
4일 (농업경영계획서를 작성하지 아니하는 경우에는 2일)	처 리 *	. . . 제 호

농지 취득자 (신청인)	①성명 (명칭)		②주민등록번호 (법인등록번호)				⑥취득자의 구분			
	③주소	시 구 동 도 시·군 읍·면 리 번지					농업인	신규영농	법인 등	주말체험 영농
	④연락처		⑤전화번호							

취득 농지의 표시	⑦소 재 지				⑧지번	⑨지목	⑩면적 (m²)	⑪농지구분		
	시·군	구·읍·면	리·동					진흥구역	보호구역	진흥 지역 밖

⑫취득원인					
⑬취득목적	농업경영		농지전용	시험·연구·실습용 등	주말체험영농

「농지법」 제8조 제2항 및 같은 법 시행령 제7조 제1항에 따라 위와 같이 농지취득자격증명의 발급을 신청합니다.

년 월 일

농지취득자(신청인)　　　　　(서명 또는 인)

시장 · 구청장 · 읍장 · 면장 귀하

구비서류	신청인(대표자) 제출서류	담당 공무원 확인사항 (부동의하는 경우 신청인이 직접 제출하여야 하는 서류	수수료
	1. 별지 제2호 서식의 농지취득인정서(법 제6조 제2항 제2호에 해당하는 경우에 한합니다) 2. 별지 제4호 서식의 농업경영계획서(농지를 농업경영 목적으로 취득하는 경우에 한합니다) 3. 농지임대차계약서 또는 농지사용대차계약서(농업경영을 하지 아니하는 자가 취득하려는 농지의 면적이 영 제7조 제2항 제5호 각 목의 어느 하나에 해당하지 아니하는 경우에 한합니다) 4. 농지전용허가(다른 법률에 따라 농지전용허가가 의제되는 인가 또는 승인 등을 포함합니다)를 받거나 농지전용신고를 한 사실을 입증하는 서류(농지를 전용목적으로 취득하는 경우에 한합니다)	법인등기부등본	「농지법 시행령」 제74조에 따름

본인은 이 건 업무처리와 관련하여 「전자정부법」 제21조 제1항에 따른 행정정보의 공동이용을 통하여 담당 직원이 위의 담당직원 확인사항을 확인하는 것에 동의합니다.

신청인(대표자)　　　　　(서명 또는 인)

[별지 제4호 서식]

(앞 쪽)

농 업 경 영 계 획 서

<table>
<tr><td rowspan="3">취득
대상
농지
에
관한
사항</td><td colspan="3">①소재지</td><td rowspan="2">②지번</td><td rowspan="2">③지목</td><td rowspan="2">④면적
(㎡)</td><td rowspan="2">⑤영농
거리</td><td rowspan="2">⑥주재배
예정 작목</td><td rowspan="2">⑦영농 착
수 시기</td></tr>
<tr><td>시·군</td><td>구·읍·면</td><td>리·동</td></tr>
<tr><td colspan="3">계</td><td></td><td></td><td></td><td></td><td></td><td></td></tr>
<tr><td rowspan="3">농업
경영
노동
력의
확보
방안</td><td colspan="9">⑧취득자 및 세대원의 농업경영능력</td></tr>
<tr><td colspan="2">취득자와 관계</td><td>성별</td><td>연령</td><td>직업</td><td colspan="2">영농경력(년)</td><td colspan="2">향후 영농여부</td></tr>
<tr><td colspan="2"></td><td></td><td></td><td></td><td colspan="2"></td><td colspan="2"></td></tr>
<tr><td colspan="9">⑨취득농지의 농업경영에 필요한 노동력확보방안</td></tr>
<tr><td colspan="2">자기노동력</td><td colspan="2">일부고용</td><td colspan="2">일부위탁</td><td colspan="3">전부위탁(임대)</td></tr>
<tr><td colspan="2"></td><td colspan="2"></td><td colspan="2"></td><td colspan="3"></td></tr>
<tr><td rowspan="5">농업
기계
·장
비의
확보
방안</td><td colspan="9">⑩농업기계·장비의 보유현황</td></tr>
<tr><td>기계·장비명</td><td>규격</td><td colspan="2">보유현황</td><td colspan="2">기계·장비명</td><td>규격</td><td colspan="2">보유현황</td></tr>
<tr><td colspan="9">⑪농업기계장비의 보유 계획</td></tr>
<tr><td>기계·장비명</td><td>규격</td><td colspan="2">보유계획</td><td colspan="2">기계·장비명</td><td>규격</td><td colspan="2">보유계획</td></tr>
<tr><td colspan="2">연고자에 관한 사항</td><td colspan="2">연고자 성명</td><td colspan="2"></td><td>관계</td><td colspan="2"></td></tr>
</table>

「농지법」제8조제2항에 따라 위와 같이 본인이 취득하려는 농지에 대한 농업경영계획서를 작성 · 제출합니다.

년 월 일

제출자 (서명 또는 인)

[별지 제5호 서식] (개정 2008. 6. 13)

제   호

농지취득자격증명

농지 취득자 (신청인)	성명 (명칭)		주민등록번호 (법인등록번호)	
	주소	시 구 동		
		도 시·군 읍·면 리 번지		
	연락처		전화 번호	

취득 농지의 표시	소재지	지번	지목	면적(㎡)

취득목적	

귀하의 농지취득자격증명신청에 대하여 「농지법」 제8조 및 같은 법 시행령 제7조 제2항에 따라 위와 같이 농지취득자격증명을 발급합니다.

년   월   일

시장 · 구청장 · 읍장 · 면장   (인)

〈유의사항〉
○ 귀하께서 해당 농지의 취득과 관련하여 허위, 그 밖에 부정한 방법에 따라 이 증명서를 발급받은 사실이 판명되면 「농지법」 제59조에 따라 3년 이하의 징역이나 1천만 원 이하의 벌금에 처해질 수 있습니다.
○ 귀하께서 취득한 해당 농지를 취득 목적대로 이용하지 아니할 경우에는 「농지법」 제11조 제1항 및 제62조에 따라 해당 농지의 처분명령 및 이행강제금이 부과될 수 있습니다.

◆ 농업진흥지역의 지정과 해제

제도적 취지

농지를 효율적으로 이용·보전함으로써 국민식량생산에 필요한 우량농지의 확보 및 농업의 생산성 향상을 도모하고 공장용지 등 비농업적 토지수요에 탄력적으로 대응하기 위하여 종전의 필지별 보전방식인 절대·상대농지제도를 권역별 보전방식으로 개편코자 도입하였다. 집단화된 우량농지는 농업진흥지역으로 지정하여 생산기반투자를 집중하고 환경오염으로부터 보호하여 농업생산기지로 한다. 농업진흥지역 밖의 농지는 전용규제를 완화하여 산업용지 등의 원활한 공급을 도모한다.

농업진흥지역은 주로 농림지역에서 지정되며, 농지가 농업진흥지역으로 지정되면 관리지역은 농림지역으로 용도지역이 변경된다. 그러나 농림지역에 지정된 농업진흥지역이 해제되면 용도지역은 관리지역으로 환원된다. 또한 자연환경보전지역 및 녹지지역은 농업진흥지역으로 지정해도 용도지역이 변경되지 않는다.

> **절대농지와 상대농지 (「농지의 보전 및 이용에 관한 법」)**
> - 1973년 1월1일부터 현행 「농지법」이 시행되기 전인 1995년12월31일까지 시행되었던 「농지의 보전 및 이용에 관한 법」에서는 농지를 절대농지와 상대농지로 구분하였다.
> - 절대농지라 함은 공공투자에 의하여 조성된 농지, 농업기반이 정비된 농지, 집단화된 농지로서 농수산부장관이 지정한 농지를 말하며, 상대농지라 함은 절대농지 이외의 농지를 말한다.
> - 절대농지와 상대농지는 농지를 필지별로 구분하여 지정한 데 반하여, 농업진흥지역과 농업진흥지역 밖의 농지는 한 단계 진보하여 농지를 권역별로 지정했다는 데 차이가 있다.

◆ 농업진흥지역의 지정

농업진흥지역의 지정
시·도지사는 「농지법」 제28조 내지 제30조에 의하여 농지를 효율적으로 이용하고 보전함으로써 농업의 생산성 향상을 도모하기 위하여 농업진흥지역을 지정한다. 농업진흥지역은 용도지역 기준으로 녹지지역, 관리지역, 농림지역 및 자연환경보전지역에 지정된다.(특별시의 녹지지역은 제외) 즉, 도시지역의 주거지역, 상업지역, 공업지역의 농지는 농업진흥지역으로 지정되지 않는다. 또한 주거지역, 상업지역, 공업지역의 농지는 농지취득자격증명 발급대상이 되지 않는 것과 맥을 같이하고 있다.

농업진흥지역의 분류 및 지정기준
1992년 농업진흥지역의 지정이후 상당기간의 경과로 인해 진흥지역의 지정기준과 상이한 지역이 발생하기 시작하였다. 도로·철도·산업단지·택지 신규 건설 및 저수지 폐지 등 여건변화로 집단화기준에 미달되는 자투리 농지 등의 발생으로 인해 2004년에 수립된 〈농지제도 개선방안〉에서 농업진흥지역을 농업진흥구역과 농업보호구역으로 구분하여 지정목적에 부합되도록 정비하여 불합리하게 된 지역은 해제하고, 당초의 용도지역별 지정 취지나 기준에 부합하는 지역은 존치하였다.

농업진흥지역의 분류
농업진흥구역은 농림축산식품부장관이 정하는 규모로 농지가 집단화된 지역으로서 농업목적으로 필요한 농지조성사업 또는 농업생산기반정비사업이 시행되었거나 시행중인 지역과 농업용으로 이용하고 있는 토지가 집단화되어 있는 지역에 지정이 가능하며 아직 경지정리가 되지 않은 농지도 지정이 가능하다. 농업보호구역은 농업진흥구역의 용수원 확보, 수질보전 등 농업환경을 보전하기 위하여 필요한 지역에 지정이 가능하며 임야·잡종지·대지 등에도 지정이 가능하다. 지적도상에서 농업진흥구역은 황색으로, 농업보호구역은 녹색으로 채색된다.

■ 농업진흥구역과 농업보호구역의 지정기준

용도구역	구체적 분류		지정 기준
농업진흥구역	신규지정 편입	농업 집단화	· 평야지 : 집단화 규모 10ha 이상 · 중간지 : 집단화 규모 7ha 이상 · 산간지 : 집단화 규모 3ha 이상
		토지 생산성	· 평야지·중간지: 경사도5%이하의 논, 7%이하의 답, 15%이하의 과수원 · 산간지: 경사도7%이하의논, 7%이하의 답, 15%이하의 과수원
	주민희망지역		· 주민희망지역은 농업지대 구분 없이 농지집단화도가 3ha이상으로서 경사도7%이하의 논, 15%이하의 밭, 15%이하의 과수원의 기준을 적용한다. 다만, 농지가 대규모로 집단화되어있고 장차 농업목적으로 장기간 활용가능하며 투기 목적의 소유가 우려되지 않으며, 경영규모 확대가 필요하며, 생산기반투자가 가능하고 농업기계화가 가능한 지역에서는 경사도 기준에 관계없이 지정할 수 있다.
농업보호구역	농림·녹지·관리지역·자연환경보전지역		· 용수원확보와 수질보전을 위하여 저수지 등의 직접유역안의 토지나 직접유역 밖에서는 농업진흥구역의 농지를 오·폐수의 오염으로부터 보호하여야 할 필요성이 있는 지역의 농지 · 기타 농업진흥구역으로 둘러싸여있으며 농업환경을 보호하기 위하여 필요한 잡종지 또는 임야, 농업진흥구역의 안 또는 주변지역에 있는 사찰·문화재 또는 10호미만의 마을이 있는 지역
	도시지역 내 녹지지역		도시계획상 시가화로 지정되지 아니한 녹지지역으로서 농업진흥구역에 필요한 저수지 등의 직접유역 안에 있는 녹지지역

◆ 농업진흥지역의 변경 · 해제

농업진흥지역의 변경은 시 · 도지사가 「농지법」 제31조 및 동법시행령 제28조에 의하여 실시한다. 이러한 변경은 진흥지역 밖의 지역을 진흥지역으로 편입하는 경우와 당해지역의 여건변화로 농업진흥구역을 농업보호구역으로 편입하거나, 보호구역을 진흥구역으로 편입하는 용도구역변경으로 구분된다. 또한 농업진흥지역의 해제는 당해지역의 여건변화로 농업진흥지역을 농업진흥지역외의 농지로 변경하는 것을 의미한다.

농업진흥지역의 변경

▶ 농업진흥지역 편입

〈경지정리시행시 농업진흥지역밖 농지의 농업진흥지역 지정절차 - 정비16330-229〉
① 시 · 군의 경지정리 사업부서는 경지정리사업 시행계획 수립 시 농지관리부서와 농업진흥지역 밖 농지의 포함여부를 협의한다.
② 사업시행 전에 받는 동의서 내용에 농업진흥지역 밖의 농지에 대해서는 경지정리사업시행 후 농업진흥지역 편입에 동의한다는 내용이 포함되어야 한다.
③ 시 · 군의 경지정리 사업부서는 사업시행 후 준공완료시에 「농지법」시행령 제26조의 규정에 따라 농업진흥지역의 지정승인 요청에 필요한 토지조서, 지형도, 지적도 등을 첨부하여 시 · 군 농지관리부서에 통보한다.
④ 시 · 군 농지관리부서는 「농지법」시행령 제26조의 규정에 의한 서류를 구비하여 시 · 도 농지관리부서에 제출한다.
⑤ 시 · 도지사는 농지법 제31조 및 동법시행령 제28조의 규정에 따라 농업진흥지역으로의 변경고시 후 농림축산식품부장관(농지과)에게 보고한 후 관할 시장 · 군수에게 통지한다.

농업진흥지역의 해제

농업진흥지역의 해제는 당해지역의 여건변화로 농업진흥지역을 농업진흥지역 밖으로 변경하는 것을 의미한다. 지역여건 등을 감안하여 해제가 불가피하다고 인정될 경우에 시·도지사가 결정하여 해제할 수 있다.

농업진흥지역 해제 대상

농업진흥지역 해제 대상 농지가 되는 경우는 다음의 두 가지가 있다.
① 「국토계획법」에 따른 도시지역에 주거지역·상업지역·공업지역을 지정하거나, 도시계획시설을 결정할 때에 해당지역 예정지 또는 시설예정지에 농업진흥지역 농지가 포함되어 있는 경우
② 당해 지역의 여건변화로 농업진흥지역의 지정요건에 적합하지 아니하게 된 경우로서 그 토지의 면적이 20,000㎡ 이하인 경우.

이때, 여건변화라 함은 관련법에 의해 도로, 철도 등이 설치되거나 택지, 산업단지 지정 등으로 인하여 집단화된 농지와 분리된 자투리 토지로서 영농여건상 농업진흥지역으로 계속 관리하는 것이 부적합하게 된 경우를 말하며, 개별 필지별이 아닌 해당지역 주변 전체를 대상으로 검토하게 된다.

■ 농업진흥지역의 해제기준

용도구역	해제 기준
농업진흥구역	① 지정이후 도로·철도개설 등 여건변화로 3ha 이하의 자투리지역 ② 집단화규모미달지역 ③ 1ha 범위 내 자연마을 10호 이상 형성된 지역 ④ 곡간 폭 100m 이하인 지역은 해제 ⑤ 경지정리지역에 접하고 있으나 경지정리가 되지 않은 1ha미만의 잔여지
농업보호구역	① 지정이후 도로·철도개설 등 여건변화로 인한 3ha 이하의 자투리지역 ② 수원지가 대체 지정된 지역 ③ 1ha 범위 내 자연마을 10호 이상 형성된 지역 ④ 직접 농업환경보호 역할이 없는 단독지대 ⑤ 저수지 근접지역에서 지정기준 미달지역 ⑥ 저수지 하류부에 농업진흥구역과 접해 있으나 용수보호기능이 없는 1ha 미만 지역

08 CHAPTER

농지의 개발

진흥지역 농지와 진흥지역 밖의 농지

농지는 크게 진흥지역농지와 진흥지역 밖에 있는 농지로 구분하며 해당 여부는 토지이용계획확인서를 보고 판단한다. 농업진흥지역 농지는 토지이용계획확인서의 「다른 법령에 따른 지역·지구」란에 농업진흥구역·농업보호구역이라고 명확히 표시하고 있으며, 「다른 법령에 따른 지역·지구」란에 아무런 표시가 되어 있지 않은 농지가 진흥지역 밖에 있는 농지이다.

진흥지역농지와 진흥지역 밖의 농지를 구분하는 이유

농지를 진흥지역농지와 진흥지역 밖의 농지로 구분하는 이유는 해당 토지에서의 행위제한이나 건축제한을 확인하기 위해서이다. 즉, 해당 토지를 어떤 건축물로 개발할 수 있는가를 판단하기 위해서이다.

실무적으로 농지를 개발할 때 진흥지역 농지 여부에 따라서 농지법과 국토계획법상의 건축제한이나 행위제한 중 다른 법은 배제되고 하나만 적용되기도 하고, 또는 중복적용되기도 한다.

◆ 진흥지역 밖에 있는 농지의 개발

진흥지역 밖에 있는 농지의 건축제한(행위제한)

■ 진흥지역 밖에 있는 농지의 건축제한(행위제한)

지목	답	면적	2,380 ㎡
개별공시지가	135,000원 (2010/01)		
지역지구등 지정여부	「국토의 계획 및 이용에 관한 법률」에 따른 지역·지구등	계획관리지역	
	다른 법령 등에 따른 지역·지구 등	성장관리권역<수도권정비계획법>	
	「토지이용규제 기본법 시행령」 제9조제4항 각 호에 해당되는 사항	토지거래계약에관한허가구역	

▶ 산지로서 토지이용계획확인서의 「다른 법령 등에 따른 지역·지구 등」란에 아무런 표시가 없는 것이 진흥지역 밖에 있는 농지이다.

진흥지역 밖에 있는 농지란 진흥지역으로 지정되어 있지 않은 농지를 말한다. 「다른 법령에 따른 지역·지구」란에 농지법에 의한 아무런 표시가 없는 진흥지역 밖에 있는 용도지역을 기준으로 어떤 건축물로 개발할 수 있을 것인가를 판단 한다. 좀 더 구체적으로 사례를 들어 설명하면 다음과 같다.

국토계획법상 용도지역	농지법상 진흥지역 여부	건축제한 (행위제한)
보전관리지역	진흥지역 밖	보전관리지역의 건축제한 적용
생산관리지역	진흥지역 밖	생산관리지역의 건축제한 적용
계획관리지역	진흥지역 밖	계획관리지역의 건축제한 적용

◆ 농업진흥지역 농지의 개발

농업진흥지역 내의 행위제한은 농업진흥지역으로 지정된 지역 내의 농지뿐만 아니라 잡종지 · 대지 등 모든 토지에 대하여 적용한다. 또한 건물건축 등 시설물설치뿐만 아니라 당해시설을 사용하는 행위에도 적용한다. 「농지법」제40조의 규정에 의한 용도변경승인 기간(5년)이 경과되어도 행위제한은 계속되지만, 용도변경승인기간이 경과한 경우에는 용도변경승인을 받을 필요는 없다. 농업진흥구역은 농업생산을 목적으로 지정하므로 원칙적으로 농업 생산 및 농지개량과 직접 관련된 토지이용행위만 허용하되 예외적으로 농수산물 가공 · 처리시설 등 농어촌산업 시설과 일부 공공시설에 대해서만 허용한다. 농업보호구역은 진흥구역의 농업환경을 보호하기 위해 지정한 지역이므로 환경 오염물질 배출시설 설치를 제한한다.

농업진흥구역에서 건축 할 수 있는 건축물(「농지법」 제32조제1항)

■ 농업진흥구역 농지 사례

지목	답	면적	1,884.3 ㎡
개별공시지가	39,500원 (2010/01)		
지역지구등 지정여부	「국토의 계획 및 이용에 관한 법률」에 따른 지역·지구등	농림지역	
	다른 법령 등에 따른 지역·지구 등	농업진흥구역〈농지법〉,배출시설설치제한지역〈수질 및 수생태계 보전에 관한 법률〉,수질보전특별대책지역(제2권역)〈환경정책기본법〉	
	「토지이용규제 기본법 시행령」 제9조제4항 각 호에 해당되는 사항		

▶ 농지로서 토지이용계획확인서의 「다른 법령 등에 따른 지역·지구 등」란에 '농업진흥구역〈농지법〉'으로 명백하게 표시되어 있는 것이 농업진흥지역의 농업진흥구역 농지이다.

1. 농업생산 또는 농지개량과 직접 관련되는 토지이용

토지이용행위란 농작물의 경작, 다년생식물의 재배, 고정식온실·버섯재배사·비닐하우스와 그 부속시설의 설치, 축사와 농림축산식품부령으로 정하는 그 부속시설의 설치, 농막 및 간이저온저장고·간이퇴비장 및 간이액비저장조의 설치, 농지개량사업 또는 농업용수개발사업의 시행 등을 의미한다.

2. 농수산물(농·임·축·수산물)의 가공·처리시설 및 농수산업(농·임·축·수산업)관련 시험·연구시설의 설치

국내에서 생산된 농수산물(임산물의 경우에는 수실(樹實)·대나무·버섯에 한한다)을 주된 원료로 하여 가공하거나 건조·절단 등 처리를 하기 위한 시설로서, 그 부지의 총면적이 10,000㎡(미곡처리장의 경우에는 3만㎡)미만인 시설과 육종연구를 위한 농수산업에 관한 시험·연구시설로서 총면적이 3,000㎡ 미만의 시설을 의미한다.

3. 농업인의 공동생활에 필요한 편의시설 및 이용시설의 설치

편의 및 이용시설이란 어린이놀이터, 마을회관, 농업인이 공동으로 운영하고 사용하는 창고·작업장·농기계수리시설·퇴비장 및 일반목욕장·구판장·운동시설·마을공동주차장·마을공동취수장·마을공동농산어촌체험시설(교회나 농협·민간법인 등에서 직접 운영하는 시설은 제외), 경로당·보육시설·유치원 등 노유자 시설(노인병원·치매병원제외)과 정자·보건진료소(「농어촌 등 보건의료를 위한 특별조치법」), 국가·지장자치단체 또는 농업생산자단체가 농업인으로 하여금 사용하게 할 목적으로 설치하는 일반목욕장·운동시설·구판장·농기계보관시설을 의미한다.

4. 농업인주택

5. 기타 농업용 또는 축산업용 시설의 설치

기타의 시설이란 농업인 또는 농업법인이 자기가 생산한 농산물을 건조·보관하기 위하여 설치하는 시설, 야생조수의 인공사육시설, 「건축법」에 의한 건축허가 또는 건축신고의 대상 시설이 아닌 간이양축시설, 농업인 또는 농업법인이 농업 또는 축산업을 영위하거나 자기가 생산한 농산물을 처리하는데 필요한 농업용 또는 축산업용 시설로서 탈곡장·잠실·애누에공동사육장 및 잎담배건조실과 농업인 또는 농업법인이 자기의 농업경영에 사용하는 비료·종자·농약·농기구·사료 등의 농업자재를 생산 또는 보관하기 위하여 설치하는 시설 및 주거목적이 아닌 농·축산업용 관리사와 총부지의 면적이 1,500㎡이하인 콩나물재배사 등을 의미한다.

6. 국방·군사시설의 설치에 따라 이주하게 되는 주민의 이주단지를 제외한 국방·군사시설의 설치

7. 하천, 제방, 기타 이에 준하는 국토보존시설의 설치

8. 문화재의 보수·복원·이전, 매장문화재의 발굴, 문화재와 관련된 비석·기념탑 그밖에 이와 비슷한 공작물의 설치

9. 「사도법」제4조의 규정에 의한 사도·철도, 기타 공공시설의 설치
하수종말처리시설 및 정수시설을 포함한 상하수도, 운하, 공동구, 가스공급설비, 유·무선송신탑을 포함한 전주, 통신선로, 전선로, 변전소, 소수력·풍력발전설비, 송유설비, 방수설비, 유수지시설 및 하천부속물. 그러나 도로변 휴게소·철도차량기지·철도역사·발전소 등은 제외한다. 또한 상하수도의 범위는 수도시설 중 정수시설·상수도관거와 이시설의 필수적 부대시설, 하수도시설 중 하수도 관거·공공하수처리시설 및 공공처리수재이용시설과 이 시설의 필수적 부대시설, 「가축 분뇨의 관리 및 이용에 관한 법」에 따른 자원화시설 및 정화시설·축산폐수 처리시설 중 축산폐수처리시설·축산폐수공공처리시설·분뇨처리시설 등이 해당한다.

10. 지하자원의 개발을 위한 탐사 또는 지하광물의 채광과 광석의 선별 및 적치를 위한 장소로 사용하는 행위

11. 농어촌 소득원의 개발 등 농어촌 발전에 필요한 시설

부지의 총면적이 10,000㎡미만인 양어장·양식장, 수산종묘 배양시설, 어업인이 자기가 생산한 수산물을 건조·보관하기 위하여 설치하는 시설, 어업인이 자기의 어업경영에 사용하는 사료·어구 등의 어업자재를 보관하기 위하여 설치하는 시설과 국내에서 생산되는 농산물을 집하(농산물직판장은 해당되지 않으며, 집하장으로 전용 신청 시에는 추후 판매장·휴게실 등으로 용도변경이 불가능하다)·예냉·저장·선별 또는 포장하는 산지유통시설로서 30,000㎡ 미만의 시설, 3,000㎡ 미만인 농업기계수리시설, 3,000㎡ 미만(지방자치단체나 농업생산자단체의 경우 10,000㎡미만)인 남은 음식물이나 농수산물의 부산물을 이용한 유기질비료 또는 사료의 제조시설, 농지의 타용도일시사용 및 이에 필요한 시설, 국내에서 생산된 농산물을 판매하는 시설로서 농업생산자단체가 설치하여 운영하는 시설 중 3,000㎡ 미만인 시설 등을 의미한다.

농업보호구역에서 건축할 수 있는 건축물(「농지법」제32조 제2항)

■ 농업보호구역 농지 사례

| 지목 | 답 | 면적 | 3,276 ㎡ |

개별공시지가 45,400원 (2010/01)

지역지구등 지정여부
- 「국토의 계획 및 이용에 관한 법률」에 따른 지역 · 지구등: 농림지역( )
- 다른 법령 등에 따른 지역 · 지구 등: 농업보호구역( )<농지법>, 성장관리권역<수도권정비계획법>
- 「토지이용규제 기본법 시행령」 제9조제4항 각호에 해당되는 사항

▶ 농지로서 토지이용계획확인서의 「다른 법령 등에 따른 지역 · 지구 등」란에 '농업보호구역<농지법>'으로 명백하게 표시되어 있는 것이 농업진흥지역의 농업보호구역 농지이다.

1. 농업진흥구역에서 허용되는 행위

2. 관광농원사업으로 설치하는 시설로서 그 부지가 20,000㎡ 미만인 것을 말하며, 관광농원사업이라 함은 농어촌의 자연환경과 농림수산 생산기반을 이용하여 지역특산물판매시설, 영농 체험시설, 체육시설, 휴양시설, 음식 또는 용역을 제공하거나 그 밖에 이에 딸린 시설을 갖추어 이를 이용하게 하는 사업을 말한다.

3. 주말농원사업으로 설치하는 시설로서 그 부지가 3,000㎡ 미만인 것을 말하며, 주말농원사업이라 함은 주말 · 체험영농을 목적으로 하는 이용객에게 농지를 임대하거나 용역을 제공하고 그 밖에 이에 딸린 시설을 갖추어 이를 이용하게 하는 사업을 말한다.

4. 태양에너지를 이용하는 발전설비로서, 10,000㎡ 미만의 태양광·태양열 설비

5. 가정보육시설을 포함한 단독주택과 제1·2종 근린생활시설로서 그 부지가 1,000㎡ 미만인 것

제1종 근린생활시설 : 슈퍼마켓, 의원 등이 가능하다. 그러나 이용원, 일반목욕장 등은 허용되지 않는다.

제2종 근린생활시설 : 기원, 휴게음식점, 테니스장, 금융업소, 중개사무소, 게임장, 사진관, 학원 등이 가능하다. 그러나 일반음식점과 골프연습장은 허용되지 않는다.

6. 변전소·양수장·정수장·대피소 등으로서 그 부지가 3,000㎡ 미만인 것

◆「초지법」에 의한 초지의 전용과 대체초지조성비

개념

일정한 구역을 정하여 축산업 및 낙농업을 목적으로 가축을 사육하거나 사육하기 위하여 조성한 초지 축산법에 의한 가축을 사육하는 축사 등 부속시설물의 목장용지를 초지라 한다. 이러한 초지를 전용하고자 하는 경우에는 시장·군수의 허가를 받아야 한다. 다만, 초지조성이 완료된 날로부터 25년이 경과된 초지의 경우에는 시장·군수에게 신고하고 전용할 수 있다. 또한 초지는 등기부에 공시되지 않는 국가 저당권 등이 존재할

수 있기 때문에 반드시 해당 구청·군청 초지관리 담당과에 사전에 확인하여야 한다.
① 목장용지의 적용범위.(다만, 주거용 건축물의 부지는 "대지"로 본다.)
    ㉠ 축산업 및 낙농업을 하기 위하여 초지를 조성한 토지
    ㉡ 축산법 규정에 의한 가축을 사육하는 축사 등의 부지
    ㉢ ㉠ 및 ㉡의 토지와 접속된 부속시설물의 부지

초지에서의 행위제한

초지 안에서는 시장·군수의 허가를 받지 아니하고는 다음의 행위를 하여서는 아니 된다.
① 토석의 형질변경 및 공작물의 설치
② 분묘의 설치
③ 토석의 채취 및 반출
④ 기타 초지의 이용에 지장을 주는 행위로서 농림축산식품부령이 정하는 행위

초지의 전용

초지를 전용하고자 하는 자는 시장·군수의 허가를 받아야 한다. 또한 전용허가를 받거나 다른 법률에 의하여 허가·신고·협의를 한 것으로 보는 경우를 포함하여 초지의 전용을 하고자 하는 자는 대체초지조성비를 축산발전기금에 납입하여야 한다. 다만, 초지조성이 완료된 날부터 25년이 경과된 초지를 전용하고자 하는 경우에는 시장·군수에게 신고하여야 한다. 그러나 초지를 가축을 기르기 위한 축사의부지로 사용하고자 하는

경우에는 초지전용의 허가를 받지 아니하거나 신고를 하지 아니하고 초지를 전용할 수 있다.

① 조성된 초지의 전용 가능 대상
　㉠ 중요산업시설 · 공익시설 · 주거시설 또는 관광시설의 용지로 전용하는 경우
　㉡ 농업인이 건축하는 주택의 용지로 전용하는 경우
　㉢ 농수산물의 처리 · 가공 · 보관시설 및 농수산시설의 용지로 전용하는 경우
　㉣ 농작물재배용지로 전용하는 경우. 다만, 과수용지 이외의 용지로 전용하는 경우에는 경사도 15도 이내의 초지에 한한다.
　㉤ 제주투자진흥지구로 지정하기 위하여 전용하는 경우
　㉥ 경제자유구역으로 지정하기 위하여 전용하는 경우
　㉦ 지역특화발전특구로 지정하기 위하여 전용하는 경우
　㉧ 창업을 위하여 전용하는 경우
　㉨ 그 밖에 시장 · 군수가 시 · 도지사와의 협의를 거쳐 특히 필요하다고 인정하는 시설의 용지로 전용하는 경우

② 대체초지조성비(2013.12.31.기준)

■ 1만㎡ 당 초지조성비용

구분	조성 방법	초지조성단가(원)
경운초지	경사도 15°이하의 평지에 조성	5,502,000
불경운초지	초식성 가축에 의한 적극적 방목과 토지개량·시비·파종 등을 이용하여 조성	4,091,000
임간초지	대상지의 나무를 그대로 두거나 목초가 자랄 수 있을 정도로 최소한의 나무를 베거나 가지치기 등의 방법으로 조성	3,147,000

※ 대체초지 조성비 납입기준액(예시) − 9,593,000원/10,000㎡
경운초지조성비(5,502,000) + 3년간 토지관리비(4,091,000) = 대체초지조성비(9,593,000)

◆ 영농여건불리농지, 농업인주택

「농지법」상 영농여건불리농지

개념

농지에 대해서는 원칙적으로 자경목적이외의 소유가 제한되어 있어 농어촌지역의 경작여건이 어려운 농지는 처분과 이용에 어려움이 많았다. 이러한 불편한 사항을 시정하기위해 2009년 11월 28일에 개정된「농지법」에서는 생산성이 낮은 농지를 영농여건불리농지로 지정·고시하고 소유제한 폐지 및 농지전용 절차를 간소화 하였다. 영농여건불리농지는 자원조사계획에 따라 2010년 상반기에 지형도를 활용한 도상조사, 농지이용실태 현장조사 및 측량 등을 거쳐 2010년 11월부터 시장·군수로 하여금 지정·고시하였다.

지정요건(모두 충족하여야 함)

영농여건불리농지는 생산성이 낮고, 경작여건이 어려운 농지로서 농지법 「제6조 제1항 제9호의 2, 농지법」 시행령 제5조의 이의 요건을 모두 충족하는 농지로서 시장·군수가 고시한 농지를 말한다.

① 농업진흥지역 밖 농지 중에서 최상단부 부터 최하단부까지의 평균 경사율이 15% 이상인 농지. 다만, 평균 경사율이 15% 이상이라고 하더라도 해당지역의 농지가 집단화되어있는 경우와 생산기반이 정비되어 있는 농지 등은 지정대상이 아니다.
② 시·군의 읍·면지역에 있는 농지
③ 농지의 집단화 규모가 2ha미만인 농지
④ 농기계의 이용과 접근이 어려운 농지
⑤ 농업용수·농로 등 농업생산기반이 정비되어 있지 아니한 용지

지정효과

영농여건불리농지로 지정이 되면 취득이 자유롭고 임대가 허용되며, 시·군에 신고하고 농지전용이 가능하다. 또한 소유제한으로 그동안 거래가 되지 않았던 영농여건이 열악한 농지의 거래를 활성화하며, 생산성이 낮고 기계화 등 영농여건이 어렵고 고령화로 경작이 힘든 농지를 전업농에게 임대할 수 있어 축산농가의 사료 생산농지, 특용작물재배지로 활용이 가능해지면서 농지이용의 효율성을 극대화 할 수 있게 되었다.

영농여건불리농지를 신고전용 할 경우의 심사기준

영농여건불리농지를 전용하고자 할 경우에는 시장·군수에게 농지전용

신고를 한다. 시장·군수는 「농지법」시행령 제60조에 규정된 사항을 확인한 후 신고수리여부를 결정한다. 이 경우에는 「농지법」시행령 제44조에 따른 농지전용허가의 제한대상 시설별 제한면적의 적용을 받지 않는다.

① 시장·군수는 「국토의 계획 및 이용에 관한 법」제76조에 따른 용도지역 및 용도지구에서 허용되는 토지이용행위에 적합한지의 여부를 확인한다. 따라서 전원주택의 설치가 제한되는 자연환경보전지역에서는 허용되지 않는다.

② 시장·군수는 해당 농지의 전용이 인근농지의 농업경영과 농어촌생활환경의 유지에 피해가 없는지와 그 피해가 예상되는 경우 다음에 대한 피해 정도 및 피해방지계획의 적절성여부를 검토한다.

㉠ 농지개량시설 또는 도로의 폐지·변경을 수반하는 경우

㉡ 토사의 유출, 폐수의 배출, 악취·소음의 발생을 수반하는 경우

㉢ 인근 농지의 일조·통풍·통작에 현저한 지장을 초래하는 경우

③ 시장·군수는 해당 농지의 전용이 용수의 취수를 수반하는 경우 그 시기·방법·수량 등이 농수산업 또는 농어촌생활환경유지에 피해가 없을 것. 다만, 그 피해가 예상되는 경우에는 토지이용행위에 적합한지의여부를 검토한 후 신고수리를 하여야 한다.

◆ 농업인주택의 신축

농업인주택의 정의

「농지법」시행령 제34조 제4항에서 규정하고 있는 농업인주택은 농업인이 설치하는 모든 주택을 의미하는 것이 아니고, 농업진흥구역 내에 설치할 수 있는 주택의 범위를 의미하는 것으로서 「농지법」시행령 별표1 제1호 및 별표2 제10호에 의하여 농지전용신고 대상에 해당되는지 여부와 농지조성비 및 전용부담금의 감면시설에 해당되는지 여부를 판단하는 기준으로 적용됨을 의미한다.

이러한 농업인 주택은 장기간 독립된 주거생활을 영위할 수 있는 구조로 된 건축물과 그 건축물에 부속된 창고, 축사 등 농·임·축산업을 영위하는데 필요한 시설을 말한다. 농업인 주택의 부지의 면적은 총 면적이 660㎡ 이하여야 한다. 또한 당해 세대주가 그 전용허가(협의)신청일 이전 5년간 농업인주택부지로 전용한 농지면적을 합산한 면적이 660㎡ 이하이어야 한다.

농업인주택 부지로 농지를 전용하고자 할 경우 전용신청자(농업인)이 갖추어야 할 조건은?

허가 또는 신고전용 시 공통구비요건(「농지법」제34조, 동법 시행령 제34조 4항)
① 1,000㎡ 이상의 농지에서 농작물을 경작하는 자 등 「농지법」시행령 제3조에 해당하는 농업인 1인 이상으로 구성되는 농업·임업 또는 축산업을 영위하는 세대로서 당해 세대의 농·임·축산업에 의한 연간 총

수입액의 2분의 1을 초과하는 세대의 세대주이거나, 당해 세대원의 노동력의 2분의 1 이상으로 농·임·축산업을 영위하는 세대의 세대주가 설치하는 주택이어야 한다.

> **「농지법」시행령 제3조에 의한 농업인의 범위**
>
> 1. 1,000㎡ 이상의 농지에서 농작물 또는 다년생식물을 경작 또는 재배하거나 1년 중 90일 이상 농업에 종사하는 자
> 2. 농지에 330㎡ 이상의 고정식 온실·버섯재배사·비닐하우스, 그 밖의 농림축산식품부령으로 정하는 농업생산에 필요한 시설을 설치하여 농작물 또는 다년생식물을 경작 또는 재배하는 자
> 3. 대가축 2두, 중가축 10두, 소가축 100두, 가금 1천수 또는 꿀벌 10군 이상을 사육하거나 1년 중 120일 이상 축산업에 종사하는 자
> 4. 농업경영을 통한 농산물의 연간 판매액이 120만 원 이상인 자

② 당해 세대의 농·임·축산업 경영의 근거가 되는 농지·산림·축사 등이 소재하는 시·구·읍·면 또는 이에 연접한 시·구·읍·면 지역에 건축하는 농업인 주택이어야 한다.

신고만으로 전용을 할 수 있는 경우의 조건(「농지법」제34조 제3항)

① 무주택세대주로서 농업진흥지역 밖에 농업인 주택을 건축하고자 하는 경우에 한한다.
② 현재 무주택 세대주라고 하더라도 당해 세대주 명의로 설치하는 최초의 농업인 주택에 한한다.
③ 무주택자가 농업진흥지역 안에 설치하고자 하는 경우에는 농지전용 허가를 받아야 한다.

④ 유주택자가 농업진흥지역 안이나 밖에 설치하고자 할 경우에는 모두 농지전용허가를 받아야 한다.

농지조성비 및 전용부담금 부과 여부

농업인 주택부지로 농지를 전용할 경우 허가대상이든 신고대상이든 불문하고 농지조성비 및 전용부담금을 전액 감면한다.

전용된 농지의 용도변경

농업인주택으로 사용검사필증을 교부한 날 또는 건축물대장에 등재된 날, 그 밖의 농지의 전용목적이 완료된 날(건축물 등 행정절차가 필요 없는 경우로 자재야적장 설치 등이 이에 해당)부터 기산하여 5년 이내에 일반주택 등으로 사용하거나 비농업인 등에게 매도하고자 할 경우에는 「농지법」시행령 제60조의 규정에 의해 용도변경승인을 받아야 한다. 용도변경승인 심사를 할 경우에는 농업진흥지역 내에서의 행위제한 규정에 저촉되는지의 여부를 검토하며, 용도변경승인이 가능할 경우에는 용도변경승인을 신청하는 자에게 감면되었던 농지조성비와 전용부담금을 부과하여야 한다.

농업인 주택의 소유자가 용도변경승인을 받지 않고 비농업인임을 알고서 매수인에게 매도하였을 경우에는 매도인에게 원상복구 및 고발조치 등을 할 수 있다.

◆ 민박사업자와 캠핑장 및 게스트하우스에 대한 이해

「농어촌정비법」상 민박사업자

농어촌민박사업

「농어촌정비법」제81조 및 제86조에 의하여 농어촌지역과 준농어촌지역 주민이 거주하고 있는 단독주택과 다가구주택을 이용하여 농어촌소득을 증대하기 위하여 숙박·취사시설 등을 제공하는 사업을 말한다. 여기에서 말하는 농어촌지역이란 「농어업·농어촌 및 식품산업기본법」제3조제5호에 따른 농어촌을 말하며, 준농어촌지역이란 광역시 관할 구역의 지방자치단체인 구의 구역 중 농어촌 외의 지역으로서 「농지법」에 따른 농업진흥지역과 「개발제한구역의 지정 및 관리에 관한 특별조치법」에 따른 개발제한구역을 말한다.

㉮ 농어촌민박사업의 신고요건

㉠ 주택 연면적이 230㎡ 미만일 것. 단, 문화재보호법 제2조제2항에 따른 지정문화재로 지정된 주택의 경우에는 제한을 두지 않는다.

㉡ 「소방시설 설치·유지 및 안전관리에 관한 법률 시행령」제3조에 따른 수동식소화기를 1조 이상 구비하고, 객실마다 단독경보형 감지기를 설치할 것. 단, 객실 내 스프링클러설비 등 단독경보형감지기를 대체할 시설이 설치된 경우는 제외한다.

㈑ **농어촌민박사업자의 지정(신고)**

농어촌민박을 운영하려는 자는 농어촌민박사업자 지정제도에 따라 해당 시장·군수에게 농어촌민박사업자 지정을 신청하여 지정을 받아야 운영할 수 있다. 신청 내용을 변경할 때도 마찬가지다. 다만, 「농어촌 정비법」이 개정되어 2009년 12월 10일부터는 민박사업이 지정제에서 신고제로 완화되었다.

㈒ **농어촌민박사업자의 지정취소**

농어촌민박사업자가 정당한 사유 없이 1년 이상 사업을 경영하지 아니한 경우 지정을 취소하거나 6개월 이내의 기간을 정하여 그 사업의 전부 또는 일부를 정지하라는 처분을 받을 수 있으며, 사업정지 기간 동안에 사업을 한 경우에는 지정취소 처분을 받는다.

[별지 제71호 서식]

(앞 쪽)

농어촌민박사업자 지정신청서

처리기간
5일

소유자	성명		주민등록번호	–	
	주소				(전화:)

신청인	성명		주민등록번호	–	주민등록전입일	
	주소					(전화:)

민박소재지				민박명칭	
대지면적		m^2	용도지역(지구)		
			하수처리구역 여부		□구역 내 □구역 외
주택연면적		m^2	전체방수 (면적)	개 (m^2)	객실수 (면적)	개 (m^2)

시설	건물형태	□단독 □다가구	주택 내 화장실수		주택 내 취사시설수	
	식수	□상수도 □기타	□지하수	화장실	□수세식 □재래식	
	오수처리시설	용량:	m^2/일		설치연도:	
	단독정화조	용량:	인용/일		설치연도:	
	소방시설	소화기: 대 단독경보형감지기: 대				

「농어촌 정비법」 제73조 제2항 및 같은 법 시행규칙 제46조 제1항에 따라 위와 같이 농어촌민박사업자 지정을 신청합니다.

년   월   일

신청인   (서명 또는 인)

시장 · 군수 귀하

구비서류	신청인(대표자) 제출서류	담당 공무원 확인사항(신청인이 동의하지 아니하는 경우 제출하여야 하는 서류)
	주택임대차계약서 사본 등 사용권을 증명할 수 있는 서류(신청인이 주택의 소유자가 아닌 경우로 한정한다)	1. 주민등록등본 2. 건축물관리대장

본인은 이 건의 업무처리와 관련하여 「전자 정부법」 제21조 제1항에 따른 행정정보의 공동이용을 통하여 담당 공무원이 위의 담당 공무원 확인사항을 확인하는 것에 동의합니다.

신청인(대표자)   (서명 또는 인)

2012년 농어촌민박사업시행 주요내용

1. 사업대상자 : 농어촌지역 또는 준 농어촌지역의 주민
2. 사업규모 및 시설 기준

　1) 사업규모
　농어촌지역 또는 준 농어촌지역 주민이 직접 거주하는 연면적 230㎡ 미만의 단독 또는 다가구주택. 다만, 2005년 11월5일 이전부터 농어촌민박을 운영 중이던 자가 2006년 5월4일까지 농어촌민박사업자 지정증서를 교부받은 경우에는 객실을 7실까지 운영할 수 있다.

　2) 시설기준
　소방시설 설치유지 및 안전관리에 관한 법」 시행령 제3조에 따른 수동식소화기를 1조 이상 구비하고, 각 객실마다 단독경보형감지기를 설치하여야 한다. 다만, 객실 내 스프링클러 등 단독경보형감지기를 대체할 시설이 설치된 경우에는 제외한다.

　3) 오수처리시설
　오수처리시설은 환경부고시 제2007-178호(건축물의 용도별 오수발생량 및 정화조 처리 대상인원 산정방법)에 따라 설치하여야 한다.

3. 민박사업자가 이용객에게 제공할 수 있는 영업범위
숙박, 취사시설, 농산물 판매 등은 허용되지만 음식제공은 허용되지 않음에 유의한다.

　1) 주민이 거주하는 기존 주택을 농어촌민박 용도로 이용할 수 있도록 주택 증·개축 비용을 농업종합자금으로 지원한다. 다만, 신축은 지원하지 않는다.
　2) 융자(농업종합자금)
　　- 시설자금 ; 연리3%, 5년 거치 10년 상환
　　- 개수·보수자금 ; 연리3%, 2년 거치 3년 상환(다만, 대출금액 기준 5,000만 원 이상은 3년 거치 5년 상환, 1억 원 이상은 3년 거치 7년 상환)
　　- 운영자금 ; 연리3%, 2년 이내 상환
　3) 융자지원에 따른 유의사항
　　- 사업자가 농업종합자금 제도를 활용하여 융자를 받고자 할 경우 민박사업신고를 하고 대출취급기관에서 지원대상자로 선정된 후에 공사를 착수하여야 한다.
　　- 융자관련 참고자료 : 농림축산사업시행지침서 농업종합자금지원, 농림축산사업실시 규정

4. 지원자금의 사용용도
　- 융자금은 사업계획에 의한 사업목적 외 사용은 일체 불허한다.
　- 기타 융자에 관한 사항은 농협중앙회 여신관리규정을 준용한다.

◆ 펜션

개념

펜션은 이용자에게 숙박 및 취사시설 등을 제공하는 곳을 말한다. 일반인에게 인식되어 있는 펜션이라는 의미는 농·어촌에서 운영되는 소규모의 숙박 시설을 의미한다.

펜션의 분류 및 특징

① **일반 펜션**
일반 펜션은 「공중위생관리법」에 의해 숙박업신고를 한 후에 운영하는 숙박업소와 「농어촌정비법」에 의해 농어촌 민박사업자 신고를 한 후 농어촌민박사업시설로 분류된다.

㉮ 「공중위생관리법」에 의한 숙박업
  「공중위생관리법」에 의한 숙박업이란 손님이 자고 머물 수 있도록 시설 및 설비 등의 시설을 제공하는 영업을 말한다.

㉯ 「공중위생관리법」에 의한 숙박업에 제외되는 시설
  ㉠ 「농어촌정비법」에 따른 농어촌민박사업용 시설
  ㉡ 「산림문화·휴양에 관한 법률」에 따라 자연휴양림 안에 설치된 시설
  ㉢ 「청소년활동진흥법」 제10조제1호에 의한 청소년 수련시설

ⓔ 「관광진흥법」 제6조에 따라 지정받은 외국인 관광 도시민박업용 시설

② **관광펜션**
관광펜션업은 숙박시설을 운영하는 자가 자연·문화 체험관광에 적합한 시설을 갖추어 관광객에게 이용하게 하는 업을 말한다. 관광펜션으로 지정이 되면 사업장에 관광표지를 부착할 수 있으며, 시설 건설 및 시설 개보수 자금의 지원 등을 받을 수 있다. 이러한 관광펜션은 「공중위생관리법」 및 「관광진흥법」에 의하여 숙박업 신고 후 관광펜션으로 지정한 후에 운영하는 숙박업소와 「농어촌정비법」 및 「관광진흥법」에 의한 농어촌민박사업자 신고 후 관광펜션으로 지정받은 후 운용하는 농어촌 민박사업시설로 분류된다.

㉮ 관광 펜션업의 지정요건(「관광진흥법」 제6조 및 시행규칙 별표2 제8호 참조)
  ㉠ 자연 및 주변 환경과 조화를 이루는 3층 이하의 건축물일 것
  ㉡ 객실이 30실 이하일 것
  ㉢ 취사 및 숙박에 필요한 설비를 갖출 것
  ㉣ 바비큐장, 캠프파이어장 등 주민의 환대가 가능한 1종류 이상의 이용시설을 갖추고 있을 것. 단, 관광펜션이 수 개의 건물 동으로 이루어진 경우에는 그 시설을 공동으로 설치할 수 있다.
  ㉤ 숙박시설 및 이용시설에 대해 외국인 안내 표기를 할 것

③ **휴양펜션**

휴양펜션업은 관광객의 숙박·취사와 자연체험관광에 적합한 시서갖추어 이를 당해시설의 회원, 공유자, 그 밖에 관광객에게 제공하거나 숙박 등에 이용하게 하는 업을 말한다.「제주특별자치도 설치 및 국제자유도시 조성을 위한 특별법」에 의해 휴양 펜션업으로 등록을 한 후 휴양 펜션업 시설로 분류된다.

㉮ 휴양펜션의 등록요건

  ㉠ 휴양 펜션업 시설의 건물층수가 3층 이하일 것
  ㉡ 객실 수가 10실 이하일 것
  ㉢ 객실은 숙박과 취사에 적합한 거실·현관(출입구)·욕실·화장실 및 취사시설을 갖출 것. 단, 1개 객실에 출입구는 현관 1개소로 해야 함
  ㉣ 객실 면적은 25㎡ 이상 100㎡ 미만일 것
  ㉤ 지목 여하에 불구하고 체험농장용으로 사용할 330㎡ 이상의 토지 또는 목장으로 사용할 10,000㎡ 이상의 토지를 확보해서 자연체험을 할 수 있도록 할 것
  ㉥ 휴양펜션업 시설부지 안에 어린이 놀이터, 간이골프연습장, 게이트볼장, 풀장, 바비큐장, 그 밖에 제주 고유의 전통문화를 주제로 한 체험시설 등 이용시설 중 2종 이상 갖추어야하며, 시설부지 또는 시설부지 경계선과 연접해서 체험 농장을 갖출 것
  ㉦ 숙박시설 및 이용시설에 대해 외국어 안내표기를 할 것

■ 농어촌 민박사업과 숙박업의 비교

비교 항목	농어촌 민박 사업	숙박업
적용 법규	「농어촌 정비법」	「공중위생관리법」
「건축법」상용도	단독주택	숙박시설
시설의 규모	주택 연면적이 230㎡ 미만. 단, 「문화재보호법」 제2조 제2항에 따른 지정문화재의 경우에는 규모의 제한을 두지 않음	제한 없음
사업가능 대상	농어촌지역 및 준농어촌지역의 주민	제한 없음
사업입지규제	「건축법시행령」 별표1 제1호에 따른 단독주택의 건축이 가능한 곳	「건축법시행령」 별표1 제15호에 따른 숙박시설의 건축이 가능한 곳
소방시설의구비	수동식소화기의 비치 및 단독경보형감지기의 설치. 단, 단독경보감지기의 경우 객실 내 스프링클러 설비 등 단독경보형감지기를 대체할 시설이 설치된 경우는 제외	방염조치 및 소화기의 비치
과세체계	소득세 과세대상. 단, 농어민이 부업소득을 올리기 위한 목적으로 운영하는 경우에는 연 1,800만 원 이하의 범위에서 소득세 비과세	소득세과세대상

부동산 투자 이민제 시행에 따른 투자지역으로 지정·고시된 지역

법무부는 2010년 2월 1일부터 법무부장관이 고시하는 지역에 일정금액이상을 투자한 외국인에게 거주 자격을 부여하고 있으며 현재 투자지역으로 지정·고시된 지역은 다음과 같다. 또한 거주 자격을 가지고 투자기준 금액이상 투자 상태를 유지한 채 국내에 5년 이상 체류한 경우에는 투자 외국인 및 그 배우자와 미성년 자녀에게 영주자격신청을 허용하고 있다.

① 제주특별자치도

제주특별자치도에서는 「제주특별자치도 설치 및 국제자유도시 조성을 위한 특별법」에 따라 도지사의 승인을 얻어 개발한 지역 내의 부동산 중 휴양콘도, 리조트, 펜션, 별장 등 휴양목적 체류시설에 한하여 미화 50만 불 이상 또는 한화 5억 원 이상을 투자하여야 한다. 또한 2인 이상 공동소유인 경우 신청자 1인의 투자금액이 투자 기준금액 이상이어야 한다.
② 강원도 평창군 대관령면 용산리·수하리 일원(알펜시아 관광단지)
「관광진흥법」에 따라 도지사가 승인하여 지정한 대관령 알펜시아 관광단지 내의 부동산 중 휴양 콘도미니엄, 빌라, 별장 등 휴양목적 체류시설에 한하여 미화 100만 불 이상 또는 한화 10억 원 이상을 투자하여야 한다.
③ 전라남도 여수시 경호동 대경도 일원
「2012여수세계박람회 지원특별법」에 따라 국토해양부장관이 박람회장 지원시설 구역으로 지정고시한 여수경도 해양관광단지 내의 부동산 중 휴양콘도미니엄, 펜션, 별장 등 휴양체류시설에 한하여 미화 50만 불 이상 또는 한화 5억 원 이상을 투자하여야 한다.
④ 인천광역시 중구 운북동, 운서동 일원
「경제자유구역의 지정 및 운영에 관한 특별법」제 4조, 제9조에 따라 지식경제부장관이 지정 승인한 운북복합레저단지 및 영종하늘도시 1-②단계(복합리조트지구)내의 부동산 중 휴양 콘도미니엄, 펜션, 별장 등 휴양목적 체류시설에 한하여 미화 150만 불 이상 또는 한화 15억 원 이상을 투자하여야 한다.

◆ 외국인 관광 도시민박(게스트하우스)

개념

외국인 관광 도시민박업(게스트하우스)은 법 규정에 없는 숙박시설로서 도시민박업을 운영하고자 하는 자는 「관광진흥법시행령」제2조 "관광편의 시설업 외국인관광 도시 민박업"으로 지정을 받은 후에 운영을 하여야 한다.

「관광진흥법시행령」제2조 "관광편의 시설업의 형태

① 관광펜션업
관광펜션업이란 숙박시설을 운영하고 있는 자가 자연·문화 체험관광에 적합한 시설을 갖추어 관광객에게 이용하게 하는 업을 말한다.

② 한옥체험업
한옥체험업이란 한옥에 숙박 체험에 적합한 시설을 갖추어 관광객에게 이용하게 하는 업으로서 여기에서의 한옥이란 주요 구조부가 목조구조로서 한식기와 등을 사용한 건축물 중 고유의 전통미를 간직하고 있는 건축물과 그 부속시설을 말한다.

③ 외국인관광 도시 민박업
외국인관광도시민박업이란 「농어촌정비법」에 따른 농어촌지역 및 준농어촌지역을 제외한 도시지역의 주민이 거주하고 있는 「건축법시행령」 별표 1 제1호 가목 또는 다목에 따른 단독주택 또는 다가구주택 과 「건축법시행령」 별표 1 제2호 가목, 나목 또는 다목에 따른 아파트, 연립주택, 다세대 주택을 이용하여 외국인 관광객에게 한국의 가정문화를 체험할 수 있도록 숙식 등을 제공하는 업을 말한다.

■ 「건축법시행령」 별표 1

「건축법시행령」 별표 1			주택의 종류	
1호	단독주택	가 목	단독주택	
		나 목	다가구주택	① 지하층 제외하고 주택 층수가 3개 층 이하일 것. 단, 1층의 바닥면적 2분의 1이상을 필로티 구조로 하여 주차장으로 사용하고 나머지 부분을 주택 외의 용도로 쓰는 경우에는 해당 층을 주택의 층수에서 제외 ② 지하주차장의 면적을 제외한 1개동의 주택으로 쓰는 바닥면적의 합계가 660㎡ 이하 ③ 19세대 이하 거주 　①②③의 요건을 모두 갖춘 주택을 말한다.
2호	공동주택	가 목	아파트	주택층수가 5개 층 이상인 주택
		나 목	연립주택	지하주차장의 면적을 제외한 1개동의 바닥면적의 합계가 660㎡ 초과하고 4층 이하인 주택
		다 목	다세대주택	지하주차장의 면적을 제외한 1개동의 바닥면적의 합계가 660㎡ 이하로 4층 이하인 주택

지정요건 및 절차

① **지정요건**

㉮ 해당 주택이 「국토의 계획 및 이용에 관한 법률」에 의한 도시지역에 위치해야 한다.

㉯ 건물의 연면적이 230㎡ 미만이어야 한다. 단, 해당거주지를 분리하여 일정 면적만을 대상으로 해서는 아니 되며 거주자가 실제로 거주하는 곳을 포함하여야 한다.

㉰ 해당 주택이 「건축법 시행령」 별표 1에 따른 단독주택, 다가구주택, 아파트, 연립주택 또는 다세대주택 중에 하나에 해당할 것

㉱ 관광사업자가 「관광진흥법」 제7조에 따른 다음의 결격사유에 해당하지 않을 것

㉠ 금치산자, 한정치산자

　　㉡ 파산선고를 받고 복권되지 아니한 자

　　㉢ 「관광진흥법」에 따라 등록 등 또는 사업계획의 승인이 취소되거나 동법 제 제36조 제1항에 따라 영업소가 폐쇄된 후 2년이 지나지 않은 자

　　㉣ 「관광진흥법」을 위반하여 징역 이상의 실형을 선고받고 그 집행이 끝나거나 집행을 받지 아니하기로 확정된 후 2년이 지나지 아니한 자 또는 형의 집행유예 기간 중에 있는 자

　㉮ 공동주택의 경우에는 「주택법」 제44조 및 동법 시행령 제57조 제1항에 따른 공동 주택 관리규약에 위반사항이 없는지 확인해야 한다.

② 지정신청 시 구비서류

외국인관광 도시민박업 지정을 받고자 하는 자는 특별자치도지사·시장·군수·구청장에게 「관광진흥법」 시행규칙 별지21호의 신청서와 다음의 서류를 첨부하여 제출하여야 한다.

㉮ 신청인의 성명·주민등록번호를 기재한 서류. 다만 외국인인 경우에는 「관광진흥법」 제7조의 결격사유에 해당하지 않음을 증명하는 서류 또는 공증인이 공증한 신청인의 진술서로서 「재외공관공증법」에 따라 해당 국가에 주재하는 대한민국 공관의 영사관이 확인한 서류를 제출하여야 한다. 또한 지정기관에 따라 신청인의 주민등록번호와 등록기준지가 기재된 가족관계증명서를 신청인에게 요청할 수 있음을 주의한다.

㉯ 시설의 배치도 또는 사진 및 평면도

㉰ 「관광진흥법」 제 79조 및 동법 시행규칙 제69조에 따른 별표23에 따라

20,000원 상당의 수수료

③ **신청에 따른 현장 심사**

신청서를 접수한 해당 관청은 서류 접수를 받은 날로부터 7일 이내에 신청자와 협의하여 심사일정을 결정한다. 현장 심사를 하는 경우에는 외국인관광 도시민박업의 지정업무를 담당하는 공무원외 공중위생관리, 소방, 건축 관련 부서의 관계 공무원이 동행하거나 외국어 서비스 체계를 점검하기 위하여 지정 기관이 정한 전문가 또는 홈스테이 관련 민간단체의 관계자와 함께 현장 심사를 할 수 있다.

㉮ 현장 점검 사항

㉠ 신청인이 실제로 거주하고 있을 것

㉡ 외국인 서비스가 가능한 체계를 갖추고 있을 것

㉢ 외국인에게 한국가정문화를 체험하게 하기 위한 위생 상태를 갖추고 있을 것

㉣ 해당 주택이 건축물대장 상 위법건축물로 표시되지 아니한 상태여야 하며, 전부 또는 일부가 훼손되거나 멸실되어 붕괴 그 밖의 안전 사고우려가 있는 건물이 아닐 것

㉤ 「소방시설 설치유지 및 안전관리에 관한 법률」 등 소방관련 법령에 따라 갖추어야 할 안전관리시설을 갖추고 있어야 할 것

㉥ 기타 외국인관광객 안내를 위해 필요하다고 판단되는 사항 또는 여타 법령상에 위배되는 것이 없는지 여부

관련규정미비에 따른 제도권 편입이 시급한 숙박시설

① 홈스테이

홈스테이는 장기체류 관광객을 대상으로, 1실에 1인 혹은 지인 또는 동료와 함께 숙박하도록 운영되는 시설로서 숙박과 함께 호스트와 게스트 간 생활문화를 교류할 수 있는 체험형 숙박시설을 말한다. 이러한 홈스테이들은 대부분이 거주하는 주택의 빈방을 이용하여 공급하는 형태로서, 외국인 관광도시 민박업 설치기준에 가장 적합한 숙박시설에 해당 하므로 외국어가능 요건 또는 230㎡ 미만의 면적제한 요건을 완화하여 허용하면서 체계적인 관리를 해야 할 것이다.

② 게스트하우스

게스트하우스는 단기체류 관광객을 대상으로 1실에 4~5인이 숙박할 수 있는 기숙사의 형태로 운영되는 시설로서 관광객들의 저렴한 숙소 해결을 위해 이용하며, 운영자도 수익 창출에 우선을 두는 숙박시설로서 외국인 관광 도시민박업 설치기준에 적합한 경우에는 제도권 편입이 가능하지만, 운영자의 주거와 분리되어 있거나 업무시설인 오피스텔 등에서 운영되는 게스트하우스의 경우에는 현재로서는 마땅한 해결책이 없는 상태이다. 향후 「관광진흥법 시행령」상 관광편의 시설업에 관련 규정의 신설 등 적극적인 입법 활동으로 문제를 해결해야 할 것으로 판단된다.

09 CHAPTER

산지의 투자 및 개발

◆ 준보전산지와 보전산지

산지란 무엇인가?

'산지'의 법률적 정의는 아래에 해당하는 토지를 말한다. 산지에 해당하는 토지는 개발을 할 때 산지전용허가의 대상이 된다.

가. 입목·죽이 집단적으로 생육하고 있는 토지

나. 집단적으로 생육한 입목·죽이 일시 상실된 토지

다. 입목·죽의 집단적 생육에 사용하게 된 토지

라. 임도, 작업로 등 산길

마. 가목 내지 다목의 토지 안에 있는 암석지 및 소택지

산지에서 제외되는 토지

다음에 해당하는 토지는 산지관리법에 의한 산지에 해당되지 않는다. 즉, 산지전용허가의 대상이 되지 않는다.

가. 과수원, 차밭, 꺾꽂이순 또는 접순의 채취원(採取園)

나. 입목·죽이 생육하고 있는 건물 담장안의 토지

다. 입목·죽이 생육하고 있는 논두렁·밭두렁

라. 입목·죽이 생육하고 있는 토지로서 「하천법」 제2조제1호에 따른 하천

마. 입목·죽이 생육하고 있는 토지로서 「측량·수로조사 및 지적에 관한 법률」 제67조에 따른 제방(堤防)·구거(溝渠) 및 유지(溜池)

산지의 전용

산지의 전용(轉用)이란 산지를 다음 각 목의 어느 하나에 해당하는 용도 외로 사용하거나 이를 위하여 산지의 형질을 변경하는 것을 말한다.

가. 조림(造林), 숲 가꾸기, 입목의 벌채·굴취

나. 토석 등 임산물의 채취

다. 산지일시사용

보전산지와 준보전산지의 구분

산지는 크게 보전산지와 준보전산지로 구분하며 해당여부는 토지이용계획확인서를 보고 판단한다. 토지이용계획확인서에서 산지는 「다른 법령에 따른 지역·지구」란에 보전산지·준보전산지로 명확히 구분하여 표시하고 있으며, 보전산지는 공익용 또는 임업용 이라고 구체적으로 표시가 되어 있다.

보전산지와 준보전산지를 구분하는 이유

산지를 보전산지와 준보전산지로 구분하는 이유는 해당 토지(산지)에서의 건축제한이나 행위제한을 확인하기 위해서 이다. 즉, 해당 토지를 어떤 건축물로 개발할 수 있는가를 판단하기 위해서이다.

◆ 준보전산지의 개발

준보전산지의 건축제한(행위제한)

■ 준보전산지의 건축제한(행위제한)			
지목	임야	면적	4,364 m²
개별공시지가	7,760원 (2010/01)		
지역지구등 지정여부	「국토의 계획 및 이용에 관한 법률」에 따른 지역·지구등	계획관리지역	
	다른 법령 등에 따른 지역·지구 등	준보전산지〈산지관리법〉	
	「토지이용규제 기본법 시행령」 제9조제4항 각호에 해당되는 사항		

▶ 산지로서 토지이용계획확인서의 「다른 법령 등에 따른 지역·지구 등」란에 준보전산지로 표시되어 있거나 또는 아무런 표시가 없는 것이 준보전산지이다.

준보전산지란 보전산지 이외의 산지를 말한다. 「다른 법령에 따른 지역·지구」란에 아무런 표시가 없거나 준보전산지라고 명확히 표시되어 있는 준보전산지는 용도지역을 기준으로 어떤 건축물로 개발할 수 있을 것인가를 판단한다. 좀 더 구체적으로 사례를 들어 설명하면 다음과 같다.

국토계획법상 용도지역	산지관리법상 (준)보전산지 구분	건축제한 (행위제한)
보전관리지역	준보전산지	보전관리지역의 건축제한 적용
생산관리지역	준보전산지	생산관리지역의 건축제한 적용
계획관리지역	준보전난지	계획관리지역의 건축제한 적용

◆ 보전산지 산지전용제한지역의 개발

산지전용·일시사용제한지역이란?

산지전용·일시사용제한지역은 산지로서 공공의 이익증진을 위하여 주요 산줄기의 능선부나 명승지, 유적지 등에 보전할 가치가 있다고 산림청장이 지정한 지역을 말한다.

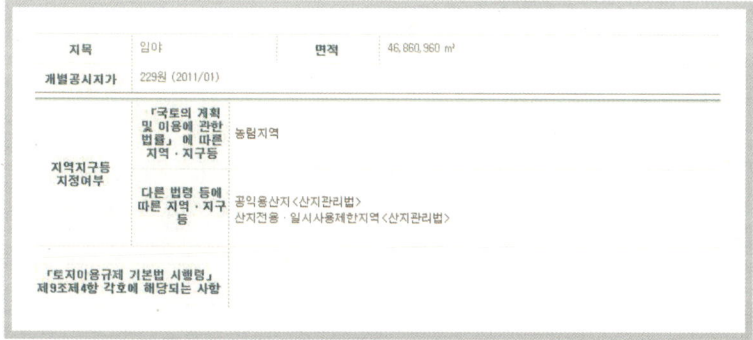

▶ 산지로서 토지이용계획확인서에 「다른 법령 등에 따른 지역·지구 등」란에 '산지전용·일시사용제한지역〈산지관리법〉' 이라고 표시되어 있는 산지를 말한다.

산지전용·일시사용제한지역에서 할 수 있는 행위

산지전용·일시사용제한지역으로 지정된 산지에서는 산지관리법 제10조에 의하여 아래와 같이 극히 제한적인 11가지 행위만을 할 수 있다. 예시에서 알 수 있듯이 7번의 신재생에너지의 이용·보급을 위한 시설의 설치 정도를 빼고는 사업성 있는 행위를 할 수가 전혀 없다. 따라서 특별하지 않는 한 산지전용·일시사용제한지역이라고 토지이용계획확인서에 표시된 토지는 투자나 개발가능성이 매우 낮은 토지라고 분석할 수 있다.

1. 국방·군사시설의 설치
2. 사방시설, 하천, 제방, 저수지, 그 밖에 이에 준하는 국토보전시설의 설치
3. 도로, 철도, 석유 및 가스의 공급시설, 그 밖에 법령으로 정하는 공용·공공용 시설의 설치
4. 산림보호, 산림자원의 보전 및 증식을 위한 시설로서 법령으로 정하는 시설의 설치
5. 임업시험연구를 위한 시설로서 법령으로 정하는 시설의 설치
6. 매장문화재의 발굴, 지표조사, 문화재와 전통사찰의 복원·보수·이전 및 그 보존관리를 위한 시설의 설치, 문화재·전통사찰과 관련된 비석, 기념탑, 그 밖에 이와 유사한 시설의 설치
7. 다음 각 목의 어느 하나에 해당하는 시설 중 대통령령으로 정하는 시설의 설치

    가. 발전·송전시설 등 전력시설

    나.「신에너지 및 재생에너지 개발·이용·보급 촉진법」에 따른 신·재생에너지의 이용·보급을 위한 시설

8. 「광업법」에 따른 광물의 탐사·시추시설의 설치 및 법령으로 정하는 갱내채굴
9. 「광산피해의 방지 및 복구에 관한 법률」에 따른 광해방지시설의 설치

    9의2. 공공의 안전을 방해하는 위험시설이나 물건의 제거

    9의3. 「6·25 전사자유해의 발굴 등에 관한 법률」에 따른 전사자의 유해 등 대통령령으로 정하는 유해의 조사·발굴
10. 제1호부터 9호까지, 제9호의 2 및 제9호의 3에 따른 행위를 하기 위하여 대통령령으로 정하는 기간 동안 임시로 설치하는 다음 각 목의 어느 하나에 해당하는 부대시설의 설치

    가. 진입로

    나. 현장사무소

    다. 지질·토양의 조사·탐사시설

    라. 그 밖에 주차장 등 농림축산식품부령으로 정하는 부대시설
11. 제1호부터 제9호까지, 제9호의 2 및 제9호의 3에 따라 설치되는 시설 중 「건축법」에 따른 건축물과 도로를 연결하기 위한 절·성토사면을 제외한 유효너비가 3m 이하이고, 그 길이가 50m 이하인 진입로의 설치

◆ 공익용 보전산지의 개발

공익용 산지란?

임업생산과 함께 재해방지·수원보호·자연생태계보전·자연경관보전·국민보건휴양증진 등의 공익기능을 위하여 필요한 산지로 다음의 산

지를 대상으로 산림청장이 지정한 산지를 '공익용 보전산지'라 한다.
1. 「산림문화·휴양에 관한 법률」에 따른 자연휴양림의 산지
2. 사찰림(寺刹林)의 산지
3. 제9조에 따른 산지전용·일시사용제한지역
4. 「야생생물 보호 및 관리에 관한 법률」 제27조에 따른 야생생물 특별보호구역 및 같은 법 제33조에 따른 야생생물 보호구역의 산지
5. 「자연공원법」에 따른 공원구역의 산지
6. 「문화재보호법」에 따른 문화재보호구역의 산지
7. 「수도법」에 따른 상수원보호구역의 산지
8. 「개발제한구역의 지정 및 관리에 관한 특별조치법」에 따른 개발제한구역의 산지
9. 「국토의 계획 및 이용에 관한 법률」에 따른 녹지지역 중 보전녹지지역의 산지
10. 「자연환경보전법」에 따른 생태·경관보전지역의 산지
11. 「습지보전법」에 따른 습지보호지역의 산지
12. 「독도 등 도서지역의 생태계보전에 관한 특별법」에 따른 특정도서의 산지
13. 「백두대간 보호에 관한 법률」에 따른 백두대간보호지역의 산지
14. 「산림보호법」에 따른 산림보호구역의 산지
15. 그 밖에 공익 기능을 증진하기 위하여 필요한 산지로서 대통령령으로 정하는 다음의 산지
    - 「국토계획법」 제36조제1항제4호에 따른 자연환경보전지역의 산지
    - 「국토계획법」 제37조제1항제5호에 따른 방재지구의 산지

- 「국토계획법」제38조의2제1항에 따른 도시자연공원구역의 산지
- 국토계획법」제40조에 따른 수산자원보호구역의 산지
- 「국토계획법시행령」제31조제2항제1호가목 및 같은 항 제4호가목·다목에 따른 자연경관지구 및 문화자원보존지구·생태계보존지구의 산지
- 산림생태계·자연경관·해안경관·해안사구(海岸砂丘) 또는 생활환경의 보호를 위하여 필요한 산지
- 중앙행정기관의 장 또는 지방자치단체의 장이 공익용산지의 용도로 사용하려는 산지

현장에서는 토지이용계획확인서 산지 란에 보전산지 중 공익용으로 표시되어 있는 토지를 말한다.

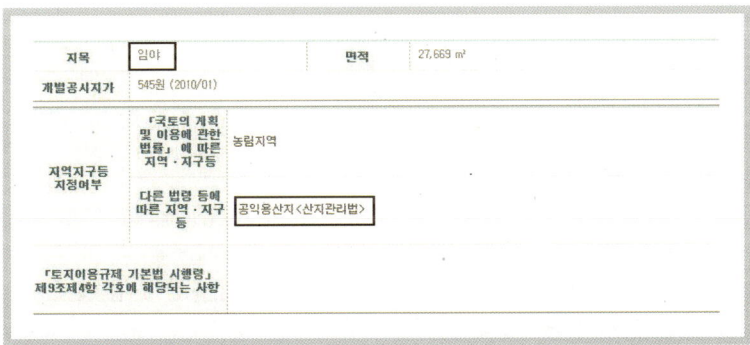

▶ 산지로서 토지이용계획확인서에 「다른 법령 등에 따른 지역·지구 등」란에 '공익용산지(산지관리법)' 이라고 표시되어 있는 산지를 말한다.

공익용산지에서의 행위제한(공익용산지에서 할 수 있는 행위)

분석대상 토지가 토지이용계획확인서에 「농림지역 보전산지 공익용」이렇게 표시된 공익용산지에서는 산지관리법 제12조에 의하여 아래의 행위를 할 수 있다.

1. 산지전용·일시사용제한지역에서 할 수 있는 행위 중 1호부터 9호까지, 제9호의 2 및 제9호의 3에 따른 시설의 설치
2. 임업용산지에서 할 수 있는 행위 제2호, 제3호, 제6호 및 제7호의 설치

> 2. 임도·산림경영관리사등 산림경영과 관련된 시설 및 산촌산업개발시설 등 산촌개발사업과 관련된 시설로서 법령이 정하는 시설의 설치
>   - 임도·운재로(運材路) 및 작업로
>   - 임업인(연중 90일 이상 임업에 종사하거나 임업경영을 통한 임산물의 연간 판매액이 120만 원 이상인 자)이 산림경영을 목적으로 설치하거나 임산물 소득원의 지원 대상 품목을 생산·가공·유통하기 위한 다음 각 목의 어느 하나에 해당하는 시설
>   가. 부지면적 10,000㎡ 미만의 임산물 생산시설 또는 집하시설
>   나. 부지면적 3,000㎡ 미만의 임산물 가공·건조·보관시설
>   다. 부지면적 1,000㎡ 미만의 임업용기자재 보관시설 및 임산물 전시·판매시설
>   라. 부지면적 200㎡ 미만의 산림경영관리사
>   - 「삭도·궤도법」에 따른 삭도 및 궤도
>   - 부지면적 10,000㎡ 미만의 산촌산업개발시설로서 임산물 공동저장·판매·가공·이용시설 및 산촌휴양시설로서 임업체험시설·산림문화회관
> 3. 수목원·자연휴양림·수목장림·산림욕장·산책로·탐방로·등산로·전망대 및 자연관찰원·산림전시관·목공예실·숲속교실·숲속수련장·산림박물관·산림교육자료관 등 산림교육시설
> 6. 광물, 지하수 그 밖에 대통령령이 정하는 지하자원의 탐사·시추 및 개발과 이를 위한 시설의 설치
> 7. 산사태 예방을 위한 지질·토양의 조사와 이에 따른 시설의 설치

3. 교육 · 연구 및 기술개발과 관련된 시설의 설치 중 대통령령으로 정하는 시설의 설치

1. 「기술개발촉진법」 제7조제1항제2호의 규정에 의한 기업부설연구소로서 교육과학기술부장관의 추천이 있는 시설
2. 「특정연구기관 육성법」 제2조의 규정에 의한 특정연구기관이 교육 또는 연구목적으로 설치하는 시설
3. 「과학기술기본법」 제9조제1항의 규정에 의한 국가과학기술위원회에서 심의한 연구개발사업중 우주항공기술개발과 관련된 시설
4. 「초 · 중등교육법」 및 「고등교육법」에 따른 학교 시설

4. 대통령령으로 정하는 규모 이하로서 다음 각 목의 어느 하나에 해당하는 행위. "대통령령이 정하는 규모 이하"란 다음 각호의 구분에 따른 규모 이하를 말한다.

1. 농림어업인의 주택 또는 종교시설을 증축하는 경우: 종전 주택 · 시설 연면적의 100분의 130 이하
2. 농림어업인의 주택 또는 종교시설을 개축하는 경우: 종전 주택 · 시설 연면적의 100분의 100 이하
3. 농림어업인의 주택 또는 사찰림의 산지 안에서의 사찰을 신축하는 경우: 다음 각 목의 구분에 따른 규모 이하
   가. 법 제12조제2항제4호가목 단서에 따라 농림어업인이 자기 소유의 산지에서 직접 농림어업을 경영하면서 실제로 거주하기 위하여 신축하는 주택 및 그 부대시설: 부지면적 660㎡ 이하
   나. 법 제12조제2항제4호다목에 따라 신축하는 사찰 및 그 부대시설: 부지면적 15,000㎡ 이하

가. 농림어업인 주택의 신축, 증축 또는 개축. 다만, 신축의 경우에는 대통령령으로 정하는 주택 및 시설에 한정한다.

나. 종교시설의 증축 또는 개축

다. 공익용산지로 지정된 사찰림의 산지에서의 사찰 신축

5. 공용·공공용사업을 위하여 필요한 시설의 설치
   - 공기업·준정부기관·지방공사·지방공단이 시행하는 사업으로 설치하는 시설로서 농림수산식품부령으로 정하는 시설 : 공항·항만·운하, 수질오염방지시설, 공원시설 등
   - 폐기물처리시설 중 국가 또는 지방자치단체가 설치하는 폐기물처리시설
   - 광해를 방지하기 위한 시설

6. 제1호부터 제5호까지의 시설의 설치를 위한 진입로, 현장사무소, 지질토양의 조사탐사시설 등 부대시설의 설치

7. 제1호부터 제5호까지의 시설 중 「건축법」에 따른 건축물과 도로를 연결하기 위한 절·성토사면을 제외한 유효너비가 3m 이하이고, 그 길이가 50m 이하인 진입로의 설치

8. 그 밖에 산나물·야생화·관상수의 재배, 농로의 설치 등 공익용산지의 목적 달성에 지장을 주지 아니하는 범위 안에서 법령이 정하는 행위

산지관리법에 의한 행위제한을 받지 않는 공익용산지

공익용산지(산지전용·일시사용제한지역은 제외한다) 중 다음의 어느 하나에 해당하는 산지에서의 행위제한에 대하여는 해당 법률을 각각 적용한다. 즉, 산지관리법에 의한 공익용산지에서의 행위제한을 적용하지 않는다.

- 「야생생물 보호 및 관리에 관한 법률」 제27조에 따른 야생생물 특별보호구역 및 같은 법 제33조에 따른 야생생물 보호구역의 산지
- 「자연공원법」에 따른 공원구역의 산지
- 「문화재보호법」에 따른 문화재보호구역의 산지
- 「수도법」에 따른 상수원보호구역의 산지
- 「개발제한구역의 지정 및 관리에 관한 특별조치법」에 따른 개발제한구역의 산지
- 「국토의 계획 및 이용에 관한 법률」에 따른 녹지지역 중 대통령령으로 정하는 녹지지역의 산지
- 「자연환경보전법」에 따른 생태·경관보전지역의 산지
- 「습지보전법」에 따른 습지보호지역의 산지
- 「독도 등 도서지역의 생태계보전에 관한 특별법」에 따른 특정도서의 산지
- 「백두대간 보호에 관한 법률」에 따른 백두대간보호지역의 산지
- 「산림보호법」에 따른 산림보호구역의 산지
- 「국토계획법」 제38조의2제1항에 따른 도시자연공원구역으로 지정된 산지
- 「국토계획법」 제40조에 따른 수산자원보호구역으로 지정된 산지

◆ 임업용 보전산지의 개발

임업용 산지란?

임업용산지란 산림자원의 조성과 임업생산 기능의 증진을 위하여 필요한 산지로서 다음의 산지를 대상으로 산림청장이 지정하는 산지를 말한다.

1. 「산림자원의 조성 및 관리에 관한 법률」에 따른 채종림(採種林) 및 시험림의 산지
2. 「국유림의 경영 및 관리에 관한 법률」에 따른 요존국유림(要存國有林)의 산지
3. 「임업 및 산촌 진흥촉진에 관한 법률」에 따른 임업진흥권역의 산지
4. 그 밖에 임업생산 기능의 증진을 위하여 필요한 산지로서 대통령령으로 정하는 다음의 산지
   - 형질이 우량한 천연림 또는 인공조림지로서 집단화되어 있는 산지
   - 토양이 비옥하여 입목의 생육에 적합한 산지
   - 「국유림의 경영 및 관리에 관한 법률」 제16조제1항제1호의 규정에 의한 요존국유림(要存國有林)외의 국유림으로서 산림이 집단화되어 있는 산지
   - 지방자치단체의 장이 산림경영 목적으로 사용하고자 하는 산지
   - 그 밖에 임업의 생산기반조성 및 임산물의 효율적 생산을 위한 산지

현장에서는 토지이용계획확인서 산지란에 보전산지 중 임업용으로 표시되어 있는 토지를 말한다.

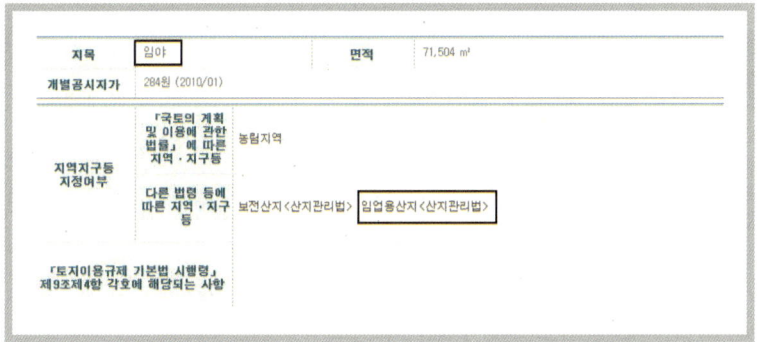

▶ 산지로서 토지이용계획확인서에 「다른 법령 등에 따른 지역·지구 등」란에 '임업용산지〈산지관리법〉' 이라고 표시되어 있는 산지를 말한다.

임업용산지에서 할 수 있는 행위

임업용산지는 토지이용계획확인서에 「보전산지 임업용」 이렇게 표시되어 있다. 임업용 산지에서는 산지관리법 제12조에 의하여 아래의 행위를 할 수 있다.

1. 산지전용·일시사용제한지역에서 할 수 있는 행위 중 1호부터 9의3호까지 시설의 설치
2. 임도·산림경영관리사 등 산림경영과 관련된 시설 및 산촌산업개발시설 등 산촌개발사업과 관련된 시설로서 법령이 정하는 시설의 설치
   - 임도·운재로(運材路) 및 작업로
   - 임업인(연중 90일 이상 임업에 종사하거나 임업경영을 통한 임산물의 연간 판매액이 100만 원 이상인 자)이 산림경영을 목적으로 설치하거나 임산물 소득원의 지원 대상 품목을 생산·가공·유통하기 위한 다음 각 목의 어느 하나에 해당하는 시설

     가. 부지면적 10,000㎡ 미만의 임산물 생산시설 또는 집하시설

나. 부지면적 3,000㎡ 미만의 임산물 가공 · 건조 · 보관시설

다. 부지면적 1,000㎡ 미만의 임업용기자재 보관시설 및 임산물 전시 · 판매시설

라. 부지면적 200㎡ 미만의 산림경영관리사 및 대피소

- 「궤도운송법」에 따른 궤도
- 「임업 및 산촌 진흥촉진에 관한 법률」 제25조에 따른 산촌개발사업으로 설치하는 부지면적 1만㎡ 미만의 시설

3. 수목원 · 자연휴양림 · 수목장림 · 산림욕장 · 산책로 · 탐방로 · 등산로 · 전망대 및 자연관찰원 · 산림전시관 · 목공예실 · 숲속교실 · 숲속수련장 · 산림박물관 · 산림교육자료관 등 산림교육시설

4. 농림어업인이 자기소유의 산지에 농림어업의 경영을 위하여 실제 거주할 목적으로 부지면적 660㎡ 미만으로 건축하는 주택 및 그 부대시설

5. 농림어업용 생산 · 이용 · 가공시설 및 농어촌휴양시설로서 법령이 정하는 시설의 설치

- 농림어업인등이 설치하는 다음 각 목의 어느 하나에 해당하는 시설

    가. 부지면적 30,000㎡ 미만의 축산시설

    나. 부지면적 10,000㎡ 미만의 다음의 시설

    (1) 야생조수의 인공사육시설

    (2) 양어장 · 양식장 · 낚시터시설

    (3) 폐목재 · 짚 · 음식물쓰레기 등을 이용한 유기질비료 제조시설(퇴비화 시설에 한한다)

    (4) 가축분뇨를 이용한 유기질비료 제조시설

    (5) 버섯재배시설, 농림업용 온실

다. 부지면적 3,000㎡ 미만의 누에사육시설·농기계수리시설·농기계창고·농축수산물의 창고·집하장 또는 그 가공시설

라. 부지면적 200㎡ 미만의 농막 농업용·축산업용 관리사
- 「농어촌정비법」에 따라 개발되는 30,000㎡ 미만의 농어촌관광휴양단지 및 관광농원

6. 광물, 지하수 그 밖에 대통령령이 정하는 지하자원 또는 석재의 탐사·시추 및 개발과 이를 위한 시설의 설치

7. 산사태 예방을 위한 지질·토양의 조사와 이에 따른 시설의 설치

8. 석유비축 및 저장시설·전기통신설비 그 밖에 법령이 정하는 공용·공공용 시설의 설치
- 방송·통신시설
- 수도 하수도
- 액화석유가스를 저장하기 위한 시설
- 무공해·저공해 자동차에 연료를 공급하기 위한 시설

9. 허가를 받거나 신고를 한 묘지·화장장·봉안시설·자연장지시설의 설치

10. 종교시설의 설치
- 문화체육관광부장관이 종교법인으로 허가한 종교단체 또는 그 소속단체에서 설치하는 부지면적 15,000㎡ 미만의 사찰·교회·성당 등 종교의식에 직접적으로 사용되는 시설과 농림축산식품부령으로 정하는 그 부대시설을 말한다.

11. 병원·사회복지시설·청소년수련시설·근로자복지시설·공공직업훈련시설 등 공익시설의 설치

- 종합병원 · 병원 · 치과병원 · 한방병원 · 요양병원
  - 사회복지시설
  - 청소년수련시설
  - 근로자의 복리증진을 위한 근로자 기숙사, 직장보육시설, 수도권 또는 광역시 지역의 주택난 해소를 위하여 공급되는 근로자주택, 비영리법인이 건립하는 근로자의 여가 · 체육 및 문화활동을 위한 복지회관
  - 국가 · 지방자치단체 및 공공단체가 설치 · 운영하는 직업능력개발 훈련시설
12. 교육 · 연구 및 기술개발과 관련된 시설의 설치
  - 기업부설연구소로서 미래창조과학부장관의 추천이 있는 시설
  - 특정연구기관이 교육 또는 연구목적으로 설치하는 시설
  - 국가과학기술위원회에서 심의한 우주항공기술개발과 관련된 시설
  - 「초 · 중등교육법」 및 「고등교육법」에 따른 학교 시설
13. 제1호부터 제12호까지의 시설을 제외한 시설로서 "대통령령으로 정하는 지역사회개발 및 산업발전에 필요한 시설"이란 관계 행정기관의 장이 다른 법률의 규정에 따라 산림청장과 협의하여 산지전용허가 · 산지일시사용허가 또는 산지전용신고 · 산지일시사용신고가 의제되는 허가 · 인가 등의 처분을 받아 설치되는 시설을 말한다. 다만, 다음 각 호의 어느 하나에 해당하는 시설은 제외한다.
  - 「대기환경보전법」 제2조제9호의 규정에 의한 특정대기유해물질을 배출하는 시설
  - 「대기환경보전법」 제2조제11호의 규정에 의한 대기오염물질배출시

설(동법 시행령 별표 1의 1종사업장 내지 4종사업장에 설치되는 시설에 한한다)
- 「수질 및 수생태계 보전에 관한 법률」 제2조제8호에 따른 특정수질유해물질을 배출하는 시설. 다만, 같은 법 제34조에 따라 폐수무방류배출시설의 설치허가를 받아 운영하는 경우를 제외한다.
- 「수질 및 수생태계 보전에 관한 법률」 제2조제10호에 따른 폐수배출시설(같은 법 시행령 별표 13에 따른 1종사업장부터 4종사업장까지의 사업장에 설치되는 시설에 한정한다)
- 「폐기물관리법」 제2조제4호의 규정에 의한 지정폐기물을 배출하는 시설. 다만, 당해 사업장에 지정폐기물을 처리하기 위한 폐기물처리시설을 설치하거나 지정폐기물을 위탁하여 처리하는 경우에는 그러하지 아니하다.
- 다음 각 목의 어느 하나에 해당하는 처분을 받아 설치하는 시설. 다만, 「국토의 계획 및 이용에 관한 법률」 제51조에 따른 지구단위계획구역을 지정하기 위한 산지전용허가·산지일시사용허가 또는 산지전용신고·산지일시사용신고의 의제에 관한 협의 내용에 다음 각 목의 어느 하나에 해당하는 사항이 포함된 경우에는 그 처분을 받아 설치하는 시설은 제외한다.
　가. 「주택법」 제16조에 따른 사업계획의 승인
　나. 「건축법」 제11조에 따른 건축허가 및 같은 법 제14조에 따른 건축신고
　다. 「국토의 계획 및 이용에 관한 법률」 제56조에 따른 개발행위허가
14. 제1호부터 제13호까지의 규정에 따른 시설을 설치하기 위하여 임시로 설치하는 진입로, 현장사무소, 지질·토양의 조사·탐사시설 등 부대

시설의 설치

15. 제1호부터 제13호까지의 시설 중「건축법」에 따른 건축물과 도로를 연결하기 위한 절·성토사면을 제외한 유효너비가 3m 이하이고, 그 길이가 50m 이하인 진입로의 설치

16. 그 밖에 가축의 방목, 산채·야생화·관상수의 재배, 물건의 적치, 농로의 설치 등 임업용산지의 목적 달성에 지장을 주지 아니하는 범위 안에서 다음의 행위
    - 「농어촌 도로정비법」에 따른 농도 및 양수장·배수장·용수로·배수로를 설치하는 행위
    - 부지면적 100㎡ 미만의 제각(祭閣)을 설치하는 행위
    - 사도(私道)를 설치하는 행위
    - 생태통로 및 조수의 보호·번식을 위한 시설을 설치하는 행위
    - 농림어업인이 30,000㎡ 미만의 산지에 임산물 소득원의 지원대상 품목을 재배하는 행위
    - 농림어업인이 30,000㎡ 미만의 산지에서 가축을 방목하는 경우로서 다음 각목의 요건을 갖춘 행위
      가. 조림지의 경우에는 조림 후 15년이 지난 산지일 것
      나. 대상지의 경계에 울타리를 설치할 것
      다. 입목·죽의 생육에 지장이 없도록 보호시설을 설치할 것
    - 농림어업인 또는 관상수생산자가 30,000㎡ 미만의 산지에서 관상수를 재배하는 행위
    - 지적측량기준점표지를 설치하는 행위
    - 폐기물이 아닌 물건을 1년 이내의 기간 동안 산지에 적치하는 행위

로서 다음 각목의 요건을 모두 갖춘 행위

   가. 입목의 벌채 · 굴취를 수반하지 아니할 것

   나. 당해 물건의 적치로 인하여 주변 환경의 오염, 자연경관 등의 훼손 우려가 없을 것

- 채석경제성평가를 위하여 시추하는 행위
- 영화제작자 · 방송사업자 또는 방송영상독립제작사가 영화 또는 방송프로그램의 제작을 위한 목적으로 설치하는 야외촬영시설
- 부지면적 $200m^2$ 미만의 간이농림어업용시설(농업용수개발시설을 포함한다) 및 농림수산물 간이처리시설을 설치하는 행위

◆ 산지전용 허가기준

※ 산지관리법 시행령 [별표 4]

산지전용허가기준의 적용범위와 사업별·규모별 세부기준

1. 산지전용 시 공통으로 적용되는 허가기준

허가기준	세부기준
가. 인근 산림의 경영·관리에 큰 지장을 주지 아니할 것	산지전용으로 인하여 임도가 단절되지 아니할 것. 다만, 단절되는 임도를 대체할 수 있는 임도를 설치하거나 산지전용 후에도 계속하여 임도에 대체되는 기능을 수행할 수 있는 경우에는 그러하지 아니하다.
나. 희귀 야생동·식물의 보전 등 산림의 자연생태적 기능유지에 현저한 장애가 발생되지 아니할 것	개체수나 자생지가 감소되고 있어 계속적인 보호·관리가 필요한 야생동·식물이 집단적으로 서식하는 산지 또는 「산림자원의 조성 및 관리에 관한 법률」 제19조제1항에 따라 지정된 수형목(秀型木) 및 「산림보호법」 제13조에 따라 지정된 보호수가 생육하는 산지가 편입되지 아니할 것. 다만, 원형으로 보전하거나 생육에 지장이 없도록 이식하는 경우에는 그러하지 아니하다.
다. 토사의 유출·붕괴 등 재해발생이 우려되지 않을 것	1) 산지의 경사도, 모암(母巖), 산림상태 등 농림축산식품부령으로 정하는 산사태위험지판정기준표상의 위험요인에 따라 산사태가 발생할 가능성이 높은 것으로 판정된 지역 또는 산사태가 발생한 지역이 아닐 것. 다만, 재해방지시설의 설치를 조건으로 허가하는 경우에는 그렇지 않다. 2) 하천·소하천·구거의 선형은 자연 그대로 유지되도록 계획을 수립할 것. 다만, 재해방지시설의 설치를 조건으로 허가하는 경우에는 그렇지 않다. 3) 배수시설은 배수를 하천 또는 다른 배수시설까지 안전하게 분산 유도할 수 있도록 계획을 수립할 것. 다만, 배수량이 토사유출 또는 붕괴를 발생시킬 우려가 없는 경우에는 그렇지 않다. 4) 성토비탈면은 토양의 붕괴·침식·유출 및 비탈면의 고정과 안정을 유도하기 위한 공법을 적용할 것 5) 돌쌓기, 옹벽 등 재해방지시설을 그 절토·성토면에 설치하는 경우에는 해당 재해방지시설의 높이를 고려하여 그 재해방지시설과 건축물을 수평으로 적절히 이격할 것
라. 산림의 수원함양 및 수질보전기능을 크게 해치지 아니할 것	전용하려는 산지는 상수원보호구역 또는 취수장(상수원보호구역 미고시 지역의 경우를 말한다)으로부터 상류방향 유하거리 10㎞ 밖으로서 하천 양안 경계로부터 500m 밖에 위치하여 상수원·취수장 등의 수량 및 수질에 영향을 미치지 아니할 것. 다만, 다음의 어느 하나에 해당하는 시설을 설치하는 경우에는 그러하지 아니하다. 1) 「하수도법」 제2조제9호·제10호·제13호에 따른 공공하수처리시설·분뇨처리시설·개인하수처리시설 2) 「가축분뇨의 관리 및 이용에 관한 법률」 제2조제8호에 따른 처리시설 3) 도수로·침사지 등 산림의 수원함양 및 수질보전을 위한 시설

마. 사업계획 및 산지전용면적이 적정하고 산지전용방법이 자연경관 및 산림훼손을 최소화하고 산지전용 후의 복구에 지장을 줄 우려가 없을 것	1) 산지전용행위와 관련된 사업계획의 내용이 구체적이고 타당하여야 하며, 허가신청자가 허가받은 후 지체 없이 산지전용의 목적사업 시행이 가능할 것 2) 목적사업의 성격, 주변경관, 설치하려는 시설물의 배치 등을 고려할 때 전용하려는 산지의 면적이 과다하게 포함되지 아니하도록 하되, 공장 및 건축물의 경우는 다음의 기준을 고려할 것 　가) 공장: 「산업집적활성화 및 공장설립에 관한 법률」 제8조에 따른 공장입지의 기준 　나) 건축물: 「국토의 계획 및 이용에 관한 법률」 제77조에 따른 건축물의 건폐율 3) 가능한 한 기존의 지형이 유지되도록 시설물이 설치될 것 4) 산지전용으로 인한 비탈면은 토질에 따라 적정한 경사도와 높이를 유지하여 붕괴의 위험이 없을 것 5) 산지전용으로 인하여 주변의 산림과 단절되는 등 산림생태계가 고립되지 아니할 것. 다만, 생태통로 등을 설치하는 경우에는 그러하지 아니하다. 6) 전용하려는 산지의 표고(標高)가 높거나 설치하려는 시설물이 자연경관을 해치지 아니할 것 7) 전용하려는 산지의 규모가 별표 4의2의 기준에 적합할 것 8) 「장사 등에 관한 법률」에 따른 화장장·납골시설·공설묘지·법인묘지·장례식장 또는 「폐기물관리법」에 따른 폐기물처리시설을 도로 또는 철도로부터 보이는 지역에 설치하는 경우에는 차폐림을 조성할 것 9) 사업계획부지 안에 원형으로 존치되거나 조성되는 산림 또는 녹지에 대하여 적정한 관리계획이 수립될 것 10) 기존 도로(도로공사의 준공검사가 완료되었거나 사용개시가 이루어진 도로를 말한다)를 이용하여 산지전용을 하거나 다음의 어느 하나에 해당하는 산지전용일 것 　가) 공장설립허가를 위한 인허가(협의를 포함한다)를 받으려는 경우로서 계획상 도로의 산지전용허가를 받은 자가 그 계획상 도로의 이용에 관하여 동의한 경우 　나) 준공검사가 완료되지 않았으나 실제로 통행이 가능한 도로로서 도로관리청 또는 도로관리자가 도로이용에 관하여 동의한 경우 11) 「건축법 시행령」 별표 1 제1호에 따른 단독주택을 축조할 목적으로 산지를 전용하는 경우에는 자기 소유의 산지일 것(공동 소유인 경우에는 다른 공유자 전원의 동의가 있는 등 해당 산지의 처분에 필요한 요건과 동일한 요건을 갖출 것) 12) 「사방사업법」 제3조제2호에 따른 해안사방사업에 따라 조성된 산림이 사업계획부지안에 편입되지 아니할 것. 다만, 원형으로 보전하거나 시설물로 인하여 인근의 수목생육에 지장이 없다고 인정되는 경우에는 그러하지 아니한다. 13) 분묘의 중심점으로부터 5m 안의 산지가 산지전용예정지에 편입되지 아니할 것. 다만, 「장사 등에 관한 법률」 제2조제16호에 따른 연고자의 동의를 받거나 연고자가 없는 분묘인 경우에는 그러하지 아니하다. 14) 산지전용으로 인하여 해안의 경관 및 해안산림생태계의 보전에 지장을 초래하지 아니할 것 15) 농림어업인이 자기 소유의 산지에서 직접 농림어업을 경영하면서 실제로 거주하기 위하여 건축하는 주택 및 부대시설을 설치하는 경우에는 자기 소유의 기존 임도를 활용하여 시설할 수 있다.

2. 산지전용면적에 따라 적용되는 허가기준

허가기준	전용면적	세부기준
가. 집단적인 조림성공지 등 우량한 산림이 많이 포함되지 아니할 것	300,000㎡ 이상의 산지전용에 적용	집단으로 조성되어 있는 조림성공지 또는 우량한 입목·죽이 집단적으로 생육하는 천연림의 편입을 최소화할 것
나. 토사의 유출·붕괴 등 재해발생이 우려되지 아니할 것	200,000㎡ 이상의 산지 전용에 적용	산지전용으로 인하여 홍수 시 하류지역의 유량상승에 현저한 영향을 미치거나 토사유출이 우려되지 아니할 것. 다만, 홍수조절지, 침사지 또는 사방시설을 설치하는 경우에는 그러하지 아니하다.
다. 산지의 형태 및 임목의 구성 등의 특성으로 인하여 보호할 가치가 있는 산림에 해당되지 아니할 것	660㎡ 이상의 산지 전용에 적용. 다만, 비고 제호에 해당하는 시설에는 적용하지 아니한다.	1) 전용하려는 산지의 평균경사도가 25도(「체육시설의 설치·이용에 관한 법률」 제10조제1항제1호에 따른 스키장업의 시설을 설치하는 경우에는 평균경사도 35도) 이하일 것. 다만, 법 제8조에 따른 산지에서의 구역 등의 지정 협의를 거친 경우로서 평균경사도기준이 검토된 경우에는 평균경사도의 산정 대상에서 제외할 것. 2) 전용하려는 산지의 헥타르당 입목축적이 산림기본통계상의 관할 시·군·구의 헥타르당 입목축적(산림기본통계의 발표 다음 연도부터 다시 새로운 산림기본통계가 발표되기 전까지는 산림청장이 고시하는 시·도별 평균생장률을 적용하여 해당 연도의 관할 시·군·구의 헥타르당 입목축적으로 구하며, 산불발생·솎아베기·벌채를 실시한 후 5년이 지나지 않은 때에도 해당 시·도별 평균생장률을 적용하여 그 산불발생·솎아베기 또는 벌채 전의 입목축적으로 환산한다)의 150% 이하일 것. 다만, 법 제8조에 따른 산지에서의 구역 등의 지정협의를 거친 경우로서 입목축적조사기준이 검토된 경우에는 입목축적에 대한 검토를 생략할 수 있다. 3) 전용하려는 산지 안에 생육하고 있는 50년생 이상인 활엽수림의 비율이 50% 이하일 것 4) 전용하려는 산지를 면적 100㎡의 지역으로 분할하여 각 분할지역의 경사도를 측정하였을 때 경사도가 25도 이상인 지역이 전체 지역의 40% 이하일 것. 다만, 스키장업의 시설을 설치하는 경우는 제외한다.
라. 사업계획 및 산지전용면적이 적정하고 산지전용방법이 자연경관 및 산림훼손을 최소화하고 산지전용 후의 복구에 지장을 줄 우려가 없을 것	300,000㎡ 이상의 산지전용에 적용	1) 사업계획에 편입되는 보전산지의 면적이 해당 목적사업을 고려할 때 과다하지 아니할 것. 다만, 법 제8조에 따른 산지에서의 구역 등의 지정 협의를 거친 경우로서 사업계획면적에 대한 보전산지의 면적비율이 이미 검토된 경우에는 해당 산지의 보전산지 면적비율에 대한 검토를 생략할 수 있다. 2) 시설물이 설치되거나 산지의 형질이 변경되는 부분 사이에 적정면적의 산림을 존치하고 수림(樹林)을 조성할 것 3) 산지전용으로 인한 토사의 이동량은 해당 목적사업 달성에 필요한 최소한의 양일 것 4) 전용하려는 산지를 대표적으로 조망할 수 있는 지역에 조망점을 선정하고, 조망분석을 실시하여 경관훼손 저감대책을 수립할 것 5) 조망분석 및 산지경관 영향 시뮬레이션을 실시하여 경관훼손 저감대책을 수립할 것(산지전용면적이 500,000㎡ 이상인 경우에 한정한다)

3. 산지전용대상 사업에 따라 적용되는 허가기준

허가기준	적용대상 사업	세부기준
가. 사업계획 및 산지전용면적이 적정하고 산지전용방법이 자연경관 및 산림훼손을 최소화하고 산지전용 후의 복구에 지장을 줄 우려가 없을 것	공장	공장부지 면적이 10,000㎡(둘 이상의 공장을 함께 건축하거나 기존 공장부지에 접하여 건축하는 경우와 둘 이상의 부지가 너비 8m 미만의 도로에 서로 접하는 경우에는 그 면적의 합계를 말한다) 이상일 것. 다만, 다음의 어느 하나에 해당하는 경우에는 그러하지 아니하다. 1) 「국토의 계획 및 이용에 관한 법률」 제36조에 따른 관리지역 안에서 농공단지 내에 입주가 허용되는 업종의 공장을 설치하기 위하여 전용하려는 경우 2) 「산업집적활성화 및 공장설립에 관한 법률」 제9조제2항에 따라 고시한 공장설립이 가능한 지역 안에서 공장을 설치하기 위하여 전용하려는 경우 3) 「국토의 계획 및 이용에 관한 법률 시행령」 제36조에 따른 주거지역, 상업지역, 공업지역, 계획관리지역, 생산녹지지역, 자연녹지지역에서 공장을 설치하기 위하여 전용하려는 경우
	도로	1) 산지전용·일시사용제한지역, 백두대간보호지역, 산림보호구역, 자연휴양림, 수목원, 채종림에는 터널 또는 교량으로 도로를 시설할 것. 다만, 지형여건상 우회 노선을 선정하기 어렵거나 터널·교량을 설치할 수 없는 경우 등 불가피한 경우에는 그러하지 아니하다. 2) 도로를 시설하기 위하여 산지전용을 하는 경우로서 능선방향 단면의 절취고(切取高)가 해당 도로의 표준터널 단면 유효높이의 3배 이상일 경우에는 지형여건에 따라 터널 또는 개착터널을 설치하여 주변 산림과 단절되지 아니하도록 할 것. 다만, 지형여건 또는 사업수행상 불가피하다고 인정되는 경우에는 그러하지 아니하다. 3) 해안에 인접한 산지에 도로를 시설하는 경우에는 해당 도로 시설로 인하여 해안의 유실 또는 해안 형태의 변화를 초래하지 아니할 것

비고
1. 제2호 다목의 전용면적란 단서에 따라 해당 허가기준을 적용하지 아니하는 시설
    가. 재해복구시설
    나. 국가 또는 지방자치단체가 직접 시행하는 공용·공공용시설
    다. 관계 법령 또는 인·허가 등의 조건에 따라 민간사업자가 시행하여 국가 또는 지방자치단체에 기부채납 또는 무상귀속하게 되는 공용·공공용 시설
2. 비고 외의 부분 제1호부터 제3호까지의 기준을 적용하는 데 필요한 세부적인 사항은 농림축산식품부령으로 정한다.
3. 해당 산지의 필지를 분할하여 660㎡ 미만으로 산지전용하고자 사업계획을 수립한 것으로 인정되는 경우에는 비고 외의 부분 제2호 다목의 전용면적란의 규정에 불구하고 같은 목 세부기준란의 1) 또는 3)을 적용할 수 있다.
4. 산지전용허가기준 중에서 산지의 지형여건 또는 사업수행 상 평균경사도 및 입목축적과 관련한 위 기준을 적용하는 것이 불합리하다고 인정되는 경우에는 산지전용타당성조사 후 중앙산지관리위원회 또는 지방산지관리위원회의 심의를 거쳐 해당 기준의 100분의 10 범위에서 완화하여 적용할 수 있다.
5. 삭제 〈2013.12.17〉
6. 지역여건상 산지의 보전을 위하여 필요하다고 인정되는 경우에는 표고·입목축적 및 평균경사도의 허가기준을 해당 지방자치단체의 조례로 100분의 20 범위에서 강화하여 정할 수 있다.

보전산지 해제

보전산지에서 해제된 임야

다음의 사례는 농림지역, 임업용보전산지가 보전산지에서 해제되어 준보전산지로 편입이 되고 용도지역은 관리지역으로 편입이 되어 관리지역 세분화를 기다리고 있는 상태를 보여주고 있다. 해당 필지는 토지적성평가를 거쳐서 관리지역 세분화 과정을 통해 보전관리지역, 생산관리지역, 계획관리지역 중의 하나로 세분화 되었다.

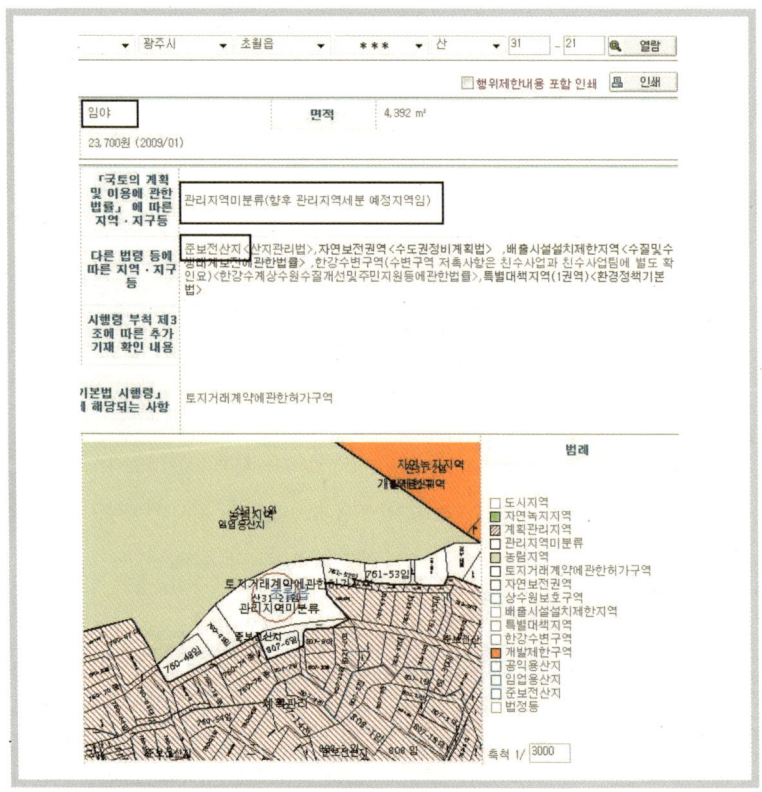

PART 4
토지의 개발과 인허가

10 CHAPTER

개발행위허가 및 기준

◆ 개발행위허가

개발행위허가의 대상 및 절차

개발행위허가

토지이용과 관련된 개발행위 중 도시계획 차원에서 검토가 필요하거나 관리하는 것이 타당하다고 판단되는 경우에는 국토계획법에 의거하여 특별시장·광역시장·시장 또는 군수의 허가를 받도록 하고 있으며, 이것을 개발행위허가제도라고 한다. 즉, 개발행위허가제도는 계획의 적정성, 기반시설의 확보여부, 주변 환경과의 조화 등을 고려하여 개발행위에 대한 허가여부를 결정함으로써 계획에 의한 개발이 이루어지도록 하기 위한 제도이다. 그에 따라, 농지나 산지를 전용하여 주택부지, 공장부지, 창고부지 등을 조성하기 위하여서는 반드시 개발행위허가를 받아야 한다.

개발행위의 허가의 대상

국토계획법에 의하여 개발행위허가의 대상은 다음과 같이 6가지가 있다. 건축물의 건축, 토지의 형질변경 등 다음의 6가지 행위를 하려는 자는 특별시장 · 광역시장 · 시장 또는 군수의 개발행위허가를 받아야 한다.

구 분	내 용	비 고
1. 건축물의 건축	「건축법」 제2조제1항제2호에 따른 건축물의 건축	
2. 공작물의 설치	인공을 가하여 제작한 시설물의 설치	「건축법」 제2조제1항제2호에 따른 건축물을 제외
3. 토지의 형질변경	절토 · 성토 · 정지 · 포장 등의 방법으로 토지의 형상을 변경하는 행위와 공유수면의 매립	경작을 위한 토지의 형질변경을 제외
4. 토석채취	흙 · 모래 · 자갈 · 바위 등의 토석을 채취하는 행위	토지의 형질변경을 목적으로 하는 것을 제외
5. 토지 분할	다음 각 목의 어느 하나에 해당하는 토지의 분할(「건축법」 제57조에 따른 건축물이 있는 대지는 제외한다) 가. 녹지지역 · 관리지역 · 농림지역 및 자연환경보전지역 안에서 관계법령에 따른 허가 · 인가 등을 받지 아니하고 행하는 토지의 분할 나. 「건축법」 제57조제1항에 따른 분할제한면적 미만으로의 토지의 분할 다. 관계 법령에 의한 허가 · 인가 등을 받지 아니하고 행하는 너비 5m 이하로의 토지의 분할	
6. 물건을 쌓아놓는 행위	녹지지역 · 관리지역 또는 자연환경보전지역안에서 건축물의 울타리안(적법한 절차에 의하여 조성된 대지에 한한다)에 위치하지 아니한 토지에 물건을 1월 이상 쌓아놓는 행위	

▶ 실무에서는 농지나 산지를 전용하여 개발행위허가를 받을 때 산지전용허가 · 농지전용허가 등은 의제처리 된다.

개발행위허가의 절차

개발행위허가는 다음과 같은 절차를 거치게 된다.

1. 개발행위를 하려는 자는 그 개발행위에 따른 기반시설의 설치나 그에 필요한 용지의 확보, 위해방지, 환경오염 방지, 경관, 조경 등에 관한 계획서를 첨부한 신청서를 개발행위허가권자에게 제출 한다.

2. 허가권자인 특별시장·광역시장·시장 또는 군수는 제1항에 따른 개발행위허가의 신청에 대하여 특별한 사유가 없으면 법령으로 정하는 기간인 15일 이내에 허가 또는 불허가의 처분을 하여야 한다. 15일의 기간 계산시 도시계획위원회의 심의를 거쳐야 하거나 관계 행정기관과 별도의 협의를 하여야 하는 경우에는 심의 또는 협의기간은 15일에 포함되지 않는다.

3. 특별시장·광역시장·시장 또는 군수는 제2항에 따라 허가 또는 불허가의 처분을 할 때에는 그 신청인에게 허가증을 발급하거나 불허가처분의 사유를 서면으로 통보 한다.

4. 특별시장·광역시장·시장 또는 군수는 개발행위허가를 하는 경우에는 기반시설의 설치 또는 그에 필요한 용지의 확보, 위해 방지, 환경오염 방지, 경관, 조경 등에 관한 조치를 할 것을 조건으로 개발행위허가를 할 수 있다.

* 특히, 공장부지 조성을 위한 개발행위허가는 대게 자연재해대책법에 의한 사전재해영향성검토와 환경영향평가법에 의한 소규모환경영향평가 협의대상 사업에 해당하므로 사전재해영향성검토와 소규모환경영향평가 협의 절차도 동시에 진행하여야 한다. 통상 별도의 전문용역기관에 용역을 주어 진행이 된다. 그에 따라 인허가에 소요되는 기간도 협의기간 만큼 길어지게 된다.

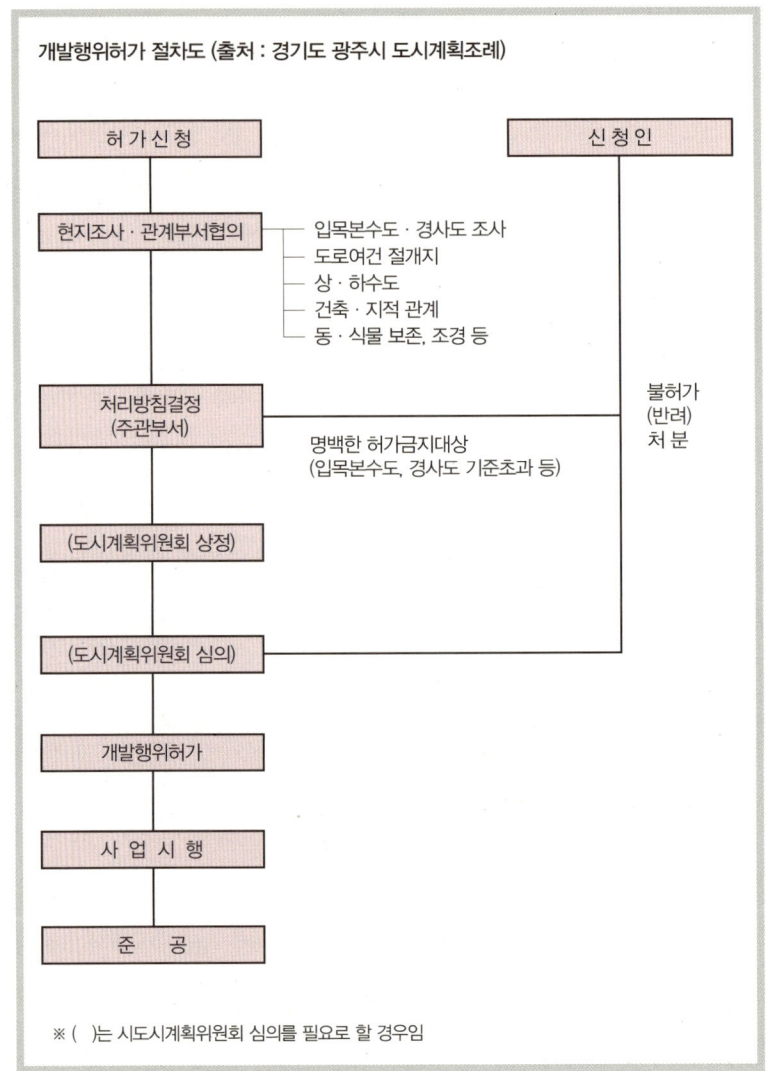

개발행위허가 신청시 구비 서류

허가를 신청하기 위해서는 개발행위허가신청서와 다음의 서류를 첨부하여야 한다.

1. 토지의 소유권 또는 사용권 등 신청인이 당해 토지에 개발행위를 할 수 있음을 증명하는 서류. 다만, 다른 법령에서 개발행위허가가 의제되어 개발행위허가에 관한 신청서류를 제출하는 경우에 다른 법령에 의한 인가·허가 등의 과정에서 본문의 제출 서류의 내용을 확인할 수 있는 경우에는 그 확인으로 제출서류에 갈음할 수 있다.
2. 배치도 등 공사 또는 사업관련 도서.(토지의 형질변경 및 토석채취인 경우에 한한다.)
3. 설계도서.(공작물의 설치인 경우에 한한다.)
4. 당해 건축물의 용도 및 규모를 기재한 서류.(건축물의 건축을 목적으로 하는 토지의 형질변경인 경우에 한한다.)
5. 개발행위의 시행으로 폐지되거나 대체 또는 새로이 설치할 공공시설의 종류·세목·소유자 등의 조서 및 도면과 예산내역서.(토지의 형질변경 및 토석채취인 경우에 한한다.)
6. 법 제57조제1항의 규정에 의한 위해방지·환경오염방지·경관·조경 등을 위한 설계도서 및 그 예산내역서.(토지분할인 경우를 제외한다.)
7. 법 제61조제3항의 규정에 의한 관계 행정기관장과의 협의에 필요한 서류.

[개발행위허가신청서 작성사례]

개 발 행 위 허 가 신 청 서

처리기간
15일

■ 토지형질변경　□ 공작물 설치　□ 물건적치
□ 토석채취　　　□ 토지분할

신청인	① 성명 (법인명)	한글	○○주식회사 홍 길 동	②주민등록번호 (법인등록번호)	110111-4079111	
		한자				
	③ 주소		(전화 : 010-1234-9440) 서울시 강남구 역삼동 702-13			
허가신청사항						
	④ 위치(지 번)		평택시 오성면 ○○리 산1	⑤ 지목	임야	
	⑥ 용도지역		도시외지역	⑦ 용도지구	계획관리지역, 성장관리권역	
신 청 내 용	공작물 설치	⑧신청면적			⑨ 중량	
		⑩공작물구조			⑪ 부피	
	형질변경	토 지 현 황	⑫경사도		⑬ 토질	
			⑭토석매장량			
		죽목재식현황	⑮주요수종			
			⑯임목지		⑰ 무임목지	
		⑱신청면적	전용면적		15,000㎡	
			합계		15,000㎡	
		죽목벌채	⑲수종		⑳나무수	
	토석채취	신청면적	해당없음.	부피	해당없음.	
	토지분할	종전면적	해당없음.	분할면적	해당없음.	
	물건적지	중량	해당없음.	부피	해당없음.	
		품명	해당없음.	평균적치량	해당없음.	
		적치기간	년　월　일부터 ~ 년　월　일까지			
개 발 행 위 목 적			공장부지조성			
사업기간	착공		2014년　1월　일	준공	20 년　월　일	

국토의 계획 및 이용에 관한 법률 제57조제1항의 규정에 의하여 위와 같이 신청합니다.

2014년　1월　일

신청인 : ○○ 주식회사
대 표 : 홍 길 동　(서명 또는 인)

평 택 시 장 귀하

◆ 개발행위허가의 심의

개발행위에 대한 도시계획위원회의 심의

1. 도시계획위원회 심의 대상 개발행위

관계 행정기관의 장은 국토계획법 제56조제1항 제1호부터 제3호까지의 행위 (1. 건축물의 건축 또는 공작물의 설치 2. 토지의 형질 변경 3. 토석의 채취) 중 어느 하나에 해당하는 행위로서 대통령령으로 정하는 행위를 국토계획법에 따라 허가하거나 다른 법률에 따라 인가·허가·승인 또는 협의를 하려면 대통령령으로 정하는 바에 따라 중앙도시계획위원회나 지방도시계획위원회의 심의를 거쳐야 한다.

> **국토계획법 시행령 제57조(개발행위에 대한 도시계획위원회의 심의 등)**
>
> ① 법 제59조제1항에서 "대통령령으로 정하는 행위"란 다음 각 호의 행위를 말한다. 다만, 도시·군계획사업(「택지개발촉진법」 등 다른 법률에서 도시·군계획사업을 의제하는 사업을 제외한다)에 의하는 경우를 제외한다.
>
> 1. 건축물의 건축 또는 공작물의 설치를 목적으로 하는 토지의 형질변경으로서 그 면적이 제55조제1항 각 호의 어느 하나에 해당하는 규모(같은 항 각 호 외의 부분 단서에 따라 도시·군계획조례로 규모를 따로 정하는 경우에는 그 규모를 말한다. 이하 이 조에서 같다) 이상인 경우. 다만, 제55조제3항제3호의2에 따라 시·도도시계획위원회 또는 시·군·구도시계획위원회 중 대도시에 두는 도시계획위원회의 심의를 거치는 토지의 형질변경의 경우는 제외한다.
>
> 1-2. 녹지지역, 관리지역, 농림지역 또는 자연환경보전지역에서 건축물의 건축 또는 공작물의 설치를 목적으로 하는 토지의 형질변경으로서 그 면적이 제55조제1항 각 호의 어느 하나에 해당하는 규모 미만인 경우. 다만, 다음 각 목의 어느 하나에 해당하

는 경우(법 제37조제1항제5호에 따른 방재지구 및 도시·군계획조례로 정하는 지역에서 건축물의 건축 또는 공작물의 설치를 목적으로 하는 토지의 형질변경에 해당하지 아니하는 경우로 한정한다)는 제외한다.

가. 해당 토지가 자연취락지구, 개발진흥지구, 기반시설부담구역, 「산업입지 및 개발에 관한 법률」 제8조의3에 따른 준산업단지 또는 같은 법 제40조의2에 따른 공장입지유도지구에 위치한 경우

나. 해당 토지가 특별시장·광역시장·특별자치시장·특별자치도지사·시장 또는 군수가 도로 등 기반시설이 이미 설치되어 있거나 설치에 관한 도시·군관리계획이 수립된 지역으로 인정하여 지방도시계획위원회의 심의를 거쳐 해당 지방자치단체의 공보에 고시한 지역에 위치한 경우

다. 해당 토지에 특별시·광역시·특별자치시·특별자치도·시 또는 군의 도시·군계획조례로 정하는 용도지역별 건축물의 용도·규모(대지의 규모를 포함한다)·층수 또는 주택호수 등의 범위에서 다음의 어느 하나에 해당하는 건축물을 건축하려는 경우
   1) 「건축법 시행령」 별표 1 제1호의 단독주택(「주택법」 제16조에 따른 사업계획승인을 받아야 하는 주택은 제외한다)
   2) 「건축법 시행령」 별표 1 제2호의 공동주택(「주택법」 제16조에 따른 사업계획승인을 받아야 하는 주택은 제외한다)
   3) 「건축법 시행령」 별표 1 제3호의 제1종 근린생활시설
   4) 「건축법 시행령」 별표 1 제4호의 제2종 근린생활시설(같은 호 차목·타목 및 파목의 시설은 제외한다)
   5) 「건축법 시행령」 별표 1 제18호가목의 창고(농업·임업·어업을 목적으로 하는 건축물로 한정한다)와 같은 표 제21호의 동물 및 식물 관련 시설(다목 및 라목은 제외한다) 중에서 도시·군계획조례로 정하는 시설(660㎡ 이내의 토지의 형질변경으로 한정하며, 자연환경보전지역에 있는 시설은 제외한다)
   6) 기존 부지면적의 100분의 5 이하의 범위에서 증축하려는 건축물

라. 해당 토지에 다음의 요건을 모두 갖춘 건축물을 건축하려는 경우
   1) 건축물의 집단화를 유도하기 위하여 특별시·광역시·특별자치시·특별자치도·시 또는 군의 도시·군계획조례로 정하는 용도지역 안에 건축할 것

2) 특별시·광역시·특별자치시·특별자치도·시 또는 군의 도시·군계획조례로 정하는 용도의 건축물을 건축할 것
3) 2)의 용도로 개발행위가 완료되었거나 개발행위허가 등에 따라 개발행위가 진행 중이거나 예정된 토지로부터 특별시·광역시·특별자치시·특별자치도·시 또는 군의 도시·군계획조례로 정하는 거리(50m 이내로 하되, 도로의 너비는 제외한다) 이내에 건축할 것
4) 1)의 용도지역에서 2) 및 3)의 요건을 모두 갖춘 건축물을 건축하기 위한 기존 개발행위의 전체 면적(개발행위허가 등에 의하여 개발행위가 진행 중이거나 예정된 토지면적을 포함한다)이 특별시·광역시·특별자치시·특별자치도·시 또는 군의 도시·군계획조례로 정하는 규모(제55조제1항에 따른 용도지역별 개발행위허가 규모 이상으로 정하되, 난개발이 되지 아니하도록 충분히 넓게 정하여야 한다) 이상일 것
5) 기반시설 또는 경관, 그 밖에 필요한 사항에 관하여 특별시·광역시·특별자치시·특별자치도·시 또는 군의 도시·군계획조례로 정하는 기준을 갖출 것

마. 계획관리지역(관리지역이 세분되지 아니한 경우에는 관리지역을 말한다) 안에서 다음의 공장 중 부지가 1만㎡ 미만인 공장의 부지를 종전 부지면적의 50% 범위 안에서 확장하려는 경우. 이 경우 확장하려는 부지가 종전 부지와 너비 8m 미만의 도로를 사이에 두고 접한 경우를 포함한다.
1) 2002년 12월 31일 이전에 준공된 공장
2) 법률 제6655호 국토의계획및이용에관한법률 부칙 제19조에 따라 종전의「국토이용관리법」,「도시계획법」또는「건축법」의 규정을 적용받는 공장
3) 2002년 12월 31일 이전에 종전의「공업배치 및 공장설립에 관한 법률」(법률 제6842호 공업배치및공장설립에관한법률중개정법률에 따라 개정되기 전의 것을 말한다) 제13조에 따라 공장설립 승인을 받은 경우 또는 같은 조에 따라 공장설립 승인을 신청한 경우(별표 27 제2호타목에 따른 면적제한 요건에 적합하지 아니하여 2003년 1월 1일 이후 그 신청이 반려된 경우를 포함한다)로서 2005년 1월 20일까지「건축법」제21조에 따른 착공신고를 한 공장

2. 부피 30,000㎥ 이상의 토석채취

3. 삭제 〈2008.1.8.〉

② 제1항제1호의2다목부터 마목까지의 규정에 따라 도시계획위원회의 심의를 거치지 아니하고 개발행위허가를 하는 경우에는 해당 건축물의 용도를 변경(제1항제1호의2다목부터 마목까지의 규정에 따라 건축할 수 있는 건축물 간의 변경은 제외한다)하지 아니하도록 조건을 붙여야 한다. 〈신설 2011.3.9〉

2. 도시계획위원회 심의 대상이 아닌 개발행위

제1항에도 불구하고 다음 각 호의 어느 하나에 해당하는 개발행위는 중앙도시계획위원회와 지방도시계획위원회의 심의를 거치지 아니한다.

1. 제8조, 제9조 또는 다른 법률에 따라 도시계획위원회의 심의를 받는 구역에서 하는 개발행위
2. 지구단위계획을 수립한 지역에서 하는 개발행위
3. 주거지역·상업지역·공업지역에서 시행하는 개발행위 중 특별시·광역시·특별자치시·특별자치도·시 또는 군의 조례로 정하는 규모·위치 등에 해당하지 아니하는 개발행위
4. 「환경영향평가법」에 따라 환경영향평가를 받은 개발행위
5. 「도시교통정비 촉진법」에 따라 교통영향분석·개선대책에 대한 검토를 받은 개발행위
6. 「농어촌정비법」 제2조제4호에 따른 농어촌정비사업 중 대통령령으로 정하는 사업을 위한 개발행위
7. 「산림자원의 조성 및 관리에 관한 법률」에 따른 산림사업 및 「사방사업법」에 따른 사방사업을 위한 개발행위

◆ 개발행위허가의 허가 처분

관련 인·허가 등의 의제

의제처리란 본질은 같지 않지만 법률에서 다룰 때는 동일한 것으로 처리하여 동일한 효과를 주는 것을 말한다. 편하게 얘기하면 주된 인·허가를 기준으로 관련된 여러 가지 허가 등이 패키지로 처리되는 것을 말한다. 개발행위허가를 할 때에 특별시장·광역시장·시장 또는 군수가 그 개발행위에 관련된 다음 각 호의 인가·허가·승인·면허·협의·해제·신고 또는 심사 등에 관하여 법령에 따라 미리 관계 행정기관의 장과 협의한 사항에 대하여는 그 인·허가 등을 받은 것으로 본다. 즉, 아래의 열거된 행위는 개별적으로 모두 인·허가를 신청하는 것이 아니고 개발행위허가를 신청할 때에 해당 법률에서 정하는 관련 서류를 함께 제출하면 인·허가가 의제처리 되는 것이다. 예를 들면 산지전용허가, 농지전용허가, 도로점용허가 및 구거를 사용하기위한 공유수면 점용·사용허가 등은 모두 의제처리 되는 것이다.

1. 「공유수면 관리 및 매립에 관한 법률」에 따른 공유수면의 점용·사용허가, 점용·사용 실시계획의 승인 또는 신고, 공유수면의 매립면허 및 공유수면매립실시계획의 승인
2. 삭제〈2010.4.15〉
3. 「광업법」에 따른 채굴계획의 인가
4. 「농어촌정비법」에 따른 농업생산기반시설의 목적 외 사용의 승인
5. 「농지법」에 따른 농지전용의 허가 또는 협의, 농지전용의 신고 및 농지의 타용도 일시사용의 허가 또는 협의

6. 「도로법」따른 도로공사 시행의 허가 및 도로 점용의 허가
7. 「장사 등에 관한 법률」에 따른 무연분묘의 개장 허가
8. 「사도법」에 따른 사도 개설의 허가
9. 「사방사업법」토지의 형질 변경 등의 허가 및 사방지 지정의 해제
10. 「산지관리법」에 따른 산지전용허가 및 산지전용신고, 산지일시사용허가·신고, 토석채취허가, 토사채취신고 및 「산림자원의 조성 및 관리에 관한 법률」에 따른 입목벌채 등의 허가·신고
11. 「소하천정비법」에 따른 소하천공사 시행의 허가 및 소하천의 점용 허가
12. 「수도법」에 따른 전용상수도 설치 및 전용공업용수도설치의 인가
13. 「연안관리법」에 따른 연안정비사업실시계획의 승인
14. 「체육시설의 설치·이용에 관한 법률」에 따른 사업계획의 승인
15. 「초지법」에 따른 초지전용의 허가, 신고 또는 협의
16. 「측량·수로조사 및 지적에 관한 법률」에 따른 지도 등의 간행 심사
17. 「하수도법」에 따른 공공하수도에 관한 공사 시행의 허가
18. 「하천법」에 따른 하천공사 시행의 허가 및 하천 점용의 허가

개발행위허가 여부 통보 및 허가증 수령

개발행위허가 신청에 대하여 허가가 떨어지면 개발행위허가 신청 처리에 대한 알림 공문을 통보 받게 되며, 농지보전부담금·대체산림자원조성비·복구비 등을 납부하고 허가증을 수령받게 된다.

제2종근린생활시설(제조업소) 개발행위허가 통보문 사례

• 제목 : 개발행위허가 신청 처리 알림(홍길동) •

1. 귀하께서 우리시에 신청하신 **리 산1-1번지 2,800㎡에 제2종근린생활시설(제조업소)부지조성 목적의 개발행위허가 신청에 대하여 국토계획법 제56조의 규정에 의거 붙임과 같이 허가처리 하오니, 다음의 사항을 이행하신 후 허가증을 교부받으시기 바랍니다.

2. 허가증을 교부받기 전 사업계획에 의한 공사를 착수하시면 국토계획법 제60조및제140조 규정에 의거 허가취소나 원상회복 등의 처분을 받게 됨을 알려드립니다.

   가. 개발행위허가 및 산지전용협의에 따른 각 면허세를 납부하고 영수증 사본 제출

   나. 개발행위허가에 따른 지역개발공채 ₩1,710,000원을 납고하고 매입필증 제출

   다. 개발행위허가에 따른 대체산림자원조성비 ₩6,336,960원을 납부하고 영수증 제출

   라. 개발행위에 따른 복구비 ₩26,170,000원을 현금 또는 인·허가 보증보험 증권으로 예치하고 보증보험증서 제출(보증기간 – 2013.02.28)

붙임 : 개발행위허가증 및 허가조건 1부. 끝

○○시장

개발행위허가의 이행 보증

1. 특별시장·광역시장·시장 또는 군수는 기반시설의 설치나 그에 필요한 용지의 확보, 위해 방지, 환경오염 방지, 경관, 조경 등을 위하여 필요하다고 인정되는 경우로서 법령으로 정하는 경우에는 이의 이행

을 보증하기 위하여 개발행위허가를 받는 자로 하여금 이행보증금을 예치하게 할 수 있다.

2. 이행보증금의 예치금액은 기반시설의 설치, 위해의 방지, 환경오염의 방지, 경관 및 조경에 필요한 비용의 범위 안에서 산정하되 총공사비의 20% 이내가 되도록 하고, 그 산정에 관한 구체적인 사항 및 예치방법은 특별시·광역시·시 또는 군의 도시계획조례로 정해져 있다. 이 경우 도시지역 또는 계획관리지역안의 산지안에서의 개발행위에 대한 이행보증금의 예치금액은「산지관리법」제38조에 따른 복구비를 포함하여 정하되, 복구비가 이행보증금에 중복하여 계상되지 않도록 하여야 한다.

3. 이행보증금은 현금으로 납입하되, 통상은 보증보험증서로 대체하여 처리한다.

4. 이행보증금은 개발행위허가를 받은 자가 준공검사를 받으면 반환받게 된다.

5. 특별시장·광역시장·시장 또는 군수는 개발행위허가를 받지 아니하고 개발행위를 하거나 허가내용과 다르게 개발행위를 하는 자에게는 그 토지의 원상회복을 명할 수 있으며, 특별시장·광역시장·시장 또는 군수는 원상회복의 명령을 받은 자가 원상회복을 하지 아니하면 「행정대집행법」에 따른 행정대집행에 따라 원상회복을 할 수 있다. 이 경우 행정대집행에 필요한 비용은 개발행위허가를 받은 자가 예치한 이행보증금을 사용할 수 있다. 그리고, 잔액이 있을 경우에는 예치자에게 반환하게 된다.

개발행위허가의 조건 : 사례

특별시장·광역시장·시장 또는 군수는 개발행위허가를 하는 경우에는 그 개발행위에 따른 기반시설의 설치 또는 그에 필요한 용지의 확보, 위해 방지, 환경오염 방지, 경관, 조경 등에 관한 조치를 할 것을 조건으로 개발행위허가를 할 수 있다. 대게 다음과 같은 유사한 형태의 개발행위조건이 붙는다.

➜ 일반조건

1. 건설공사의 시공업자는 건설산업기본법제9조 및 동법시행령제8조의 규정에 의거 등록된 건설업체로 하여금 시공토록 하여야 합니다.
2. 공사시행 및 시설물 운영 시에는 인근가옥 등에 피해가 발생하지 않도록 피해방지 시설을 하여야 하며, 피해 발생 시에는 사업시행자가 민·형사상 책임 처리 하여야 합니다.
3. 개발행위허가는 제출된 신청서를 근거로 현장 확인 등을 통하여 하가 한 사항으로 향후 제출서류 등의 허위 기타 부정한 방법과 전제조건 불이행 등이 있을 시에는 국토의계획및이용에관한법률 제133조에 의거 하가를 취소할 수 있습니다.
4. 다음 각 호의 어느 하나에 해당하는 경우에는 허가를 받은 자의 의견을 들은 후 개발행위허가를 취소할 수 있습니다.(도시계획조례 제26조제1항)
    1) 농지법이 규정하는 전용허가의 취소 등의 사유에 해당하는 행위를 한 때
    2) 산지관리법이 규정하는 산지전용허가의 취소 등의 사유에 해당하는 행위를 한 때

3) 허가를 받은 자가 정당한 사유 없이 허가조건을 이행하지 아니하는 경우
5. 도시계획조례 제26조 제2항의 제1항내지 제3호의 사유로 인하여 개발행위허가를 취소하고자 하는 경우에 허가받은 자가 정당한 이유를 들어 기간연장을 요청하는 때에는 1회에 한하여 1년 이내의 범위 안에서 그 기간을 연장할 수 있습니다.
6. 국토의계획및이용에관한법률시행령 제55조1항의 규정에 의한 개발행위 규모가 적합하지 아니함에도 불구하고 동법시행령제5항3호 또는 제4호의 규정을 적용하여 개발행위허가를 하는 경우에는 당해 건축물의 용도변경(연접개발을 적용하지 아니하는 건축물간의 변경은 제외)을 제한합니다.
7. 기타 타 법규에 저촉되는 사항에 대하여는 개별법규에 의한 인·허가, 협의, 동의 등의 절차를 이행하여야 합니다.
8. 저촉사항은 없으나 사업 시행중 매장문화재 발견시 문화재보호법 제54조에 의거 발견 7일 이내에 신고를 바랍니다.(문화관광과)
9. 개발이익환수에관한법률 제5조 규정에 의한 개발부담금 부과대상사업이므로 시행규칙 제20조 규정에 의하여 준공인가일(개발사업 착수 후 취소한 경우에는 취소일)로부터 40일 이내에 개발비용산출내역서를 민원봉사과에 제출하시기 바랍니다.(민원봉사과)

 그 외 산지전용협의조건, 착공 전 이행조건, 준공검사 신청 전 이행조건 등은 첨부한 개발행위허가 조건을 참조하기 바랍니다.

개발행위허가의 준공

개발행위허가를 받은 자는 그 개발행위를 마치면 국토해양부령으로 정하는 바에 따라 특별시장·광역시장·시장 또는 군수의 준공검사를 받아야 한다. 국토계획법에 의거 준공시 구비서류는 다음과 같다.

1. 승인 사항에 의거한 공사여부를 증명할 수 있는 현황도면
2. 산지일 경우 등록전환 측량성과도 및 허가지에 제외지가 있을 경우 분할측량성과도
3. 적지복구승인서
4. 건축물대장
5. 현장사진 등
6. 지적공부정리신청서

준공검사를 받으면 토지의 지목은 임야나 전,답,과수원에서 공장용지로 지목변경이 되며, 시행자는 준공 후 40일 이내에 개발부담금의 납부와 관련한 개발비용내역서를 제출하여야 한다.

개발행위허가의 제한

국토해양부장관, 시·도지사, 시장 또는 군수는 다음의 어느 하나에 해당되는 지역으로서 도시관리계획상 특히 필요하다고 인정되는 지역에 대하여는 중앙도시계획위원회나 지방도시계획위원회의 심의를 거쳐 1회에 한하여 3년 이내의 기간 동안 개발행위허가를 제한할 수 있다. 다만, 제3호부터 제5호까지에 해당하는 지역에 대하여는 1회에 한하여 2년 이내의 기간 동안 개발행위허가의 제한을 연장할 수 있다. 따라서, 개발행위허가

를 신청하기 전에 허가 대상 부지가 개발행위허가제한지역으로 지정되어 있는지 여부를 토지이용계획확인서를 통해 확인하여야 한다.

1. 녹지지역이나 계획관리지역으로서 수목이 집단적으로 자라고 있거나 조수류 등이 집단적으로 서식하고 있는 지역 또는 우량 농지 등으로 보전할 필요가 있는 지역
2. 개발행위로 인하여 주변의 환경·경관·미관·문화재 등이 크게 오염되거나 손상될 우려가 있는 지역
3. 도시기본계획이나 도시관리계획을 수립하고 있는 지역으로서 그 도시기본계획이나 도시관리계획이 결정될 경우 용도지역·용도지구 또는 용도구역의 변경이 예상되고 그에 따라 개발행위허가의 기준이 크게 달라질 것으로 예상되는 지역
4. 지구단위계획구역으로 지정된 지역
5. 기반시설부담구역으로 지정된 지역

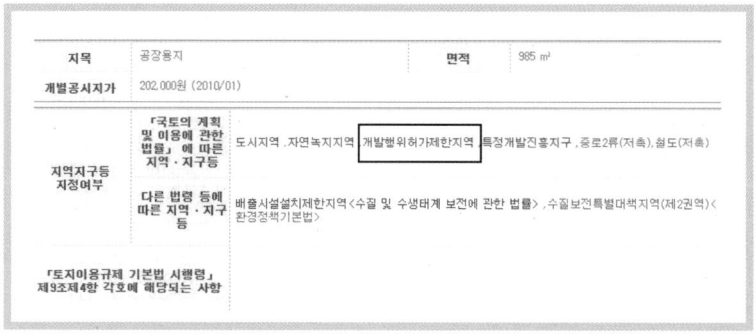

▶ 전철역사예정지 주변의 신도시 건립예정지역으로 도시관리계획의 변경으로 인하여 개발행위허가제한지역으로 묶여있는 토지

개발행위허가제한지역과 개발제한구역

두 가지는 이름은 유사하지만 전혀 별개의 개념이다. 개발행위허가제한지역은 국토계획법에 의하여 일시적으로 개발행위허가가 제한된 지역을 말하며, 개발제한구역은 개발제한구역의지정및관리에관한특별조치법에 의하여 지정된 그린벨트를 말하며 개발행위가 엄격히 제한된 토지를 말한다.

개발행위허가의 취소

다음의 개발행위허가의 취소 사유는 ○○시 도시계획조례의 규정을 인용한 것이다. 다른 지방자치단체도 국토계획법의 위임에 의하여 도시계획조례에 유사하게 규정하고 있다.

제24조(개발행위허가의 취소)

① 시장은 다음 각 호의 어느 하나에 해당하는 경우 허가를 받은 자의 의견을 들은 후(허가받은 자가 행방 불명 되었거나 특별한 사유로 의견을 들을 수 없는 경우에는 제외한다) 개발행위허가를 취소할 수 있다.
  1. 허가를 받은 자가 허가를 받은 날부터 2년 이내에 공사를 착수하지 아니하는 경우
  2. 허가를 받은 자가 공사를 중단한 날로부터 1년 이상 정당한 사유 없이 공사를 다시 시작하지 아니하는 경우
  3. 허가를 받은 자가 정당한 사유 없이 허가조건을 이행하지 아니하는 경우
② 제1항제1호의 사유로 인하여 개발행위 허가를 취소하고자 하는 경우 허가받은 자가 정당한 이유를 들어 기간연장을 요청하는 때에는 1회에 한하여 1년 이내의 범위 안에서 그 기간을 연장할 수 있다.

◆ 개발행위허가의 기준

개발행위허가의 기준

개발행위허가의 기준은 국토계획법을 기준으로 하여 시·군의 도시계획조례 및 산지관리법, 농지법 등 여러 가지 법에서 다양한 기준을 제시하고 있으며, 해당 기준을 모두 충족하여야 허가를 받을 수 있다. 따라서, 개발행위허가를 받으려면 국토계획법 및 해당 시·군의 도시계획조례에서 정하는 기준을 충족하여야 하고, 또한, 산지인 경우에는 산지관리법 농지인 경우에는 농지법의 기준도 동시에 충족하여야 한다.

국토계획법상 개발행위허가의 기준

1. 개발행위허가의 기준 (「국토의 계획 및 이용에 관한 법률」제58조)
   개발행위허가의 신청 내용은 다음의 기준에 적합해야 한다.

   > 1. 용도지역별 특성을 고려하여 개발행위의 규모에 적합할 것
   > 2. 도시관리계획의 내용에 어긋나지 아니할 것
   > 3. 도시계획사업의 시행에 지장이 없을 것
   > 4. 주변지역의 토지이용실태 또는 토지이용계획, 건축물의 높이, 토지의 경사도, 수목의 상태, 물의 배수, 하천·호소·습지의 배수 등 주변 환경이나 경관과 조화를 이룰 것
   > 5. 해당 개발행위에 따른 기반시설의 설치나 그에 필요한 용지의 확보계획이 적절할 것

2. 용도지역별 개발행위허가의 규모 기준
   앞의 개발행위허가기준 1항에 의하여 개발행위의 규모는 다음의 용도지역별 허용 규모에 적합하여야 합니다.

도시지역	주거지역, 상업지역, 자연녹지지역, 생산녹지지역	10,000㎡ 미만
	공업지역	30,000㎡ 미만
	보전녹지지역	5,000㎡ 미만
관리지역		30,000㎡ 미만
농림지역		30,000㎡ 미만
자연환경보전지역		5,000㎡ 미만

3. 세부적인 허가기준

개발행위허가를 담당하고 있는 행정청에서는 위에서 언급한 기준 외에도 아래와 같은 6가지 사항에 대하여 세부적인 허가심사기준을 고려하여 개발행위의 허가여부를 심사하고 있다.

공통분야

(1) 조수류 · 수목 등의 집단서식지가 아니고, 우량농지 등에 해당하지 아니하여 보전의 필요가 없을 것

(2) 역사적 · 문화적 · 향토적 가치, 국방상 목적 등에 따른 원형보전의 필요가 없을 것

(3) 토지의 형질변경 또는 토석채취의 경우에는 표고 · 경사도 · 임상 및 인근 도로의 높이, 배수 등을 참작하여 도시 · 군계획조례(특별시 · 광역시 · 특별자치시 · 특별자치도 · 시 또는 군의 도시 · 군계획조례를 말한다. 이하 이 표에서 같다)가 정하는 기준에 적합할 것. 다만, 골프장, 스키장, 기존 사찰, 풍력을 이용한 발전시설 등 개발행위의 특성, 지형 여건 또는 사업수행상 매우 불합리하다고 인정되는 경우에는 위해 방지, 환경오염 방지, 경관 조성, 조성 등에 관한 조치가 포함된 개발행위내용에 대하여

해당 개발행위허가권자에게 소속된 도시계획위원회(제55조제3항제3호의 2 각 목 외의 부분 후단 및 제57조제4항에 따라 중앙도시계획위원회 또는 시·도도시계획위원회의 심의를 거치는 경우에는 중앙도시계획위원회 또는 시·도도시계획위원회를 말한다)의 심의를 거쳐 이를 완화하여 적용할 수 있다.

도시·군관리계획
(1) 용도지역별 개발행위의 규모 및 건축제한 기준에 적합할 것
(2) 개발행위허가제한지역에 해당하지 아니할 것

도시·군 계획사업
(1) 도시·군계획사업부지에 해당하지 아니할 것(제61조의 규정에 의하여 허용되는 개발행위를 제외한다)
(2) 개발시기와 가설시설의 설치 등이 도시·군계획사업에 지장을 초래하지 아니할 것

주변지역과의 관계
(1) 개발행위로 건축 또는 설치하는 건축물 또는 공작물이 주변의 자연경관 및 미관을 훼손하지 아니하고, 그 높이·형태 및 색채가 주변건축물과 조화를 이루어야 하며, 도시·군계획으로 경관계획이 수립되어 있는 경우에는 그에 적합할 것
(2) 개발행위로 인하여 당해 지역 및 그 주변지역에 대기오염·수질오염·토질오염·소음·진동·분진 등에 의한 환경오염·생태계파괴·위해발생 등이 발생할 우려가 없을 것. 다만, 환경오염·생태계

파괴·위해발생 등의 방지가 가능하여 환경오염의 방지, 위해의 방지, 조경, 녹지의 조성, 완충지대의 설치 등을 허가의 조건으로 붙이는 경우에는 그러하지 아니하다.

⑶ 개발행위로 인하여 녹지축이 절단되지 아니하고, 개발행위로 배수가 변경되어 하천·호소·습지로의 유수를 막지 아니할 것

기반시설
⑴ 주변의 교통소통에 지장을 초래하지 아니할 것
⑵ 대지와 도로의 관계는 「건축법」에 적합할 것
⑶ 도시·군계획조례로 정하는 건축물의 용도·규모(대지의 규모를 포함한다)·층수 또는 주택호수 등에 따른 도로의 너비 또는 교통소통에 관한 기준에 적합할 것

그 밖의 사항
⑴ 공유수면매립의 경우 매립목적이 도시·군계획에 적합할 것
⑵ 토지의 분할 및 물건을 쌓아놓는 행위에 입목의 벌채가 수반되지 아니할 것.

시·군계획조례에 의한 개발행위허가 기준
지방자치단체는 국토계획법의 위임(앞의 3.세부적인허가기준 공통분야 ⑶)에 의하여 ①경사도, ②입목본수도(입목축적), ③표고 등을 기준으로 개발행위허가기준을 조금씩 다르게 규정하고 있으며, 허가대상부지는 해당 기준을 모두 충족하여야 개발행위허가를 받을 수 있다.

1. 경사도(평균경사도)

경사도의 측정 또는 판단은 인·허가 전문가가 아닌 일반투자가들에게는 매우 어려운 과제에 해당된다. 인·허가 실무에서는 토목설계사무소에 의뢰하여 해결한다.

2. 표고

표고란 기준점에서 개발행위허가 대상 토지까지의 높낮이를 말하는 것으로, 기준점 및 표고 에 대한 개발행위허가 기준은 시·군마다 도시계획조례로 조금씩 다르게 규정하고 있다. 산지의 표고는 산지정보시스템(www.forestland.go.kr)에서 조회하여 확인할 수 있다. 표고와 관련된 사항 역시 인·허가 실무에서는 토목설계사무소에 의뢰하여 해결한다.

3. 임상(입목본수도 및 입목축적)

입목본수도를 기준으로 하거나 입목축적을 기준으로 하거나 시·군마다 도시계획조례로 조금씩 다르게 규정하고 있다. 인·허가 실무에서는 토목설계사무소에 의뢰하면 산림조사전문기관에 재의뢰하여 해결한다.

1) 입목본수도

입목본수도는 현재 자라고 있는 입목(立木)의 본수나 재적을 그 임지의 적절한 본수나 재적에 대한 비율(백분율)로 나타낸 것을 말한다. 입목본수도의 조사방법은 해당 지방자치단체의 시·군계획조례로 정하고 있으며, 개발행위허가 기준으로 활용되고 있다. 일반적으로 입목본수도는 조사구역의 입목을 전수 조사하고 가슴높이직경의 측정은 경사지에서는 위쪽에서, 평지에서는 임의의 방향에서 지상 1.2m(가슴높이)의 높이를 측정한다. 입목본수도는 측정한 각 수종의 직경별 본수에 평균직경을 곱하여 직경 소계를 구하고 직경 소계를 합산하여 직경 총계를 구하며, 직경 총계를 대상지의 전체 본수로 나누어 평균가슴높이직경을 구한 후 입목본수기준표에 의거 대상지 수목의 평균 가슴높이직경에 해당되는 ha당 정상입목본수를 ㎡당 입목본수로 환산하여 산출한다.

① 대상지 정상입목본수(본) = 대상지면적(㎡) × 정상입목본수도(본/㎡)
② 입목본수도(%) = (대상지 현재 생육본수 ÷ 대상지 정상 입목본수) × 100

2) 입목축적도

개발(전용)하려는 산지의 헥타르당 입목축적이 산림기본통계상의 관할 시·군·자치구의 헥타르당 입목축적의 150% 이하여야 한다. 다만, 산불 발생·솎아베기·벌채를 실시한 후 5년이 지나지 아니한 때에는 그 산불 발생·솎아베기 또는 벌채 전의 입목축적을 환산하여 조사·작성 시점까지의 생장율을 반영한 입목축적을 적용한다.

여러 시·군의 개발행위허가 기준 사례

▶ 참조1 : △△시 도시계획조례 제18조(개발행위허가의 기준)

① 국토계획법 시행령 별표 1의2제1호가목(3)에 따라 시장은 다음 각 호의 요건을 모두 갖춘 토지에 한하여 개발행위를 허가할 수 있다.(단 주·상·공업지역, 제2종지구단위계획, 자연취락지구안에서는 1호부터 3호를 적용하지 아니한다)

1. 입목축적의 적용은 「산지관리법」을 준용한다.
2. 경사도가 15도 미만인 토지. 다만, 경사도가 15도 이상으로 공공·익목적으로 시장이 필요하다고 판단하는 시설 및 건축물을 건축하기 위한 개발행위는 시 도시계획위원회의 자문을 거쳐 허가할 수 있다.
3. 기준 표고는 시 도시기본계획의 토지이용계획 부분 개발가능지 분석 기준에 의하여 개발가능 지역을 아래의 기준범위 안에서 세부적인 기준을 조례 시행규칙에서 따로 정할 수 있다.
   가. 송산면·서신면·마도면·우정읍 : 기준표고 해발 0m 기준으로 50m 미만에 위치한 토지
   나. 남양동, 장안면, 팔탄면, 양감면, 진안동, 병점1동, 병점2동, 반월동, 기배동, 화산동: 기준표고 해발25m 기준으로 50m 미만에 위치한 토지
   다. 정남면, 비봉면, 매송면, 봉담읍, 향남면, 동탄면 : 기준표고 해발 50m 기준으로 50m 미만에 위치한 토지
4. 환경·생태적으로 보전가치가 있는 생태자연도 Ⅰ등급권역과 녹지자연도 8급 이상 지역이 아닌 토지
5. 제1항제3호의 규정에 불구하고 다음 각 목의 어느 하나에 해당하는 경우에는 시 도시계획위원회 자문을 거쳐 허가할 수 있다.
   가. 10호 이상의 자연마을이 형성된 인접지역에서 단독주택을 건축하기 위한 개발행위(단, 단독주택 이라 함은 「건축법 시행령」별표 1제1호의 가목에 한하며, 그 부지면적은 660㎡ 미만)
   나. 「공익사업을 위한 토지 등의 취득 및 보상에 관한 법률」제4조 각 호 어느 하나에 해당되는 사업과 시장이 필요하다고 인정한 개발행위

② 제1항제2호의 경사도 산출은 「산지관리법」을 준용한다.

➡ 참조2 : 00시 도시계획조례 제20조(개발행위허가의 기준)

① 영 별표1의2 제1호가목(3)의 규정에 의하여 시장은 다음 각 호의 요건을 모두 갖춘 토지에 한하여 개발행위를 허가할 수 있다.
  1. 다음 각 목의 입목본수도 요건 중 하나의 요건을 갖춘 토지. 다만, 판매를 목적으로 재배하는 나무는 입목본수도 산정 시 이를 산입하지 아니한다.
      가. 개발행위허가 대상토지 및 해당 토지의 경계로부터 50m 이내에 위치하는 주변토지의 총 입목본수도가 50% 미만인 경우
      나. 개발행위허가 대상토지의 중심부로부터 경계까지의 거리의 50% 거리 안에 위치하는 주변토지의 입목본수도가 50% 미만인 경우
  2. 평균경사도가 23도 미만인 토지. 다만, 평균경사도가 23도 이상인 토지에 대하여는 시도시계획위원회의 자문을 거쳐 허가할 수 있다. 이 경우 평균경사도 산정방식은 「산지관리법 시행규칙」제10조제2항제8호에 따른다.
  3. 제1호 및 제2호의 규정에도 불구하고 계획관리지역 안에서의 다음 각 목의 요건을 모두 갖춘 토지에 대하여 개발행위허가를 할 수 있다.
      가. 평균경사도가 18도 미만인 토지. 다만, 평균경사도가 18도 이상 되는 토지에 대하여는 시도시계획위원회의 자문을 거쳐 허가할 수 있다. 이 경우 평균경사도 산정방식은 「산지관리법 시행규칙」제10조제2항제8호에 따른다.
      나. 입목축척도 150% 미만인 경우
② 제1항의 규정은 제23조, 제24조의 규정에 의하여 개발행위를 허가하는 경우에는 적용하지 아니한다.

▶ 참조3 : 서울시 도시계획조례 [별표 1] 개발행위허가 기준

■ 1. 분야별 검토사항

검토분야	허가 기준
가. 공통분야	(1) 조수류, 수목 등의 집단서식지가 아니고, 우량농지 등으로 보전의 필요성이 없을 것 (2) 개발행위로 인하여 해당 지역 및 그 주변지역의 역사적·문화적·향토적 가치가 있는 지역이 훼손되지 아니하고, 국방상 목적 등에 따른 원형 보전의 필요성이 없을 것 (3) 토지의 형질변경이나 토석채취의 경우에는 표고, 경사도, 임상, 인근 도로의 높이, 물의 배수 등을 참작하여 다음의 기준에 적합할 것. 이 경우 기준의 적용은 일필지 단위로 함. 다만, 종전의 「도시계획법」에 따라 일단의 주택지조성사업이 완료된 지목이 "대"인 토지로서 지구단위계획구역으로 지정되어 지구단위계획을 수립한 지역은 다음의 기준을 적용하지 아니한다. (가) 입목본수도 51%(녹지지역에서는 41%) 미만인 토지. 다만, 판매를 목적으로 재배하는 나무는 입목본수도에 산입하지 아니한다. (나) 경사도 21도(녹지지역에서는 15도) 미만인 토지 (4) 제24조제4항의 도시생태현황 조사결과 비오톱유형평가 1등급이고 개별비오톱평가 1등급인 토지는 대상지 전체에 대하여 절대적으로 보전하여야 한다. (가) "비오톱"이란 특정한 식물과 동물이 하나의 생활공동체를 이루어 지표상에서 다른 곳과 명확히 구분되는 생물서식지를 말한다. (나) 비오톱유형평가는 5개의 등급으로 구분하여 서식지기능, 생물서식의 잠재성, 식물의 층위구조, 면적 및 희귀도를 종합하여 평가한다. (다) 개별비오톱평가는 자연형 비오톱유형과 근자연형 비오톱유형을 대상으로 평가하여 3개의 등급으로 구분하며 자연성, 생물서식기능, 면적, 위치 등을 평가항목으로 고려한다.
나. 도시관리계획	(1) 용도지역별 개발행위의 규모 및 건축제한 기준에 적합할 것 (2) 개발행위허가제한지역에 해당하지 아니할 것
다. 도시계획사업	(1) 도시계획사업부지에 해당하지 아니할 것(영 제61조에 따라 허용되는 개발행위를 제외한다) (2) 개발시기와 가설시설의 설치 등이 도시계획사업에 지장을 초래하지 아니할 것
라. 주변지역과의 관계	(1) 개발행위로 건축 또는 설치하는 건축물 또는 공작물이 주변의 자연경관 및 미관을 훼손하지 아니하고, 그 높이·형태 및 색채가 주변건축물과 조화를 이루어야 하며, 도시관리계획으로 경관계획이 수립되어 있는 경우에는 그에 적합할 것 (2) 개발행위로 인하여 해당 지역 및 그 주변지역에 대기오염·수질오염·토질오염·소음·진동·분진 등에 의한 환경오염·생태계파괴 및 위해의 발생 등이 우려되는 다음에 해당하지 아니하는 것. 다만, 환경오염·생태계파괴 및 위해발생 등의 방지가 가능하여 환경오염의 방지, 위해의 방지, 조경, 녹지의 조성, 완충지대의 설치 등을 허가조건으로 붙이는 경우에는 그러하지 아니하다. (가) 「서울특별시 도시녹화 등에 관한 조례」에 따라 지정된 보호수가 있어 보전의 필요가 있는 경우 (나) 「자연환경보전법」에 따른 멸종위기 야생 동·식물, 보호 야생동·식물, 국제적 멸종위기종 등이 자생하고 있거나, 생물종 다양성이 풍부한 습지 등과 연결되어 생태보전이 필요한 경우

	㈐ 개발행위로 인하여 위해·붕괴 등 재해발생의 우려가 있는 경우 ㈑ 공원·개발제한구역 등에 인접한 지역으로서 개발행위로 인하여 주변의 경관이 크게 손상될 우려가 있는 경우 ㈒ 고의 또는 불법으로 임목이 훼손되었거나 지형이 변경되어 원상회복이 이루어지지 않은 토지로서 토지이용계획확인서에 그 사실이 명시된 경우 (3) 개발행위로 인하여 임야 및 녹지축이 단절되지 아니하고, 개발행위로 배수가 변경되어 하천·호소·습지로의 유수를 막지 아니할 것
마. 기반시설	해당 행위가 도로·급수시설 또는 배수시설의 설치를 포함하는 경우에는 각각 「도로의 구조·시설 기준에 관한 규칙」, 「수도법」 제18조, 「하수도법」 제12조 및 다음의 기준에 적합할 것 (1) 도로의 설치를 포함하는 개발행위허가의 기준은 다음과 같다. ㈎ 행위지역 이외의 모든 도로의 기능과 조화되도록 하고, 인근도로와 연결하여 도로로서의 기능이 발휘될 수 있도록 하여야 하며, 도로에 대한 도시계획이 이미 결정되어 있을 때에는 이에 적합하도록 하여야 한다. ㈏ 대지와 도로와의 관계는 「건축법」에 적합하도록 하여야 한다. ㈐ 주변의 교통소통에 지장을 초래하지 아니하고, 안전한 구조로 하여야 하고, 보행자전용도로 이외에는 계단형태로 하여서는 아니 된다. ㈑ 하수를 충분하게 배출할 수 있는 배수구 등 필요한 시설을 하여야 한다. ㈒ 다른 도로와의 연결이 예정되어 있거나 차를 돌릴 수 있는 공간이 있는 경우 등 차량의 통행에 지장이 없는 경우를 제외하고는 막다른 길이 되어서는 아니 된다. (2) 급수시설의 설치를 포함하는 개발행위허가의 기준은 다음과 같다. ㈎ 수도, 그 밖의 급수시설은 해당 행위지역의 규모·형상 및 주변의 상황과 대상건축물 등의 용도 및 규모 등을 감안하여 예상되는 수요에 지장이 없는 규모 및 구조로 하고, 급수시설에 대한 도시관리계획이 결정되어 있는 때에는 이에 적합하도록 하여야 한다. ㈏ 배수본관은 부득이한 경우를 제외하고는 말단부가 없는 그물 형태로 하고, 외력인 토압 등의 하중과 내력인 수압에 의하여 파괴되지 아니하는 강도를 유지하도록 하여야 한다. ㈐ 급수시설은 얼어서 해를 입는 일이 없도록 토양이 얼지 아니하는 깊이 이상으로 이를 묻거나 덮개 등 보호조치를 하여야 한다. (3) 하수도등 배수시설의 설치를 포함하는 개발행위허가의 기준은 다음과 같다. ㈎ 행위지역의 규모, 형상 및 주변의 상황과 지반의 성질, 대상건축물 등의 용도, 해당 행위지역 안으로 유입되는 지역 밖의 하수상황 또는 강수량 등에 의하여 예상되는 오수 및 빗물을 유효하게 배출하고, 그 배출에 의하여 당해 행위지역 안 및 그 주변지역에 피해를 끼치지 아니할 규모 및 구조로 하며, 배수시설에 대한 도시관리계획이 결정되어 있을 때에는 이에 적합하도록 하여야 한다. ㈏ 해당 행위지역 안의 하수를 충분하게 배출할 수 있도록 행위지역 밖의 하수도·하천 그 밖의 공공의 수역 또는 해역에 연결되도록 하고 이 경우 방류선에서의 배수능력의 부족으로 부득이하다고 인정될 때에는 해당 행위지역 안의 하수를 저류하는 유수지 그 밖의 필요한 시설을 설치하도록 하여야 한다. ㈐ 하수의 배출은 분류식으로 하되, 해당 행위지역 밖의 조건 등에 따라 부득이한 경우에는 합류식으로 할 수 있다. ㈑ 하수의 배출은 부득이한 경우를 제외하고는 암거방식에 따르고, 자연환경을 심하게 파괴할 오수를 방출할 경우에는 종말처리시설을 설치하여야 한다.

	(마) 배수시설의 구조는 자중·수압·토압 또는 차량 등의 하중 및 지진 등에 대한 내구력이 있고, 누수되거나 지하수가 침입하지 아니하는 구조로 하여야 한다. (바) 구조물은 지하수의 부력에 견딜 수 있도록 축조하여야 한다. (사) 배수관은 도로 또는 배수시설의 유지·관리상 지장이 없는 장소에 매설하고, 관경은 200mm 이상이어야 한다. (아) 하수처리시설의 처리능력은 1일에 처리할 수 있는 평균하수처리량으로 하고, 그 하수처리시설과 연결되는 도수관의 처리능력은 1일에 통과시킬 수 있는 최대하수량으로 한다.
바. 그 밖의 사항	(1) 공유수면 매립의 경우에는 그 매립목적이 도시계획에 적합할 것 (2) 토지의 분할 및 물건을 쌓아놓는 행위에 입목의 벌채가 수반되지 아니할 것

■ 1. 분야별 검토사항

검토분야	허가 기준
가. 건축물의 건축 또는 공작물의 설치	(1) 「건축법」의 적용을 받는 건축물의 건축 또는 공작물의 설치에 해당하는 경우 그 건축 또는 설치의 기준에 관하여는 「건축법」과 법 및 영 그리고 이 조례에서 정하는 바에 따르고, 그 건축 또는 설치의 절차에 관하여는 「건축법」에 따른다. 이 경우 건축물의 건축 또는 공작물의 설치를 목적으로 하는 토지의 형질변경 또는 토석채취에 관한 개발행위허가는 「건축법」에 따른 건축 또는 설치의 절차와 동시에 할 수 있다. (2) 도로·상수도 및 하수도가 설치되지 아니한 지역에 대하여는 건축물의 건축(건축을 목적으로 하는 토지의 형질변경을 포함한다)은 이를 허가하지 아니할 것. 다만, 무질서한 개발을 초래하지 아니하는 범위 안에서 다음에 해당하는 경우에는 그러하지 아니한다. 　(가) 도시계획이 결정되어 있는 지역으로서 신청인이 인접의 기존시설과 연계되는 도로·상수도 및 하수도를 설치할 것을 조건으로 하는 경우 (상수도를 대신하여 「먹는물관리법」에 따른 먹는 물 수질기준에 적합한 지하수개발·이용시설을 설치하도록 하거나, 하수도를 대신하여 「하수도법」에 따른 오수정화시설을 설치하는 경우를 포함한다) 　(나) 자연녹지지역 및 생산녹지지역 안에서 농업·임업·어업 또는 광업에 종사하는 자가 주거용 건축물 및 그 부대시설의 건축을 목적으로 행하는 1,200㎡ 미만의 토지형질변경을 하고자 하는 경우 　(다) 창고 등 상수도나 하수도의 설치를 필요로 하지 아니하는 건축물을 건축하고자 하는 경우로서 도로가 설치되어 있거나 도로의 설치를 조건으로 하는 경우 (3) 건축법의 적용을 받는 건축물을 건축하는 경우 대지 면적 중 자연순환기능을 가진 토양 면적의 비율인 생태면적률을 지목이 변경되는 토지의 형질변경 허가대상에 한하여 다음과 같이 적용한다. 　(가) 단독주택 20% 이상 　(나) 공동주택 30% 이상 　(다) 유통업무설비, 방송통신시설, 종합의료시설, 교통시설(주차장, 자동차정류장, 운전학원) 20% 이상 　(라) 공공문화체육시설 및 공공기관이 건설하는 시설 또는 건축물 30% 이상 　(마) 녹지지역 내 시설 및 건축물 50% 이상
나. 토지의 형질변경	(1) 토지의 지반이 연약한 지반인 때에는 그 두께·넓이·지하수위 등의 조사와 지반의 지지력·내려앉음·솟아오름에 관한 시험을 실시하여 흙바꾸기·다지기·배수 등의 방법으로 이를 개량할 것

		⑵ 토지의 형질변경에 수반되는 성토 및 절토에 의한 비탈면 또는 절개면에 대하여는 옹벽 또는 석축의 설치 등 다음의 안전조치를 할 것 ㈎ 상단면과 접속되는 지반면은 특별한 사정이 없는 한 비탈면 및 절벽면의 반대방향으로 빗물 등의 지표수가 흘러가도록 하여야 한다. ㈏ 토사가 무너져 내리지 아니하도록 옹벽·석축·떼붙임 등을 하여야 하고, 비탈면의 경사는 토압 등에 의하여 유실되지 아니하도록 안전하게 하여야 한다. ㈐ 비탈면의 경사와 석축 또는 콘크리트옹벽의 설치에 관하여는「건축법 시행규칙」제25조를 준용한다. ㈑ 경사가 심한 토지에 성토를 하는 경우에는 성토하기 전의 지반과 성토된 흙과의 접하는 면의 토사가 붕괴되지 아니하도록 필요한 조치를 하여야 한다. ㈒ 옹벽은 토사의 붕괴 또는 침하 등에 버틸 수 있어야 하고, 그 구조 및 설계방법은 콘크리트 표준시방서에 따른다. ㈓ 석축은 물이 솟아나오는 경우 등에 대비하여 멧쌓기 또는 찰쌓기 등의 방법을 선택하되 배수 및 토압분산을 위한 뒷채움을 충분히 하여야 하고, 특히 찰쌓기의 경우에는 충분한 배수공을 두어야 한다.
다. 토석채취		⑴ 주변의 상황·교통 및 자연경관 등을 종합적으로 고려할 것 ⑵ 소음·진동 또는 분진 등에 의하여 인근에 피해가 없는 지역에 한하도록 할 것 ⑶ 지하자원의 개발을 위한 토석의 채취허가는 시가화대상이 아닌 지역으로서 인근에 피해가 없는 경우에 한하도록 할 것. 다만, 국민경제상 중요한 광물자원의 개발을 위한 경우로서 인근의 토지이용에 대한 피해가 최소한에 그치도록 하는 때에는 그러하지 아니하다.

라. 토지분할		⑴ 녹지지역 안에서 관계 법령에 따른 허가·인가 등을 받지 아니하고 토지를 분할하는 경우에는「건축법」제57조제1항 및「서울특별시 건축조례」제25조에 따른 분할제한면적 이상으로 분할할 것
		⑵ 「건축법」제57조제1항에 따른 분할제한면적(이하 이 칸에서 "분할제한면적"이라 한다) 미만으로 분할하는 경우에는 다음 어느 하나에 해당할 것
		㈎ 녹지지역 안에서의 기존묘지의 분할
		㈏ 사설도로를 개설하기 위한 분할(「사도법」에 따른 사도개설허가를 받아 분할하는 경우는 제외한다)
		㈐ 사설도로로 사용되고 있는 토지 중 도로로서의 용도가 폐지되는 부분을 인접 토지와 합병하기 위하여 하는 분할
		㈑ 토지이용상 불합리한 토지경계선을 시정하여 해당 토지의 효용을 증진시키기 위하여 분할 후 인접토지와 합병하고자 하는 경우에는 다음의 어느 하나에 해당할 것. 이 경우 허가신청인은 분할 후 합병되는 토지의 소유권 또는 공유지분을 소유하고 있거나 그 토지를 매수하기 위한 매매계약을 체결하여야 한다.
		  1) 분할 후 남는 토지의 면적 및 분할된 토지와 인접 토지가 합병된 후의 면적이 분할제한면적에 미달되지 아니할 것.
		  2) 분할 전후의 토지면적에 증감이 없을 것
		  3) 분할하고자 하는 기존토지의 면적이 분할제한면적에 미달되고, 분할된 토지와 인접 토지를 합병한 후의 면적이 분할제한면적에 미달되지 아니할 것
		⑶ 너비 5m 이하로 분할하는 경우로서 토지의 합리적인 이용에 지장이 없을 것

마. 물건을 쌓아놓는 행위		해당 행위로 인하여 위해의 발생, 주변 환경의 오염 및 도시경관의 훼손 등의 우려가 없고, 해당 물건을 쉽게 옮길 수 있는 경우로서 다음의 기준에 적합할 것 ⑴ 물건적치로 인하여 소음, 악취 및 침출수 등의 피해가 발생되지 않아야 한다. ⑵ 물건적치로 인하여 시각통로 차폐, 도시미관 훼손 등이 발생되지 않아야 한다.

💬 개발행위허가 이것만은 알고하자!

구입한 토지에 개발허가를 받으려면 공통적으로 개발행위허가를 받아야 한다. 개발행위허가 조건에서 중요하고 토지 매입과정이나 토지개발에 착수하기 전에 반드시 체크하고 챙겨야 할 내용들을 정리 하였다. 질문에 '예'가 있다면 해결을 하거나 조건을 변경 또는 이해관계인의 동의를 받아야 허가된다.

1) 개발하려는 목적이 토지이용계획확인서를 통해 확인한 국토계획법률 용도지역에서 허용하는 행위에 속해 있지 않는지?
   ◇ 용도지역별 건축할 수 있는(또는 없는) 건축물(도시계획조례 참조)
   가. 국토의 계획 및 이용에 관한 법률 시행령 : 별표1~21호
   나. 시·군청 자치법규 : 도시계획조례 별표1~21호

2) 용도지역별 개발행위허가 최대규모를 대상 토지 면적이 초과하지는 않는지?
   ◇ 용도지역별 허가규모(도시계획조례 참조)
   가. 주거지역, 상업지역, 자연녹지지역, 생산녹지지역 : 1만㎡ 미만
   나. 공업지역 : 3만㎡ 미만
   다. 보전녹지지역 : 5천㎡ 미만
   라. 계획관리지역, 생산관리지역, 보전관리지역 : 3만㎡ 미만
   마. 농림지역 : 3만㎡ 미만
   바. 자연환경보전지역 : 5천㎡ 미만

3) 진입로를 연결하여야 할 기존현황 법정도로가 4m이상 포장도로로 국공유지 또는 다수가 통행에 이용하는 공로의 조건을 갖추었는지?

4) 진입로 확보기준으로 개발규모별로 요구하는 진입로 폭을 확보할 수 있는지?
   ◇ 진입로 확보기준
   가. 개발규모 1,000㎡미만 : 4m이상
   나. 개발규모 1,000㎡~10,000㎡미만 : 6m이상
   다. 개발규모 10,000㎡~30,000㎡ : 8m이상

5) 대상토지에서 발생하는 하수를 법정하천까지 배수할 수 있는 국공유지를 경유하는

구거나 배수로가 확보되어 있는지?

6) 표고기준으로 대상 토지의 최대로 높은 부분이 해발고도로 100m(평택시 기준 예시)를 초과하는지?

7) 경사도 기준으로 대상토지에 최고로 급경사부분이 15도(평택시 기준 예시)를 초과하는지

8) 입목본수도 기준으로 대상토지경계에서 10m를 더한 구역 내에 서식하는 총 입목수가 평균직경에 해당하는 기준 입목수에 50%를 초과하는지?(평택시 기준 예시)

9) 개발하려는 목적이 도시계획심의를 받아야 하는 시설인지?
   ◇ 도시계획심의를 받지 않아도 되는 시설
   가. 단독주택
   나. 단란주점 등 유흥시설을 제외한 제1, 2종 근린생활시설
   다. 660㎡미만 농업용 창고
   라. 집단화유도지역으로 해당토지에서 30m이내 주변에 공장, 창고시설이 자연녹지지역 2만㎡, 계획관리지역 5만㎡이상 집단화 되어 있는 지역에서의 공장, 창고시설

10) 해당토지가 속한 용도지역이 도시계획심의를 까다롭게 보는 개발규제 강화용도인지 완화용도인지?
    ◇ 용도지역별 도시계획심의 검토사항
    가. 시가화용도 : 주거지역, 상업지역, 공업지역으로 개발을 유치하거나 권장하는 방향으로 검토
    나. 유보용도 : 자연녹지지역, 계획관리지역, 생산관리지역으로 개발을 체계적으로 유도하는 방향으로 기준을 완화 검토
    다. 보존용도 : 생산녹지지역, 보전녹지지역, 보전관리지역, 농림지역, 자연환경보전지역으로 개발을 가급적 지양하는 방향으로 기준을 강화 검토

11 CHAPTER

도로 및 점용허가

◆ 도로와 진입로

도로

도로는 일반의 교통에 공용되는 길로서 형태와 규모에 따라 생산과 유통 등 경제적·정치적·문화적으로 중요한 기능을 하고 있으며, 구체적으로 건축 및 개발행위의 인·허가와 직결되고, 토지의 활용가치를 극대화하는데 필수적인 역할을 하고 있기 때문에 부동산의 가치를 결정하게 된다. 이러한 도로는 「도로법」 등에 의거하여 규정된 법정도로와 법률에 규정이 없는 도로로 사도(私道), 현황도로, 통로, 농로, 임도 등 비법정도로가 있다.

국도대체우회도로(국대로)

국도대체우회도로란 특별자치도 또는 시의 관할구역을 지나가는 기존의 일반국도를 대체하기 위하여 설치하는 우회 구간의 도로를 말한다.

국가지원지방도(국지도)

국가지원지방도란 지방도 중 중요 도시, 공항, 항만, 산업단지, 주요 도서, 관광지 등 주요 교통유발시설 지역을 연결하며 고속국도와 일반국도로 이루어진 국가 기간도로망을 보조하는 도로로서 법령으로 그 노선이 지정된 것을 말한다.

터널, 교량, 도선장, 도로용 엘리베이터 및 도로와 일체가 되어 그 효용을 다하게 하는 시설 또는 그 공작물도 도로에 포함한다.

법정 도로

■ 도로를 규율하는 주요법률

규율하는 법률	주요 내용
「국토의 계획 및 이용에 관한 법률」	도시계획시설 중 기반시설로서의 도로에 대해 개괄적으로 규정
「건축법」	건축신고와 허가에 필요한 전면도로의 기본 폭과 사선제한, 건축선 등 도로와 관련된 규정
「도로법」	도로에 관한 기본 법률로서 도로의 설치 및 관리, 도로점용, 노선의 지정 등을 규정
「사도법」	「도로법」의 준용을 받지 않는 도로로서 국가나 지방자치단체 이외의 자가 설치하는 도로이며, 설치, 관리, 사용 및 구조에 관한 사항을 규정
「농어촌도로정비법」	「도로법」에 규정되지 않는 농어촌의 면도, 리도와 군수가 고시한 도로인 농도를 규정

■ 「도로법」에 의한 도로와 「국토의 계획 및 이용에 관한 법률」에 의한 도시계획시설 도로의 특징

구분	「국토의 계획 및 이용에 관한 법률」 (도시계획시설의 도로)	「도로법」에 의한 도로
관련법률과 규칙	· 「국토의 계획 및 이용에 관한 법률」 · 「도시계획시설의 결정·구조 및 설치 기준에 관한 규칙」	· 「도로법」 · 「도로의 구조·시설 기준에 관한 규칙」
설치되는 도로의 성격	해당 도시지역 내에서의 도시계획시설의 도로	전국적으로 차량의 통행에 관련된 도로
종류	일반도로, 자동차전용도로, 보행자전용도로, 자전거전용도로, 고가도로, 지하도로	고속국도, 일반국도, 지방도, 특별시·광역시도, 시도, 군도, 구도
설치기준계획	국토종합계획	도시관리계획
적용	· 지구단위계획구역이나 특정 개발계획 구역의 도로 · 도시계획구역 내 일부 또는 가로구역	· 국가 및 행정구역단위 · 일반적인 법정도로의 기준
규제 내용	건축선, 건축물의 높이 제한 등	건축·개발관련 도로의 점용, 접도구역 등

도로를 규율하는 기타법률

「주택법」과 관련된 도로

① 주택단지의 구분 기준이 되는 도로(「주택법」 제2조, 「주택법시행령」 제4조)

㉠ 철도·고속도로·자동차전용도로

㉡ 폭 20m 이상인 일반도로

㉢ 폭 8m 이상인 도시계획예정도로

㉣ 「국토의 계획 및 이용에 관한 법률」에 의한 도시계획시설인 도로로서 국토교통부령이 정하는 도로

㉤ 「도로법」에 의한 일반국도·특별시도·광역시도 또는 지방도

㉥ 그 밖에 관계법령에 의하여 설치된 도로로서 제1호 및 제2호에 준하는 도로

② 주택단지 진입도로(주택건설 기준 등에 관한 규정 제2조)

진입도로라 함은 보행자 및 자동차의 통행이 가능한 도로로서 기간도로로부터 주택단지의 출입구에 이르는 도로를 말한다. 여기에서 기간도로는 「주택법시행령」 제4조에서 규정된 「국토의 계획 및 이용에 관한 법률」에 의한 도시계획시설인 도로로서 국토교통부령이 정하는 도로, 「도로법」에 의한 일반국도·특별시도·광역시도·지방도 및 그 밖에 관계 법령에 의하여 설치된 도로로서 「국토의 계획 및 이용에 관한 법률」과 「도로법」에서 규정한 도로에 준하는 도로를 의미한다.

■ 진입도로와 기간도로의 폭

주택단지의 총세대수	기간도로와 접하는 폭 또는 진입도로의 폭	폭 4m이상의 진입도로 중 2개의 진입도로 폭의 합계
300세대 미만	6m 이상	–
300세대 이상 500세대 미만	8m 이상	12m 이상
500세대 이상 1,000세대 미만	12m 이상	16m 이상
1,000세대 이상 2,000세대 미만	15m 이상	20m 이상
2,000세대 이상	20m 이상	25m 이상

주택단지 안의 도로

① 공동주택을 건설하는 주택단지에는 폭 1.5m 이상의 보도를 포함한 폭 7m 이상의 도로(보행자전용도로, 자전거도로는 제외한다)를 설치하여야 한다.〈개정 2007.7.24. 2013.6.17.〉

② 제1항에도 불구하고 다음 각 호에 어느 하나에 해당하는 경우에는 도로의 폭을 4m 이상으로 할 수 있다. 이 경우 해당 도로에는 보도를 설치하지 아니할 수 있다.〈개정 2013.6.17.〉

1. 해당 도로를 이용하는 공동주택의 세대수가 100세대 미만이고 해당 도로가 막다른 도로로서 그 길이가 35m 미만인 경우
2. 그 밖에 주택단지 내의 막다른 도로 등 사업계획승인권자가 부득이 하다고 인정하는 경우

③ 주택단지 안의 도로는 유선형(流線型) 도로로 설계하거나 도로 노면의 요철(凹凸) 포장 또는 과속방지턱의 설치 등을 통하여 도로의 설계속도 (도로설계의 기초가 되는 속도를 말한다)가 시속 20km 이하가 되도록 하여야 한다.〈신설 2013.6.17.〉

④ 500세대 이상의 공동주택을 건설하는 주택단지 안의 도로에는 어린이 통학버스의 정차가 가능하도록 국토교통부령으로 정하는 기준에 적합한 어린이 안전보호구역을 1개소 이상 설치하여야 한다.〈신설 2013.6.17.〉

⑤ 제1항부터 제4항까지에서 규정한 사항 외에 주택단지에 설치하는 도로 및 교통안전시설의 설치기준 등에 관하여 필요한 사항은 국토교통부령으로 정한다.〈개정 1994.12.23., 1994.12.30., 2007.7.24., 2008.2.29., 2013.3.23., 2013.6.17.〉

[제목개정 2007.7.24.]

「측량·수로 및 지적에 관한 법률」에서의 도로

① 28개 지목분류에서의 도로 부지의 일반적 의미
  ㉠ 일반 공중의 교통운수를 위하여 보행 또는 차량운행에 필요한 일정한 설비 또는 형태를 갖추어 이용되는 토지. 단, 아파트, 공장 등 단일용도의 일정한 단지 안에 설치된 통로등은 제외한다.

ⓒ 「도로법」 등 관계법령에 의하여 개설된 토지
　　ⓒ 고속도로안의 휴게소부지
　　ⓔ 2필지 이상에 진입하는 통로로 이용되는 토지
② 구 「지적법」에서 도로 명을 부여하는 도로의 종류
　　㉠ 주 간선도로
　　　　도시 내 주요 지역 간, 도시 간 또는 주요 지방간을 연결하는 도로로서 대량 통과 교통 기능을 수행하는 도로
　　㉡ 보조 간선도로
　　　　도시 내 주간선도로와 소로의 중간에서 도시교통의 집산기능을 수행하는 도로
　　㉢ 소로
　　　　주간선, 보조간선 이외의 도로로서 접근기능을 수행하는 도로
　　㉣ 골목길
　　　　차량통행이 곤란한 좁은 길 또는 보행자 통행위주의 기능을 수행하는 길

「민법」과 「형법」에서 규정된 도로의 의미

민법상 주위통행권에 규정된 통로는 농사 등 사용목적에 따라 자기 토지 이용에 필요한 최소한의 통로로 과거에는 지게폭 기준으로 도보가 가능할 정도에서 우마차나 리어커의 사용이 가능하였다가 최근에는 트랙터 등 농기계나 일부 자동차의 진입폭으로 통로의 폭이 넓어져왔고 사실상 도로, 현황도로, 관습상도로라는 개념으로 취급되고 있다.

① 「민법」 제219조의 주위토지통행권과 제220조의 무상 주위토지통행권
「민법」 제219조에 규정된 주위토지통행권은 어느 토지와 공로사이에 그 토지의 용도에 필요한 통로가 없는 경우에 그 토지소유자는 주위의 토지를 통행 또는 통로로 하지 아니하면 공로에 출입할 수 없거나 과다한 비용을 요하는 때에는 그 주위의 토지를 통행할 수 있고 필요한 경우에는 통로의 개설이 가능하다. 이때 통행권자는 통행지 소유자의 손해를 보상해야한다. 그러나 보상불이행시에도 주위토지통행권은 소멸하지 않고 다만 채무불이행 책임만 부담한다.

주위토지통행권은 출입할 수 없는 경우뿐만 아니라 과다한 비용을 요하는 때에도 인정된다. 나중에 공로가 개설됨으로써 인정할 필요성이 없어진 때에는 통행권이 소멸한다. 현재 토지의 이용 범위에서만 인정되기 때문에 장차 이용 상황까지 대비하여 청구하는 것은 불가능하며, 이미 통로가 있으면 그 통로사용이 편리하다는 이유만으로는 인정이 불가하다.

그러나 「민법」 제220조에서 규정된 무상 주위토지통행권은 일부를 양도한 경우를 포함하여 분할로 인하여 공로에 통하지 못하는 토지가 있는 때에는 그 토지 소유자는 공로에 출입하기 위하여 다른 분할자의 토지를 무상으로 통행할 수 있다. 그러나 분할되어 동시에 모두 양도된 경우에는 그 양수인 사이에 무상통행권이 부정되며, 분할토지의 특별승계인에게는 유상으로 전환되어 「민법」 제219조가 적용된다.

② 「형법」 제 185조에 규정된 교통방해죄에서의 통로
육로, 수로 또는 교량을 손괴 또는 불통하게 하거나 기타방법으로 교통을 방해한 경우 교통방해죄가 성립되어 처벌할 수 있다. 육로라 함은 특정인

에 한하지 않고 불특정다수인 또는 차마(車馬)가 자유롭게 통행할 수 있는 공공성을 지닌 장소를 의미한다.

「감정평가사법」에 의한 도로의 분류

① 광대로 – 폭 25m 이상의 도로
② 중로 – 폭 12m 이상 25m 미만의 도로
③ 소로 – 폭 8m 이상 12m 미만의 도로
④ 세로(가) – 자동차 통행이 가능한 폭8m 미만의 도로
⑤ 세로(나) – 자동차 통행이 불가능하나 경운기의 통행이 가능한 도로

「공익사업을 위한 토지 등의 취득 및 보상에 관한법률 시행규칙」 제26조에서의 도로의 의미

사실상의 사도라 함은 「국토의 계획 및 이용에 관한 법률」에 의한 도시관리계획에 의하여 도로로 결정된 후부터 도로로 사용되고 있는 도로를 제외하고 「사도법(私道法)」에 의한 사도이외의 도로로서 다음에 해당하는 도로를 의미한다. 「사도법」상의 사도는 주변 토지의 보상액의 5분의 1로 평가를 하며, 사실상의 사도는 주변토지의 보상액의 3분의 1로 평가를 산정한다.

① 도로개설당시의 토지소유자가 자기토지의 편익을 위하여 스스로 설치한 도로
② 토지 소유자가 그 의사에 의하여 타인의 통행을 제한할 수 없는 도로
③ 「건축법」제45조의 규정에 의하여 건축허가권자가 그 위치를 지정·공고한 도로

④ 도로개설당시의 토지소유자가 대지 또는 공장용지 등을 조성하기 위하여 설치한 도로

「농지법」에서의 농로 및 「산지관리법」의 임도
농로는 「농지법」에서 유지, 양·배수시설, 수로, 농로, 제방들을 포함하여 농지로 규정하여 농지전용허가절차를 거치지 않은 농로는 도로로 간주하지 않음에 유의하여야 한다. 또한 임도는 「산지관리법」에서 산지로 규정하여 산지전용허가 절차를 거치지 않은 임도는 도로로 간주하지 않는다.

「주차장법」에서의 차로(도로)의 의미
차로란 주차장 부지 내에서 주차하기 위해 차량이 운행 할 수 있는 도로로서 주차장 설치 시 자동차가 주차단위구획으로 진출입하기 위한 공간이다. 또한 노폭이 6m또는 4m이상의 경우에는 일반도로로 사용이 가능하다.

「유료도로법」과 「도로교통법」에서의 도로의 의미
① 「유료도로법」에서의 도로
도로라 함은 「도로법」 제2조의 규정에 의한 도로로서 도로에 관한 재원을 확보하고 도로의 정비를 촉진하며 교통의 편리를 증진하기 위하여 통행료를 징수할 수 있는 도로의 신설, 개축, 유지, 수선 기타 관리에 관하여 「도로법」에 대한 특례를 규정하여 「유료도로법」 또는 「사회기반시설에 대한 민간투자법」 제26조의 규정에 따라 통행료 또는 사용료를 받는 도로를

유료도로라 한다.

② 「도로교통법」에서의 도로

「도로교통법」에서 규정된 도로는 도로에서 일어나는 교통상의 모든 위험과 장해를 방지하고 제거하여 안전하고 원활한 교통을 확보하기 위하여 「도로법」에 의한 도로, 「유료도로법」에 의한 유료도로와 그 밖에 현실적으로 불특정 다수의 사람 또는 차마의 통행을 위하여 공개된 장소로서 안전하고 원활한 교통을 확보할 필요가 있는 장소를 말한다.

「도시주거환경정비법」의 현황도로인 토지를 소유한 재개발조합원의 자격기준

주택소유	면 적	주택소유유무	분양자격	비 고
단독소유	20~30㎡ 미만	무주택	있음	조례 시행당시 구역지정이 되었을 경우에는 구역지정고시일 이전에 분할된 것이어야 한다. 현황도로일 경우 지목이 도로로 되어있으면 분양불가
	30~90㎡ 미만	무주택	있음	조례 시행일 이전에 분할된 것으로, 현황도로일 경우 지목이 도로로 되어 있으면 분양 불가
	90㎡ 이상	무관	있음	조례 시행일 이전에 분할된 것으로, 현황도로일 경우 지목과 상관없이 분양 가능
수인소유	30~90㎡ 미만	무관	없음	조례시행일 이전에 공유지분으로 소유하여야 한다. 현황도로일 경우 지목이 도로인 경우에는 분양 불가
	90㎡ 이상	무관	있음	조례시행일 이전에 공유지분으로 소유해야 한다.

「도로법」에 의한 도로의 종류 및 정의

도로의 종류 및 노선

① 고속국도
고속국도란 자동차교통망의 중축부분을 이루는 중요한 도시를 연락하는 자동차전용의 고속교통에 제공되는 도로로서 「고속국도법」에 의하여 노선이 지정된 것을 말한다.

② 일반국도
일반국도는 일반적으로 '국도'라 부르며 중요 도시, 지정항만, 중요 비행장, 국가산업단지 또는 관광지 등을 연결하며 고속국도와 함께 국가 기간도로망을 이루는 도로로서 법령으로 그 노선이 지정된 것을 말한다.

③ 특별시도 · 광역시도
특별시도 · 광역시도는 특별시 또는 광역시 구역에 있는 다음의 어느 하나에 해당하는 도로로서 특별시장 또는 광역시장이 그 노선을 인정한 것을 말한다.

㉠ 자동차 전용도로
㉡ 간선 또는 보조간선 기능 등을 수행하는 도로
㉢ 도시의 주요 지역 간이나 인근 도시와 주요 지방간을 연결하는 도로
㉣ 그 외에 도시의 기능 유지를 위하여 특히 중요한 도로

④ 지방도
지방도는 지방의 간선도로망을 이루는 다음의 어느 하나에 해당하는 도로로서 관할 도지사 또는 특별자치도지사가 그 노선을 인정한 것을 말한다.

㉠ 도청 소재지에서 시청 또는 군청 소재지에 이르는 도로

ⓛ 시청 또는 군청 소재지를 서로 연결하는 도로

ⓒ 도 또는 특별자치도에 있는 비행장·항만·역 또는 이들과 밀접한 관계가 있는 비행장·항만·역을 서로 연결하는 도로

ⓔ 도 또는 특별자치도에 있는 비행장·항만 또는 역에서 이들과 밀접한 관계가 있는 고속국도·국도 또는 지방도를 연결하는 도로

ⓜ 그 외의 도로로서 지방의 개발을 위하여 특히 중요한 도로

⑤ 시도

시도는 시 또는 관할 행정구역 안에 있는 도로로서 관할 시장(시의 경우에는 특별자치도지사를 말한다)이 그 노선을 인정한 것을 말한다.

⑥ 군도

군도는 군에 있는 다음의 도로로서 관할 군수가 그 노선을 인정한 것을 말한다.

ⓐ 군청 소재지에서 읍사무소 또는 면사무소 소재지에 이르는 도로

ⓑ 읍사무소 또는 면사무소 소재지 상호 간을 연결하는 도로

ⓒ 그 외의 도로로서 군의 개발을 위하여 특히 중요한 도로

⑦ 구도

구도는 특별시나 광역시 구역에 있는 도로 중 특별시도와 광역시도를 제외한 구(자치구에 한) 안에서 동 사이를 연결하는 도로로서 관할 구청장이 그 노선을 인정한 것을 말한다.

도시계획시설의 설치기준에 의한 도로

① 도로의 사용 및 형태별 구분

ⓐ 일반도로

폭 4m 이상의 도로로서 통상의 교통소통을 위하여 설치되는 도로

ⓒ 자동차전용도로

특별시·광역시·시 또는 군내 주요지역 간이나 시·군 상호간에 발생하는 대량교통량을 처리하기 위한 도로로서 자동차만 통행할 수 있도록 하기 위하여 설치하는 도로

ⓒ 보행자전용도로

폭 1.5m 이상 도로로서 보행자의 안전하고 편리한 통행을 위하여 설치하는 도로

ⓔ 자전거전용도로

폭 1.1m 이상의 도로로서 자전거의 통행을 위하여 설치하는 도로

ⓜ 고가도로

시·군 내 주요지역을 연결하거나 시·군 상호간을 연결하는 도로로서 지상교통의 원활한 소통을 위하여 공중에 설치하는 도로

ⓗ 지하도로

시·군 내 주요지역을 연결하거나 시·군 상호간을 연결하는 도로로서 지상교통의 원활한 소통을 위하여 지하에 설치하는 도로. 다만, 입체교차를 목적으로 지하에 도로를 설치하는 경우를 제외한다.

규모별 구분

도로의 규모별 구분은 『토지이용계획확인서』나 『지적임야도상』에 가장 빈번하게 등장하는 도로 이며 어떤 도로에 접하느냐 또는 저촉되느냐는 토지의 가치평가에 중요한 영향을 미친다. 해당 토지에 접하는 또는 저촉되는 도로의 종류별 폭을 필요할 때마다 찾아볼 수 있어야 한다.

① 광로

    ㉠ 광로1류 : 폭 70m 이상인 도로

    ㉡ 광로2류 : 폭 50m 이상 70m 미만인 도로

    ㉢ 광로3류 : 폭 40m 이상 50m 미만인 도로

② 대로

    ㉠ 대로1류 : 폭 35m 이상 40m 미만인 도로

    ㉡ 대로2류 : 폭 30m 이상 35m 미만인 도로

    ㉢ 대로3류 : 폭 25m 이상 30m 미만인 도로

③ 중로

    ㉠ 중로1류 : 폭 20m 이상 25m 미만인 도로

    ㉡ 중로2류 : 폭 15m 이상 20m 미만인 도로

    ㉢ 중로3류 : 폭 12m 이상 15m 미만인 도로

④ 소로

    ㉠ 소로1류 : 폭 10m 이상 12m 미만인 도로

    ㉡ 소로2류 : 폭 8m 이상 10m 미만인 도로

    ㉢ 소로3류 : 폭 8m 미만인 도로

기능별 구분

① 주 간선도로

시·군 내 주요지역을 연결하거나 시·군 상호간을 연결하여 대량통과교통을 처리하는 도로로서 시·군의 골격을 형성하는 도로

② 보조간선도로

주 간선도로를 집산도로 또는 주요 교통발생원과 연결하여 시·군 교통

의 집산기능을 하는 도로로서 근린주거구역의 외곽을 형성하는 도로

③ 집산도로

근린주거구역의 교통을 보조간선도로에 연결하여 근린주거구역 내 교통의 집산기능을 하는 도로로서 근린주거구역의 내부를 구획하는 도로

④ 국지도로

가구(도로로 둘러싸인 일단의 지역을 말한다)를 구획하는 도로

⑤ 특수도로

보행자전용도로 · 자전거전용도로 등 자동차 외의 교통에 전용되는 도로

차로의 폭과 도로의 일반적 특징

① 차로의 폭

차로의 폭은 차선의 중심선에서 인접한 차선의 중심선까지로 하며, 도로의 구분, 설계속도 및 지역에 따라 다음 표의 폭 이상으로 한다. 통행하는 자동차의 종류 · 교통량, 그 밖의 교통 특성과 지역 여건 등에 따라 필요한 경우 회전차로의 폭과 설계속도가 시속 40㎞ 이하인 도시지역 차로의 폭은 2.75m 이상으로 할 수 있다.

도로의 구분			차로의 최소 폭(m)		
			지방지역	도시지역	소형차도로
고속도로			3.50	3.50	3.25
일반도로	설계속도 (km/시간)	80 이상	3.50	3.25	3.25
		70 이상	3.25	3.25	3.00
		60 이상	3.25	3.00	3.00
		60 미만	3.00	3.00	3.00

② 도로의 일반적인 특징
　㉠ 도로의 노선은 당해 도로의 폭·선형 등 도로의 구조적 특성, 도로의 연결 상태, 교통체계 등을 고려하여 원칙적으로 기점 및 종점이 연속되도록 정하여야 한다.

　㉡ 노선번호는 도로의 기능에 따라 주간선도로·보조간선도로·집산도로 및 국지도로로 구분하여 체계적으로 부여하여야 한다. 다만, 「도로법」에 의한 고속국도·일반국도 및 국가지원지방도의 경우에는 「도로법」이 정하는 바에 의한다.

　㉢ 노선번호는 시·군의 규모, 도로망의 형태 및 교통상의 기능 등을 고려하여 순차적으로 부여하며, 새로운 노선의 신설에 대비하여 결번을 둘 수 있다. 고속도로 및 시도이상의 도로는 종축은 홀수로 서쪽에서 동쪽으로 순차적으로 부여하며, 횡축은 짝수로 남쪽에서 북쪽으로 순차적으로 부여한다.

　㉣ 도로번호와 표지판의 형태는 고속국도는 방패모양의 표지판에 청색바탕에 흰색글씨를, 일반국도는 타원형의 표지판에 청색바탕의 흰색글씨로, 지방도(국지도는 두자리 숫자)는 직사각형의 표지판에 황색바탕의 청색글씨를, 시도(일반시도, 자동차전용)는 팔각형의 표지판에 흰색바탕에 청색글씨로 기재한다. 자동차전용도로는 팔각형의 표지판에 흰색바탕의 청색글씨로 표시하되, 상단에 붉은색 띠를 표시한다.

㉲ 주 간선도로 외의 도로의 경우, 가까이 있는 주 간선도로의 시점 쪽에 있는 노선부터 당해 주 간선도로의 노선번호 다음에 일련번호를 덧붙인 노선번호를 순차적으로 부여하는 것을 원칙으로 한다.

㉾ 지방도 번호

각 도별로 100번 단위로 별도로 부여한다.

지방	경기	강원	충북	충남	전북	전남	경북	경남	제주
단위	300	400	500	600	700	800	900	1000	1100

▶ 아시안 하이웨이(Asian highway)

아시안 하이웨이는 아시아 국가 간 물적·인적교류를 확대하고 정치·경제·사회·문화협력을 증진시키기 위해 아시아 32개국 140,000km에 이르는 기존 또는 신설 고속도로 및 국도 55개 노선을 단일 노선표기로 잇는 것을 말한다. 2006년부터 2010년까지 경부고속도로 표지판에 아시안 하이웨이 1번 노선이, 부산에서 출발하여 동해안을 따라 통일전망대까지 이어지는 7번 국도에 아시안 하이웨이 6번 노선이 설치되어 있다. AH 1번 노선은 일본~부산~서울~평양~신의주~중국~베트남~태국~인도~파키스탄~이란~터키를 잇는 노선을 말하며, AH 6번 노선은 부산~강릉~원산~러시아(하산)~중국~카자흐스탄~러시아로 이어지는 노선을 의미한다.

「건축법」에 의한 도로

정의

① 건축법 제2조 제1항제11호에 의하면 도로란 보행 및 자동차통행이 가능한 너비4m 이상의 도로로서 다음에 해당하는 도로 또는 그 예정도로를 말한다.

㉠ 「국토의 계획 및 이용에 관한 법률」·「도로법」·「사도법」 기타 관계 법령에 의하여 신설 또는 변경에 관한 고시가 된 도로

㉡ 건축허가 또는 신고 시 특별시장·광역시장·도지사·특별자치도지사 또는 시장·군수·구청장이 위치를 지정하여 공고한 도로.

「건축법」상의 도로란 사람과 자동차의 통행이 가능해야 하므로 자동차만 통행하는 자동차전용도로는 건축법상의 도로로 인정되지 않으며, 고가도로나 교량 등에 접한 대지도 건축이 불가능하다. 또한 사람만 다닐 수 있는 계단식 도로나 막다른 도로는 자동차의 통행이 불가능하기 때문에 건축허가가 원칙적으로 불가능하다. 그러나 주차장이 불필요한 소규모 건축물이나 인근에 따로 주차장을 확보할 조건으로 건물을 지을 경우에는 보행도로만으로도 건축허가가 가능하게 조례로 규정되어 있는 경우가 있다.

② 지형적 조건으로 자동차통행이 불가능한 경우와 막다른 도로의 경우에는 대통령령이 정하는 구조 및 너비의 도로이어야 한다.

㉠ 특별자치도지사 또는 시장·군수·구청장이 지형적 조건으로 인하여 차량 통행을 위한 도로의 설치가 곤란하다고 인정하여 그 위치

를 지정·공고하는 구간의 너비 3m 이상인 도로(길이가 10m 미만인 막다른 도로인 경우에는 너비 2m 이상인 도로)

ⓛ ㉠에 해당하지 아니하는 막다른 도로로서 당해 도로의 너비가 그 길이에 따라 각각 다음 표에서 정하는 기준 이상인 도로 또는 그 예정도로

막다른 도로의 길이	도로의 너비
10m 미만	2m 이상
10m 이상~35m 미만	3m 이상
35m 이상	6m 이상(도시지역외의 읍·면지역은 4m)

상기의 표처럼 막다른 도로의 길이에 따라 다르게 적용되는 것은 재난구조·화재진압 등의 활동에 필요한 공간을 확보해야 하기 때문에 막다른 도로의 길이가 35m를 넘는 경우의 너비 6m에 대한 기준은 소방차 등 긴급차량의 2대가 교행 할 수 있도록 요구되는 최소한의 너비를 요구하고 있는 것이다.

③ 판례 및 국토해양부의 질의응답으로 본 도로

㉠ 어느 토지의 일부가 오래전부터 사실상의 도로로 사용되어 왔고 인근 주민들이 그 위에 콘크리트 포장까지 하였더라도 이러한 사유만으로 위 토지부분이 「건축법」상의 도로로 되었다고 볼 수 없다.(대판 89누7016)

ⓛ 건축하고자 하는 대지가 도시계획 예정 도로이자 기존 도로에 접하여 있고 대지와 기존도로 사이에 개설되지 아니한 예정도로 부분을

점용허가를 받아 대지의 통행로로 사용하고 있는 경우에는 도시계획예정도로가 「국토의 계획 및 이용에 관한 법률」에 의하여 고시된 도로라면 건축법에서도 도로로 보는 것으로 이에 접한 대지는 「건축법」 제 44조에 적합한 것으로 이해되나 이에 대한 구체적인 사실판단은 허가권자가 판단하여야 할 것이다. (국토해양부 질의응답)
ⓒ 「지적법」에서 지목이 도로라 하더라도 관계법에서 도로로 결정·고시된 것이 아니고 시장·군수 등 허가권자가 이를 도로로 지정한 것이 아니라면 「건축법」상의 도로로 볼 수 없다. (국토해양부 질의응답)

대지와 도로와의 관계(「건축법」 제44조, 동법 영 제28조)

① 원칙
㉠ 건축물의 대지는 4m 이상의 도로에 2m 이상을 자동차만의 통행에 사용되는 도로를 제외한 도로에 접해야 한다.
㉡ 연면적의 합계가 2,000㎡ 이상인 건축물의 대지는 너비 6m 이상의 도로에 4m 이상을 접해야 한다.

② 예외
건축물의 대지가 다음에 해당하는 경우에는 2m 이상을 도로에 접하지 않아도 건축이 가능하다.
㉠ 당해 건축물의 출입에 지장이 없다고 인정되는 경우
현황도로를 이용하여 건축허가를 받고자 하는 경우에는 해당지자체에서 허가여부를 판단하고 있기 때문에 반드시 해당 지자체에 확인을 하여야 한다.

ⓛ 건축물의 주변에 대통령령을 정하는 공지가 있는 경우

공지란 광장·공원·유원지 기타 관계 법령에 의하여 건축이 금지되고 공중의 통행에 지장이 없는 공지로서 허가권자가 인정한 것이어야 한다. 대법원은 제천역 광장에 인접한 대지에 건축 시 건축허가가 가능하다고 판시한 바 있다.

도로의 지정 또는 폐지·변경(「건축법」 제45조)

① 원칙적으로 건축허가권자가 지정·공고 시 당해 도로에 대한 이해관계인의 동의를 얻어야 한다.

② 다만, 다음에 해당하는 경우에는 이해관계인의 동의를 얻지 아니하고 건축위원회의 심의를 거쳐 도로를 지정할 수 있다.
　㉠ 이해관계인이 해외에 거주하는 등 이해관계인의 동의를 얻기가 곤란하다고 허가권자가 인정하는 경우
　ⓛ 주민이 장기간 통행로로 이용하고 있는 사실상의 통로로서 당해 지방자치단체의 조례로 인정하는 경우(예 - 주민이 수년간 도로로 사용하여 왔으나 관계법에서 도로로 결정·고시하지 않았거나 도로로 지정하여 건축허가를 한 근거가 문서로 남아 있지 아니하는 등의 사유가 있는 도로는 조례로 정하여 도로로 인정할 수 있도록 하였다.)

③ 폐지·변경 시에도 이해관계인의 동의를 얻어야 한다.

④ 도로를 지정 변경한 경우 도로관리대장에 기재하고 관리하여야 한다.

> **인천시 건축조례 제24조 (도로의 지정)**
>
> 「건축법」 제45조 제1항 제2호의 규정에 의하여 주민이 장기간 통행로로 이용하고 있는 사실상의 통로로서 건축위원회의 심의를 거쳐 허가권자가 「건축법」 제2조 제1항 제11호 나목에 의한 도로의 위치를 지정·공고하고자 할 때 이해관계인의 동의를 얻지 아니할 수 있는 경우는 다음 각 호의 어느 하나와 같다.
> 1. 「국토의 계획 및 이용에 관한 법률」에 의하여 결정·고시가 되었으나 미 개설된 도로 안에 포함되어 있는 통로
> 2. 「여객자동차 운수사업법」에 의한 시내버스(한정면허 포함)노선으로 이용하고 있는 사실상의 통로
> 3. 복개된 하천, 구거부지로서 폭 4m 이상의 포장된 도로
> 4. 제방도로 및 공원 내 도로로서 건축물이 접하여 있는 통로
> 5. 사실상 주민이 이용하고 있는 통로를 도로로 인정하여 건축허가를 하였으나 도로로 지정한 근거가 없는 통로

⑤ 「건축법」 제2조 제11호 나목의 시장·군수·구청장이 위치를 지정하는 도로와 「건축법」 제46조의 건축선의 지정의 법적해석의 차이

시장·군수·구청장이 위치를 지정하는 도로는 당초부터 도로가 없어 건축이 불가능한 대지에 국토의 계획 및 이용에 관한 법률·도로법·사도법 등의 절차이외의 방법으로 도로를 지정하여 건축이 가능하게 한다. 그러나 건축선의 지정은 처음부터 대지가 도로에 접하여 건축이 가능한 상태이나, 건축법에서 정한 소요도로 너비에 미달한 상태에서 통행공간의 확보를 목적으로 건축선을 지정하는 것이다.

「건축법」 제46조, 영 제31조에 의한 건축선의 지정과 「건축법」 제47조에 의한 건축제한

① 건축선의 지정

건축선이란 도로에 접한 부분에 있어서 건축물을 건축할 수 있는 선으로서 건축선의 기준은 대지와 도로의 경계선으로 한다. 또한 건축선은 법정건축선과 지정건축선으로 구분한다. 특별자치도지사 또는 시장·군수·구청장은 시가지 안에서 건축물의 위치나 환경을 정비하기 위하여 필요하다고 인정하면 대통령령으로 정하는 범위에서 건축선을 따로 지정할 수 있고 이때 건축선을 지정하면 지체 없이 이를 고시하여야 한다.

㉠ 법정건축선

법정건축선이란 소요 너비에 미달되는 너비의 도로인 경우에는 그 중심선으로부터 당해소요너비의 2분의 1에 상당하는 수평거리를 후퇴한 선을 건축선으로 한다. 또한 소요 너비에 미달되는 너비의 도로로서, 당해 도로의 반대쪽에 경사지·하천·철도·선로부지 기타 이와 유사한 것이 있는 경우에는 당해 경사지 등이 있는 경우 도로경계선에서 소요너비에 상당하는 수평거리의 선을 건축선으로 한다. 법정건축선에 저촉되는 면적은 대지면적에서 제외한다. 참고적으로 대지면적에서 제외되는 부분은 법정건축선과 도시계획시설 및 모퉁이선이 있다.

ⓐ 도로의 모퉁이의 경우(너비 4m 이상 8m 미만, 교차각 120도 미만)

도로의 교차각	당해도로의 너비		교차되는 도로의 너비
	6m이상 8m미만	4m이상 6m미만	
90°미만	4m	3m	6m 이상 8m 미만
	3m	2m	4m 이상 6m 미만
90°이상 120°미만	3m	2m	6m 이상 8m 미만
	2m	2m	4m 이상 6m 미만

  ⓒ 지정건축선

    도시지역에 있어서는 도시미관을 위하여 기준 폭이 확보된 도로일지라도 4m 이내의 범위(미관지구는 4m 이내, 도시계획설계지구는 2m 이내)에서 대지 내에 건축선을 지정할 수 있으며 이때의 도로경계선과 건축선 사이의 경계면적을 대지면적으로 인정된다.

② 건축선에 의한 건축제한

건축물과 담장은 건축선의 수직면을 넘어서는 아니 된다. 다만 지표 아래 부분은 그러하지 아니하다. 도로면으로부터 높이 4.5m 이하에 있는 출입구, 창문, 그 밖에 이와 유사한 구조물은 열고 닫을 때 건축선의 수직면을 넘지 아니하는 구조로 하여야 한다.

「건축법」 제43조에 의한 공개공지와 건축물의 높이제한

① 「건축법」 제 43조에 의한 공개공지

  공개공지는 일반주거지역·준주거지역, 상업지역, 준공업지역과 허가권자가 지정·공고하는 지역에 설치한다.

㉠ 공개공지 설치 의무대상 건축물
  ⓐ 연면적 합계 5,000㎡ 이상의 문화 및 집회·종교·판매·운수·업무·숙박 그 밖에 건축 조례가 정하는 건축물로서 의무대상과 비의무대상이 동일건축물에 복합된 경우도 포함한다.
  ⓑ 공개 공지가 조성되면 용적률과 높이제한이 20% 완화되며, 필로티의 구조로도 가능하다.

② 건축물의 높이제한
  ㉠ 일조권확보를 위한 높이제한
   일조권확보를 위한 건축물의 높이제한은 전용주거지역 및 일반주거지역에 한하여 정북방향의 인접대지경계선으로부터 이격거리에 따라 건축물의 높이를 제한 한다.
   ⓐ 높이 4m 이하의 부분 - 인접대지경계선으로부터 1m 이상
   ⓑ 높이 8m 이하의 부분 - 인접대지경계선으로부터 2m 이상
   ⓒ 높이 8m 초과의 부분 - 인접대지경계선으로부터 당해 건축물의 각 부분의 높이의 2분의 1이상
   ⓓ 20m 이상의 도로 등에 접할 경우에는 대지와 대지의 접촉부분은 적용하지 않는다.

  ㉡ 도로사선에 의한 높이제한
   건축물의 최고 높이가 정해지지 않은 경우에는 도로 폭에 의한 사선을 대지가 도로에 접한 부분이 8분의 1 이상인 도로를 기준으로 공지를 포함한 전면도로의 폭의 1.5배 이내의 높이로 한다.

③ 도로와 관련된 건축실무

　㉠ 원칙적으로 「건축법」상의 건축을 할 수 있는 대지는 도로에 접하여야 건축이 가능하다. 따라서 대지에 규모미달의 도로나 맹지일 경우에는 건축허가조건에 「사도법」에 의한 사도의 설치나 별도 도로의 확보를 요구한다.

　㉡ 현황도로가 개인의사유지라면 소유자 임의로 차단할 수 있고, 사용자는 정당한 보상을 하여야 한다. 따라서 현황도로의 토지소유자의 사용승락이 필요하다. 또한 현황도로가 도로의 너비에 부족하거나 보행통로등의 단순한 통로일 경우에는 주변 토지를 매입하거나 인근 토지 소유주의 토지사용승락서가 필요하다.

　㉢ 지목상 도로가 아니더라도 현재 도로로 사용 중인 도로는 민원인의 요청에 따라 도시계획이나 부지증명 담당 공무원이 현장을 조사하여 현황도로를 공도인 도로로 인정하는 사실 증명을 하게 되면 건축허가요건을 충족하게 된다.

▶ 건축법과 관련된 도로에 관한 국토해양부의 질의응답 사항

① 지적상에만 도로일 경우
「도로법」이나 「사도법」, 「국토의 계획 및 이용에 관한 법률」에 의한 도로라면 개설되지 아니한 도로라 하더라도 건축법에서는 도로로 인정된다. 그러나 법정도로가 아닌 단순하게 지적상에만 있는 도로라면 이를 「건축법」 제45조의 규정에 의한 도로지정절차를 거쳐야만 「건축법」에 의한 도로로 전환된다. 그러나 현실적으로 차량의 진입이 가능해야 하기 때문에 개설되지 아니하는 도로 이외에 통행이 가능한 도로나 통로가 있어야 허가가 가능하다.

② 현황도로의 인정
현황도로라 하더라도 도로를 지정하는 「건축법」 제45조 규정을 준수하지 않았다면 「건축법」에서 인정하는 도로가 아니며 그 도로를 이용한 건축허가는 불가능하다. 「도로법」이나 「사도법」, 「국토의 계획 및 이용에 관한 법률」에 의한 도로가 아니라면 건축허가 시 위치를 지정해야만 도로가 되는데, 이는 이해관계인의 동의를 받아 지정·공고해야 하는 절차를 반드시 이행하지 않으면 「건축법」에 의한 도로가 될 수 없다.

③ 구거의 도로인정여부
구거가 도로로 인정받기 위해서는 건축허가 시 위치를 지정하고 공고의 절차를 거쳐야 하는데 구거 소유권자가 이를 동의하야야 하기 때문에 쉽지 않고 구거의 관리청에 타당성여부를 반드시 질의를 하여야 한다. 현재 도로로 사용하고 있다고 하더라도 지목이 구거로 되어 있으면 「농어촌정비법」 제20조 및 동법시행령 제23조의 규정에 의하여 농업기반시설 목적 외 사용의 승인을 받은 후에 사용이 가능하다.

사도법(私道法)에 의한 도로

개요

사도법상의 도로는 건축법에서 규정한 법정도로의 한 종류로 도로가 규정된 규모로 개설되어 있지 않아 건축행위 등이 불가능할 경우에 국가나 지자체가 아닌 사인이 개설하는 도로를 말한다. 이러한 사도는 규모 미달의 현황도로나 자기토지 및 타인의 토지위에 도로를 개설하여 도로의 기능을 하게 해준다.

① 사도의 정의(사도법 제2조, 제3조)
「도로법」의 규정에 의한 도로나 「도로법」의 준용을 받는 도로가 아닌 것으로서 그 도로에 연결되는 도로를 말한다.
㉠ 사도법의 적용을 받지 않는 도로
ⓐ 아파트의 단지 내 도로를 포함한 공원, 광구, 공장 기타 동일한 시설 내에 설치한 도로
ⓑ 가옥수 5호 이내의 사용에 공하는 도로 및 법률에 의하여 설치하는 도로. 다만, 5호 이내의 사용에 제공하는 도로에 대하여 동법을 적용하고자 할 때에는 이를 고시하여야 한다.

㉡ 사도의 개설이 필요한 도로
ⓐ 법정도로에 연결 가능한 맹지나 폭이 좁은 도로(현황도로, 통행로 등)
ⓑ 도로이외의 타지목 또는 농로나 임도를 전용하여 건축·개발행위허가를 득하고자 하는 경우
ⓒ 가옥수 6호 이상이 사용하는 현황도로가 규모에 미달하여 도로로 인정받지 못할 경우

② 사도법상의 주요 내용
㉠ 사도의 관리

사도는 설치한 자가 관리한다.
ⓒ 통행의 제한 · 금지
ⓐ 원칙 ; 사도에 일반이 통행함을 제한하거나 금지하지 못한다.
ⓑ 예외 ; 사도를 설치한 자는 사도의 구조보전 또는 통행상의 위험방지 등 대통령령이 정하는 바에 따라 사도의 통행을 제한 또는 금지할 수 있다. 또한 사도를 설치한 자는 사도를 이용하는 자를 대상으로 사용료를 징수할 수 있으며, 이때에는 관할시장 또는 군수의 허가를 받아야 한다.

③ 사도개설절차
㉠ 구비서류
ⓐ 사도개설허가신청서, 사업계획서, 위치도
ⓑ 설계도서, 지적도, 토지대장, 토지 등기부등본, 토지이용계획확인서
ⓒ 타인소유의 토지를 사용하고자하는 경우 그 권한을 증명하는 서류(사용승락서, 원지주 인감증명서와 등기부등본)

ⓒ 개설절차
ⓐ 구비서류 첨부하여 허가권자인 시장 · 군수 · 구청장에게 제출
ⓑ 신청인 ⇨ 측량토목설계사무소(용역회사) ⇨ 시 · 군 · 구 접수 ⇨ 서류검토 ⇨ 현지조사 ⇨ 허가서작성 ⇨ 허가서교부

ⓒ 허가신청 시 주의사항

ⓐ 사도개설은 허가사항이므로 보전용지일 경우에는 환경영향평가에 의해 불허가가 날 수 있다.
ⓑ 「사도법」에 의하여 도로를 개설하고자 하는 토지의 소유자 또는 그 사용 승락을 받은 자가 시장군수로부터 사도개설허가를 받아야 한다.
ⓒ 사도개설에 의한 토지분할의 경우에는 「국토의 계획 및 이용에 관한 법률」에 의한 최소토지분할금지규정의 예외를 인정한다.
ⓓ 건축허가 신청 시에 일괄처리가 가능하다.
ⓔ 사도와 관련된 토지매수 시에는 사적사도일 경우에도 사도부분의 지분이 포함된 것으로 본다. 대법원에서는 매매면적에 포함되지 않았다고 하더라도 주물에 포함된 것으로 판시한 바 있다.
ⓕ 건축허가권자가 사도법에 의한 사도로 허가한 경우 기존 건축허가가 있을 경우에는 그 사도를 이용하여 후속되는 건축허가는 원칙적으로 가능하다.

비법정도로(非法定道路)

개념

비법정도로라 함은 법으로 규율된 도로이외의 통행에 사용되는 도로를 말한다. 최근 파주시에서는 『법에 따라 만들어져 관리되는 법정도로 외에 마을안길이나 이면도로, 농로 등 개인소유지만 지역 주민의 통행로로 이용되는 모든 도로』라고 규정한 바 있다.

종류 및 특징

① 사도(私道)

맹지 또는 사실상 맹지에 법정도로나 다른 현황도로에 연결하여 대지면적에 포함시키거나 순수한 개인소유의 도로를 말한다. 따라서「건축법」규정에 적합해야 한다.

㉠ 도로의 대부분의 소유권이 사적소유로 통행제한이 가능하다. 이러한 사도에 불특정 다수인이 사용하게 되면 현황도로가 된다.

㉡ 지목의 대부분이 건축 전까지는 전·답·과·대·임야·잡종지·구거 등으로 구성되어 있으며 개인토지소유자가 자기토지의 편익을 위해 주변 토지를 구입하여 해당 토지에 편입시키거나 또는 사용승락서를 득하여 건축허가를 받는다.

㉢ 토지소유주의 주택·관리사·공장 등의 필요에 의하여 도로를 개설하여 통상적으로 토지소유주의 개인 명의로 등기를 한다. 이런 특징을 악용하여 대형 평수의 산지 또는 농지에 대해 도로를 만들면서 소규모로 분할하여 판매한 기획부동산에서 분할 등기 한 후에 공동소유 명의로 등기된 도로부지가 발생하였고, 전원주택지 등의 분양업자가 분양평수를 넓혀 도로부지를 포함하여 분양평수로 하여 분양 금액을 높이는 등의 부작용이 발생하였다. 또는 소규모 택지단지나 전원주택 단지의 도로를 건설회사 명의로 두었다가 후에 경·공매로 개인이 낙찰 받아 통행료를 부과하는 경우도 발생하였다.

㉣ 개별 토지는 대체로 개인소유이나 전원주택단지 등의 집단건축 시 또는 산지의 분할등기에는 공유형태로 나타나기도 하며, 도로에서 비교적 먼 거리에 설치한 전원주택단지와 산지나 과수원의 관리

사, 별장 등 독립건축물을 연결할 경우 상당히 긴 형태로 나타나기도 한다.

현황도로(사실상의 도로(事道) 또는 관습법상의 도로)

지목의 일부가 도로이거나 대부분이 다른 지목인 전·답·대지 등이고 사실적으로 도로의 기능을 제공하고 있는 새마을도로, 소로길, 골목길, 마을 안길, 뒷길 등 차량 통행이 가능하고, 「사도법」상의 사도를 제외한 도로를 말한다.

① 현황도로는 별도로 법률규정이 존재하지 않으며, 실무상 순수한 사도(私道)와 「민법」상 통행로의 규정이 혼재되어 있는 도로이다. 건축 및 개발행위를 위해서는 허가권자가 도로를 지정하거나 도로개설을 하여야 하며, 「사도법」의 사도 등 법률적용을 받지 않는 사유지의 도로일 경우에는 소유자에 의해 통행의 제한이 가능하다.

② 일반적인 현황도로는 도시지역 외곽 및 녹지지역, 관리지역, 농림지역, 자연환경보전지역에서 폭 2m 내외로 자연 발생된 도로를 말한다.

③ 도시지역의 변두리지역으로 도시계획시설이나 기반시설이 부족한 곳의 골목길 등, 개별입지에 설치된 각종 전원주택, 가든, 공장 등의 진입로, 최초 사도로 개설하였으나 대형차량 통행 등을 위해 인접 부지를 이용하여 확장한 도로, 사도법의 적용을 받지 못한 지목만 도로인 토지이거나 지목도 도로가 아닌 일반지목인 토지, 개인·단체 등이 필요에 의해 도로 개설 후 지목변경이나 기부채납하지 않은 토지 등에서 현황도로가 집중적으로 발생한다.

통로(통행로)

통로는 도로개설에 따르는 절차와 관계없이 사실상 사람이 다닐 수 있는 통행로를 말하는 것으로 단순하게 도보나 우마차의 통행만 가능한 골목길, 산책로, 등산로, 오솔길 등으로 구분한다. 또한 지적도상 맹지인 토지에 연결된 사람의 통행이 가능한 통로로 사적소유이어야 하며, 도시계획시설이 설치되지 않은 차량 진입이 불가능한 구시가지나 시골마을의 골목길 등이 있다.

① 어떤 토지가 특정한 필지를 거치지 아니하고는 공로로 직접 통할 수 없을 때는 그 특정 필지는 통로를 내주어야 하는 의무가 발생하는데 그 통로는 특정필지의 손해가 가장 적은 곳을 택하여 내어주는데 해당 필지의 건축허가를 위한 소정의 너비만큼 내어줄 의무가 있는 것은 아니다.(주위토지통행권)

② 통로의 규모에 대한 판례에 의하면 『4m의 폭을 요구한 원고의 요구를 반드시 건축과 차량통행에 가능한 통로를 개설할 필요는 없고 보통 1.5m~2m 정도의 통행로 폭을 제공하면 족하다』고 판시한 바 있다.

농로, 임도

「농지법」과 「산지관리법」에 규정되어있기 때문에 농로와 임로는 도로가 아니다. 따라서 법정도로로 사용하고자 할 경우에는 전용허가가 필요하다.

① 농도는「농어촌정비법」상의 법정도로로서 경작지 등과 연결되어 농·어민의 생산활동에 직접 공용되는 도로이다. 그러나 농로는 농지에서 경작에 필요한 도로를 말하며 농지에 허가나 신고절차 없이 농지에 필요한 도로를 설치하는 것이며 포장도 가능하지만 인접토지일 경우

에는 사용승락이 필요하다.
② 임도는 임간도로라고도 하며 산림의 경영, 산림자원이 보호 및 관리, 산림휴양자원의 이용 등을 주목적으로 하고 산림의 공익적 기능 향상, 산촌진흥, 농·산촌마을의 연결 등 지역사회 개발 등을 위하여 산림내에 개설하는 도로를 말한다.
③ 농로와 임도가 농업진흥지역 이거나 보전산지일 경우에는 전용허가가 제한된다.

비법정도로를 법정도로로 만드는 방법
① 관련 법률에 의한 도로개설 및 사도법에 의한 사도개설
② 건축허가 및 신고권자에 의해 인정을 받아 도로로 지정·공고
③ 허가에 필요한 인접 토지를 매입하거나 사용승낙서를 획득
④ 농지·산지 전용허가를 득하거나 구거나 제방 등을 이용한 도로승인
⑤ 1975년 12월 31이전에 4m 이상 도로로 사용하였다는 것을 증명하는 경우에는 허가권자의 지정·공고와 무관하게 도로로 인정받을 수 있다.

💬 진입로 연결의 필수품, 점용허가!

점용이란 무엇인가

앞에서 도로와 진입로에서 공공이 이용하는 공로의 개념의 도로와 특정인이 소유하는 사유시설 통행에 이용하는 사도개념의 도로(진입로)에 대해서는 공부하였다. 그런데 이번 '점용'단계에서 한 가지 더 알아야 할 것이 '진입도로'의 개념이다.

'진입도로'는 도로와 진입로 혹은 도로와 대상지를 연결하는 역할로 진입로 설치에 필요한 부지확보여부나 연결제한구간 해당여부가 대상지 개발에 중요한 변수가 된다.

진입도로 설치를 위한 부지확보 시 사유지뿐만 아니라 국공유지의 편입이 발생하게 된다. 사유 토지는 개발토지와 마찬가지로 매입을 하여야 하며, 국공유지는 원칙적으로 매입이 불가하기 때문에 임대방식과 같이 사용료를 지불하고 이용권을 취득하는 방식을 사용한다.

이때 사용하는 인·허가행위가 바로 '점용' 이다.

진입도로의 조건

도로로부터 개발 토지에 접근하기위해 진입로가 만족해야 하는 조건은 '접함'과 '연결'이다. '접함'이란 대상 토지가 직접 또는 대상 토지에 연결된 진입로가 도로부지와 지적경계선이 붙어있는 경우를 말하며, '연결'이란 도로 혹은 진입로를 통해 개발토지에 실질적으로 진출입이 가능하도록 가·감속차로, 가각, 테이퍼와 같은 부가차로 형태로 잇는 경우를 말한다. '접함'은 지적도상 도로부지에 접하도록 토지를 매입하여 진입로 부지를 확보하면 해결되지만, 이 '연결'조건을 만족하기 위해서 설치하는 것이 '진입도로'이다.

일반적으로 많이 착각을 하는 경우가 이 '접함'만을 해결하는 것으로 진입로의 조건을 만족했다고 판단하여 대상지 개발을 착수하는 경우를 보는데, 진입도로 연결조건이 만족되지 못하면 진입로가 도로부지에 접했다 하더라도 개발허가가 나지 않는다.

아래 그림(좌)는 신청지를 진출입하는 진입로의 지적경계선이 도로 지적경계선과 접해있는 '접함'의 예를 표시한 그림이고, 그림(우)는 차량이나 사람이 실질적으로 통행이 가능하도록 기존도로의 포장 면에 접하여 부가차로 즉 진입도로를 설치한 '연결'의 예이다.

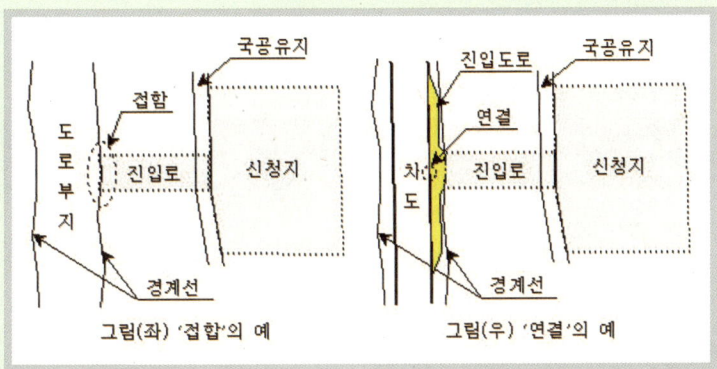

그림(좌) '접합'의 예   그림(우) '연결'의 예

점용허가의 종류
점용은 일반적으로 지목에 따라 구분되지만 더 정확하게는 점용의 대상이 되는 국공유지의 관리청이 어디냐에 따라 구분된다. 즉 관리청이란 '국(국토해양부)'와 같이 국유지이면서 관리하는 행정부가 국토해양부인 경우를 말하며, 공유지는 '경기도', '평택시', '한국농촌공사'와 같은 지방정부나 공공기관을 말한다.

1) 도로부지 : 도로점용허가, 도로연결허가
2) 하천부지 : 하천(소하천)점용허가
3) 구거, 유지(저수지, 호수)부지 : 공유수면점용허가(국토해양부, 지자체 소유)
                           : 목적외사용승인(농수산부, 한국농어촌공사 소유)
4) 그 외 국공유 토지 : 국유재산사용 · 수익허가

도로점용허가
도로점용허가는 지목이 '도'인 도로부지를 개발 토지 진출입에 필요한 용지로 사용하고자 할 때 행하는 허가행위로 도로의 관리청에 허가를 신청해 허가를 득 함으로서 권리가 발생한다.

관리청은 비도시지역의 일반국도는 국도유지관리사무소이며, 도시지역을 통과하는 일반국도와 지방도, 시 · 군 · 구도, 면 · 리 · 농도 및 그 외 소로 는 해당지역을 관할하는 지자체이다.

도로점용허가 시 진입도로 확보에 편입(점용)되는 도로부지 면적에 대하여 사용료를 부과하는데 이를 점용료라 하며 점용료는 다음의 표와 같다.

■ 점용료 산정기준표 (도로법시행령 별표2)

점용물의종류		기준단위		점용료(원)
		점용단위	기간단위	
4. 주유소 · 주차장 · 여객자동차 터미널 · 화물터미널 · 자동차수리소 · 승강대 · 화물적치장 · 휴게소, 그 밖의 이와 유사한 시설	건축물 1층인 건축물	점용면적 1㎡	1년	토지가격x0.05x면적
	2층인 건축물			토지가격x0.055x면적
	3층인 건축물			토지가격x0.06x면적
	4층 이상인 건축물			토지가격x0.065x면적
	진 · 출입로			토지가격x0.02x면적
	기타			토지가격x0.05x면적

도로연결허가

도로연결허가는 진입도로 접속을 위한 도로점용의 위치와 구조가 법이 정하는 기준을 만족하여야 허가를 득할 수 있다.

1) 변속차로의 기준

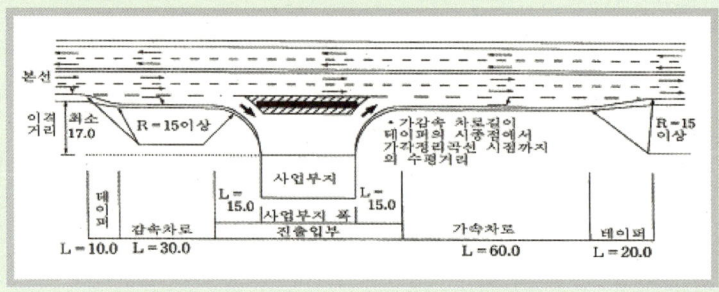

시설	주차대수 (가구수)	변속차로의 길이(M) (테이퍼의 길이 제외)		테이퍼의 길이(M)	
		감속차선	가속차선	감속부	가속부
1. 공단진입로 등	–	45(30)	90(65)	15(10)	30(20)
2. 휴게소·주유소 등	–	45(30)	90(65)	15(10)	30(20)
3. 자동차 정비업소 등	–	30(20)	60(40)	10(10)	20(20)
4. 사도·농로·마을진입로 기타이와 유사한 교통용 통로 등	–	20(15)	40(30)	10(10)	20(20)
5. 판매시설 및 일반음식점 등	10대 이하	20(15)	40(30)	10(10)	20(20)
	11~30대	30(20)	60(40)	10(10)	20(20)
	31대 이상	45(30)	90(65)	15(10)	30(20)
6. 주차장·건설기계주차장·운수시설·의료시설·운동시설·관람시설·집회시설 및 위락시설 등	30대 이하	30(20)	60(40)	10(10)	20(20)
	31대 이상	45(30)	90(65)	15(10)	30(20)
7. 공장·숙박시설·업무시설·근린시설 및 기타시설	20대 이하	20(15)	40(30)	10(10)	20(20)
	21~50대	30(20)	60(40)	10(10)	20(20)
	51대 이상	45(30)	90(65)	15(10)	30(20)
8. 주택 진입로 등	5가구 이하	–	–	도로모서리의 곡선화 (곡선반경:3m)	
	100가구 이하	30(20)	60(40)	10(10)	20(20)
	101가구 이상	45(30)	90(65)	15(10)	30(20)
9. 농·어촌 소규모 시설(소규모 축사 또는 창고 등)	–	–	–	도로모서리의 곡선화 (곡선반경:3m)	

주) 설계속도 80km/h 이상 또는 4차로 이상 기준임. 다만 ( )는 설계속도 60km/h 이하 또는 2차로 이하 기준임

2) 연결허가금지구간

도로점용을 위한 용지확보가 가능하여도 연결도로 구조가 다음에 해당할 경우 도로점용허가는 물론 연결허가가 불허된다. 다만 도시지역 내에서는 ①②만 적용한다.

① 고속도로 등 자동차 전용도로
② 부체도로가 설치된 지역에서 부체도로가 아닌 본선에 연결

③ 곡선반경이 280m (2차로 도로의 경우에는 140m) 미만인 경우 곡선구간의 안쪽
④ 오르막차로가 없는 종단 기울기 평지 6%, 산지 9%를 초과하는 구간
⑤ 터널 및 지하차도 등으로부터 300m 이내의 구간
⑥ 교량, 정차대 등 시설물과 근접되어 변속차로를 설치할 수 없는 구간

3) 교차로영향권
도로점용 및 연결허가의 위치가 국도와 폭 6m 이상 되는 2차로이상 도로의 국도, 지방도, 시·군·구도, 면도가 교차하는 교차로 주변에는 진입도로를 연결할 수 없다. 이를 교차로 영향권이라 하며. 영향권의 범위는 영향권거리와 제한거리로 구분하며 그 기준은 다음과 같다. 그런데 그 교차로의 위치가 도시지역(주·상·공·녹 지역)이라면 제한거리 기준은 적용하지 않고, 영향권거리만 벗어나면 된다. 그리고 또 한 가지 비도시지역(관·농·자 지역)이라도 진출입도로 연결허가 목적이 주택 5가구이하의 건립이거나 농업용 창고를 건축신고 규모(도시지역 100㎡, 비도시지역 200㎡ 이하)의 건축, 축사 역시 건축신고 규모(비도시지역 400㎡)의 건축 일 경우에도 제한거리 기준은 적용하지 않고 영향권거리만 적용한다.

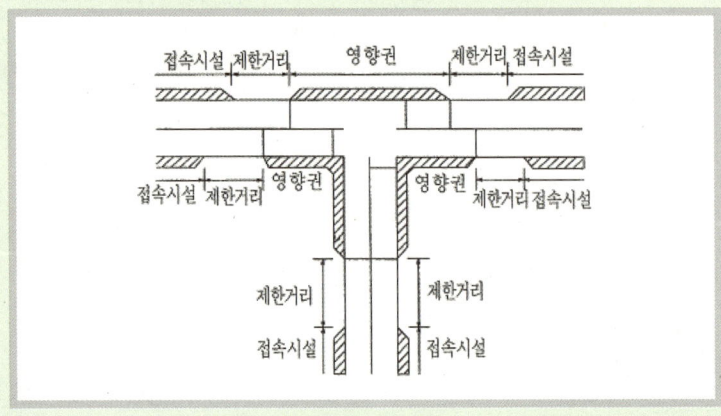

설계속도(킬로m/시간)	교차로 영향권 길이(m)	
	비도시지역	도시지역
50	50	30
60	70	40
70	90	60
80	120	80

구분	4차로 이상	2차로
교차로 영향권으로부터 변속차로등의 설치제한거리	60	45

4) 사전허가검토신청
건설인·허가가 민원업무전자처리시스템(http://www.cpermit.go.kr/cap/index.jsp), 국토해양부에서 운영하는 인터넷서비스를 활용하면 간단히 점용(연결)의 위치와 면적, 목적 등의 제공만으로 연결허가 가능여부를 확인해 볼 수 있다.

하천(소하천)점용허가
지목이 '천'인 하천부지는 하천법에 의해 기본계획이 수립된 국가하천, 지방1, 2급하천과 소하천정비법에 의해 기본계획이 수립된 소하천으로 구분된다. 하천이던 소하천이던 점용허가의 절차와 방법은 거의 대동소이하다. 하천 또는 소하천 점용허가는 도로점용과 마찬가지로 관리청에 허가를 신청해 허가를 득 함으로서 권리가 발생한다.

1) 점용료
하천(소하천)점용허가 시 편입(점용)되는 하천부지 면적에 대하여 사용료를 부과하는데 이를 점용료라 하며 점용료는 다음의 표와 같다.

■ 점용료 산정기준표 (하천법시행령 별표3, 지자체조례 별표1)

구분	산정기준
1. 하천 공작물 설치 점용료	연간 점용면적에 대하여 토지가격의 3/100

2) 관리청
하천(소하천)점용허가를 받고자 한다면 다음 표의 하천별 처리기관에 신청하여야 한다.

점용(행위)의 목적	처리기관(관리청)			처리기간	허가수수료
	국가하천	지방하천	소하천		
공작물의 신축·개축·변경	점용허가 : 지방국토관리청 기타 : 특별시·광역시·도	특별시·광역시·도·특별자치도	특별자치도지사·시장·군수·구청장	20일	공사비(용지비 및 보상비는 제외한다)의 1천분의 1

3) 하천공작물 설치

하천(소하천)점용허가의 목적에는 경작목적이나 취수이용 등 하천부지나 유수를 점용하는 경우도 있지만 토지개발에 있어서 하천점용은 하천을 횡단하는 진입로를 설치하기위한 목적이 대부분이므로 하천 통수기능에 지장이 없도록 공작물(교량, 암거, 흄관 등)을 설치하고 진입로를 설치하는 하천공작물 설치 점용허가로 신청한다.

공유수면점용허가

하천의 경우 국가하천, 지방하천, 소하천으로 고시되지 않은 하천과 하천 외에도 물을 담수하거나 유수하는 기능을 하는 구거, 유지 등이 있다. 이 중 관리청이 국토해양부이거나 지자체가 소유자인 공유지를 하천부지점용과 같이 점용 하고자 할 경우 공유수면관리및매립에관한법률에 의거 공유수면점용허가를 받아야 한다. 점용허가 시 편입(점용)되는 면적에 대하여 사용료를 부과하는데 이를 점용료라 하며 점용료는 다음의 표와 같다.

■ 점용료 산정기준표 (공유수면관리및매립에관한법시행령 별표1)

구분	산정방식(단위 : 연간)
1. 인공구조물의 설치를 위한 점용	가. 인접한 토지가격의 100분의 3

목적외사용승인

위 공유수면 점용허가 대상이 되는 하천, 유지, 호소, 구거 중 관리청이 농어촌정비법에 의한 농수산부나 한국농어촌공사가 소유자인 공유지가 있다. 이 공유지를 원래목적인 유수나 담수 이외 목적으로 사용하고자 할 경우 관리청의 목적외 사용승인을 받아야 한다. 목적 외로 사용하는 면적에 대하여는 감정평가 공시지가의 100분의 5에 해당하는 금액을 사용료로 부과한다.

공유재산사용 · 수익허가

관리청이 미 지정된 국 · 공유지는 포괄적으로 공유재산 및 물품 관리법에 의하여 행정재산과 일반재산으로 분류하여 관리하며, 행정안전부가 관리청이 된다. 이러한 국공유지를 점 · 사용하기위해서는 해당 공유지가 속한 지자체에 공유지사용 · 수익허가를 받아야 한다. 일반적으로 사용 · 수익권자의 선정은 일반경쟁입찰 방식을 원칙으로 하지만 면적 1만㎡이하 경작이나 재산가격이 1천만원이하 공유지의 경우 수익계약으로 사용 · 수익자의 신청에 의해 사용 · 수익권자를 지정하여 허가한다.

사용 · 수익허가에 따른 공유재산 사용료는 시가 반영 감정평가가격의 연 1,000분의 10 이상의 범위에서 결정된다.

그런데 공유재산사용 · 수익허가에서 가장 중요한 것은 공유재산에 대하여 그 원래 목적 또는 용도로 원상 회복에 장애가 되거나 어려움이 있다고 인정되면 허가를 불허하는 조항이 있다. 그 원상회복이 어려운 사용 · 수익허가 목적으로 '진입로의 설치' 조항이 지침으로 정하고 있어 공유재산을 진입로 목적으로 사용 · 수익허가는 받을 수 없다. 즉 공유재산은 공유지의 원상을 유지하는 상태에서 이용하는 경작, 야적 등을 위한 마당 등의 용도로 사용할 때 에만 사용 · 수익허가가 난다.

■ 공유재산관리 지침 2-2 마목(행정안전부)

> ■ **국공유재산 사용수익허가 및 대부계약**
> ○ 개별법에 의거 인허가 충족을 위한 조건으로 사용수익 허가 또는 대부는 금함.
>   ※ 진입로 개설 등을 위한 사용수익허가 대부계약은 불가
> ○ 당해 사용 대부기간이 종료된 후에도 지속적으로 이용이 예상되는 목적으로는 사용 대부 불가
>   ※ 수목 식재, 다년생 농작물 재배 등

12 CHAPTER

전원주택 및 공장개발 사례

◆ 전원주택개발 사례

토지개발에서 전원주택이라는 말은 많이 들어 봤을 것이다. 전원주택하면 도시 내 주거지역에 주변 상업지역 빌딩 숲에 둘러싸여 변변한 마당하나 없이 건축된 도시주택과 대비되는 의미로 농촌지역에 주변에는 산과 들로 둘러 쌓여있고 울안 텃밭에 넓은 마당이 있는 농촌주택을 전원주택이라 말한다.

그런데 토지개발에 있어 해당 토지가 법에서 허용하는 행위가 무엇인지 확인하고자 할 경우 허용행위에 전원주택이라는 용도는 존재하지 않는다.

전원주택은 도시주택은 물론 게스트하우스, 농어촌민박(펜션), 농가주택 등 다양하게 불리는 주택들과 함께 법률상 용도는 '단독주택'이다.

선정된 토지를 전원주택부지로 개발하는 과정에서 알고 있으면 도움이 되는 내용들을 살펴보면 다음과 같다.

수반되는 인·허가 행위

기본적으로 모든 토지개발은 개발행위허가와 건축허가를 수반하고, 의제협의로 해당 토지가 농지이면 농지전용허가, 산지이면 산지전용허가, 진입로 연결에 필요한 도로점용허가, 도로연결허가를 수반한다.

개발방법의 선택

2005년부터 땅의 쪼개 팔기가 사회문제로 대두되고 토지분할을 규제하게 되면서 토지분할도 허가대상으로 포함되어 지자체마다 약간 다르지만 3~5필지 이상 분할은 분할허가를 내주지 않는다. 그 이상 필지로 쪼개 개발하기위해서는 개발목적에 대한 개발행위허가를 먼저 받아야만 한다. 따라서 전원주택 역시 크게 보면 큰 필지를 주택부지로 쪼개 개발하는 방식이어서 단독주택부지로 선 허가를 받아야하며, 이때 어떤 개발방식을 선택하느냐에 따라 조건과 형태가 달라지 게 된다.

우선 1인이 개발하여 분양하는 분양방식과 토지를 매도하여 각자 개발하는 개별방식이 있다. 분양방식은 인·허가를 한 번에 받아 준공기한까지 직접 개발하여 분양을 하는 방식인데, 이는 주택 부지를 10,000㎡ 이상 세대수를 19세대이상 개발은 대지/주택 조성사업자가 대지/주택사업 승인을 통해서만 할 수 있기 때문에 1인사업자가 개발 가능한 범위는 부지 10,000㎡ 이하에 19세대 미만으로 개발해야 한다. 이때 1인사업자는 개발하려는 전원주택부지가 부동산개발입지로 등록을 하거나 부동산개발업자에게 분양을 위탁하는 계약을 체결하여 개발 사업을 해야 한다.

■ 전원주택부지로 일괄 허가 받아 개발 후 분양방식

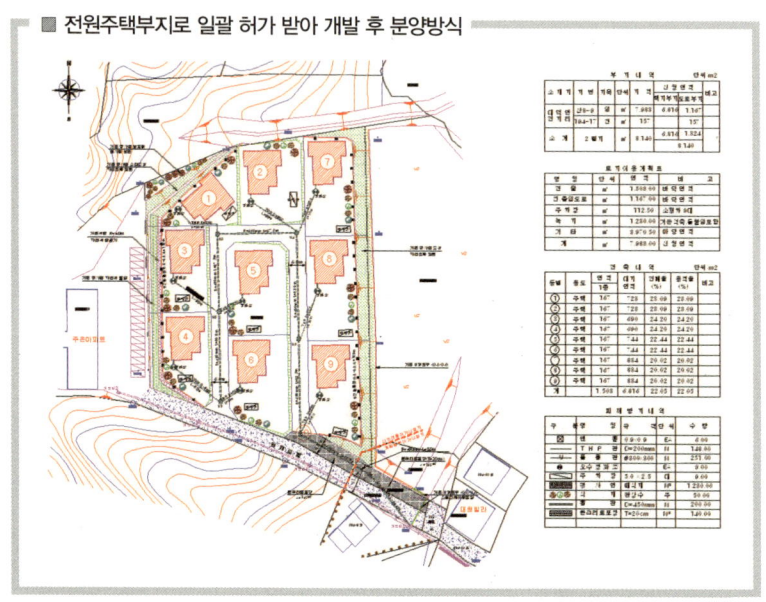

　개별방식은 인·허가가 가능한 형태로 도로와 택지를 가분할하고, 그 외의 기반시설(상·하수도)과 물리적인 조건이 가능하도록 검토한 후 매수자를 모집하여 매수자 각자가 자기 택지를 각자 인·허가를 받아 개발하는 방식이다. 이는 외형적으로는 여러 필지로 분할되어도 각자 1인 1개발을 하는 것이기 때문에 분양방식에서의 조건과 검토기준은 배제된다.

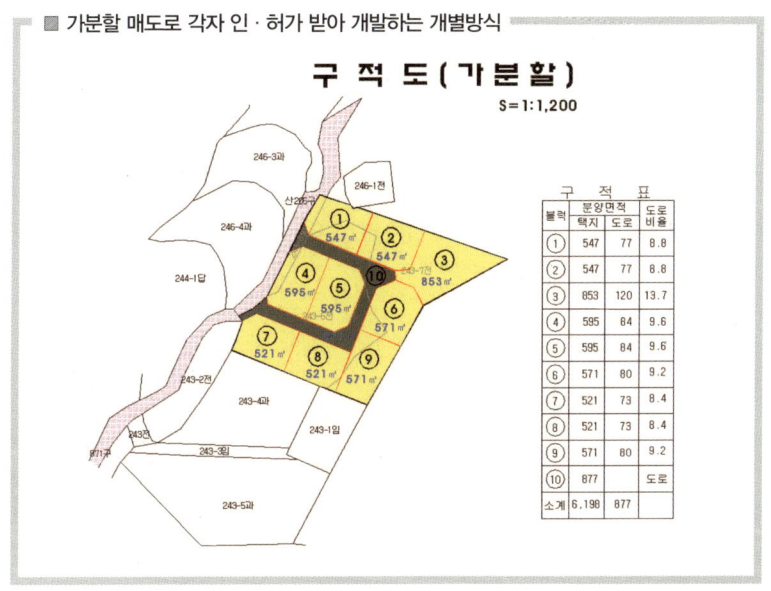

물리적인 조건

보통 전원주택부지는 목적과 의미로 볼 때 명당, 배산임수 등을 고려하여 평지인 농지보다는 산지를 선호하는 경향이 있다. 따라서 산지에는 농지보다 몇 가지 제한조건을 두고 있다. 첫째는 분양방식이던 개별방식이던 산지를 전원주택으로 개발할 경우 먼저 소유권을 이전해서 자기소유로 만들어야 만 한다. 둘째는 산지의 경사도가 15도(평택시 경우)미만이어야 한다. 셋째는 산의 위부분에 개발하고 싶어도 최대 해발높이 100m(평택시 경우)까지만 가능하다. 넷째는 임목상태는 재적은 지역평균에 150% 미만, 본수는 해당필지 평균직경에 대한 기준본수의 50% 미만이어야 한다. 다섯째 단지 내 도로는 폭이 최소 6m 이상되어야 하며, 도로 뿐만 아니라 상·하수도 조건 확보는 농지에서도 확보해야 한다.

◆ 공장개발 사례

공장은 토지개발에서 상대적으로 다른 목적의 개발에 비해 인·허가 허용기준이 좀더 까다롭다고 할 수 있다. 이는 공장입지는 필연적으로 오염물질 배출이 발생하기 때문에 입지를 허용하는 용도지역부터 제한적이고, 허용되는 규모나 갖추어야하는 조건이 많다.

선정된 토지를 공장부지로 개발하고자 할 때 숙지해야 할 내용들을 살펴보면 다음과 같다.

공장의 종류

일반적으로 공장하면 제조시설과 사무실, 창고, 후생시설 등이 복합적으로 구성된 시설로 산업집적활성화 및 공장설립에 관한 법에 의해 설립되는 시설을 말한다.

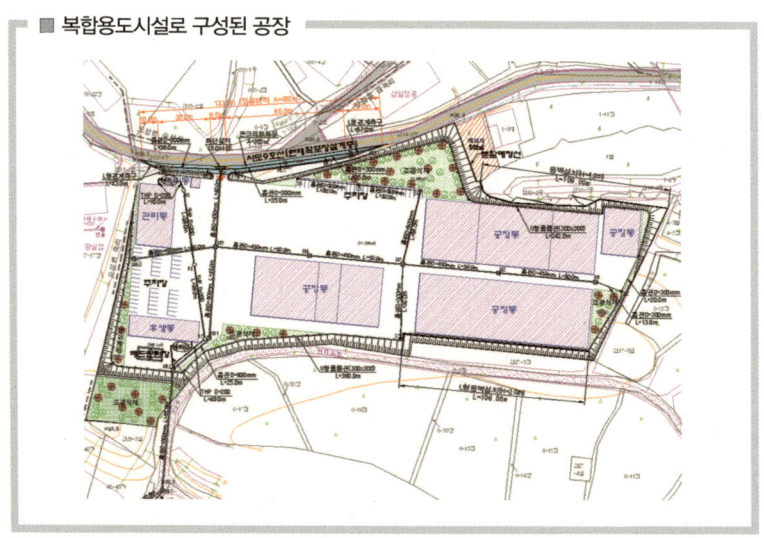

■ 복합용도시설로 구성된 공장

그런데 토지개발에 있어 개발목적의 공장의 범주에 포함되는 시설이 하나 더 있다. 그것은 일반적으로 제조장이라고 말하는 2종근린생활시설 중 '제조업소'이다. 제조업소는 공장에서 제조시설과 같은 의미로 단일시설이다. 따라서 제조업소에 사무실을 붙여 짓고 싶다면 사무실 또한 단일시설로서 목적을 구분하여 허가 받아야 한다. 다만 2종근생 각각의 단일시설에는 건축 최대 연면적을 제한하고 있는데, 제조업소의 경우 500㎡ 미만, 사무실의 경우 500㎡ 미만이다.

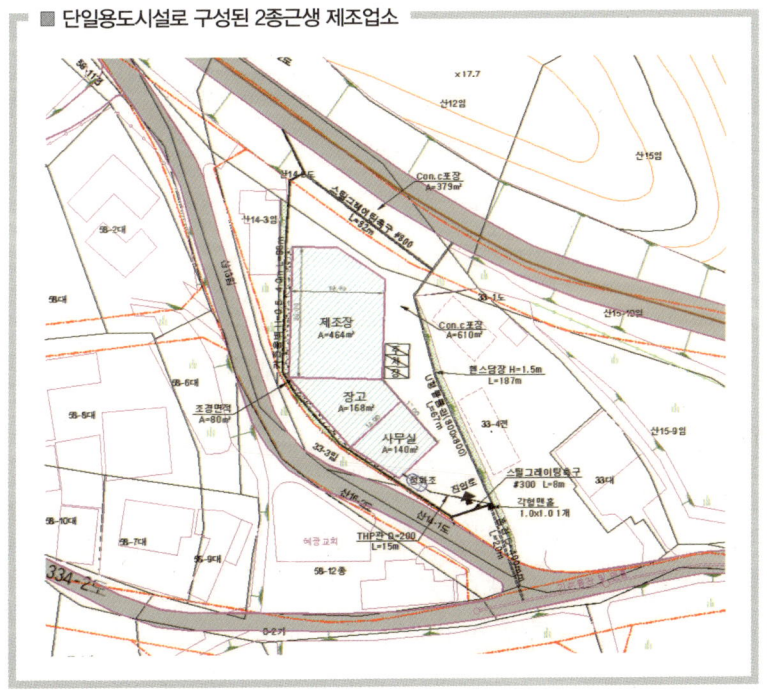

■ 단일용도시설로 구성된 2종근생 제조업소

기준공장면적율

토지개발에서 사용되는 비율하면 기본적으로 2가지가 있다. 바로 건폐율과 용적율이다. 건폐율은 건축물의 1층 바닥면적이 부지면적에 차지하는 비중을 백분율로 나타낸 것이고, 용적율은 건축물이 2층 이상일 때 건축물 각층의 바닥면적 합계가 부지면적에 차지하는 비중을 백분율로 나타낸 것이다. 이 건폐율과 용적율의 법에서 정하는 기준은 상한선을 의미하므로 토지개발에 적용 시 허용하는 비율이 낮은 용도지역일수록 투자가치도 낮아진다. 예를들어 준공업지역의 건폐율은 70%와 용적율은 250%이고, 계획관리지역 건폐율은 40%에 용적율이 100%일 때 부지 1,000평에 건축할 수 있는 면적이 준공업지역은 700평(1,000×70%) 건물 3층(250%÷70%)을 지을 수 있지만 계획관리지역은 건축면적 400평(1,000×40%)에 2층(100%÷40%) 밖에 지을 수 없기 때문에 같은 면적이라도 더 많이 지을 수 있는 공업지역이 더 비싼 것이라고 이해하면 된다.

그런데 공장의 경우에 사용되는 비율이 하나 더 있는데, 그것은 기준공장면적율이다. 기준공장면적율은 건폐율과 용적율의 반대 개념으로 법에서 의미하는 하한선의 기준이다. 기준공장면적율 이상으로 건축을 하라는 의미다. 1,000평의 부지에 1평의 건물처럼 건축하고자 하는 건물면적에 비해 지나치게 넓은 면적의 토지를 개발하는 것을 제한하는 조치이다.

예를들어 개발하려는 계획관리지역 3,000평의 토지에 자동차부품제조업의 공장을 설립하고자 할 때 자동차부품제조업의 기준공장율이 12%라면, 공장건물을 360평(3,000×12%)이상 1,200평(3,000×40%)이하로 지어야 한다.

공장총량제

공장총량제도는 수도권의 과도한 제조업 집중을 억제하기 위하여 1994년 수도권정비계획법에 따라 국토해양부가 3년마다 수도권에 허용되는 공장총량을 설정하면 도가 시·군에 1년 단위로 배정하는 제도이다. 이 제도는 제조시설면적이 500㎡를 초과하는 공장의 신축, 증축, 용도변경에만 적용되는 제도로 제2종근생 제조업소는 해당되지 않는다. 현재 공장총량 대비 사용한 배정 물량은 평균 44%로 배정물량의 절반도 소진하지 못해 여유 있는 실정이다. 특히 평택시의 경우 주한미군기지 이전 특별법에 따라 기본 배정물량 24만㎡에 42만 9천㎡를 추가배정함으로서 배정물량의 여유분이 타 시·군에 비해 더 많다.

허용업종

해당지역의 토지가 해당업종의 공장설립이 가능한지를 알아보기 위해서는 해당 토지가 국토의 계획 및 이용에 관한법률과 수도권정비계획법에 따른 용도지역과 권역이 무엇인지를 알아야 한다. 용도지역은 공업지역, 계획관리지역과 같은 21개 용도지역이 있는데, 기본적으로 공장은 공업지역과 생산·자연녹지지역, 생산·계획관리지역이 공장설립이 허용되는 용도지역이다. 용도권역은 과밀억제권역, 성장관리권역, 자연보전권역으로 분류된다.

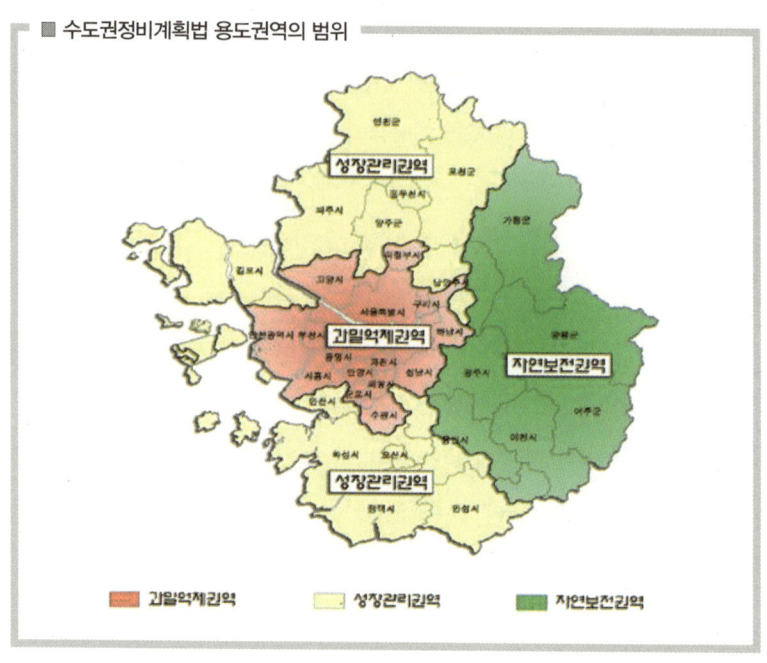

해당 토지가 속해 있는 권역이 어디인지 파악한 후 산업집적활성화 및 공장설립에 관한법률시행령 별표1~별표3과 시행규칙 별표1~별표5를 참조하면 도시형업종 18개 업종을 포함하여 243개 업종 중 허용업종이 무엇인지 알 수 있다.

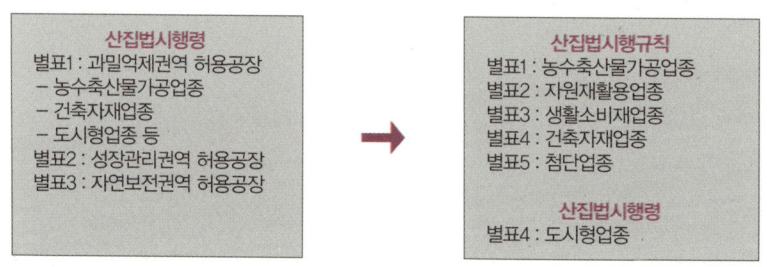

다만 해당 토지가 평택시 지역일 경우 주한미군기지 이전에 따른 평택 지원특별법에 의해 평택시가 속해 있는 성장관리권역에서 허용되는 업종 외에 추가로 133개 업종의 설립이 허용된다. 허용되는 133개 업종은 주한 미군기지 이전에 따른 평택 지원특별법 별표1을 참조하면 된다.

5종사업장

공장 또는 제조업소는 환경관련법 차원에서는 오염물질 발생시설이다. 오염물질은 크게 수질, 대기, 소음으로 분류되며 그중 유형의 오염물질인 수질과 대기는 각각 수질 및 수생태계 보전에 관한 법률과 대기환경보전 법에서 관리하고, 무형의 오염물질인 소음은 소음·진동관리법에서 허용 기준치로 관리한다.

■ 사업장의 규모별 구분(수질수생법시행령)

종류	배출규모
제1종사업장	1일 폐수배출량이 2,000㎥ 이상인 사업장
제2종사업장	1일 폐수배출량이 700㎥ 이상, 2,000㎥ 미만인 사업장
제3종사업장	1일 폐수배출량이 200㎥ 이상, 700㎥ 미만인 사업장
제4종사업장	1일 폐수배출량이 50㎥ 이상, 200㎥ 미만인 사업장
제5종사업장	위 제1종부터 제4종까지의 사업장에 해당하지 아니하는 배출시설

■ 사업장 분류기준(대기환경법시행령)

종별	오염물질발생량 구분
제1종사업장	대기오염물질발생량의 합계가 연간 80톤 이상인 사업장
제2종사업장	대기오염물질발생량의 합계가 연간 20톤 이상 80톤 미만인 사업장
제3종사업장	대기오염물질발생량의 합계가 연간 10톤 이상 20톤 미만인 사업장
제4종사업장	대기오염물질발생량의 합계가 연간 2톤 이상 10톤 미만인 사업장
제5종사업장	대기오염물질발생량의 합계가 연간 2톤 미만인 사업장

■ 공장소음 배출허용기준(소음·진동법시행규칙)

대상지역	시간대별(dB(A))		
	낮(06:00~18:00)	저녁(18:00~24:00)	밤(24:00~06:00)
가. 전용주거지역 등	50 이하	45 이하	40 이하
나. 일반주거지역 등	55 이하	50 이하	45 이하
다. 농림지역 등	60 이하	55 이하	50 이하
라. 상업지역 등	65 이하	60 이하	55 이하
마. 일반공업지역 등	70 이하	65 이하	60 이하

수질, 대기 오염물질을 배출하는 공장 즉 사업장은 배출량에 따라 제1종에서 제5종으로 분류하여 관리하는데, 개별입지 공장으로 토지개발을 하고자 하는 경우 기억해야할 사업장은 제5종사업장이다. 1종~4종 배출규모 사업장은 공업지역이나 공단시설에 입주해야 허용되는 규모이므로 농지나 산지를 개발하여 개별공장을 설립하고자 할 때 거쳐야하는 인·허가 개발행위허가, 농지·산지전용허가 기준에서 허용하는 제5종사업장 규모로 공장이 가동되는 업종을 선정해야한다.

수계기준

공장설립에 대한 입지기준 판단을 신속하고 효율적으로 하기위하여 마련된 지침이 있다. "산업입지의 개발에 관한 통합지침"이 그것이다. 이 지침에는 위에서 언급한 대기·수질등 환경기준에서부터 개별공장입지의 선정기준이라는 타법에서 공장설립에 대해 제한하는 규정들을 통합하여 기준을 마련하여 놓았다.

문화재보호구역, 자연환경보전지역 등 지역지구 저촉여부에서부터 상수원보호구역, 농업용저수지 수계저촉여부 등의 기준을 제시하고 있는

데, 지역지구 저촉여부는 토지이용계획확인서를 통해 대부분 확인이 가능하지만 수계저촉여부는 지도나 자료의 분석이 필요하다. 직접 분석이 여의치 않을 경우 전문가의 도움이나 지자체의 자문을 거쳐야 낭패를 보지 않는다.

여기서 수계란 상수원보호구역의 경우 수도법에 의해 보호되는 상수원보호구역으로 유입되는 수계의 상류방향으로 10km(공공하수유입처리시 7km)까지 공장설립이 제한되는 유하거리를 말한다.

또한 농업용저수지 수계도 농어촌정비법에 의해 도시지역과 계획관리지역은 폐수업종 여부에 불구하고 수계 유하거리 2km내까지 공장설립이 제한되고, 그 외 비도시지역(생산관리지역, 보전관리지역, 농림지역, 자연환경보전지역)에서는 폐수업종에 대하여는 5km까지, 폐수업종이 아니면 2km까지 공장설립이 제한되는 구역을 말한다.

다만 한 가지 꼭 기억해야 할 것이 있다. 농업용 저수지와 농업용 담수호의 구분이다. 농어촌정비법 상 저수지와 담수호는 다른 것이다. 저수지는 물을 모은 것이고, 담수호는 흐르는 물을 가둔 것이다. 유입수의 영향을 많이 받는 저수지의 경우 인접 수계의 영향을 유하거리로 제한하는 반면, 농업용 담수호의 경우 "수질오염이 우려되는 지역"으로 정하고 있다. 따라서 폐수배출업종이 아니거나 법에서 제한하는 폐수가 아닌 소량의 오수인 경우 농업용 담수호는 수계 유하거리 기준에서 배제된다.

참고로 대한민국 담수호는 총 10곳이다.

■ 농업기반시설(농업용담수호)현황 제공화면(일부)

지역본부	담수호명	위치	수혜면적(ha)	저수량(천톤)
계	10		134,878.6	1,240,276.0
경기지역본부	남양호	경기도 화성시 우정면 이화리	3,448.6	31,489.0
경기지역본부	아산호	경기도 평택시 현덕면 권관리	13,675.0	98,980.0
충남지역본부	대호호	충청남도 서산시 대산읍 화곡리	7,419.0	122,000.0
충남지역본부	삽교호	충청남도 당진군 신평면 운정리	18,000.0	84,082.0
전남지역본부	소포호	전라남도 진도군 진도읍 산월리	1,190.0	10,568.0
금강사업단	금강호	전라북도 군산시 성산면 성덕리	43,000.0	138,000.0
영산강사업단	금호호	전라남도 해남군 산이면 금호리	7,840.0	133,120.0
영산강사업단	영산호	전라남도 영암군 삼호읍 나불리	20,700.0	253,217.0
영산강사업단	영암호	전라남도 영암군 삼호읍 삼포리	13,160.0	244,570.0
천수만사업단	간월호	충청남도 서산시 부석면 간월도리	6,446.0	124,250.0

(한국농어촌공사 제공)

그 외 전국의 농업용저수지로 관리되는 저수지현황을 확인하려면 한국농어촌공사에서 제공하는 농업기반시설관리 홈페이지(http://rims.ekr.or.kr/awminfo/report06.aspx)를 활용하면 된다.

■ 농업기반시설(농업용저수지)현황 제공화면(일부)

PART 5
그 외 지역 · 지구 및 토지제도

13 CHAPTER

개발제한구역

◆ 개발제한구역 제도 개요

개발제한구역의 지정

개발제한구역(일명 '그린벨트')는 개발제한구역의 지정 및 관리에 관한 특별조치법의 규제를 받는 용도구역이다. 개발제한구역의 지정 및 해제권자는 국토해양부장관이다. 국토해양부장관은 도시의 무질서한 확산을 방지하고 도시 주변의 자연환경을 보전하여 도시민의 건전한 생활환경을 확보하기 위하여 도시의 개발을 제한할 필요가 있거나 국방부장관의 요청으로 보안상 도시의 개발을 제한할 필요가 있다고 인정되면 도시·군관리계획결정을 통해 개발제한구역을 지정할 수 있다.

개발제한구역의 지정 여부의 확인

개발제한구역의 지정 여부는 토지이용계획확인서를 발급받아 확인할 수 있다. 아래의 사례처럼 토지이용계획확인서의 '다른 법령에 따른 지역 · 지구'란에 「개발제한구역」〈개발제한구역의지정및관리에관한특별조치법〉이라고 표시되어 있는 토지가 개발제한으로 지정된 토지에 해당한다.

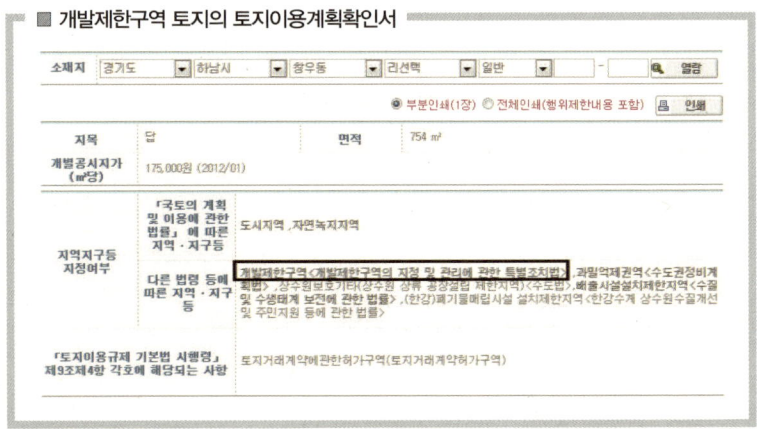
■ 개발제한구역 토지의 토지이용계획확인서

개발제한구역과 관련된 토지의 종류

개발제한구역과 관련된 토지는 단순히 개발제한구역 하나의 토지만 존재하는 것이 아니고 해제단계에 따라서 다음과 같은 종류의 토지가 존재한다.

1. 개발제한구역으로 지정되어 있는 토지

    개발제한구역(그린벨트)은 토지이용계획확인서에 「개발제한구역」이라고 명백히 표시되어 있다. 그리고 용도지역은 대게 「자연녹지지역」으로 표시되어 있다. 비전문가들이 많이 오해하는 점 중의 하나가 개발제한구역 표시는 보지 않고 자연녹지지역만 보고 자연녹지지역 토지라고 문의하는 경우이다. 「자연녹지지역 개발제한구역」으로 표시된 개발제한구역 토지는 국토계획법에 의한 자연녹지지역의 행위제한을 받는 것이 아니고 개발제한구역의지정및관리에관한특별조치법의 행위제한을 받는 다는 것이다. 따라서 개발제한구역의지정및관리에관한특별조치법에서 정한 특별한 경우를 제외하고는, 일반적인 경우는 건물의 신축이나 개발이 불가능한 토지이다.

2. 개발제한구역 내 취락지구로 지정되어 있는 토지

   개발제한구역 내에서 주민이 집단적으로 거주하는 취락으로서 주거환경 개선 및 취락정비가 필요한 지역 중 취락지구로 지정되어 있는 토지를 말한다. 토지이용계획확인서에 「자연녹지지역 집단취락지구 개발제한구역」으로 표시되어 있다. 똑 같은 개발제한구역이지만 법에서 이축권의 종류와 상관없이 이축권을 가진 사람에 한하여 신축을 허용하여 주는 곳이다. 따라서 이축권을 가진 사람들이 목 좋은 곳을 매입해서 이주해오는 주요대상이 된다. 단, 취락지구로 지정되어 있다고 해도 개발제한구역에서 해제된 땅이 아니기 때문에 해당 지구의 전 답 등을 매입해서 건축행위를 하려면 반드시 이축권이 있어야 한다.

3. 취락지구 중에서 개발제한구역에서 해제된 토지

   개발제한구역 내 취락지구가 개발제한구역에서 해제되면 국토계획법 제51조에 따라 제1종지구단위계획구역으로 지정하고 제1종지구단위계획을 수립하여야 한다. 취락지구가 개발제한구역에서 해제되면 대게 제1종일반주거지역이나 제1종전용주거지역으로 용도지역이 변경된다. 토지이용계획확인서에 「도시지역 제1종전용(일반)주거지역 제1

종지구단위계획구역」으로 표시되며 더 이상 개발제한구역이나 취락지구라는 말은 표시되지 않는다. 건축과 관련해서는 더 이상 개발제한구역 특별조치법의 적용을 받지 않고 국토계획법의 적용을 받아 해당 지구단위계획에 적합한 범위 내에서 건축행위를 할 수 있다.

4. 공익사업 등으로 인해서 개발제한구역에서 해제된 토지

개발제한구역에서 해제되었기 때문에 토지이용계획확인서에 더 이상 개발제한구역이라는 표현이 표시되지 않는다. 다만 이런 경우는 수용이 되기 때문에 토지소유주는 해당 토지를 활용한 건축 등의 혜택은 누릴 수 없고 수용에 따른 보상 문제만 남게 된다. 택지개발과 관련된 수용일 경우 추가적인 보상으로 이주자 택지나 협의수용자 택지 또는 생활대책용지(일명 상가딱지) 등을 받게 되거나, 도로 등을 건설하느라 수용이 된다면 수용으로 인해서 건축물이 헐리는 경우 이축권이 발생할 수도 있다. 이주자 택지는 근린생활시설이 들어 갈 수 있지만 협의수용자 택지는 근린생활이 들어가지 못하고 주택만 지을 수 있다는 차이가 있다. 따라서 프리미엄의 차이도 크다고 할 수 있다.

그린벨트의 탄생배경

한국의 그린벨트는 영국의 그린벨트 제도를 벤치마킹하여 1971년 탄생하였다. 수도권은 서울시 중심부 반경 15km 선을 따라 폭 2~10km 부분의 띠 모양(belt)으로 지정되어 있으며, 주로 1971~78년 사이에 국토면적의 5.4%가 해당하는 아래의 지역이 그린벨트로 지정되었다.

1. 서울 · 부산 · 대구 · 광주 · 대전 등 대도시 주변지역
2. 춘천 · 청주 · 전주 · 제주 등 시가지가 팽창 가능한 도청소재지 주변

지역
3. 마산·창원·진해·울산·여천 등 지방공업도시 주변지역
4. 충무·진주 등 관광자원과 자연환경을 보전할 필요가 있는 도시 주변 지역들

1999년 개발제한구역 제도개선방안(해제조정원칙)

1999년 개발제한구역 제도개선방안(해제조정원칙)에 따라 다음과 같은 조치가 이루어 졌다.

1. 구역존치 실효성이 낮은 춘천, 청주, 전주, 여주, 진주, 통영, 제주 등 7개 중소도시권은 2003년에 전면 해제되었으며, 7개 대도시권은 존치하되 광역도시계획을 수립한 후 「환경평가」 등을 거쳐 개발제한구역을 조정(해제)하기로 하였다.
2. 집단취락·산업단지·고리원전 주변지역은 우선해제대상으로 선정하여 우선해제 하였으며 환경평가 결과에 따라 조정가능지역을 설정하여 단계적 개발수요에 따라 2020년까지 해제 하기로 하였다.

그에 따라 2000년부터 보전가치가 낮은 환경평가 4,5등급지를 중심으로 그린벨트가 해제 되었으며, 2006년말 경기도 기준 20가구 이상 300가구 미만 중규모 집단취락지 551곳 가운데 4곳을 제외한 547개 지역이 그린벨트에서 해제되어 사실상 전국 34곳의 대규모 집단 취락지는 이미 대부분 그린벨트에서 해제되었고 중규모 취락지구도 대부분 해제가 완료된 상태이다.

현재 그린벨트가 존재하는 7대 대도시권

그린벨트는 아래와 같이 현재 7대 대도시권에만 존재하며 대부분 토지거래허가구역으로 지정되어 있다.

1. 수도권(서울 인천 경기)
2. 부산권(부산 김해 양산)
3. 대구권(대구시 경북경산)
4. 광주권(광주 전남나주시)
5. 대전권(대정 공주 계룡 금산 연기 옥천 청원)
6. 울산권(울산시)
7. 마창진권(마산 창원 진해)

◆ 2020년 수도권광역도시계획

수도권 그린벨트 범위(자료 국토해양부 2020 수도권광역도시계획)
수도권에 지정된 그린벨트의 범위는 다음과 같다.

그린벨트조정(해제)
서울시 인천시 경기도가 합의한 수도권 그린벨트 해제 원칙이 2020 수도권광역도시계획에 담겨져 있으며, 향후 2020년까지 서울시 인천시 경기도가 공동으로 추진할 그린벨트해제 계획이 담겨져 있다. 따라서 이 계획의 범위를 벗어나서 개발제한구역을 추가로 해제하려면 반드시 2020 수도권광역도시계획의 변경과정을 거쳐야 하며 경기도에는 수도권 그린벨트의 84%가 존재하고 있다.

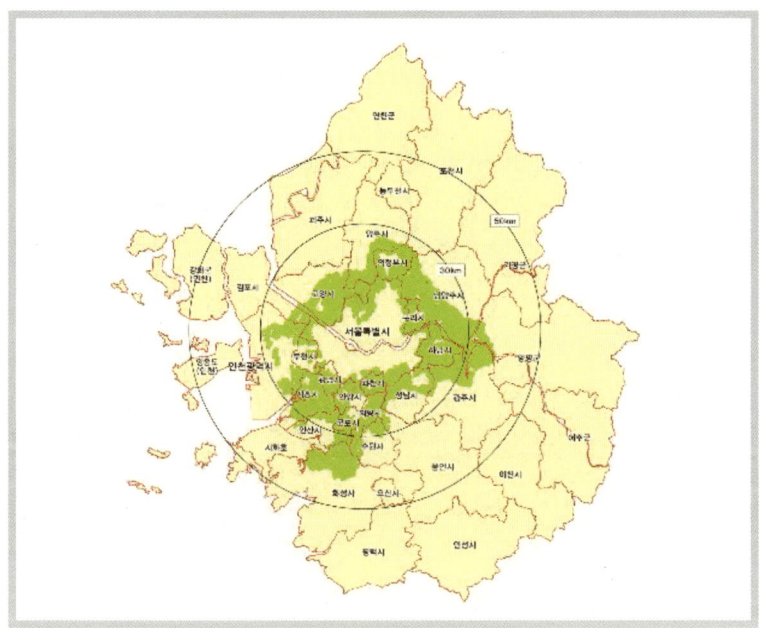

조정(해제)대상 설정 및 관리방안

다음과 같은 4가지로 조정(해제)대상을 설정하여 관리하고 있다. 따라서 그린벨트 내의 토지는 4가지 조정대상 중에 포함되어 있어야만이 해제될 수 있다는 것이다. 다만 해제된다고 해도 취락지구를 제외하고는 대부분 수용을 전제로 해제가 된다.

경기도 공고 제2007-549호 〈경기도보 발췌〉

2020년 수도권(경기도 부분)광역도시계획수립 공고

 2007. 7. 3 건설교통부장관이 수립 송부한 2020년 수도권(경기도 부분) 광역도시계획을 "국토의 계획 및 이용에 관한 법률" 제16조 제4항 및 같은법 시행령 제13조 제3항의 규정에 따라서 다음과 같이 공고하고 일반인에게 열람합니다.

2007. 7. 16.

경 기 도 지 사

1. 열람장소 : 경기도내 각 시청·군청 도시(계획)과
2. 열람기간 : 공보 게재일로부터 30일 이상
3. 주요내용 : 붙임참조

2020년 수도권(경기도 부분) 광역도시계획 주요내용

1. 계획수립 배경
○ 수도권의 개발제한구역 조정에 따라 광역적으로 도시공간 구조를 재구성하여 광역적인 차원에서 도시계획 수립
○ 광역도시권의 장기발전방향을 제시하기 위하여 각종 정책방향을 체계화하고 도시별 기능분담, 광역시설에 관한 장기계획 제시
○ 효율적인 토지이용을 위하여 개발제한구역의 조정방향을 제시
　— 일반조정가능지역, 집단취락지, 국책사업, 지역현안사업 설정

～ 중 간 생 략 ～

Ⅱ. 개발제한구역 조정

1. 개발제한구역 지정현황
○ 지정일자 : 1971. 7. 30 ～ 1976. 12. 29
○ 행정구역 : 경기도
 ○ 지정면적 : 1,293.4㎢

2. 개발제한구역 조정절차
○ 각 시·군별로 개발제한구역에 대한 환경평가결과, 도시여건, 공간정책 등과 관련된 변수를 적용하여 조정기준총량 산정

> ○ 환경평가결과에 대한 검증 및 보완
> ○ 환경평가결과 4~5등급 비율 등을 토대로 지자체별 조정허용총량 설정
> ○ 조정대상 일반조정가능지역 선정 및 집단취락 선정
> ○ 국책사업 및 지역현안사업 선정
> ~ 이 하 생 략 ~

1. 우선해제 취락지역 596곳
   - 호수규모 20호이상, 호수밀도 10호/ha이상으로 설정(지역에 따라서는 호수규모 100호, 호수밀도 20호/ha까지 지자체가 기준을 별도로 정하여 적용가능)
   - 우선해제 취락지역은 그린벨트에서 단계적으로 해제
   - 해제시 제1종지구단위계획구역으로 지정하여 계획적 개발
   - 개발제한구역 주변의 자연과 조화되는 자연친화적 개발과 개발제한구역내의 기반시설에 큰 영향을 주지 않는 저밀도개발

2. 일반조정가능지역 42곳
   - 시·군별 개발제한구역 환경평가 4~5등급 포함비율 이상인 규모 10만㎡ 이상의 토지로 설정하되, 연담화방지를 위하여 서울중심 개발제한구역 내측경계선에서 2㎞ 이내 지역은 설정 제한(원상회복이 불가능한 토취장 등은 제외)
   - 환경평가 결과 보전가치가 낮은 15개 시 18.6㎢의 조정가능지역도 개발수요가 있을 경우 순차적으로 해제하기로 결정
   - 과천 지식정보타운, 안양 경인교대 잔여부지, 의왕 백운호수 관광단지 조성 등 42개 사업이 순차적으로 진행될 전망

- 선계획 후개발 원칙에 따라 조정가능지역은 도시기본계획수립 후 구체적 개발계획 수립과 동시에 도시관리계획 변경을 추진하여 해제
- 해제시 지구단위계획 수립
- 조정가능지역은 다음과 같은 수요가 있는 경우 국가 및 지방자치단체의 요구에 의해 해제함
    · 공공주택사업, 사회복지사업, 녹지확충사업
    · 지역경제 활성화를 위한 수도권 공장이전 수용
    · 국책사업 배후단지 조성사업
    · 대규모 물류센터, 유통단지, 컨벤션센터 건설사업
    · 당해도시의 실업해소를 위한 저공해 첨단산업을 유치하는 사업 등
- 조정가능지역은 저밀도, 자연친화적 개발을 원칙으로 하되, 구체적인 사항은 광역도시계획수립지침상의 「조정가능지역내 사업유형별 계획기준」에 의함

3. 지역현안사업 15곳
    - 허용총량 10% 범위 내에서 시·군에서 도시여건상 불가피하다고 판단하여 제안하는 사업으로, 환경평가 3~5등급 토지의 활용을 원칙으로 하되 불가피할 경우 1~2등급 포함 가능
    - 지역현안사업으로는 고양시 미디어밸리, 과천시 복합문화관광단지, 구리시 역사유적공원, 군포시 첨단산업단지 등 15개 사업이 추진

4. 국책사업 27곳
    - 국가적·광역적 차원의 필요성, 지역균형발전에의 부합성, 도시발

전에 대한 기여도 등을 고려하여 입지의 위치와 규모가 불가피하다고 인정되어야 하며, 환경평가 3~5등급 토지의 활용을 원칙으로 하되 불가피할 경우 1~2등급 포함 가능

- 국책사업으로 고양 삼송, 군포 당동2, 성남 여수 등 15개 시 26개 지구에 국민임대주택단지가 조성되고 광명과 안양에 경부고속철도 광명 역세권 개발사업(1.955㎢)이 추진

5. 국책사업 및 시급한 지역현안사업지구(우선해제)의 관리방안

   국토해양부장관이 관계 부처의 장과 협의하여 광역도시계획 수립이전에 시급하게 추진이 필요하다고 인정하는 사업은 도시기본계획을 거치지 않고 사업구역으로 지정하여 사업계획을 작성한 후 개발제한구역에서 해제할 수 있다. 단, 이 경우에는 추후 도시기본계획에서 그 내용을 반영하여야 한다.

■ 〈개발제한구역 조정면적종합〉(경기도 공고 2008-65호)

시군	조정허용총량	유형별 조정면적(안)								조정총량 (a+b+c+d)
		우선해제취락 (a)		일반조정가능지역 (b)		국책사업 (c)		지역현안사업 (d)		
	면적(㎢)	개소	면적(㎢)	개소	면적(㎢)	개소	면적(㎢)	개소	면적(㎢)	면적(㎢)
수도권	125.8	678	52.679	44	19.296	41	46.804	20	5.728	124.507
서울특별시	13.3	30	6.488	-	-	10	5.915	4	0.877	13.280
인천광역시	8.3	52	2.600	2	0.742	3	3.540	1	0.115	6.997
경기도	104.2	596	43.591	42	18.554	27	37.349	15	4.736	104.230
.	.	.	.			.				.
성남시	5.3	19	1.368	1	0.191	2	4.207	-	-	5.766
.	.	.	.							

◆ 그린벨트 내의 취락지구

다시 한번 강조하면 그린벨트 내의 취락지구는 개발제한구역에서 해제된 곳이 아니다. 다만 이축권을 활용하여 일반 개발제한구역보다 건축을 할 수 있는 범위가 넓고 개발제한구역에서 해제될 확률이 다른 개발제한구역 내 토지보다 높다고 할 수 있는 곳이다. 같은 취락지구라도 역세권이나 대규모 주택단지 등에 인접한 취락지구는 이축권을 활용한 근린생활시설이 집중되는 곳이며 토지의 가격도 개발제한구역 밖의 토지 못지않게 비싸다. 따라서 해당 지역의 미개발된 토지는 단독으로 거래되기 보다는 대게의 경우 상업적 활용을 위해 근린생활시설을 지을 수 있는 이축권과 연계되어서 거래되는 곳이다. 따라서 토지전문가가 기획중개를 하는 전형적인 유형 중의 하나이다.

취락지구의 지정기준

개발제한구역에서 주민이 집단적으로 거주하는 취락(공익사업에 따른 이주단지를 포함한다)에 대하여 시·도지사는 국토계획법에 따른 취락지구로 지정할 수 있다. 그리고 취락지구에서의 건축물의 용도·높이·연면적 및 건폐율에 관하여는 따로 법령으로 정해진다. 취락지구의 지정기준은 다음 각 호와 같다.

1. 취락을 구성하는 주택의 수가 10호 이상일 것
2. 취락지구 10,000㎡당 주택의 수(이하 "호수밀도"라 한다)가 10호 이상일 것. 다만, 시·도지사는 해당 지역이 상수원보호구역에 해당하거나 이축(移築) 수요를 수용할 필요가 있는 등 지역의 특성상 필요한 경우에는

취락지구의 지정 면적, 취락지구의 경계선 설정 및 취락지구정비계획의 내용에 대하여 국토해양부장관과 협의한 후, 해당 시·도의 도시·군계획에 관한 조례로 정하는 바에 따라 호수밀도를 5호 이상으로 할 수 있다.
3. 취락지구의 경계 설정은 도시·군관리계획 경계선, 다른 법률에 따른 지역·지구 및 구역의 경계선, 도로, 하천, 임야, 지적 경계선, 그 밖의 자연적 또는 인공적 지형지물을 이용하여 설정하되, 지목이 대인 경우에는 가능한 한 필지가 분할되지 아니하도록 할 것

◆ 이축권

개발제한구역 내에서 주택을 신축할 수 있는 경우

개발제한구역에서는 원칙적으로 개발제한구역 지정 당시부터 지목이 대인 토지와 개발제한구역 지정 당시부터 있던 기존의 주택(개발제한구역 건축물관리대장에 등재된 주택을 말한다)이 있는 토지에만 주택을 신축할 수 있다. 예외적으로 영농의 편의상 신축할 수 있는 경우와 이축권을 활용한 신축의 경우 두 가지가 더 존재한다.

영농의 편의상 신축이란 「농어업·농어촌 및 식품산업기본법」 제3조제2호에 따른 농업인에 해당하면서 개발제한구역에 기존 주택을 소유하고 거주하는 자가 영농의 편의를 위하여 자기 소유의 기존 주택을 철거하고

자기 소유의 농장 또는 과수원에 주택을 신축할 수 있는 경우를 말한다. 이 경우 생산에 직접 이용되는 토지의 면적이 1만㎡ 이상으로서 진입로를 설치하기 위한 토지의 형질변경이 수반되지 아니하는 지역에만 주택을 신축할 수 있으며, 건축 후 농림수산업을 위한 시설 외로는 용도변경을 할 수 없다.

이축권의 정의

이축권(移築權)이란 개발제한구역 내에 소재한 주택이 일정한 조건에 의하여 철거된 경우 다른 개발제한구역 내에 건축물을 옮겨 지을 수 있는 권리를 말한다. 일명 '용마루'라고도 한다. 그린벨트는 많은데 물건은 귀하기 때문에 지역과 이축권의 종류에 따라서 많게는 8억~10억까지도 프리미엄이 붙어있는 경우도 있다. 매물이 극히 귀하고 거래가 빈번하지 않기 때문에 내용을 정확히 파악하고 있는 전문가도 많지 않으므로 투자나 및 컨실팅에 유의하여야 한다.

이축권이 발생하는 경우

주택을 신축할 수 있는 이축권이 발생하는 경우는 다음과 같은 세 가지가 있다.

1. 기존 주택이 「공익사업을 위한 토지 등의 취득 및 보상에 관한 법률」에 따라 공익사업의 시행으로 인하여 더 이상 거주할 수 없게 된 경우로서 그 기존 주택의 소유자(같은 법에 따라 보상금을 모두 지급받은 자를 말한다)가 자기 소유의 토지(철거일 당시 소유권을 확보한 토지를 말한다)에 신축하는 경우

2. 기존 주택이 재해로 인하여 더 이상 거주할 수 없게 된 경우로서 그 기존 주택의 소유자가 자기 소유의 토지(재해를 입은 날부터 6개월 이내에 소유권을 확보한 토지를 말한다)에 신축하는 경우
3. 개발제한구역 지정 이전부터 건축되어 있는 주택 또는 개발제한구역 지정 이전부터 다른 사람 소유의 토지에 건축되어 있는 주택으로서 토지소유자의 동의를 받지 못하여 증축 또는 개축할 수 없는 주택을 취락지구에 신축하는 경우

공공이축권

1. 공공이축권이란?

위의 이축권 발생 사유 중 1항의 공익사업의 시행으로 인해 건축물이 수용되는 경우에 발생하는 이축권이다. 일명 '자유이축권'이라고도 하고 대표적인 공익사업이 도로의 개설이기 때문에 '도로딱지' 또는 '길딱지'라고도 한다. 수용되는 건축물이 주택인 경우에는 그린벨트내 본인토지로 이축이 가능하다. 이축이 가능한 입지 좋은 본인소유의 토지 또는 매입 가능한 토지가 존재 해야 이축권의 가치가 극대화 된다.

2. 공공이축권의 확인

중개나 매매시 딱히 공공이축권이라고 표시한 증명서는 존재하지 않는다. 다만 전후관계 사정을 통해서 이축권이 발생되어 있음을 알 수 있다. 다음과 같은 세 가지 정도를 가지고 확인해 볼 수 있다.

① 건축물 대장

건축물 대장에 등재되어 있는 건축물임을 확인할 수 있다. 무허가건

축물은 이축권 발생의 대상이 되지 않는다.
② 사업지정 고시문
해당 공익사업이 결정 고시된 공익사업임을 확인할 수 있다.
③ 편입확인서
토지와 건축물이 해당 공익사업에 포함되어 수용되는 것을 확인할 수 있다.

일반이축권

위의 이축권 발생 사유 중 3항에 의하여 기존의 주택을 취락지구로 이전하여 신축하고자 하는 경우에 발생한다. 대게 개발제한구역 지정일 이전부터 타인의 토지위에 주택을 지어 살고 있다가 재산권행사를 위해 토지소유주가 철거를 요구함에 따라 주택을 옮겨야 하는 경우에 발생한다. 일명 일반딱지라고도 한다. 공공이축권과의 차이점은 반드시 그린벨트내 취락지구로 이전해야 한다는 점이다. 따라서 일반이축권은 반드시 해당 시군에 활용할 수 있는 취락지구, 기왕이면 입지가 좋은 취락지구가 있어야 제 값을 받고 써먹을 수가 있다.

근린생활의 신축 및 증축

1. 근린생활시설의 증축 및 신축
    근린생활시설의 증축 및 신축할 수 있는 시설은 다음과 같다.
    ① 주택을 용도변경한 근린생활시설 또는 1999년 6월 24일 이후에 신축된 근린생활시설만 증축할 수 있다.
    ② 개발제한구역 지정 당시부터 지목이 대인 토지(이축된 건축물이 있었던

토지의 경우에는 개발제한구역 지정 당시부터 그 토지의 소유자와 건축물의 소유자가 다른 경우만 해당한다)와 개발제한구역 지정 당시부터 있던 기존의 주택(개발제한구역 건축물관리대장에 등재된 주택을 말한다)이 있는 토지에만 근린생활시설을 신축할 수 있다. 다만, 「수도법」 제3조제2호에 따른 상수원의 상류 하천(「하천법」에 따른 국가하천 및 지방하천을 말한다)의 양안 중 그 하천의 경계로부터 직선거리 1km 이내의 지역(「하수도법」 제2조제15호에 따른 하수처리구역은 제외한다)에서는 「한강수계 상수원수질 개선 및 주민지원 등에 관한 법률」 제5조에 따라 설치할 수 없는 시설을 신축할 수 없다.

2. 휴게음식점·제과점 및 일반음식점의 신축

휴게음식점·제과점 또는 일반음식점을 건축할 수 있는 자격은 5년 이상 거주자 또는 지정 당시 거주자이어야 한다. 이 경우 건축물의 연면적은 300㎡ 이하이어야 하며, 인접한 토지를 이용하여 300㎡ 이하의 주차장을 설치할 수 있되, 휴게음식점 또는 일반음식점을 다른 용도로 변경하는 경우에는 주차장 부지를 원래의 지목으로 환원하여야 한다. 결국 일반음식점을 건축할 수 있는 자격을 갖춘 사람에다 일반음식점이 가능한 이축권이 결합하였을 때 그린벨트 내 일반음식점이 탄생하게 되는 것이다.

개발제한구역 내에서 건축허가의 일반적 조건

1. 임야 또는 경지 정리된 농지는 건축물의 건축 또는 공작물의 설치를 위한 부지에서 가능하면 제외하여야 한다.

2. 건축물을 건축하기 위한 대지 면적이 60㎡ 미만인 경우에는 건축물의 건축을 허가하지 아니하여야 한다. 다만, 기존의 건축물을 개축하거나 재축 하는 경우에는 그러하지 아니하다.
3. 도로·상수도 및 하수도가 설치되지 아니한 지역에 대하여는 원칙적으로 건축물의 건축(건축물의 건축을 목적으로 하는 토지형질변경을 포함한다)을 허가하여서는 아니 된다. 다만, 무질서한 개발을 초래하지 아니하는 경우 등 시장·군수·구청장이 인정하는 경우에는 그러하지 아니하다.

개발제한구역 내에서 건축 가능한 건축물의 규모

이축시 대지조성은 즉 대지로의 지목변경은 최대 330㎡까지만 허용이 된다. 건축물의 규모는 건축주의 거주기간에 따라 다음과 같이 차등 적용되고 있다.

1. 건폐율 100분의 60 이하, 높이 5층 이하, 용적률 300% 이하를 원칙으로 한다.
2. 1항의 원칙에도 불구하고 주택 또는 근린생활시설을 건축하는 경우에는 다음 기준 중의 어느 하나를 기준으로 선택하여 건축할 수 있다.
    ① 건폐율 100분의 60 이하로 건축하는 경우
        높이 3층 이하, 용적률 300% 이하, 기존 면적을 포함한 연면적 200㎡ 이하.
        - 5년 이상 거주자인 경우 연면적 232㎡ 이하
        - 지정당시 거주자인 경우 연면적 300㎡ 이하
            이 경우 5년 이상 거주자 또는 지정 당시 거주자가 연면적 200㎡를 초과하여 연면적 232㎡ 또는 연면적 300㎡까지 건축할 수 있는 경우는 1회로 한정한다. 이 기준을 적용하면 거주기간이 길거나 지정당시 거주자인 경우 최대 300㎡까지 찾아 먹을 수 있다는 장점이 있다.

② 건폐율 100분의 20 이하로 건축하는 경우

높이 3층 이하, 용적률 100% 이하. 이 기준은 대지의 면적이 넓어 300㎡ 이상의 건축물을 찾아 먹을 수 있을 경우에 선택한다.

개발제한구역 내에서 토지의 형질변경

1. 토지의 형질변경면적은 건축물의 건축면적 및 공작물의 바닥면적의 2배 이하로 한다. 다만, 다음의 경우에는 그 해당 면적으로 한다.

    ① 축사 및 미곡종합처리장은 바닥면적의 3배 이하

    ② 주택 또는 근린생활시설의 건축을 위하여 대지를 조성하는 경우에는 기존면적을 포함하여 330㎡ 이하

2. 개발제한구역에서 시행되는 공공사업에 대지(건축물 또는 공작물이 있는 토지를 말한다)의 일부가 편입된 경우에는 그 편입된 면적만큼 새로 대지를 조성하는 데 따르는 토지의 형질변경을 할 수 있다.

◆ 그 밖에 개발제한구역에서 허용되는 행위

실외체육시설

1. 「체육시설의 설치·이용에 관한 법률」 제6조에 따른 생활체육시설 중 배구장, 테니스장, 배드민턴장, 게이트볼장, 롤러스케이트장, 잔디(인

조잔디를 포함한다. 이하 같다)축구장, 잔디야구장, 농구장, 야외수영장, 궁도장, 사격장, 승마장, 씨름장, 양궁장 및 그 밖에 이와 유사한 체육시설로서 건축물의 건축을 수반하지 아니하는 운동시설(골프연습장은 제외한다) 및 그 부대시설을 말한다.
2. 부대시설은 탈의실, 세면장, 화장실, 운동기구 보관창고와 간이휴게소를 말하며, 그 건축 연면적은 200㎡ 이하로 하되, 시설 부지면적이 2천㎡ 이상인 경우에는 그 초과하는 면적의 1천분의 10에 해당하는 면적만큼 추가로 부대시설을 설치할 수 있다.
3. 승마장의 경우 실내마장, 마사 등의 시설을 2,000㎡ 이하의 규모로 설치할 수 있다.

동식물관련시설 및 농수산물 보관 및 관리 관련 시설

개발제한구역에서 농림업 또는 수산업에 종사하는 자가 설치하는 경우만 해당한다. 축사, 콩나물 재배사, 버섯 재배사의 구조와 입지기준에 대하여는 시·군·구의 조례로 정할 수 있다. 축사, 사육장, 콩나물 재배사, 버섯 재배사는 1가구[개발제한구역(제2조제3항제2호에 따라 개발제한구역에서 해제된 집단취락지역을 포함한다)에서 주택을 소유하면서 거주하는 1세대를 말한다. 이하 같다]당 1개 시설만 건축할 수 있다. 다만, 개발제한구역에서 2년 이상 계속 농업에 종사하고 있는 자가 이미 허가를 받아 설치한 축사, 사육장, 콩나물 재배사, 버섯 재배사를 허가받은 용도대로 사용하고 있는 경우에는 시·군·구의 조례로 정하는 바에 따라 영농계획에 부합하는 추가적인 건축을 허가할 수 있다.

기타 개발제한구역에서 허용되는 행위

개발제한구역의지정및관리에관한법률시행령 [별표 1] 건축물 또는 공작물의 종류, 건축 또는 설치의 범위를 참조하면 해당 여부를 확인할 수 있다.

◆ 개발제한구역 토지의 매수 청구

토지매수의 청구

개발제한구역의 지정에 따라 개발제한구역의 토지를 종래의 용도로 사용할 수 없어 그 효용이 현저히 감소된 토지나 그 토지의 사용 및 수익이 사실상 불가능하게 된 토지(이하 "매수대상토지"라 한다)의 소유자로서 다음의 어느 하나에 해당하는 자는 국토해양부장관에게 그 토지의 매수를 청구할 수 있다.

1. 개발제한구역으로 지정될 당시부터 계속하여 해당 토지를 소유한 자
2. 토지의 사용·수익이 사실상 불가능하게 되기 전에 해당 토지를 취득하여 계속 소유한 자
3. 제1호나 제2호에 해당하는 자로부터 해당 토지를 상속받아 계속하여 소유한 자

매수대상토지의 판정기준

국토해양부장관은 매수청구를 받은 토지가 법령에 정한 기준에 해당되면 그 토지를 매수하여야 한다. 매수대상토지의 판정기준은 다음과 같다. 이 경우 토지의 효용 감소, 사용·수익의 불가능 등에 대하여 본인의 귀책사

유가 없어야 한다.
1. 종래의 용도대로 사용할 수 없어 그 효용이 현저히 감소된 토지: 매수를 청구할 당시 매수대상토지를 개발제한구역 지정 이전의 지목(매수청구인이 개발제한구역 지정 이전에 적법하게 지적공부상의 지목과 다르게 이용하고 있었음을 공적자료로서 증명하는 경우에는 개발제한구역 지정 이전의 실제 용도를 지목으로 본다)대로 사용할 수 없어 매수청구일 현재 해당 토지의 개별공시지가(「부동산 가격공시 및 감정평가에 관한 법률」제11조에 따른 개별공시지가를 말한다. 이하 같다)가 그 토지가 있는 읍·면·동에 지정된 개발제한구역의 같은 지목의 개별공시지가 평균치의 50% 미만일 것.
2. 사용 또는 수익이 사실상 불가능한 토지: 법 제12조(개발제한구역에서의 행위제한 및 제13조(존속 중인 건축물 등에 대한 특례)에 따른 행위제한으로 해당 토지의 사용 또는 수익이 불가능할 것.

매수청구의 절차
1. 국토해양부장관은 토지의 매수를 청구받은 날부터 2개월 이내에 매수대상 여부와 매수예상가격 등을 매수청구인에게 알려주어야 한다.
2. 국토해양부장관은 매수대상토지임을 알린 경우에는 매수대상토지로 알린 날부터 3년 이내에 매수계획을 수립하여 그 매수대상토지를 매수하여야 한다.
3. 매수대상토지를 매수하는 가격은 「부동산 가격공시 및 감정평가에 관한 법률」에 따른 공시지가를 기준으로 해당 토지의 위치·형상·환경 및 이용 상황 등을 고려하여 평가한 금액으로 한다.
4. 매수청구업무 처리절차

① 토지의 매수를 청구하려는 자는 다음 각 호의 사항을 적은 토지매수청구서 등 국토해양부령으로 정하는 서류를 국토해양부장관에게 제출하여야 한다.
- 토지소유자의 성명(법인의 경우에는 그 명칭과 대표자의 성명)과 주소
- 토지의 지번, 지목 및 이용 현황
- 해당 토지에 소유권 외의 권리가 설정된 경우에는 그 종류 및 내용과 권리자의 성명(법인인 경우에는 그 명칭과 대표자의 성명) 및 주소
- 매수청구 사유

② 국토해양부장관은 제1항에 따라 매수청구를 받은 경우에는 매수대상 토지가 매수대상 여부와 매수예상가격을 매수청구인에게 알려야 한다. 이 경우 매수예상가격은 매수청구 당시의 개별공시지가로 한다.

③ 국토해양부장관은 제2항에 따라 매수예상가격을 통보하였으면 감정평가업자에게 대상 토지에 대한 감정평가를 의뢰하여 매수가격을 결정하고, 이를 매수청구인에게 알려야 한다. 이 경우 국토해양부장관은 감정평가를 의뢰하기 1개월 전까지 매수청구인에게 감정평가 의뢰 사실을 알려야 한다.

※ 개발제한구역의지정및관리에관한특별조치법시행령[별표 1] 〈개정 2013.10.30〉

건축물 또는 공작물의 종류, 건축 또는 설치의 범위(제13조제1항 관련)

시설의 종류	건축 또는 설치의 범위
1. 개발제한구역의 보전 및 관리에 도움이 될 수 있는 시설	
가. 공공공지 및 녹지	

나. 하천 및 운하		하천부지에 설치하는 환경개선을 위한 자연생태시설, 수질개선시설, 홍보시설을 포함한다.
다. 등산로, 산책로, 어린이놀이터, 간이휴게소 및 철봉, 평행봉, 그 밖에 이와 비슷한 체력단련시설		가) 국가·지방자치단체 또는 서울올림픽기념국민체육진흥공단이 설치하는 경우만 해당한다. 나) 간이휴게소는 33㎡ 이하로 설치하여야 한다.
라. 실외체육시설		가) 「체육시설의 설치·이용에 관한 법률」 제6조에 따른 생활체육시설 중 배구장, 테니스장, 배드민턴장, 게이트볼장, 롤러스케이트장, 잔디(인조잔디를 포함한다. 이하 같다)축구장, 잔디야구장, 농구장, 야외수영장, 궁도장, 사격장, 승마장, 씨름장, 양궁장 및 그 밖에 이와 유사한 체육시설로서 건축물의 건축을 수반하지 아니하는 운동시설(골프연습장은 제외한다) 및 그 부대시설을 말한다. 나) 부대시설은 탈의실, 세면장, 화장실, 운동기구 보관창고와 간이휴게소를 말하며, 그 건축 연면적은 200㎡ 이하로 하되, 시설 부지면적이 2,000㎡ 이상인 경우에는 그 초과하는 면적의 1천분의 10에 해당하는 면적만큼 추가로 부대시설을 설치할 수 있다. 다) 승마장의 경우 실내마장, 마사 등의 시설을 2,000㎡ 이하의 규모로 설치할 수 있다.
마. 시장·군수·구청장이 설치하는 소규모 실내 생활체육시설		가) 게이트볼장, 배드민턴장과 그 부대시설(관리실, 탈의실, 세면장, 화장실, 운동기구 보관창고와 간이휴게소를 말한다)을 설치할 수 있다. 나) 건축연면적은 부대시설을 포함하여 각각 600㎡ 이하의 규모로 설치하여야 한다. 다) 임야인 토지에는 설치할 수 없다.
바. 실내체육관		
사. 골프장		
아. 휴양림, 산림욕장, 치유의 숲 및 수목원		가) 「산림문화·휴양에 관한 법률」에 따른 자연휴양림, 산림욕장 및 치유의 숲과 그 안에 설치하는 시설(산림욕장의 경우 체육시설은 제외한다)을 말한다. 나) 「수목원 조성 및 진흥에 관한 법률」에 따른 수목원과 그 안에 설치하는 시설을 말한다.
자. 청소년수련시설		가) 국가 또는 지방자치단체가 설치하는 것으로서 「청소년활동진흥법」 제2조제2호에 따른 청소년활동시설 중 청소년수련관, 청소년수련원 및 청소년야영장만 해당한다. 나) 설치할 수 있는 지역 및 그 개수는 마목가)를 준용한다.
차. 자연공원		「자연공원법」 제2조제1호에 따른 자연공원과 같은 법 제2조제10호에 따른 공원시설(이 영에서 설치가 허용되는 시설에 한정한다)
카. 도시공원		「도시공원 및 녹지 등에 관한 법률」 제2조제3호에 따른 도시공원과 그 안에 설치하는 같은 조 제4호에 따른 공원시설(스키장 및 골프연습장은 제외한다)을 말한다.
타. 잔디광장, 피크닉장 및 야영장		국가 또는 지방자치단체가 설치하는 경우로서 그 부대시설·보조시설(간이시설만 해당한다)을 설치할 수 있다.
파. 탑 또는 기념비		가) 국가 또는 지방자치단체가 녹지조성과 병행하여 설치하는 것으로서 전적비와 총화탑 등을 포함한다. 나) 설치할 수 있는 높이는 5m 이하로 한다.

하. 개발제한구역 관리·전시·홍보관련시설	개발제한구역을 합리적으로 보전·관리하고 관련 자료의 전시·홍보를 위한 시설을 말하며, 설치할 수 있는 지역은 「국토의 계획 및 이용에 관한 법률」 제10조에 따라 지정된 광역계획권별로 1개 시설(수도권은 2개)을 초과할 수 없다.	
거. 수목장림	「장사 등에 관한 법률」에 따른 수목장림을 말하며, 다음의 요건을 모두 갖춘 경우에만 설치할 수 있다. 가) 「장사 등에 관한 법률 시행령」 제21조제2항, 별표 5 제1호부터 제4호까지의 규정에 따른 수목장림에 한정할 것 나) 해당 시장·군수·구청장이 설치하려는 지역 주민의 의견을 청취하여 수립하는 배치계획에 따를 것 다) 수목장림 구역에는 보행로와 안내표지판을 설치할 수 있도록 하되, 수목장림 관리·운용에 필요한 사무실, 유족편의시설, 공동분향단, 주차장 등 필수시설은 최소한의 규모로 설치할 것	
너. 방재시설	방풍설비, 방수설비, 방화설비, 사방(砂防)설비 및 방조설비를 말한다.	
더. 저수지 및 유수지		
러. 서바이벌게임 관련 시설	주민의 여가선용과 심신단련을 위하여 모의총기 등의 장비를 갖추고 모의전투를 체험하게 하는 모의전투체험장을 관리·운영하는 데 필요한 시설을 말하며, 관리사무실, 장비보관실, 탈의실, 세면장 및 화장실 등을 합하여 건축 연면적 300㎡ 이하로 설치할 수 있고, 이용자의 안전을 위하여 감시탑 및 그물망 등의 공작물을 설치할 수 있다.	
머. 자전거이용시설	「자전거이용 활성화에 관한 법률」 제2조제2호에 따른 자전거이용시설 중 자전거도로(같은 법 제3조제1호에 따른 자전거전용도로는 제외한다) 및 자전거주차장과 같은 법 시행령 제2조제4호에 따른 자전거이용자의 편익을 위한 시설 중 야영장, 벤치, 휴식소(가설건축물로 한정한다)를 설치할 수 있다.	
2. 개발제한구역을 통과하는 선형시설과 필수시설	가) 각 시설의 용도에 직접적으로 이용되는 시설과 이에 필수적으로 수반되어야만 기능이 발휘되는 시설로 한정한다. 나) 기반시설의 경우에는 다음 각 목에서 별도로 정하는 경우를 제외하고는 도시·군계획시설로만 설치할 수 있다.	
가. 철도		
나. 궤도	차목 및 제4호의 국방·군사시설로 설치·운영하기 위한 경우로 한정한다.	
다. 도로 및 광장	고속국도에 설치하는 휴게소를 포함하며, 광장에는 교통광장, 경관광장만 해당한다.	
라. 삭제 〈2012.11.12〉		
마. 관개 및 발전용수로	도시·군계획시설로 설치하지 아니할 수 있다.	
바. 삭제 〈2012.11.12〉		
사. 수도 및 하수도		
아. 공동구		

자. 전기공급설비	가) 「국토의 계획 및 이용에 관한 법률」 제2조제6호다목에 따른 전기공급설비(「신에너지 및 재생에너지 개발·이용·보급 촉진법」 제2조에 따른 신·재생에너지 설비 중 태양에너지 설비와 연료전지 설비를 포함한다)를 말한다. 나) 전기공급설비 중 변전시설을 옥내에 설치하는 경우에는 도시·군계획시설로 설치하지 아니할 수 있다. 다) 태양에너지 설비를 건축물이나 도시·군계획시설부지에 설치하는 경우에는 도시·군계획시설로 설치하지 아니할 수 있다. 라) 연료전지 설비는 도시·군계획시설부지에 설치하는 경우로 한정한다. 이 경우에는 도시·군계획시설로 설치하지 아니할 수 있다.	
차. 전기통신시설·방송시설 및 중계탑 시설		
카. 송유관		
타. 집단에너지공급시설		
파. 버스 차고지 및 그 부대시설	가) 「여객자동차 운수사업법 시행령」 제3조제1호에 따른 노선 여객자동차운송사업용 버스차고지 및 그 부대시설(자동차 천연가스 공급시설을 포함한다)에만 한정하며, 시외버스 운송사업용 버스 차고지 및 그 부대시설은 개발제한구역 밖의 기존 버스터미널이나 인근 지역에 버스차고지 등을 확보할 수 없는 경우에 만 설치할 수 있다. 나) 노선 여객자동차운송사업용 버스차고지는 지방자치단체가 설치하여 임대하거나 「여객자동차 운수사업법」 제53조에 따른 조합 또는 같은 법 제59조에 따른 연합회가 도시·군계획시설로 설치하거나 그 밖의 자가 도시·군계획시설로 설치하여 지방자치단체에 기부채납하는 경우만 해당한다. 다) 부대시설은 사무실 및 영업소, 정류소 및 기종점지, 차고설비, 차고부대시설, 휴게실 및 대기실만 해당하며, 기종점지에는 화장실, 휴게실 및 대기실 등 별도의 편의시설을 66㎡ 이하의 가설건축물로 설치할 수 있다. 라) 시설을 폐지하는 경우에는 지체 없이 철거하고 원상복구하여야 한다.	
하. 가스공급시설	「도시가스사업법」에 따른 가스공급시설로서 가스배관시설만 설치할 수 있다.	
3. 개발제한구역에 입지하여야만 기능과 목적이 달성되는 시설	해당 시·군·구 관할 구역 내 개발제한구역 밖에 입지할 수 있는 토지가 없는 경우로서 이미 훼손된 지역에 우선 설치하여야 한다.	
가. 공항	도시·군계획시설에만 한정하며, 항공표지시설을 포함한다.	
나. 항만	도시·군계획시설에만 한정하며, 항로표지시설을 포함한다.	
다. 환승센터 라. 주차장	「국가통합교통체계효율화법」 제2조제13호의 시설로서 「대도시권 광역교통 관리에 관한 특별법」에 따른 대도시권 광역교통 시행계획에 반영된 사업에만 해당되며, 이 영에서 허용되는 시설을 부대시설로 설치할 수 있다.	

마. 학교		가) 신축할 수 있는 경우는 다음과 같다. 다만, 개발제한구역 밖의 학교를 개발제한구역으로 이전하기 위하여 신축하는 경우는 제외한다. ① 「유아교육법」제2조제2호에 따른 유치원: 개발제한구역의 주민(제2조제3항제2호에 따라 개발제한구역이 해제된 취락주민을 포함한다)을 위한 경우로서 그 시설의 수는 시장·군수 또는 구청장이 개발제한구역 및 해제된 취락의 아동 수를 고려하여 수립하는 배치계획에 따른다. ② 「초·중등교육법」제2조에 따른 초등학교(분교를 포함한다)·중학교·고등학교·특수학교 (가) 개발제한구역에 거주하는 세대의 학생을 수용하는 경우와 같은 시·군·구(2㎞ 이내의 다른 시·군·구를 포함한다)에 거주하는 세대의 학생을 주로 수용하는 경우로 한정한다. (나) 사립학교는 국립·공립학교의 설립계획이 없는 경우에만 설치할 수 있다. (다) 임야인 토지에 설치할 수 없다. (라) 특수학교의 경우는 (가) 및 (나)를 적용하지 아니한다. (마) 복구사업지역과 제2조의2제4항에 따라 개발제한구역 관리계획에 제2조의3제1항제8호의 관리방안이 반영된 지역에 설치하는 경우에는 4층 이하로 설치하고, 옥상녹화 등 친환경적 대책을 마련하여야 한다. 나) 개발제한구역 또는 2000년 7월 1일 이전에 개발제한구역의 인접지에 이미 설치된 학교로서 개발제한구역의 인접지에 증축의 여지가 없는 경우에만 증축할 수 있다. 다) 농업계열 학교의 교육에 직접 필요한 실습농장 및 그 부대시설을 설치할 수 있다.
바. 지역공공시설		가) 국가 또는 지방자치단체가 설치하는 보건소(「노인복지법」제34조제1항제1호에 따른 노인요양시설을 병설하는 경우 이를 포함한다), 보건진료소 나) 노인요양시설[「노인복지법」제34조제1항제1호 및 제2호의 시설을 말하며, 설치할 수 있는 지역 및 그 개수는 제1호바목가를 준용한다] 다) 경찰파출소, 119안전신고센터, 초소 라) 「영유아보육법」제2조제3호에 따른 어린이집으로서 개발제한구역의 주민(제2조제3항제2호에 해당하여 개발제한구역에서 해제된 지역을 포함한다)을 위한 경우만 해당하며, 그 시설의 수는 시장·군수 또는 구청장이 개발제한구역의 아동수를 고려하여 수립하는 배치계획에 따른다. 마) 도서관: 건축 연면적 1,000㎡ 이하의 규모로 한정한다.
사. 국가의 안전·보안 업무의 수행을 위한 시설		

아. 폐기물처리시설	가)	「폐기물관리법」 제2조제8호에 따른 시설을 말하며, 도시·군계획시설로 설치하는 경우에 한정한다.
	나)	「건설폐기물의 재활용촉진에 관한 법률」에 따른 폐기물 중간처리시설은 다음의 기준에 따라 설치하여야 한다. ① 토사, 콘크리트덩이와 아스팔트콘크리트 등의 건설폐기물을 선별·파쇄·소각처리 및 일시 보관하는 시설일 것 ② 시장·군수·구청장이 설치·운영하여야 한다. 다만, 「건설폐기물의 재활용촉진에 관한 법률」 제21조에 따른 건설폐기물 중간처리업 허가를 받은 자 또는 허가를 받으려는 자가 대지화되어 있는 토지 또는 폐천부지에 설치하는 경우에는 시·군·구당 3개소 이내로 해당 토지를 소유하고 도시·군계획시설로 설치하여야 한다. ③ 시설부지의 면적은 10,000㎡ 이상, 관리실 및 부대시설은 건축연면적 66㎡ 이하일 것. 다만, 경비실은 조립식 공작물로 필요 최소한 규모로 별도로 설치할 수 있다. ④ 시설을 폐지하는 경우에는 지체 없이 이를 철거하고 원상복구할 것
자. 자동차 천연가스 공급시설	가)	「대기환경보전법」에 따른 자동차 천연가스 공급시설로서 그 부지면적은 3천300㎡ 이하로 하며, 부대시설로 세차시설을 설치할 수 있다
	나)	「국토의 계획 및 이용에 관한 법률」에 따른 계획관리지역과 공업지역이 없는 시·군·구에만 설치할 수 있으며, 시설을 폐지하는 경우에는 지체 없이 이를 철거하고 원상복구하여야 한다.
차. 유류저장 설비		「국토의 계획 및 이용에 관한 법률」에 따른 계획관리지역과 공업지역이 없는 시·군·구에만 설치할 수 있으며, 시설을 폐지하는 경우에는 지체 없이 이를 철거하고 원상복구하여야 한다.
카. 기상시설		「기상법」 제2조제13호에 따른 기상시설을 말한다.
타. 장사 관련 시설	가)	공동묘지 및 화장시설을 신설하는 경우는 국가, 지방자치단체에 한정하며, 그 안에 봉안시설 및 장례식장을 포함하여 설치할 수 있다.
	나)	가)에도 불구하고 봉안시설 또는 수목장림은 다음 중 어느 하나에 해당하는 경우, 국가 또는 지방자치단체가 신설하는 공동묘지 및 화장시설이 아닌 곳에 설치할 수 있다. ① 기존의 공동묘지 안에 있는 기존의 분묘만을 봉안시설로 전환·설치하는 경우 ② 봉안시설을 사찰의 경내에 설치하는 경우 ③ 가족·종중 또는 문중의 분묘를 정비(개발제한구역밖에 있던 분묘를 포함한다)하는 부지 안에서 봉안시설 또는 수목장림으로 전환·설치하는 경우 ④ 수목장림을 사찰의 경내지에 설치하는 경우
	다)	나)에 따라 봉안시설이나 수목장림으로 전환·설치하는 경우 정비된 분묘가 있던 기존의 잔여부지는 임야·녹지 등 자연친화적으로 원상복구하여야 한다.
파. 환경오염방지시설		

하. 공사용 임시 가설건축물 및 임시시설	가) 공사용 임시 가설건축물은 법 제12조제1항 각 호 또는 법 제13조에 따라 허용되는 건축물 또는 공작물을 설치하기 위한 경우로서 2층 이하의 목조, 시멘트블록, 그 밖에 이와 비슷한 구조로 설치하여야 한다. 나) 임시시설은 공사를 위하여 임시로 도로를 설치하는 경우와 해당 공사의 사업시행자가 그 공사에 직접 소요되는 물량을 충당하기 위한 목적으로 해당 시·군·구에 설치하는 것으로 한정하며, 블록·시멘트벽돌·쇄석(해당 공사에서 발생하는 토석의 처리를 위한 경우를 포함한다), 레미콘 및 아스콘 등을 생산할 경우에 설치할 수 있다. 다) 공사용 임시 가설건축물 및 임시시설은 사용기간을 명시하여야 하고, 해당 공사가 완료된 경우에는 다른 공사를 목적으로 연장허가를 할 수 없으며, 사용 후에는 지체 없이 철거하고 원상복구하여야 한다.	
거. 동물보호시설	가) 「동물보호법」 제10조에 따른 시설을 말하며, 기존 동식물시설을 용도변경하거나 기존 동식물시설을 철거한 후 신축할 수 있다. 나) 가)에 따라 신축할 경우에는 철거한 기존 시설의 부지 전체면적을 초과할 수 없다.	
너. 문화재의 복원과 문화재관리용 건축물	「문화재보호법」 제2조제1항제1호, 제3호 및 제4호에 따른 문화재에 한정한다.	
더. 경찰훈련시설	경찰기동대·전투경찰대 및 경찰특공대의 훈련시설로서 사격장, 헬기장 및 탐지견 등의 훈련시설과 부대시설에 한정한다.	
러. 택배화물 분류 관련 시설	가) 택배화물의 분류를 위한 것으로서 고가도로의 노면 밑의 부지를 활용(토지 형질변경을 포함한다)하는 경우만 해당한다. 나) 경계 울타리, 컨베이어벨트 및 비가림시설의 공작물과 100㎡ 이하의 관리용 가설건축물을 설치할 수 있다.	
4. 국방·군사시설 및 교정시설	가) 대통령 경호훈련장의 이전·신축을 포함한다. 나) 해당 시설의 용도가 폐지된 경우에는 지체 없이 이를 철거하고 원상복구하여야 한다. 다만, 국토교통부장관과 협의한 경우에는 그러하지 아니하다.	
5. 개발제한구역 주민의 주거·생활편익 및 생업을 위한 시설	가) 가목 및 나목의 경우에는 개발제한구역에서 농림업 또는 수산업에 종사하는 자가 설치하는 경우만 해당한다. 나) 이 영에서 정하는 사항 외에 축사, 콩나물 재배사, 버섯 재배사의 구조와 입지기준에 대하여는 시·군·구의 조례로 정할 수 있다. 다) 축사, 사육장, 콩나물 재배사, 버섯 재배사는 1가구[개발제한구역(제2조제3항제2호에 따라 개발제한구역에서 해제된 집단취락지역을 포함한다)에서 주택을 소유하면서 거주하는 1세대를 말한다. 이하 같다]당 1개 시설만 건축할 수 있다. 다만, 개발제한구역에서 2년 이상 계속 농업에 종사하고 있는 자가 이미 허가를 받아 설치한 축사, 사육장, 콩나물 재배사, 버섯 재배사를 허가받은 용도대로 사용하고 있는 경우에는 시·군·구의 조례로 정하는 바에 따라 영농계획에 부합하는 추가적인 건축을 허가할 수 있다.	
가. 동식물 관련 시설		
1) 축사	가) 축사(소·돼지·말·닭·젖소·오리·양·사슴·개 의 사육을 위한 건축물을 말한다)는 1가구당 기존 면적을 포함하여 1,000㎡ 이하로 설치하여야 한다. 이 경우 축사에는 33㎡ 이하의 관리실을 설치할 수 있고, 축사를 다른 시설로 용도변경하는 경우에는 관리실을 철거하여야 한다. 다만, 수도권과 부산권의 개발제한구역에 설치하는 축사의 규모는 상수원, 환경 등의 보호를 위하여 1,000㎡ 이하의	

		범위에서 국토교통부장관이 농림축산식품부장관 및 환경부장관과 협의하여 국토교통부령으로 정하는 바에 따른다. 나) 과수원 및 초지의 축사는 1가구당 100㎡ 이하로 설치하여야 한다. 다) 초지와 사료작물재배지에 설치하는 우마사(牛馬舍)는 초지 조성면적 또는 사료작물 재배면적의 1천분의 5 이하로 설치하여야 한다. 라) 다음 어느 하나의 경우에 해당하는 지역에서는 축사의 설치를 허가할 수 없다. ① 「가축분뇨의 관리 및 이용에 관한 법률」에 따라 가축의 사육이 제한된 지역 ② 복구사업지역과 제2조의2제4항에 따라 개발제한구역 관리계획에 제2조의3제1항제8호의 관리방안이 반영된 지역 ③ 법 제30조제2항에 따라 국토교통부장관으로부터 시정명령에 관한 업무의 집행 명령을 받은 시·군·구
	2) 잠실(蠶室)	뽕나무밭 조성면적 2천㎡당 또는 뽕나무 1천 800주당 50㎡ 이하로 설치하여야 한다.
	3) 저장창고	소·말 등의 사육과 낙농을 위하여 설치하는 경우만 해당한다.
	4) 양어장	유지(溜池)·하천·저습지 등 농업생산성이 극히 낮은 토지에 설치하여야 한다.
	5) 사육장	꿩, 우렁이, 달팽이, 지렁이, 그 밖에 이와 비슷한 새·곤충 등의 사육을 위하여 임야 외의 토지에 설치하는 경우로서 1가구당 기존 면적을 포함하여 300㎡ 이하로 설치하여야 한다.
	6) 콩나물 재배사	가) 1가구당 기존면적으로 포함하여 300㎡ 이하로 설치하여야 한다. 나) 콩나물재배사에는 10㎡ 이하의 관리실을 설치할 수 있으며, 콩나물재배사를 다른 시설로 용도변경하는 경우에는 관리실을 철거하여야 한다. 다) 1)라)② 및 ③의 지역에서는 설치할 수 없다.
	7) 버섯 재배사	가) 1가구당 기존 면적을 포함하여 500㎡ 이하로 설치하여야 한다. 나) 1)라)② 및 ③의 지역에서는 설치할 수 없다.
	8) 퇴비사 및 발효퇴비장	기존 면적을 포함하여 300㎡(퇴비사 및 발효퇴비장의 합산면적을 말한다) 이하로 설치하되, 발효퇴비장은 유기농업을 위한 경우에만 설치할 수 있다.
	9) 육묘 및 종묘배양장	
	10) 온실	수경재배·시설원예 등 작물재배를 위한 경우로서 재료는 유리, 플라스틱, 그 밖에 이와 비슷한 것을 사용하여야 하며, 그 안에 온실의 가동에 직접 필요한 기계실 및 관리실을 66㎡ 이하로 설치할 수 있다.
나. 농수산물 보관 및 관리 관련 시설		
	1) 창고	가) 개발제한구역의 토지를 소유하면서 영농에 종사하는 자가 개발제한구역의 토지 또는 그 토지와 일체가 되는 토지에서 생산되는 생산물 또는 수산물을 저장하기 위한 경우에는 기존 면적을 포함하여 150㎡ 이하로 설치하여야 한다. 이 경우 해당 토지면적이 1만㎡를 초과하는 경우에는 그 초과하는 면적의 1천분의 10에 해당하는 면적만큼 창고를 추가로 설치할 수 있다.

	나)	「농어업경영체 육성 및 지원에 관한 법률」 제16조에 따른 영농조합법인 및 같은 법 제19조에 따른 농업회사법인이 개발제한구역의 농작업의 대행을 위하여 사용하는 농기계를 보관하기 위한 경우에는 기존 면적을 포함하여 200㎡ 이하로 설치하여야 한다.
2) 담배 건조실		잎담배 재배면적의 1천분의 5 이하로 설치하여야 한다.
3) 임시 가설건축물		농림수산업용 기자재의 보관이나 농수산물의 건조 또는 단순가공을 위한 경우로서 1가구당 기존 면적을 포함하여 100㎡ 이하로 설치하여야 한다. 다만, 해태건조처리장 용도의 경우에는 200㎡ 이하로 설치하여야 한다.
4) 지역특산물가공작업장		「수질 및 수생태계 보전에 관한 법률」, 「대기환경보전법」 및 「소음·진동관리법」에 따라 배출시설의 설치허가를 받거나 신고를 하여야 하는 것이 아닌 경우로서 지역특산물(해당 지역에서 지속적으로 생산되는 농산물·수산물·축산물·임산물로서 시장·군수가 인정하여 공고한 것을 말한다)을 가공하기 위하여 1가구당 기존 면적을 포함하여 100㎡ 이하로 설치하여야 한다. 이 경우 지역특산물가공작업장을 설치할 수 있는 자는 다음과 같다. 가) 지정 당시 거주자 나) 5년 이상 거주자로서 해당 지역에서 5년 이상 지역 특산물을 생산하는 자
5) 관리용 건축물		가) 관리용 건축물을 설치할 수 있는 경우와 그 규모는 다음과 같다. 다만, ①·②·④에 따라 관리용 건축물을 설치하는 경우에는 생산에 직접 이용되는 토지 또는 양어장의 면적이 2,000㎡ 이상이어야 한다. ① 과수원, 초지, 유실수·원예·분재 재배지역에 설치하는 경우에는 생산에 직접 이용되는 토지면적의 1천분의 10 이하로서 기존 면적을 포함하여 66㎡ 이하로 설치하여야 한다. ② 양어장에 설치하는 경우에는 양어장 부지면적의 1천분의 10 이하로서 기존 면적을 포함하여 66㎡ 이하로 설치하여야 한다. ③ 「농어촌정비법」 제2조제16호다목에 따른 주말농원에 설치하는 경우에는 임대농지면적의 1천분의 10 이하로서 기존 면적을 포함하여 66㎡ 이하로 설치하여야 한다. ④ 「농어업경영체 육성 및 지원에 관한 법률」 제16조에 따른 영농조합법인 및 같은 법 제19조에 따른 농업회사법인이 개발제한구역의 농작업의 대행을 위하여 설치하는 경우에는 기존 면적을 포함하여 66㎡ 이하로 설치하여야 한다. ⑤ 어업을 위한 경우에는 정치망어업면허 또는 기선선인망어업허가를 받은 1가구당 기존 면적을 포함하여 66㎡ 이하로 설치하여야 한다. 나) 농기구와 비료 등의 보관과 관리인의 숙식 등의 용도로 쓰기 위하여 조립식 가설건축물로 설치하여야 하며, 주된 용도가 주거용이 아니어야 한다. 다) 관리용 건축물의 건축허가 신청 대상 토지가 신청인이 소유하거나 거주하는 주택을 이용하여 관리가 가능한 곳인 경우에는 건축허가를 하지 아니하여야 한다. 다만, 가)③·④의 경우에는 그러하지 아니하다. 라) 관리의 대상이 되는 시설이 폐지된 경우에는 1개월 이내에 관리용 건축물을 철거하고 원상복구하여야 한다. 마) 관리용 건축물의 부지는 당초의 지목을 변경할 수 없다.

다. 주택(「건축법 시행령」 별표 1 제1호가목에 따른 단독주택을 말한다. 이하 이 호에서 같다)	신축할 수 있는 경우는 다음과 같다. 가) 개발제한구역 지정 당시부터 지목이 대인 토지(이축된 건축물이 있었던 토지의 경우에는 개발제한구역 지정 당시부터 그 토지의 소유자와 건축물의 소유자가 다른 경우만 해당한다)와 개발제한구역 지정 당시부터 있던 기존의 주택[제24조에 따른 개발제한구역 건축물관리대장에 등재된 주택을 말한다. 이하 나) 및 다)에서 같다]이 있는 토지에만 주택을 신축할 수 있다. 나) 가)에도 불구하고 「농어업 · 농어촌 및 식품산업 기본법」 제3조제2호가목에 따른 농업인에 해당하는 자로서 개발제한구역에 기존 주택을 소유하고 거주하는 자는 영농의 편의를 위하여 자기 소유의 기존 주택을 철거하고 자기 소유의 농장 또는 과수원에 주택을 신축할 수 있다. 이 경우 생산에 직접 이용되는 토지의 면적이 10,000㎡ 이상으로서 진입로를 설치하기 위한 토지의 형질변경이 수반되지 아니하는 지역에만 주택을 신축할 수 있으며, 건축 후 농림수산업을 위한 시설 외로는 용도변경을 할 수 없다. 다) 가)에도 불구하고 다음의 어느 하나에 해당하는 경우에는 국토교통부령으로 정하는 입지기준에 적합한 곳에 주택을 신축할 수 있다. ① 기존 주택이 「공익사업을 위한 토지 등의 취득 및 보상에 관한 법률」에 따라 공익사업의 시행으로 인하여 더 이상 거주할 수 없게 된 경우로서 그 기존 주택의 소유자(같은 법에 따라 보상금을 모두 지급받은 자를 말한다)가 자기 소유의 토지(철거일 당시 소유권을 확보한 토지를 말한다)에 신축하는 경우 ② 기존 주택이 재해로 인하여 더 이상 거주할 수 없게 된 경우로서 그 기존 주택의 소유자가 자기 소유의 토지(재해를 입은 날부터 6개월 이내에 소유권을 확보한 토지를 말한다)에 신축하는 경우 ③ 개발제한구역 지정 이전부터 건축되어 있는 주택 또는 개발제한구역 지정 이전부터 다른 사람 소유의 토지에 건축되어 있는 주택으로서 토지소유자의 동의를 받지 못하여 증축 또는 개축할 수 없는 주택을 법 제12조제1항제2호에 따른 취락지구에 신축하는 경우	
라. 근린생활시설	증축 및 신축할 수 있는 시설은 다음과 같다. 가) 주택을 용도변경한 근린생활시설 또는 1999년 6월 24일 이후에 신축된 근린생활시설만 증축할 수 있다. 나) 개발제한구역 지정 당시부터 지목이 대인 토지(이축된 건축물이 있었던 토지의 경우에는 개발제한구역 지정 당시부터 그 토지의 소유자와 건축물의 소유자가 다른 경우만 해당한다)와 개발제한구역 지정 당시부터 있던 기존의 주택(제24조에 따른 개발제한구역건축물관리대장에 등재된 주택을 말한다)이 있는 토지에만 근린생활시설을 신축할 수 있다. 다만, 「수도법」 제3조제2호에 따른 상수원의 상류 하천(「하천법」에 따른 국가하천 및 지방하천을 말한다)의 양안 중 그 하천의 경계로부터 직선거리 1킬로m 이내의 지역(「하수도법」 제2조제15호에 따른 하수처리구역은 제외한다)에서는 「한강수계 상수원수질개선 및 주민지원 등에 관한 법률」 제5조에 따라 설치할 수 없는 시설을 신축할 수 없다.	
1) 슈퍼마켓 및 일용품 소매점		
2) 휴게음식점 · 제과점 및 일반음식점	휴게음식점 · 제과점 또는 일반음식점을 건축할 수 있는 자는 5년 이상 거주자 또는 지정 당시 거주자이어야 한다. 이 경우 건축물의 연면적은 300㎡ 이하이어야 하며, 인접한 토지를 이용하여 300㎡ 이하의 주차장을 설치할 수 있되, 휴게음식점 또는 일반음식점을 다른 용도로 변경하는 경우에는 주차장 부지를 원래의 지목으로 환원하여야 한다.	

3) 이용원·미용원 및 세탁소	세탁소는 공장이 부설된 것은 제외한다.	
4) 의원·치과의원·한의원·침술원·접골원 및 조산소 5) 탁구장 및 체육도장 6) 기원 7) 당구장 8) 금융업소·사무소 및 부동산중개업소		
9) 수리점	자동차부분정비업소, 자동차경정비업소(자동차부품의 판매 또는 간이 수리를 위한 시설로서 「자동차관리법 시행령」 제12조제1항에 따른 자동차정비업시설의 종류에 해당되지 아니하는 시설을 말한다)를 포함한다.	
10) 사진관·표구점·학원·장의사 및 동물병원 11) 목공소·방앗간 및 독서실		
마. 주민 공동이용시설		
1) 마을 진입로, 농로, 제방	개발제한구역(제2조제3항제2호에 따라 집단취락으로 해제된 지역을 포함한다)의 주민이 마을 공동으로 축조(築造)하는 경우만 해당한다.	
2) 마을 공동주차장, 마을 공동작업장, 경로당, 노인복지관, 마을 공동회관 및 읍·면·동 복지회관	가) 지방자치단체가 설치하거나 마을 공동으로 설치하는 경우만 해당한다. 나) 읍·면·동 복지회관은 예식장 등 집회장, 독서실, 상담실, 그 밖에 읍·면·동 또는 마을단위 회의장 등으로 사용하는 다용도시설을 말한다.	
3) 공동구판장, 하치장, 창고, 농기계보관창고, 농기계수리소, 농기계용유류판매소, 선착장 및 물양장	가) 지방자치단체 또는 「농업협동조합법」에 따른 조합, 「산림조합법」에 따른 조합, 「수산업협동조합법」에 따른 수산업협동조합(어촌계를 포함한다)이 설치하거나 마을 공동으로 설치하는 경우만 해당한다. 나) 농기계수리소는 가설건축물 구조로서 수리용 작업장 외의 관리실·대기실과 화장실은 건축 연면적 30㎡ 이하로 설치할 수 있다. 다) 공동구판장은 지역생산물의 저장·처리·단순가공·포장과 직접판매를 위한 경우로서 건축 연면적 1,000㎡ 이하로 설치하여야 한다.	
4) 공판장 및 화훼전시판매시설	가) 공판장은 해당 지역에서 생산되는 농산물의 판매를 위하여 「농업협동조합법」에 따른 지역조합(수도권과 광역시의 행정구역이 아닌 지역의 경우만 해당한다)이 설치하는 경우에만 해당한다. 나) 화훼전시판매시설은 시장·군수·구청장이 화훼의 저장·전시·판매를 위하여 설치하는 것을 말한다.	
5) 상여보관소, 간이휴게소, 간이쓰레기소각장, 어린이놀이터 및 유아원		
6) 간이 급수용 양수장		

7) 낚시터시설 및 그 관리용 건축물	가) 기존의 저수지 또는 유지를 이용하여 지방자치단체 또는 마을 공동으로 설치·운영하거나 기존의 양어장을 이용하여 5년 이상 거주자가 설치하는 경우만 해당한다. 나) 이 경우 낚시용 좌대, 비가림막 및 차양막을 설치할 수 있고, 50㎡ 이하의 관리실을 임시가설건축물로 설치할 수 있다.	
8) 미곡종합처리장	「농업협동조합법」에 따른 지역농업협동조합이 개발제한구역에 1천헥타르 이상의 미작 생산에 제공되는 농지가 있는 시·군·구에 설치(시·군·구당 1개소로 한정한다)하는 경우로서 건축 연면적은 부대시설 면적을 포함하여 2,000㎡ 이하로 설치하여야 한다.	
9) 목욕장	마을 공동으로 설치·이용하는 경우에만 해당한다.	
10) 휴게소(고속국도에 설치하는 휴게소는 제외한다), 주유소 및 자동차용 액화석유가스 충전소	가) 시장·군수·구청장이 수립하는 배치계획에 따라 시장·군수·구청장 또는 지정 당시 거주자가 국도·지방도 등 간선도로변에 설치하는 경우만 해당한다. 다만, 도심의 자동차용 액화석유가스 충전소(자동차용 액화석유가스 충전소 외의 액화석유가스 충전소를 겸업하는 경우를 포함한다. 이하 같다)를 이전하여 설치하는 경우에는 해당 사업자만 설치할 수 있다. 나) 지정 당시 거주자가 설치하는 경우에는 각각의 시설에 대하여 1회만 설치할 수 있다. 다만, 공공사업에 따라 철거되거나 기존 시설을 철거한 경우에는 그러하지 아니하다. 라) 휴게소 및 자동차용 액화석유가스 충전소의 부지면적은 3,300㎡ 이하로, 주유소의 부지면적은 1,500㎡ 이하로 한다. 이 경우 시장·군수·구청장 또는 지정 당시 거주자만이 주유소 및 자동차용 액화석유가스 충전소에는 세차시설을 설치할 수 있다. 마) 휴게소는 개발제한구역의 해당 도로노선 연장이 10㎞ 이내인 경우에는 설치되지 아니하도록 하여야 하며, 주유소 및 자동차용 액화석유가스 충전소의 시설 간 간격 등 배치계획의 수립기준은 국토교통부령으로 정한다.	
11) 버스 간이승강장	도로변에 설치하는 경우만 해당한다.	
12) 효열비, 유래비, 사당, 동상, 그 밖에 이와 비슷한 시설	마을 공동으로 설치하는 경우에 한한다.	
바. 공중화장실		

군사기지 및 군사시설 보호구역

◆ 군사기지 및 군사시설 보호구역

"군사기지 및 군사시설 보호구역"(이하 '보호구역'이라 한다)이란 군사기지 및 군사시설을 보호하고 군사작전을 원활히 수행하기 위하여 국방부장관이 법에 따라 지정하는 구역을 말한다.

용어의 정의
보호구역과 관련된 용어의 정의는 다음과 같다.
1. 군사기지

   군사시설이 위치한 군부대의 주둔지 · 해군기지 · 항공작전기지 · 방공기지 · 군용전기통신기지, 그 밖에 군사작전을 수행하기 위한 근거지를 말한다.

2. 군사시설

    전투진지, 군사목적을 위한 장애물, 폭발물 관련 시설, 사격장, 훈련장, 군용전기통신설비, 그 밖에 군사목적에 직접 공용되는 시설을 말한다.

3. 해군기지

    군의 해상작전의 근거지로서 다음 각 목의 것을 말한다.

    가. 군항 : 해군 주세력의 근거지

    나. 해군작전기지 : 함대별 작전근거지

4. 항공작전기지

    군의 항공작전의 근거지로서 다음 각 목의 것을 말한다.

    가. 전술항공작전기지 : 군의 전술항공기를 운용할 수 있는 기지

    나. 지원항공작전기지 : 군의 지원항공기를 운용할 수 있는 기지

    다. 헬기전용작전기지 : 군의 회전익항공기를 운용할 수 있는 기지

    라. 예비항공작전기지 : 전시·사변 또는 이에 준하는 비상시에 항공작전기지로 활용할 수 있는 비상활주로, 헬기예비작전기지 및 민간비행장

5. 군용항공기

    군이 사용하는 비행기·회전익항공기·비행선·활공기, 그 밖의 항공기기를 말한다.

6. 군사기지 및 군사시설 보호구역

    군사기지 및 군사시설을 보호하고 군사작전을 원활히 수행하기 위하여 국방부장관이 지정하는 구역으로서 다음 각 목의 것을 말한다.

    가. 통제보호구역 : 보호구역 중 고도의 군사활동 보장이 요구되는 군

사분계선의 인접지역과 중요한 군사기지 및 군사시설의 기능보전이 요구되는 구역

　　나. 제한보호구역 : 보호구역 중 군사작전의 원활한 수행을 위하여 필요한 지역과 군사기지 및 군사시설의 보호 또는 지역주민의 안전이 요구되는 구역

7. 민간인통제선

　고도의 군사활동 보장이 요구되는 군사분계선의 인접지역에서 군사작전상 민간인의 출입을 통제하기 위하여 국방부장관이 지정하는 선을 말한다.

8. 비행안전구역

　군용항공기의 이착륙에 있어서의 안전비행을 위하여 국방부장관이 지정하는 구역을 말한다.

9. 대공방어협조구역

　대공방어작전을 보장하기 위하여 국방부장관이 지정하는 구역을 말한다.

10. 관할부대장

　작전책임지역 안의 군사기지 및 군사시설을 보호·관리하거나 비행안전 또는 대공방어 등에 관한 사항을 관장하는 대통령령으로 정하는 부대의 장을 말한다.

11. 관리부대장

　관할부대장의 작전책임지역 안에 주둔하고 있으나 지휘계통이 달라 당해 지역의 관할 부대와 독립하여 일정한 범위의 군사기지 및 군사시설을 보호·관리하거나 비행안전 및 대공방어 등에 관한 사항을 관

장하는 대통령령으로 정하는 부대의 장을 말한다.

군부대의 협의를 거쳐야 하는 행정기관의 처분
보호구역에서 행정기관이 개발행위허가 신청에 대하여 처분을 하려면 사전에 군부대의 동의를 받아야 한다. 실무적으로는 개발행위허가를 신청할 때에 신청자가 군부대의 협의를 거치기 위한 서류도 동시에 만들어서 제출하여야 한다. 군부대의 협의를 거쳐야 하는 행정기관의 처분은 다음과 같다.

1. 주택의 신축·증축 또는 공작물의 설치
2. 도로·철도·교량·운하·터널·수로·매설물 등과 그 부속 공작물의 설치 또는 변경
3. 하천 또는 해면의 매립·준설과 항만의 축조 또는 변경
4. 광물·토석 또는 토사(土砂)의 채취
5. 해안의 굴착
6. 조림 또는 임목(林木)의 벌채
7. 토지의 개간 또는 지형의 변경
8. 해저시설물의 부설 또는 변경
9. 통신시설의 설치와 그 사용
10. 총포의 발사 또는 폭발물의 폭발
11. 해운의 영위
12. 어업권의 설정, 수산동식물의 포획 또는 채취
13. 부표(浮標)·입표, 그 밖의 표지의 설치 또는 변경

협의업무의 처리기한
- 국방부장관 또는 관할부대장등은 협의요청을 받은 경우 소관 군사기지 및 군사시설 보호 심의위원회의 심의를 거쳐 30일 이내에 그 의견을 관계 행정기관의 장에게 통보하여야 한다. 이 경우 그 의견에 대한 구체적인 사유를 명시하여야 한다.
- 국방부장관 또는 관할부대장등은 상기의 통보기한을 1회에 한하여 10일의 범위 안에서 연장할 수 있다. 이 경우 미리 그 연장 사유, 처리현황, 연장 기한을 명시하여 알려주어야 한다.

협의를 거치지 아니한 행정처분의 효력
국방부장관 또는 관할부대장등은 관계 행정기관의 장이 협의를 거치지 아니하거나, 협의조건을 이행하지 아니하고 허가 등을 한 경우에는 당해 행정기관의 장에게 그 허가 등의 취소, 행위의 중지, 시설물의 철거 등 원상회복에 필요한 조치를 할 것을 요청할 수 있고, 그 요청을 받은 행정기관의 장은 특별한 사유가 없는 한 이에 응하여야 한다.

군부대의 협의를 거치지 않아도 되는 행정기관의 처분
보호구역의 보호·관리 및 군사작전에 지장이 없는 범위 안에서 다음의 사항은 군부대의 협의를 거치지 않아도 된다. 다만, 제1호, 제2호 또는 제7호의 경우 통제보호구역과 폭발물 관련 군사시설이 있는 보호구역 안에서는 군부대의 협의를 거쳐야 한다.
1. 기존의 건축물·공작물의 개축·재축·대수선
2. 「건축법 시행령」 제15조제5항에 따른 가설건축물의 건축. 다만, 전투

진지 전방 500m 이내 지역은 소각하거나 물리적으로 없애기 쉬운 시설에 한한다.
3. 입목의 간벌, 택벌 및 피해목 벌채
4. 「산림자원의 조성 및 관리에 관한 법률」 제36조제4항에 따른 입목 벌채 등
5. 「농어촌정비법」 제2조제5호나목에 따른 경지 정리, 배수 개선, 농업생산기반시설의 개수·보수 및 준설 등 농업생산기반 개량사업
6. 「장사 등에 관한 법률」 제14조제1항제1호에 따른 개인묘지의 설치
7. 「건축법」 제14조제1항 및 제16조제2항에 따른 신고의 대상이 되는 행위 및 같은 법 제19조제2항제2호에 따른 신고 대상 건축물의 용도변경

◆ 통제보호구역 vs 제한보호구역

보호구역은 크게 통제보호구역과 제한보호구역으로 구분되어 진다. 투자대상 토지의 보호구역 해당 여부는 토지이용계획확인서 발급이나 열람을 통해서 확인할 수 있다. 두 구역은 개발행위허가를 위한 군부대의 동의를 받는 난이도에 있어 크게 차이가 난다.

통제보호구역

통제보호구역이란 보호구역 중 고도의 군사활동 보장이 요구되는 군사분계선의 인접지역과 중요한 군사기지 및 군사시설의 기능보전이 요구되는 구역을 말하며, 지정범위는 다음과 같다. 통제보호구역은 민간인의 출입

이 통제되는 지역으로서 특별한 경우를 제외하고는 개발행위허가를 위한 군부대의 동의를 받지 못하기 때문에 일반적으로 개발이 불가능한 토지라고 할 수 있다.

1. 민간인통제선 이북지역

    통제보호구역은 주로 민간인통제선 이북지역에 지정이 된다. 다만, 통일정책의 추진에 필요한 지역, 취락지역 또는 안보관광지역 등으로서 대통령령으로 정하는 기준에 해당하는 지역은 제한보호구역으로 지정할 수 있다. 민간인통제선은 군사분계선의 이남 10km 범위 이내에서 지정할 수 있다.

2. 중요한 군사기지 및 군사시설 주변

    민간인통제선 이북지역 외에도 중요한 군사기지 및 군사시설의 최외곽 경계선으로부터 300m 범위 이내의 지역에 지정이 된다. 다만, 방공기지(대공방어임무를 수행하기 위하여 지대공 무기 등을 운용하는 기지를 말한다)의 경우에는 최외곽경계선으로부터 500m 범위 이내의 지역에 지정이 된다.

■ 사례1 : 민통선 이북에 지정된 통제보호구역

지목	임야	면적	5,401 ㎡
공시지가	10,600원 (2010/01)		

지역지구등 지정여부	「국토의 계획 및 이용에 관한 법률」에 따른 지역 · 지구등	농림지역
	다른 법령 등에 따른 지역 · 지구등	통제보호구역(민통선이북:10km)((08.12.30))<군사기지 및 군사시설 보호법>,임업용산지<산지관리법>
「토지이용규제 기본법 시행령」 제9조제4항 각 호에 해당되는 사항		토지거래계약에관한허가구역

▶ 사례 토지는 보호구역중 통제보호구역에 해당하며, 괄호 안에 (민통선이북 : 10km)로 표시되어 있으므로, 민간인통제선 이북지역에 지정된 통제보호구역에 해당함을 알 수 있다.

제한보호구역

보호구역 중 군사작전의 원활한 수행을 위하여 필요한 지역과 군사기지 및 군사시설의 보호 또는 지역주민의 안전이 요구되는 구역을 말하며 다음의 지역에 지정이 된다.

1. 군사분계선의 이남 25㎞ 범위 이내의 지역 중 민간인통제선 이남지역.
2. 1항 외의 지역에 위치한 군사기지 및 군사시설의 최외곽 경계선으로부터 500m 범위 이내의 지역. 다만, 취락지역에 위치한 군사기지 및 군사시설의 경우에는 당해 군사기지 및 군사시설의 최외곽경계선으로부터 300m 범위 이내의 지역으로 한다.
3. 폭발물 관련 시설, 방공기지, 사격장 및 훈련장은 당해 군사기지 및 군사시설의 최외곽경계선으로부터 1㎞ 범위 이내의 지역
4. 전술항공작전기지는 당해 군사기지 최외곽경계선으로부터 5㎞ 범위 이내의 지역, 지원항공작전기지 및 헬기전용작전기지는 당해 군사기지 최외곽경계선으로부터 2㎞ 범위 이내의 지역
5. 군용전기통신기지는 군용전기통신설비 설치장소의 중심으로부터 반지름 2㎞ 범위 이내의 지역

■ 사례2 : 민간인통제선 이남에 지정된 제한보호구역

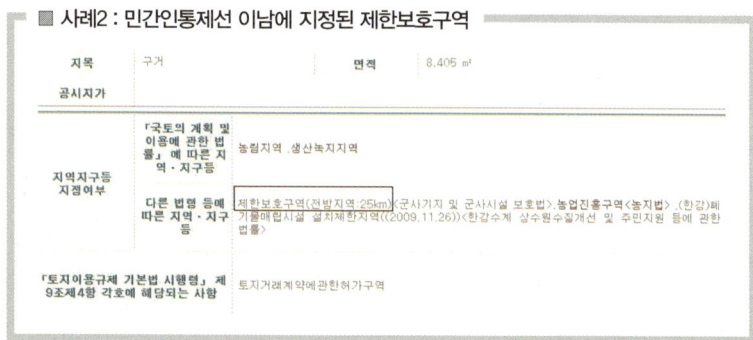

▶ 사례 토지는 보호구역중 제한보호구역에 해당하며, 괄호안에 (전방지역 : 25km)로 표시되어 있으므로, 군사분계선 이남 25km 범위 이내에서 민간인통제선 이남에 지정된 제한보호구역에 해당함을 알 수 있다.

■ 사례3 : 폭발물 관련 시설 주변에 지정된 제한보호구역

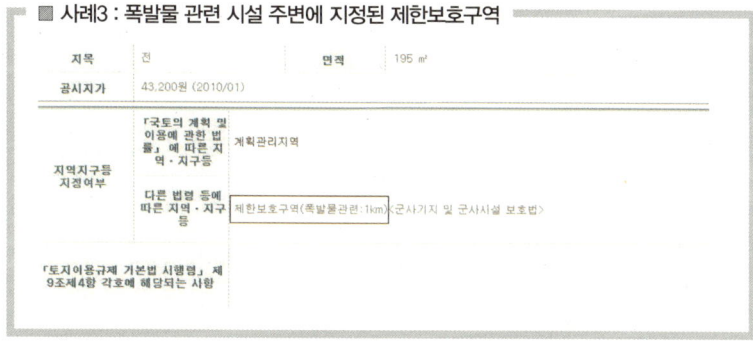

▶ 사례 토지는 보호구역중 제한보호구역에 해당하며, 괄호안에 (폭발물관련 : 1km)로 표시되어 있으므로 설명 중 3번 '폭발물관련 시설 주변에 지정된 제한보호구역'에 해당함을 알 수 있다.

◆ 위탁(임)지역 vs 협의지역

보호구역은 개발행위허가 시 군부대의 동의를 필요로 하느냐 여부에 따라 위탁지역과 협의지역으로 구분된다.

위탁(임)지역

국방부장관 또는 관할부대장등은 도시 지역 안의 보호구역, 농공 단지 등 작전에 미치는 영향이 경미하면서 지역사회발전 및 주민 편익을 도모할 수 있는 지역으로 법령으로 정하는 일정한 보호구역, 비행안전구역 또는 대공방어협조구역에 있어서의 협의업무를 소관 군사기지 및 군사시설 보호 심의위원회의 심의를 거쳐 관계 행정기관의 장에게 위탁할 수 있다. 협의업무의 위탁은 건축물의 고도를 기준으로 위탁하며, 위임지역이라고도 한다. 따라서, 위탁지역에서 위탁된 건축물의 고도한도 내에서의 개발행위허가는 군부대의 협의는 별도로 거치지 않고 행정기관의 허가만 받으면 된다. 위탁지역 여부와 위탁고도는 토지이용계획확인서에서 확인할 수 있다.

■ 사례4 : 제한보호구역 8m 위탁(임)지역

지목	공장용지	면적	3,580 ㎡
공시지가	266,000원 (2010/01)		
지역지구등 지정여부	「국토의 계획 및 이용에 관한 법률」에 따른 지역·지구등	계획관리지역	
	다른 법령 등에 따른 지역·지구등	군사기지 및 군사시설기타(8미터위임)·군사기지 및 군사시설 보호법〉제한보호구역〉전방지역:25km〈군사기지 및 군사시설 보호법〉	
「토지이용규제 기본법 시행령」 제9조제4항 각호에 해당되는 사항		토지거래계약에관한허가구역	

▶ 사례토지는 '다른 법령 등에 따른 지역·지구 등'에서 제한보호구역에 해당이 되며, 아울러 '고도 8m 위임지역'임을 표시하고 있다. 즉, 보호구역의 규제를 받지만 개발이나 건축 허가를 받을 때 건축물의 고도 8m까지는 협의업무가 행정기관에 위임되었으니, 별도의 군부대 협의 절차를 거치지 않아도 된다.

협의지역

협의지역은 보호구역중 개발행위허가 등의 행정처분시 반드시 군부대의 협의를 필요로 하는 지역을 말한다. 즉, 개발행위허가 신청 시 별도의 군부대의 협의를 거쳐 동의를 받아야 하는 토지를 말한다.

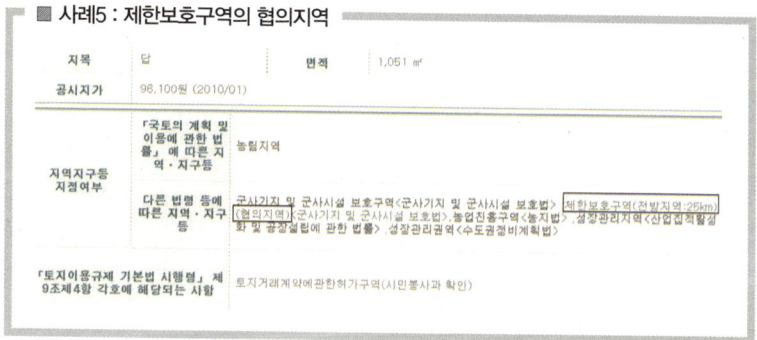

■ 사례5 : 제한보호구역의 협의지역

▶ 사례 토지는 제한보호구역에 해당되며 협의지역이라고 표시하고 있다. 이렇게 위탁지역이 아닌 협의지역 토지는 토지이용계획확인서에 표시해주는 시·군도 있고 그렇지 않은 시·군도 있다. 따라서 토지이용계획확인서에 군사기지 및 군사시설보호구역으로 표시되어 있으면서 추가로 협의지역이라고 표시되어 있거나, 위탁(임)지역이라고 표시되어 있지 않으면 협의지역이라고 판단할 수 있다.

◆ 협의업무의 처리 절차

협의업무 처리절차

보호구역에서 협의 업무의 처리절차는 다음과 같다. 관할군부대로부터 동의나 조건부 동의를 받아야 개발행위허가를 받을 수 있다.

시행규칙 제7조(행정기관의 처분에 관한 협의 등)

① 관계 행정기관의 장은 협의를 하려는 때에는 다음 각 호의 서류를 첨부하여 국방부장관 또는 관할부대장등에게 협의를 요청하여야 한다.
  1. 위치도(축척 5만분의 1, 2만 5천분의 1 또는 5천분의 1인 지형도 중 어느 하나, 어업을 목적으로 하는 경우에는 축척 2만 5천분의 1인 어장도) 1부
  2. 사업계획 개요서 1부
  3. 사업계획구역이 도시된 지적도 등본 또는 임야도 등본 1부
  4. 시설배치 요도(평면) 1부(주택이나 그 밖의 구조물에 한한다)
  5. 시설단면 요도(입면) 1부(주택이나 그 밖의 구조물에 한하고, 모든 장애물을 포함한 최고 높이를 표시하여야 한다)
  6. 지표면(지반고) 변경 계획도 1부

② 관계 행정기관의 장으로부터 협의 요청을 받은 국방부장관 또는 관할부대장등은 군사작전에 미치는 영향과 그 해소 대책에 관한 검토를 거쳐 동의 여부를 결정하고 관계 행정기관의 장에게 통보하여야 한다. 이 경우 향후 동일한 내용의 협의 요청이 반복될 것으로 예상되는 경우에는 동의 여부의 유효기간을 정하여 미리 일괄하여 동의 여부를 통보할 수 있다.

③ 국방부장관 또는 관할부대장등은 다음 각 호의 사항을 이행하여 군사적인 장애 요소를 해소할 수 있는 경우에는 제2항에 따른 관계 행정기관의 장의 협의 요청에 조건을 정하여 동의할 수 있다.
  1. 군사작전 제한 사항을 해소할 수 있고, 그 비용을 원인자가 부담할 것
  2. 관계 행정기관의 장은 군사적인 장애요소의 해소 대책 등에 관하여 국방부장관 또는 관할부대장등과 미리 합의한 후 허가나 그 밖의 처분(이하 "허가등"이라 한다)을 할 것

3. 관계 행정기관의 장은 제2호에 따른 합의의 이행을 확보하기 위해 필요한 경우에는 허가등의 대상자와 합의각서를 체결할 것
4. 관계 행정기관의 장은 허가등에 의한 사업이나 행위 등이 종료된 때에는 합의 내용의 이행 여부를 확인하여 국방부장관 또는 관할부대장등에게 통보할 것

작전성검토 협의시 구비서류(자료 : 파주시청)

작전성검토 협의시 구비서류는 다음과 같다. 구비서류 준비 시 사업자가 본인 소유 토지가 아닌 토지에 개발행위허가를 신청하는 경우, 매매계약서를 첨부하는 것이 아니라 토지사용승락서와 토지소유자의 인감증명서를 첨부한다는 점에 유의하여야 한다. 복사본이 아닌 원본을 제출하여야 하며, 협의신청서는 개발행위허가신청자가 군부대에 직접 제출하지 않고 반드시 행정기관을 경유하여 제출하여야 한다는 점도 유의하여야 한다.

협의대상	군사시설보호구역내에서 군사기지 및 군사시설보호구역 제13조 제1항에 관한 허가나 그 밖의 처분을 하고자 할 때 협의 하여야 함
협의시기	국방부장관 또는 관할부대장등이 군사기지 및 군사시설 보호 심의위원회의 자체 일정
접수	시청 민원실
처리기관	파주시 관할 군부대 (제9보병사단, 제1보병사단, 제72보병사단, 제25보병사단, 제28보병사단, 제65보병사단)
처리기간	법정일 : 30일
수수료	없음
기타비용	없음
구비서류	1. 군사시설보호구역 작전성 검토 협의 신청서 2. 사업계획서(공장등 건축시 개략적인 사업 개요서) 3. 위 치 도(1:50,000도에 좌표 표시) 4. 지적도, 토지대장, 토지이용계획확인원 각부 5. 안 내 도(약도, 인근 주변의 주요지형 지물등 표시) 6. 현장 사진(원·근경 각 1매 : 최근 1개월이내 촬영사진,붉은색으로 현장 표시) 7. 시설배치요도(평면도, 입면도)

	8. 소유권을 증명할 수 있는 서류(등기부등본등— 단 매매계약서 제외):원본제출 ※ 토지소유자와 일치하지 않을 경우 토지사용승락서,인감증명서 첨부(원본제출) – 토지가 공동소유일 경우 공동소유자 모두의 토지사용승락서, 인감증명서 첨부 9. 기 타(기존 조건부 및 동의내역) ※ 기존 건축물의 증·개축일 경우 건축물대장 첨부 및 신청서상에 건축면적,연면적,기존/증축 구분표시 요망 ※ 1사단·25사단·72사단·65사단은 3부(원본1부,사본2부) 　28사단 4부(원본1부,사본3부) 작성, 9사단지역은 2부(원본1부, 사본1부) 작성
처리 심사기준	○ 국방부장관 또는 관할부대장등이 군사기지 및 군사시설 보호 심의위원회의 심의를 거침
처리시 유의사항	○ 첨부서류 내역이 미흡하거나 누락시 회송 처리됨 ○ 처리결과 조건부동으로 통보 받을 경우 : 15일 이내에 민원봉사과로 조건부동의 이행 각서 제출 →인·허가 준공전에 민원봉사과로 조건부동의 이행확인요청서 제출하여야 함
군협의 유효기간	○ 군협의 결과 유효기간 – 1570부대 : 허가일로부터 2~3년 기준 　(건물신축 2년, 공장설립 3년, 농지전용 2년, 기타:관련법 적용) 　(공문시행일로부터 착공시까지) – 3182부대 : 2년 　(※ 101여단 기 검토된 것도 2년으로 동일함) 　(공문시행일로부터 착공시까지) – 5181부대 : 건물신축 : 2년, 공장설립 : 3년, 농지전용 : 2년, 기타 : 관련법 적용 ※ 합참 지침에 의거(군사시설보호과 – 605, '06.02.09) 　(공문시행일로부터 착공시까지) – 7296부대 : 2년 (공문시행일로부터 착공시까지) – 1575부대 : 1년 (공문시행일로부터 착공시까지)

* 처리절차

접수 → 협의 서류 군부대 이관 → 군부대에서 심의 후 파주시로 결과 통보 → 민원인에게 처리결과 통보처리

[작전성검토 협의신청서 작성사례]

군사시설보호구역 작전성 검토 협의 신청서

신청인	성명	김길동(인)		주민등록번호	123456-1234567	
	주소	서울시 강남구 대치동 1-12		신청인 : 전화번호(휴대전화)		
				010-1111-2222		
협의개요	소재지	경기도 파주시 파주읍 00리 12-34		대리인 : 전화번호(휴대전화)		
				010-3333-4444		
				지 목	답	
	용도	공장설치	국토이용계획법상용도지역		계획관리지역	
	공사종별	신축	도시계획법상용도지역		도시계획외	
	대지면적	6,000㎡	건축면적	2,000㎡	연면적	2,000㎡
	건축물의최고높이		주 건축물	8.0		M
			부속건축물			M

군사기지 및 군사시설 보호법 제13조 규정에 의하여 군사시설보호구역 작전성검토를 붙임과 같이 신청합니다.

2011 년 8 월 8 일

파주시장

☞ 붙임서류 ☞
1. 군사시설보호구역 작전성 검토 협의 신청서
2. 사업계획서(공장등 건축시 개략적인 사업 개요서)
3. 위치도(1:50,000도에 좌표 표시)
4. 지적도, 토지대장, 토지이용계획확인원 각1부
5. 안내도(약도, 인근 주변의 주요지형 지물등 표시)
6. 현장 사진(원·근경 각 1매 : 최근 1개월이내 촬영사진,붉은색으로 현장 표시)
7. 시설배치요도(평면도, 입면도)
8. 소유권을 증명할 수 있는 서류(등기부등본등 - 단 매매계약서 제외) : 원본제출
   ※ 토지소유자와 일치하지 않을 경우 토지사용승락서,인감증명서 첨부(원본제출)
   - 토지가 공동소유일 경우 공동소유자 모두의 토지사용승락서,인감증명서 첨부
9. 기타(기존 조건부 및 동의내역)
   ※ 위 첨부서류 내역이 미흡하거나 누락시 회송처리됩니다.
   ※ 기존 건축물의 증·개축일 경우 건축물대장 첨부 및 신청서상에
      건축면적,연면적,기존/증축 구분표시 요망
   ※ 1사단 · 25사단 · 72사단 · 65사단은 3부(원본1부,사본2부)
      28사단 4부(원본1부,사본3부) 작성, 9사단지역은 2부(원본1부, 사본1부) 작성

◆ 군사기지 및 군사시설보호구역 해제 · 변경 · 지정

2009년 9월 22일부터 통합된 「군사기지 및 군사시설보호법」시행되었으며 그에 따라 보호구역의 대규모 해제 및 변경 등이 발생하였다.
- 해제 : 38개 지역 212,904,249㎡ (여의도 면적의 72배)
- 변경 : 20개 지역 241,207,374㎡ (여의도 면적의 82배)
- 지정 : 10개 지역 11,157,684㎡

보호구역 해제

보호구역에서 해제가 되면 토지를 개발할 때 더 이상 군부대의 협의절차를 거치지 않아도 된다. 해제 여부는 토지이용계획확인서에서 찾아 볼 수 있다. 보호구역과 관련한 아무런 표시가 되어 있지 않으면 해제된 것이라 할 수 있다.

보호구역의 지정범위 변경

통제보호구역(민간인통제선)을 군사분계선으로부터 15km 이내에서 10km 이내로 축소하였으며, 그에 따라 축소된 5km가 제한보호구역으로 편입되었다. 군사분계선으로부터 25km 이외 지역에 있는 중요한 군사기지 및 군사시설 주변에 지정되는 보호구역의 범위도 축소되었다.

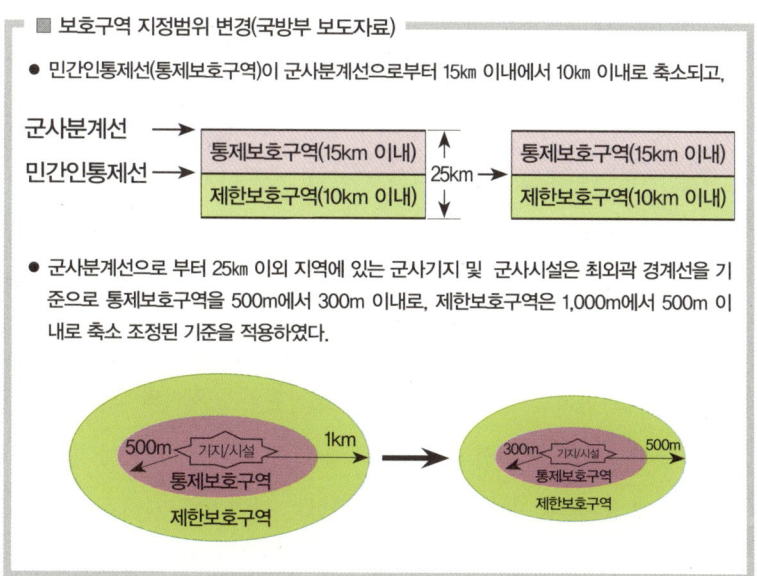

보호구역의 지정

새로이 보호구역으로 지정된 것을 말한다. 역시 토지이용계획확인서를 확인할 수 있으며 구체적으로 통제보호구역이나 제한보호구역으로 표시가 되어 있다.

보호구역의 완화

협의직역에서 위탁지역으로 편입이 된다거나, 위탁지역에서 위임된 고도가 높아지는 것을 완화라고 한다. 예를 들면 6m 위임지역에서 12m 위임지역으로 변경되었다면 완화가 된 것이다. 위임된 고도가 높을수록 보다 더 활용도가 높고 가치 있는 건축물을 지을 수 있기 때문이다. 보호구역 해제보다는 보호구역 완화가 일반적으로 더 많이 접할 수 있는 경우이다.

보호구역에서의 토지의 개발

파주나 김포 등 군부대시설이 광범위하게 존재하는 지역에서 토지이용계획확인서를 발급받아보면, 대부분 보호구역으로 표시가 되어 있음을 알 수 있다. 보호구역을 처음 접해보는 사람의 경우 단지 관련법인 「군사기지및군사시설보호법」을 숙지한다고 해서 특별한 해결책이 주어지는 것이 아니기 때문에 상당히 난감함을 느낄 것이다. 게다가 해당지역들은 대게 토지거래허가구역으로 이중의 규제를 받는 곳이 많다. 이런 지역에서 사업이나 개발을 전제로 한 토지의 매매는 군사협의가 처리되어야 각종 개발행위 등의 인허가를 받을 수 있고 그에 따라 토지거래허가를 받을 수 있기 때문에 군 동의 여부를 사전에 판단하는 것이 매우 중요하다. 다음과 같은 단계로 처리하면 어느 정도의 도움이 될 수 있을 것이다.

1단계 - 위탁지역 여부 확인

토지이용계획확인서에 위탁지역 또는 위임지역으로 표시가 되어 있으면 위탁된 고도한도 내에서의 군동의 문제는 간단히 해결이 된다. 보통 5.5m, 6m, 8m, 12m 등 위임된 고도를 함께 표시하고 있다.

2단계 - 군사협의 동의를 전제로 매매

개발이나 사업을 위한 토지의 매매는 인허가를 받는 것을 전제로 계약이 이루어진다. 따라서 인허가에는 군부대의 협의도 당연히 포함된다고 하겠다.

3단계 – 군사협의 동의 가능성 여부를 직접 판단

군동의 가능여부를 직접 판단하기 위해서는 우선 해당 지역의 지리나 사정 등에 정통해야 하고, 군사협의 업무경험도 있어야 한다. 해당 지역에서 군사나 개발 관련 업무에 오래 종사해온 사람들 중에는 군사협의 동의 여부를 판단하는 데 정통한 사람들이 많다. 그 사람들의 판단이 100% 정확한 것은 아니지만, 적어도 절대적으로 불가능한 지역에 대한 판단은 정확성이 매우 높다. 사격장 인근지역이라서, 또는 중요한 방공시설이나 통신시설이 주변에 위치하는 지역이라서, 불가능하다는 등의 조언은 비교적 신뢰할 만하다. 개발행위시 군 동의 가능 여부는 해당시군 앞에 있는 토목설계사무소에 가서 상담을 해도 상당한 도움이 된다.

▶ 위탁지역에서 위임된 고도보다 높은 건축물로 개발행위허가를 받을 수 있나?

질문
보호구역중 협의업무가 행정기관에 위임된 위탁지역에서 위임된 고도보다 높은 건축물을 건축하고자하면 어떤 절차를 거쳐야 합니까?

답변
위탁지역에서 위임된 고도보다 높은 건축물을 건축하려면 다음과 같은 두 단계의 인허가 절차를 거쳐야 한다. 먼저, 위탁된 고도 한도 내에서 건축 허가 등을 받는다. 이 경우 군부대의 협의절차는 필요하지 않다. 그 다음, 건축물의 고도를 위임된 고도보다 높여 변경허가를 신청한다. 이 경우에는 군부대의 작전성검토협의 절차를 거쳐야 한다. 협의 결과 작전에 지장이 없다면 동의를 받을 수 있고, 작전에 지장을 초래한다면 동의를 받지 못할 수도 있다. 동의를 받지 못하면 당초에 허가받은 고도한도 내에서 건축할 수 있다.

15 CHAPTER

토지거래 허가제도

◆ 허가제도의 개요

토지거래란 거래당사자의 의사에 따라 토지에 관한 권리를 유상으로 이전 또는 설정하는 경제주체간의 행위를 말한다. 이러한 사적토지의 거래에 공권력이 개입하여 일정한 공적제한을 가하는 것이 토지거래규제이다. 토지거래규제는 토지거래의 불안정 요인을 제거하여 지가안정과 토지투기억제를 도모하고, 거래질서 확립을 목표로 한다. 토지거래 규제 중에서 토지취득을 제한하는 제도가 토지거래허가제이다. 오늘날 시행되고 있는 토지거래허가제도는 극에 달했던 토지투기를 억제하기 위해서 1978.8.8에 시행된 「부동산투기억제와 지가안정을 위한 종합대책」에서 유래하였다. 이후 1983.12.31.에 토지거래허가와 토지거래신고를 분리하여 이원화하였다. 토지거래신고제도는 IMF때 폐지되었으며 현재에는 토지거래허가제도만 시행되고 있다. 이러한 토지거래허가제도는 「국토의 계획 및 이용에 관한 법」 제117조 내지 제126조에 규정되어 있으며, 국가가 토지를 통한 투기를 근절하고 실수요에 의한 합리적 거래를 유도함으로써 토지공개념의 이념을 실현하기 위하여 실시하는 제도이다.

목적

토지거래허가제도는 「국토의 계획 및 이용에 관한 법」 제117조 내지 제126조에 규정하여 토지거래계약 체결 전에 시장·군수·구청장에게 매입 목적을 명시하여 사전에 허가를 받도록 하는 제도로서, 허가를 받지 않은 거래계약의 효력을 무효로 함과 동시에 위반자에 대하여는 형사처벌을 함으로써 국토이용의 효율을 기하고 토지의 투기적 거래를 억제하여 건전한 부동산 경제 질서의 확립을 목적으로 한다.

허가구역의 지정대상

허가구역의 지정대상은 「국토의 계획 및 이용에 관한 법」제117조 제1항, 동법시행령 제116조 제1항에 의하여 토지의 투기적인 거래가 성행하거나 지가가 급격히 상승하는 지역과 그러한 우려가 있는 지역으로서 다음의 하나에 해당하는 지역에 대하여는 5년 이내의 기간을 정하여 토지거래계약에 관한 허가규정에 의한 토지거래계약에 관한 허가구역으로 지정할 수 있다. 또한 국토교통부장관은 토지거래에 관한 허가구역을 지정한 때에는 허가구역의 범위·지정기간 및 허가를 요하지 않는 토지의 면적을 공고하여야 한다.

① 광역도시계획·도시·군기본계획·도시·군관리계획 등 토지이용계획이 새로이 수립되거나 변경되는 지역
② 법령의 제정·개정 또는 폐지나 그에 의한 고시·공고로 인하여 토지이용에 대한 제한이 완화되거나 해제되는 지역
③ 법령에 의한 개발 사업이 진행 중이거나 예정되어 있는 지역과 그 인근지역
④ 그밖에 국토교통부장관이 투기우려가 있다고 인정하는 지역 또는 관계 행정기관의 장이 특별히 투기가 성행할 우려가 있다고 인정하여 국토교통부장관 또는 시·도지사에게 요청하는 지역

지정기간 및 효력발생시기

국토교통부장관은 5년 이내의 기간을 정하여 토지거래계약에 관한 허가구역으로 지정할 수 있다. 허가구역의 지정은 허가구역의 지정을 공고한 날로부터 5일 후에 그 효력이 발생한다. 어느 토지가 거래신고대상토지인지 거래허가대상인지의 여부는 "매매계약체결일"을 기준으로 한다.

허가제 위반 및 계약의 효과

허가 없이 토지거래계약을 체결한 자는 2년 이하 징역 또는 계약체결 당시 개별 공시지가에 의한 해당 토지 가격의 30%에 상당하는 금액 이하의 벌금에 처하며, 허가를 받지 아니하고 체결한 토지거래계약은 효력을 발생하지 않는다.

◆ 허가대상토지와 허가 기준

허가를 받아야 하는 토지거래 계약

허가구역 안에 있는 토지에 관한 소유권·지상권(소유권·지상권의 취득을 목적으로 하는 권리를 포함한다)을 이전 또는 설정(대가를 받고 이전 또는 설정하는 경우에 한한다)하는 계약(예약을 포함한다)을 체결하고자 하는 당사자는 공동으로 법령이 정하는 바에 따라 시장·군수 또는 구청장의 허가를 받아야 하며, 허가받은 사항을 변경하고자 하는 때에도 역시 허가를 받아야 한다.(「국토의 계획 및 이용에 관한 법」제118조 제1항)

1. 대가를 받고 이전 또는 설정하는 경우(토지거래업무처리규정 제2조 제1항)

    「국토의 계획 및 이용에 관한 법」 제118조 1항에 의한 "대가를 받고 이전 또는 설정하는 경우"의 대가에는 금전에 한하지 아니하고, 물물교환·현물출자 등 금전으로 환산할 수 있는 대물변제, 채무인수, 채무면제, 무체재산권 및 영업권 등도 포함되며, 다음의 거래는 동법의 규정에 의한 허가대상이 된다.

    ① 개인 기업을 법인으로 전환함에 따라 개인기업의 토지를 법인에게 현물 출자하는 경우

    ② 「가등기 담보 등에 관한 법률」에 따라 가등기 담보를 목적으로 하는 매매예약 또는 채권담보를 목적으로 하는 대물변제 예약 등을 체결하는 경우

    ③ 매매예약 불이행으로 처분금지가처분결정과 소유권이전등기청구소송이 진행 중인 토지를 선의의 제3자인 현재의 소유권자가 다른 사람에게 매도하고자 하는 경우

④ 집행력 있는 판결을 원인으로 하여 소유권 이전등기를 하고자 하는 경우로서, 재판의 원인이 된 당초의 계약이 토지거래계약허가구역 지정 이후에 체결된 경우. 매도인이 허가신청을 거부한 때에는 매수인(등기권리자) 단독으로 허가신청을 할 수 있다.
⑤ 환지방식으로 도시개발사업이 시행되는 도시개발구역(종전의 「토지구획 정리 사업법」에 의한 토지구획정리사업지구를 포함한다) 안의 체비지를 공매입찰의 방법으로 낙찰받아 취득한 토지를 환지처분되기 전에 미등기 상태에서 토지거래를 하는 경우
⑥ 법령에 따른 공공사업으로 인한 보상으로 토지에 관한 소유권 또는 지상권을 취득한 자가 그 권리를 이전하고자 하는 경우. 이 경우, 그 권리의 등기 여부는 고려하지 아니한다.
⑦ 「국토의 계획 및 이용에 관한 법」시행령 제121조 제4호 내지 제9호의 규정에 의하여 허가제에 관한 규정을 적용받지 아니하고 토지 등을 공급받은 자가 그 권리를 타인에게 이전하고자 하는 경우. 이 경우, 그 권리의 등기여부는 고려하지 아니한다.
⑧ 부담부 증여 등 사실상의 대가가 수반되는 경우

토지거래 허가의 대상이 아닌 경우(토지거래 업무처리규정 제2조 제2항)

다음에 해당하는 경우에는 토지거래허가의 대상이 되지 아니한다.
① 토지를 제외한 건축물만의 거래
② 토지에 대한 지역권 또는 임차권에 대한 계약
③ 상속 등 대가가 없는 거래인 경우

④ 집행력 있는 판결에 의한 명의신탁 해지를 원인으로 소유권을 이전하는 경우
⑤ 점유로 인한 시효취득을 원인으로 민법상 화해조서에 의한 판결을 받아 소유권을 이전하는 경우
⑥ 매매예약의 가등기를 경료하고 본 계약의 성립으로 볼 수 있는 예약완결의 의사표시일이 허가구역으로 지정되기 이전인 경우로서, 허가구역으로 지정된 이후에 당해 토지에 대한 본등기를 하는 경우

토지거래계약허가제의 규정을 적용하지 않는 경우

다음의 경우에는 토지거래허가에 관한 규정을 적용하지 아니한다.(「국토의 계획 및 이용에 관한 법」제121조 제2항, 시행령 제121조)

① 「공익사업을 위한 토지 등의 취득 및 보상에 관한 법률」에 의한 토지의 협의취득·수용·사용 및 환매의 경우
② 「민사집행법」에 의한 경매
③ 「국유재산법」제9조 의한 국유재산관리계획에 따라 국유재산을 일반 경쟁입찰에 의하여 처분하는 경우
④ 「공유재산 및 물품 관리법」제10조에 따른 공유재산의 관리계획에 따라 공유재산을 일반 경쟁입찰로 처분하는 경우
⑤ 「도시 및 주거환경정비법」제48조의 규정에 의한 관리처분계획에 따른 분양의 경우 및 보류지 등을 매각하는 경우
⑥ 「도시개발법」제26조에 따른 조성 토지 등의 공급 계획에 따라 토지를 공급하는 경우, 환지 예정지를 지정하는 경우(제35조), 환지처분의 경우(제40조) 및 체비지 등을 매각하는 경우(제44조)

⑦ 「주택법」제16조의 규정에 의하여 사업계획의 승인을 얻어 조성한 대지를 공급하는 경우 및 주택을 공급하는 경우(제38조). 다만, 주택에는 부대시설 및 복리시설을 포함하며, 주택과 주택 외의 시설을 동일 건축물로 건축하여 공급하는 경우에는 그 주택외의 시설을 포함한다.

⑧ 「택지개발촉진법」제18조의 규정에 의하여 택지를 공급하는 경우

⑨ 「산업입지 및 개발에 관한 법」제2조에 따른 산업단지 개발사업으로 조성된 토지를 사업시행자(사업시행자로부터 분양에 관한 업무를 위탁받은 산업단지관리공단을 포함한다)가 분양하는 경우

⑩ 「농어촌 정비법」에 따른 환지계획에 따른 환지교부와 농지 등의 교환·분합의 경우

⑪ 「농어촌 정비법」의 규정에 의하여 사업시행자가 농어촌 정비사업을 시행하기 위하여 농지를 매입하는 경우

⑫ 「상법」,「채무자 회생 및 파산에 관한 법률」의 절차에 따라 법원의 허가를 받아 권리를 이전 또는 설정하는 경우

⑬ 국세 및 지방세의 체납처분 또는 강제집행의 경우

⑭ 국가 또는 지방자치단체가 법령의 규정에 의하여 비상재해 시 필요한 응급조치를 강구하기 위하여 권리를 이전 또는 설정하는 경우

⑮ 「한국농어촌공사 및 농지관리기금법」에 따라 한국농어촌공사가 농지의 매매·교환 및 분할을 하는 경우

⑯ 「외국인토지법」에 따라 외국정부 또는 국제기구가 토지취득의 신고를 하거나 허가를 받은 경우

⑰ 한국자산관리공사가 「금융기관부실자산 등의 효율적 처리 및 한국자산관리공사의 설립에 관한 법률」의 규정에 의하여 토지를 취득하거나

경쟁입찰을 거쳐서 매각하는 경우 및 한국자산관리공사에 매각이 의뢰되어 3회 이상 공매하였으나 유찰된 토지를 매각하는 경우

⑱ 도시·군 계획시설 부지의 매수청구(제47조) 또는 「개발제한구역의 지정 및 관리에 관한 특별조치법」제17조에 따라 매수 청구된 토지를 취득하는 경우

⑲ 「신행정수도 후속대책을 위한 연기·공주지역 행정중심복합도시 건설을 위한 특별법」, 「공공기관 지방 이전에 따른 혁신도시건설 및 지원에 관한 특별법」 또는 「기업도시개발 특별법」에 따라 조성된 택지 또는 주택을 공급하는 경우

⑳ 「건축물의 분양에 관한 법률」에 따라 건축물을 분양하는 경우

㉑ 「산업집적활성화 및 공장설립에 관한 법률」에 따라 지식산업센터를 분양하는 경우

㉒ 법령의 규정에 의하여 조세·부담금 등을 토지로 물납하는 경우

토지거래허가기준

1. 토지이용목적의 적합성(실수요성)

    토지거래계약을 체결하고자하는 자의 토지이용 목적이 다음에 해당하는 경우에는 허가를 하여야 한다.

    ① 자기의 거주용 주택용지로 이용하려는 것인 경우

    ② 허가구역을 포함한 지역의 주민을 위한 복지시설 또는 편익시설로서 관할 시장·군수 또는 구청장이 확인한 시설의 설치에 이용하려는 것인 경우

③ 허가구역에 거주하는 농업인·임업인·어업인 또는 다음의 자가 그 허가구역에서 농업·축산업·임업 또는 어업을 경영하기 위하여 필요한 것인 경우(법 시행령 제119조 제1항)

다음의 자

법령상의 '다음의 자'란 다음의 어느 하나에 해당하는 자를 말한다

① 농업인 등(「농어업·농어촌 및 식품산업기본법」제3조 제2호의 규정에 의한 농업인·어업인 또는 「임업 및 산촌 진흥촉진에 관한 법률」제2조 제2호의 규정에 의한 임업인)으로서 그가 거주하는 특별시·광역시(광역시의 관할구역 안에 있는 군을 제외)·시 또는 군(광역시의 관할구역 안에 있는 군을 포함)에 소재하는 토지에 관한 소유권·지상권 또는 소유권·지상권의 취득을 목적으로 하는 권리를 이전 또는 설정(이하 '토지의 취득'이라 한다)하고자 하는 자

② 농업인 등으로서 그가 거주하는 주소지로부터 30㎞ 이내에 소재하는 토지를 취득하려는 자. 다만, 다음의 어느 하나에 해당하는 자로서 협의양도하거나 수용된 날부터 3년 이내에 협의양도 또는 수용된 농지를 대체하기 위하여 농지를 취득하려는 경우에는 그가 거주하는 주소지로부터의 거리가 80㎞ 안에 소재하는 농지를 취득할 수 있으며, 이때 행정기관의 장이 관계법령이 정하는 바에 따라 구체적인 대상을 정하여 대체농지의 취득을 알선하는 경우를 제외하고는 새로 취득하는 농지의 가액(공시지가를 기준으로 하는 가액)은 종전의 토지가액 이하여야 한다.
　가. 「공익사업을 위한 토지 등의 취득 및 보상에 관한 법률」, 그 밖의 법령에 따라 공익사업용으로 「농지법」 제2조 제1호에 따른 농지를 협의양도하거나 농지가 수용된 자(실제의 경작자에 한.)
　나. 가목에 해당하는 농지를 임차 또는 사용차하여 경작하던 자로서 「공익사업을 위한 토지 등의 취득 및 보상에 관한 법률」에 따른 농업의 손실에 대한 보상을 받은 자
③ 제1호 및 제2호에 해당하지 아니하는 자로서 거주지·거주기간 등 국토교통부령이 정하는 요건을 갖춘 자

'국토교통부령이 정하는 요건을 갖춘 자'란 다음의 어느 하나에 해당하는 자를 말한다

1. 비농업인이 농지를 취득하는 경우
   농업을 영위하기 위하여 토지를 취득하려는 경우에는 다음 각 목의 어느 하나에 해당하는 자로서 「농지법」 제8조에 따른 농지취득자격증명을 발급받았거나 그 발급요건에 적합한 자이어야 한다.

   가. 세대주를 포함한 세대원(세대주와 동일한 세대별 주민등록표상에 등재되어 있지 아니한 세대주의 배우자와 미혼인 직계비속을 포함하되, 세대주 또는 세대원 중 취학·질병요양·근무지 이전 또는 사업상 형편 등 불가피한 사유로 인하여 해당 지역에 거주하지 아니하는 자는 제외) 전원이 해당 토지가 소재하는 특별시·광역시(광역시의 관할구역에 있는 군을 제외한다)·시 또는 군(광역시의 관할구역에 있는 군을 포함)에 허가 신청일부터 소급하여 6개월 이상 계속 주민등록이 되어 있는 자로서 실제로 해당 지역에 거주하는 자

   나. 해당 토지가 소재하는 특별시·광역시·시 또는 군이나 그와 연접한 특별시·광역시·시 또는 군에 사무소가 있는 농업법인(「농지법」 제2조 제3호에 따른 농업법인해당.)

2. 비농업인이 임야를 취득하는 경우
   임업·축산업 또는 수산업을 영위하기 위하여 토지를 취득하려는 경우에는 다음 각 목의 어느 하나에 해당하는 자이어야 한다.

   가. 세대주를 포함한 세대원 전원이 해당 토지가 소재하는 특별시·광역시·시 또는 군에 허가 신청일부터 소급하여 6개월 이상 계속 주민등록이 되어 있는 자로서 실제로 해당 지역에 거주하고 자영할 수 있는 요건을 갖춘 자

   나. 당해 토지가 소재하는 특별시·광역시·시 또는 군이나 그와 연접한 특별시·광역시·시 또는 군에 사무소가 있는 농업법인

④ 「공익사업을 위한 토지 등의 취득 및 보상에 관한 법률」이나 그 밖의 법률에 따라 토지를 수용하거나 사용할 수 있는 사업을 시행하는 자가 그 사업을 시행하기 위하여 필요한 것인 경우

⑤ 허가구역을 포함한 지역의 건전한 발전을 위하여 필요하고 관계 법률에 따라 지정된 지역·지구·구역 등의 지정목적에 적합하다고 인정되는 사업을 시행하는 자나 시행하려는 자가 그 사업에 이용하려는 것인 경우

⑥ 허가구역의 지정 당시 그 구역이 속한 특별시·광역시·특별자치시·시(「제주특별자치도 설치 및 국제자유도시 조성을 위한 특별법」제15조 제2항에 따른 행정시 포함)·군 또는 인접한 특별시·광역시·특별자치시·시·군에서 사업을 시행하고 있는 자가 그 사업에 이용하려는 것인 경우나, 그 자의 사업과 밀접한 관련이 있는 사업을 하는 자가 그 사업에 이용하려는 것인 경우

⑦ 허가구역이 속한 특별시·광역시·특별자치시·시 또는 군에서 거주하고 있는 자의 일상생활과 통상적인 경제활동에 필요한 것 등으로서 대통령령으로 정하는 용도로 이용하려는 것인 경우

▶ "대통령령으로 정하는 용도에 이용하려는 것인 경우"에 있어서의 범위

> "대통령령으로 정하는 용도에 이용하려는 것인 경우"란
> 다음에 해당하는 경우를 말한다
>
> ① 「공익사업을 위한 토지 등의 취득 및 보상에 관한 법률」, 그 밖의 법령에 따라 「농지법」 제2조 제1호에 따른 농지 외의 토지를 공익사업용으로 협의양도하거나 수용된 자가 그 협의양도 또는 수용된 날부터 3년 이내에 그 허가구역 안에서 협의양도 또는 수용된 토지에 대체되는 토지를 취득하려는 경우. 이 경우 새로 취득하는 토지의 가액(공시지가를 기준으로 하는 가액을 말한다)은 종전의 토지가액 이하여야 한다.
>
> ② 관계 법령에 의하여 개발·이용행위가 제한 또는 금지된 토지로서 국토해양부령이 정하는 아래의 토지에 대하여 현상보존의 목적으로 토지의 취득을 하고자 하는 경우.
>   가. 나대지·잡종지 등의 토지(임야 및 농지를 제외한다)로서 관계법령의 규정에 의하여 건축물이나 공작물의 설치행위가 금지되거나 형질변경이 금지 또는 제한되는 토지
>   나. 도로·하천 등 도시계획시설에 편입되어 있는 토지로서 그 사용·수익이 제한되는 토지
>
> ③ 「임대주택법」 제2조 제4호의 임대사업자 등 관계 법률에 따라 임대사업을 할 수 있는 자가 임대사업을 위하여 건축물과 그에 딸린 토지를 취득하는 경우

2. 토지이용계획 및 생활환경과의 적합성

토지거래계약을 체결하려는 자의 토지이용목적이 다음의 어느 하나에 해당하는 경우에는 허가를 하여서는 안 된다.

▶ 허가를 해서는 안 되는 경우

도시계획이나 그 밖에 토지의 이용 및 관리에 관한 계획에 맞지 아니한 경우

"토지의 이용 및 관리에 관한 계획"이라 함은 관계법령에서 정한 절차에 따라 수립되어 일정지역의 토지이용을 촉진하거나 규제하고 있는 계획을 말하며 실질적 내용에 따라 판단한다. 또한 "도시계획이나 그밖에 토지의 이용 및 관리에 관한 계획에 맞지 아니한 경우"라 함은 토지의 이용목적이 각종 토지의 이용 및 관리에 관한 계획상 지정된 용도지역 등의 행위허가기준이나 이용촉진 또는 규제하는 내용에 어긋나는 경우를 말하며 해당여부는 다음의 기준에 따라 판단한다.(토지거래업무처리규정 제12조 제3항)

1. 무허가건물이 위치한 토지를 취득하고자 하는 경우
토지의 이용 상황을 적법한 상태로 전환할 수 있고 토지이용목적이 토지의 이용 및 관리에 관한 계획에 적합할 때에는 이를 허가할 수 있다.

2. 취득하고자 하는 토지의 이용목적이 토지의 이용 및 관리에 관한 계획에 적합한 경우
이 경우에는 허가 신청 전에 개발행위허가·토지전용허가 등 법령에 의한 허가를 받아야 하는 것은 아니다. 다만, 농지 또는 임야의 경우에는 「농지법」 또는 「산지관리법」에 의한 전용허가 또는 신고를 완료하거나 전용허가 또는 전용신고 요건에 적합한 것으로서 취득자가 당해 토지를 전용하여 이용할 수 있는 경우가 아니면 그 토지의 이용목적이 토지의 이용 및 관리에 관한 계획에 부적합한 것으로 본다.

3. 도시계획시설결정이 고시된 학교용지를 취득하고자 하는 경우
학교시설결정시 초등학교·중고등학교별로 결정·고시하므로 당초 결정·고시된 학교와 교육과정이 다른 학교를 설립할 목적으로 학교시설용지를 취득하기 위해서는 도시관리 계획 변경이 선행되어야 한다. 따라서 도시 관리계획이 변경되지 아니한 상태에서 교육과정이 다른 학교를 설립하기 위하여 당해 학교시설용지를 취득하고자 할 때에는 그 토지의 이용 및 관리에 관한 계획에 부적합한 것으로 본다.

생태계의 보전과 주민의 건전한 생활환경 보호에 중대한 위해를 초래할 우려가 있는 경우(토지거래업무처리규정 제13조)에는 허가를 하여서는 아니 된다.

"생태계의 보전과 주민의 건전한 생활환경 보호에 중대한 위해를 초래할 우려가 있는 경우"라 함은 주변지역의 면적·인구 및 자연 상태, 토지의 용도, 자연환경에 대한 영향의 정도 등을 충분히 고려하여 합리적으로 판단하되, 다음의 어느 하나에 해당하는 경우를 말한다.
1. 토지의 이용목적·면적으로 보아 주변의 자연환경을 훼손하거나 장래 훼손할 우려가 있는 경우
2. 주변지역의 토지이용현황, 주위환경, 도로, 교통현황 및 지세 등 제반 여건상 적정하고 합리적인 토지이용을 도모하는데 현저히 지장이 있는 경우

3. 면적의 적합성

토지거래업무처리규정 제14조 제1항에 의하여 "그 면적이 그 토지의 이용목적으로 보아 적합하지 아니하다"라고 인정되는 경우는 다음의 어느 하나에 해당하는 경우를 말한다. 다만 면적을 산정함에 있어 관계법령에 의하여 사업 계획승인 등을 받은 경우에는 그 승인된 면적을 적정면적으로 볼 수 있으며, 1필지의 토지 중 일부만이 사업부지로 편입되고 잔여지가 남는 경우 잔여부분만으로는 종래의 목적대로 이용하기 곤란하고 이를 구분하여 거래하는 것이 관행상 곤란한 경우에는 사업시행자가 당해1필지의 토지 전체를 취득하는 경우에는 전체면적을 적정면적으로 본다.

① 공장건축물 부속 토지는 「지방세법」시행규칙 별표 3에 규정된 공장 입지 기준 면적을 초과하는 경우
② 공장외의 건축물 또는 공작물 부속 토지는 관계법령에 의하여 허

가·승인·등록 등을 얻었거나 얻을 수 있다고 판단되는 범위를 초과하는 경우
③ 그 밖에 임야 등의 토지는 시행하고자 하는 사업에 적합하다고 판단되는 면적을 초과하는 경우

◆ 허가구역의 지정 및 토지거래허가서를 첨부해야 하는 경우

지정권자

국토교통부장관은 5년 이내의 기간을 정하여 토지거래계약에 관한 허가구역을 지정 할 수 있다. 다만, 동일한 시·군 또는 구안의 일부지역 허가구역의 지정 및 축소·해제의 권한은 시·도지사에게 위임한다.

지정절차

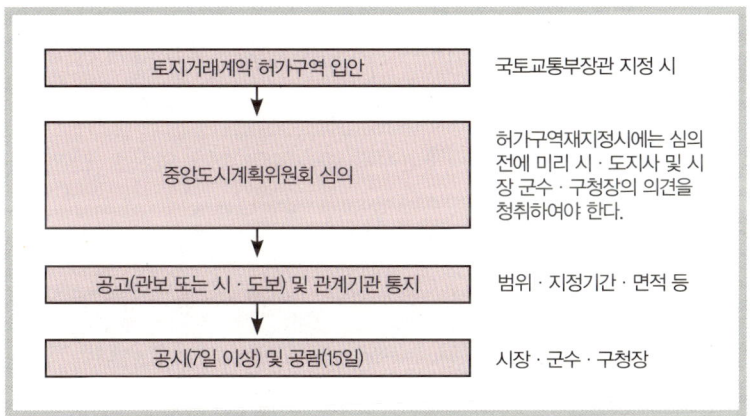

지정해제 및 축소 절차

국토교통부장관은 허가구역의 지정 사유가 없어졌다고 인정되거나 관계 시·도지사, 시장·군수 또는 구청장으로부터 허가구역의 지정해제 또는 축소요청이 이유 있다고 인정되면 지체 없이 허가구역의 지정을 해제하거나 지정된 허가구역의 일부를 축소하여야 한다. 허가구역의 지정해제 및 절차는 지정한때와 마찬가지로 중앙도시계획위원회의 심의를 거쳐 해제를 한 때에는 지체 없이 대통령령으로 정하는 사항을 공고하고, 그 공고내용을 시·도지사에게 통지하여야 한다. 통지를 받은 시·도지사는 지체 없이 그 공고내용을 그 허가구역을 관할하는 등기소의 장과 시장·군수 또는 구청장에게 통지하여야 하며, 그 통지를 받은 시장·군수 또는 구청장은 지체 없이 그 사실을 7일 이상 공고하고, 그 공고 내용을 15일간 일반이 열람할 수 있도록 하여야 한다.

용도지역별 허가제 적용대상 면적

허가를 요하는 토지거래계약은 다음 표에서 규정한 면적을 초과한 것에 한한다. 다만 국토교통부장관이 허가구역을 지정할 당시 당해 지역에서의 거래실태 등에 비추어 다음 표에 의한 면적으로 하는 것이 타당하지 아니하다고 인정하여 당해 기준면적의 10% 이상 300% 이하의 범위에서 따로 정하여 공고한 경우에는 그에 의한다.

지역		허가 받아야 하는 면적
도시지역	주거	180㎡ 초과
	상업	200㎡ 초과
	공업	660㎡ 초과
	녹지	100㎡ 초과
	용도 미지정 지역	90㎡ 초과
도시지역 외	농지	500㎡ 초과
	임야	1,000㎡ 초과
	기타	250㎡ 초과

탈법행위 방지를 위한 토지의 면적 산정방법

토지를 부분적으로 거래하여 허가를 받지 않는 탈법행위를 방지하기 위하여「국토의 계획 및 이용에 관한 법」시행령 제118조에서 규정하고 있다. 다만, 토지의 분할 사유가 도시·군 계획사업의 시행 등 공공목적으로 인한 경우로서 그 면적이 허가를 요하지 아니하는 토지의 면적인 때에는 적용하지 아니한다.

토지의 부분적 거래행위
동일인의 소유로서 토지분할 등을 통하여 허가받아야하는 면적이하로 토지거래계약을 한 후 1년 이내에 일단의 토지의 전부 또는 일부에 대하여 토지거래계약을 체결한 경우에는 그 일단의 토지 전체에 대한 거래로 본다.

기준면적 초과 토지의 분할 후 거래행위 등
허가구역을 지정할 당시 허가대상 기준 면적을 초과하는 토지는 허가구역의 지정 후 당해 토지가 분할된 경우에도 그 분할된 토지에 대한 토지거래계약을 체결함에 있어서는 분할 후 최초의 거래에 한하여 기준 면적을 초과하는 토지거래계약을 체결하는 것으로 본다. 허가구역의 지정 후 당해 토지가 공유지분으로 거래되는 경우에도 같다.

토지거래허가서를 첨부해야하는 경우

토지거래허가지역에서 유상계약 또는 예약을 하고서 소유권이전, 지상권설정 및 이전등기(가등기포함)를 할 경우에는 토지거래허가서를 반드시 첨부하여야 한다. 또한 허가받은 계약의 내용이 변경된 경우에도 허가를 받아야 한다. 따라서 계약이 아닌 단독행위(계약의 해제 포함)나 상속·유증·수용 등 법률규정에 의한 소유권이전등기를 할 경우에는 토지거래허가서를 첨부하지 않아도 된다.

① 유상계약인 매매·교환·대물변제·양도담보·현물출자를 원인으로 한 소유권이전계약, 지료의 지급이 있는 지상권설정 및 이전계약
② 소유권이전가등기, 담보가등기, 가등기처분명령에 의한 가등기, 지상권설정청구권보전가등기, 지상권이전등기청구권보전가등기 신청시
③ 상속인에 의한 등기 신청

토지 매매계약 후 매도인 명의의 토지거래계약허가신청서를 제출하였으나 매도인이 사망한 후에 토지거래계약허가증을 교부받은 경우 상속인은 상속을 증명하는 서면과 함께 상속인의 위임장 및 인감증명을 첨부하여 매수인과 공동으로 매도인 명의의 매매계약서 및 토지거래계약허가증을 첨부하여 피상속인으로부터 매수인 앞으로 소유권이전등기를 신청할 수 있다.(부등3402-197)

④ 토지거래계약을 체결한 후 1년 안에 다시 같은 사람과 일단의 토지의 나머지 전부 또는 일부에 대하여 토지거래계약을 체결한 경우, 「국토의 계획 및 이용에 관한 법」에 의하여 허가구역으로 지정된 이후에 허가대상면적을 초과하는 토지를 허가기준 면적 미만으로 분할하여 거래하는 경우에 있어 최초의 거래, 허가대상 토지를 수인에게 공유지분으로 나누어 처분하는 경우, 토지거래허가지역 내의 공유지분으로 되어 있는 토지를 취득하는 경우 등 토지거래 허가 제도를 잠탈 하는 계약
⑤ 허가받은 사항과 계약의 내용이 다른 경우 그러나 토지거래허가서상의 매매예정금과 계약서상의 매매대금이 다른 경우에는 별도의 토지거래허가를 다시 받을 필요는 없다.
⑥ 허가받은 사항을 변경해야할 경우

토지거래허가를 받아 매매를 원인으로 한 소유권이전등기를 경료한 후에 그 매매계약의 일부를 해제하는 것은 당초에 허가받은 토지거래계약을 변경하고자 하는 경우에 해당할 것이므로 그 해제를 원인으로 한 일부말소의미의 소유권경정등기를 신청하기 위해서는 관할청의 허가서를 첨부하여야 한다.

토지거래허가서를 첨부할 필요가 없는 경우
① 증여계약, 지료의 지급이 없는 지상권설정계약, 명의신탁해지, 「신탁법」상의 신탁, 이혼을 하면서 특정재산을 이전하여 주기로 하는 화해조서에 의하여 소유권이전등기신청을 하는 경우, 이혼당사자 사이의 재산분할 등의 무상계약
② 상속, 진정명의회복, 점유취득시효, 수용, 경매, 유증, 공유지분포기 등 계약이 아닌 경우와 「상법」의 규정에 의한 회사의 분할을 원인으로 하는 소유권이전등기 신청
③ 가등기에 기한 본등기 시
④ 거래의 당사자 쌍방 또는 일방이 국가, 지방자치단체, 공공단체인 경우에는 당해 기관장이 시장·군수·구청장과 협의할 수 있고 그 협의가 성립된 때

◆ 토지 이용의무와 위반 시 조치

토지거래계약허가를 받은 자는 5년의 범위이내에서 대통령령이 정하는 기간 동안 그 토지를 허가받은 목적대로 이용하여야 하며, 처분행위, 무단방치, 불법전용 등을 금지한다.

토지이용 의무기간
허가구역에서 토지는 실수요자에게만 취득이 허용되며, 용도별로 2~5년간 허가받은 목적대로 이용할 의무가 발생한다.

① 2년 : 농업용, 대체토지의 취득
② 3년 : 본인 거주용주택용지의 취득(완공된 전원주택지 포함), 임업·축산업·어업용 토지(생산물이 있는 경우)
③ 4년 : 개발 사업용 토지, 지역주민을 위한 복지시설 또는 편의시설용
④ 5년: 도로·하천 등 현상보전의 목적을 위한 취득, 임업·축산업·어업영위 목적(생산물이 없는 경우), 기타의 경우

토지이용의무 면제사유
① 토지를 취득한 후 법 또는 관계 법령에 의하여 용도지역 등 토지의 이용 및 관리에 관한 계획이 변경됨으로써 법 또는 관계 법령에 의한 행위제한으로 인하여 그 이용 목적대로 이용할 수 없게 된 경우
② 토지의 이용을 위하여 관계 법령에 의한 허가·인가 등을 신청하였으나 국가 또는 지방자치단체가 국토교통부령이 정하는 사유로 일정기간 동안 허가·인가 등을 제한하는 경우로서 그 제한기간 내에 있는

경우

③ 「국토계획법」 119조의 규정에 의한 허가기준에 적합하게 당초의 이용목적을 변경하는 경우로서 시장·군수 또는 구청장의 승인을 얻은 경우

④ 다른 법률에 따른 행위허가를 받아 「국토계획법」 제119조에 따른 허가기준에 적합하게 당초의 이용목적을 변경하는 경우로서 해당 행위의 허가권자가 이용목적 변경에 관하여 시장·군수 또는 구청장과 협의를 완료한 경우

⑤ 「해외이주법」 제6조의 규정에 의하여 이주하는 경우

⑥ 「병역법」 제18조의 규정에 의하여 입영하는 경우

⑦ 「자연재해대책법」 제2조의 규정에 의한 재해로 인하여 허가받은 목적대로 이행하는 것이 불가능한 경우

⑧ 공익사업의 시행 등 토지거래계약 허가를 받은 자의 귀책사유가 아닌 사유로 인하여 허가받은 목적대로 이용하는 것이 불가능한 경우

⑨ 「건축법 시행령」 별표 1 제1호 다목의 다가구주택, 같은 표 제3호의 제1종 근린생활시설 또는 같은 표 제4호의 제2종 근린생활시설을 취득하여 실제로 이용하는 자가 해당 건축물의 일부를 임대하는 경우

⑩ 「산업집적활성화 및 공장설립에 관한 법률」에 따른 공장을 취득하여 실제로 이용하는 자가 해당 공장의 일부를 임대하는 경우

⑪ 그 밖에 토지거래계약허가를 받은 자가 불가피한 사유로 허가받은 목적대로 이용하는 것이 불가능하다고 시·군·구 도시계획위원회에서 인정한 경우

토지이용의무 위반 시 조치

이행강제금의 부과

시장·군수·구청장은 토지매입 시 취득허가를 받은 목적대로 이용하지 않는 경우 3개월 이내의 기간을 정하여 토지의 의무를 이행하도록 이행명령을 할 수 있으며, 기간 내에 이행되지 아니한 경우에 시장·군수·구청장은 실거래가를 기준으로 한 토지 취득가액의 100분의 10 범위 내에서 대통령령이 정하는 금액의 범위 내에서 이행강제금을 1년에 1회씩 이행명령이 이행될 때까지 부과할 수 있다. 다만, 당해 토지의 이용 의무기간이 지난 후에는 이행강제금을 부과할 수 없다. 이행명령을 받은 후 명령을 이행하는 경우에는 새로운 이행강제금의 부과는 즉시 중지되지만, 명령을 이행하기 전에 이미 부과된 이행강제금은 납부하여야 한다. 이행강제금의 부과처분에 대한 불복은 시장·군수 또는 구청장에게 이의를 제기할 수 있다. 또한 「농지법」을 위반하여 「농지법」에 의하여 처분 이행강제금을 부과한 경우에는 부과대상에서 제외한다.

이행강제금 부과 사유	대통령령이 정한 금액
당초의 허가 목적대로 이용하지 아니하고 무단 방치한 경우	취득가액의 100분의 10에 상당하는 금액
허가받아 토지를 취득한 자가 직접 이용하지 아니하고 불법 임대한 경우	취득가액의 100분의 7에 상당하는 금액
허가받아 취득한 자가 시장·군수 또는 구청장의 승인을 얻지 아니하고 불법 전용한 경우	취득가액의 100분의 5에 상당하는 금액
기타의 경우	취득가액의 100분의 7에 상당하는 금액

허가구역 해제 및 효과

국토교통부장관은 허가구역의 지정 사유가 없어졌다고 인정되거나 관계 시·도 지사, 시장·군수 또는 구청장으로부터 허가구역의 지정 해제 또는 축소 요청이 이유 있다고 인정되면 지체 없이 허가구역의 지정을 해제하거나 지정된 허가구역의 일부를 축소하여야 한다. 절차는 허가구역 지정 절차와 동일하며, 토지거래 허가구역에서 해제되면 즉시로 해당토지에 따라다니던 이용의무도 자동 소멸한다.

16 CHAPTER

수도권정비계획

◆ 수도권에서는 수도권정비계획이 우선

수도권정비계획은 수도권(서울·경기·인천)에 과도하게 집중된 인구 및 산업의 적정배치를 유도하여 수도권의 질서 있는 정비와 균형 있는 발전을 도모하기 위하여 수도권을 3개 권역으로 구분하여 권역별로 특성에 맞게 차등적으로 규제를 하기위한 계획으로서 「수도권정비계획법」에 의해 규율된다. 이러한 수도권 정비계획은 수도권 안에서 「국토의 계획 및 이용에 관한 법」에 의한 도시계획 등 다른 법령에 의한 토지이용계획에 우선하여 적용한다.

수도권정비계획의 수립·결정 및 고시

국토교통부장관이 입안한 수도권정비계획안은 수도권정비위원회의 심의를 거친 후 국무회의의 심의와 대통령의 승인을 얻어 결정되고, 국토교통부장관은 결정된 수도권정비계획을 고시하고 중앙행정기관의 장 및 시·도지사에게 통보한다.

수도권정비계획의 주요내용
① 수도권 정비의 목표와 기본방향에 관한 사항
② 인구 및 산업 등의 배치에 관한 사항
③ 권역의 구분 및 권역별 정비에 관한 사항
④ 인구집중유발시설 및 개발사업의 관리에 관한 사항
⑤ 광역적 교통시설과 상·하수도시설 등의 정비에 관한 사항
⑥ 환경보전에 관한 사항
⑦ 수도권 정비를 위한 지원 등에 관한 사항
⑧ 위 사항에 대한 계획의 집행 및 관리에 관한 사항
⑨ 기타 법령이 정하는 수도권 정비에 관한 사항

인구집중유발시설
건축물의 연면적 또는 시설의 면적을 산정함에 있어서 대지가 연접하고 소유자가 동일한 건축물에 대해서는 각 건축물의 연면적 또는 시설의 면적을 합산한다.

1. 대학
 「고등교육법」에 의한 학교로서 대학·산업대학·교육대학·전문대학·대학원

2. 연면적 500㎡ 이상의 공장

   「산업집적활성화 및 공장설립에 관한 법률」에 의한 공장으로서 제조시설로 사용되는 기계 또는 장치를 설치하기 위한 건축물 및 사업장의 각 층 바닥 면적을 합한 연면적이 500㎡ 이상인 공장을 말한다.

3. 연면적이 1,000㎡ 이상인 공공청사

   중앙행정기관 및 그 소속 기관의 청사로 건축물의 연면적이 1,000㎡ 이상인 것

4. 업무용건축물 · 판매용건축물 · 복합용건축물
   - 업무용건축물

     업무용시설(연구소 및 일반업무시설과 근린생활시설 · 전시시설 · 동식물원 · 창고시설 등)이 주용도(해당 건축물의 업무용시설 면적의 합계가 가장 큰 경우)인 건축물로서 그 연면적이 25,000㎡ 이상인 건축물 또는 업무용시설이 주용도가 아닌 건축물로서 그 업무용시설의 면적의 합계가 25,000㎡ 이상인 건축물

   - 판매용건축물

     판매용시설(도매시장 · 소매시장 · 상점 등 판매시설, 위락시설, 근린생활시설, 운동시설, 공연장 · 집회장 · 관람장 · 전시장 · 동식물원 등 문화집회시설 및 창고시설)이 주용도(해당 건축물의 판매용시설 면적의 합계가 가장 큰 경우)인 건축물로서 그 연면적이 15,000㎡ 이상인 건축물 또는 업무용시설이 주용도가 아닌 건축물로서 그 판매용시설의 면적의 합계가 15,000㎡ 이상인 건축물 또한 업무용시설 및 판매용시설이 주용도가 아닌 건

축물로서 복합시설의 면적의 합계가 15,000㎡ 이상 25,000㎡ 미만이고 판매용시설 면적이 업무용시설 면적보다 큰 건축물의 업무용시설 및 판매용시설에 해당하는 부분
- 복합건축물
  업무용시설 및 판매용시설이 주용도인 건축물로서 그 연면적이 25,000㎡ 이상인 건축물 또는 업무용 시설 및 판매용시설이 주용도가 아닌 건축물로서 그 업무용 시설 및 판매용시설의 면적의 합계가 25,000㎡ 이상인 건축물

5. 지방자치단체가 설치하는 시설 및 지방자치단체가 출자하거나 출연한 법인이 설치하는 시설을 제외한 건축물의 연면적이 3,000㎡ 이상인 연수시설

수도권 3대 권역의 특징

「수도권정비계획법」은 인구 및 산업의 과다한 집중을 해소하기 위해서 인구집중유발시설의 신설·증설과 대규모개발사업의 시행을 제한하고, 공업지역의 지정을 규정하고 있다. 수도권의 인구와 산업을 적정하게 배치하기 위하여 수도권을 다음과 같이 구분한다.

① **과밀억제권역**

인구 및 산업이 과도하게 집중되었거나 집중될 우려가 있어 그 이전 또는 정비가 필요한 지역을 말한다. 서울과 서울을 둘러싼 과천·안양·광명·군포·의왕·성남·하남·의정부·고양 등이 과밀억제권역에 해당

한다. 과거에 서울의 위성도시라는 말을 들으며 제조업이 발달했었던 지역이 주로 해당된다. 해당 지역에는 대개 개발제한구역(그린벨트)이 많이 존재한다. 토지개발이 주 대상이 되는 관리지역은 존재하지 않거나 소규모로 존재한다.

② **성장관리권역**

과밀억제권역으로부터 이전하는 인구와 산업을 계획적으로 유치하고 산업의 입지와 도시의 개발을 적정하게 관리할 필요가 있는 지역을 말한다. 90년대 후반부터 공장 창고 등의 개발사업이 활발하게 전개되었던 화성 평택 김포 파주 안성 등이 여기에 해당한다. 해당지역에서는 개발제한구역은 존재하지 않거나 소규모로 존재하고 산업용지나 주택용지로 제공될 수 있는 관리지역 토지가 광범위하게 존재한다.

③ **자연보전권역**

한강 수계의 수질과 녹지 등 자연환경을 보전할 필요가 있는 지역을 말한다. 광주시 이천시 여주군 가평군 양평군 등이 자연보전권역에 해당한다. 해당지역에는 한강수계와 관련된 상수원보호구역 특별대책1권역 수변구역 등의 규제가 존재한다.

과밀억제·성장관리 및 자연보전권역의 범위(「수도권정비계획법」 시행령 제9조. 별표1)

과밀억제권역	성장관리권역	자연보전권역
· 서울특별시 · 인천광역시(강화군, 옹진군, 서구 대곡동·불로동·마전동·금곡동·오류동·왕길동·당하동·원당동, 인천경제자유구역 및 남동국가산업단지는 제외한다) · 의정부시 · 구리시 · 남양주시(호평동, 평내동, 금곡동, 일패동, 이패동, 삼패동, 가운동, 수석동, 지금동 및 도농동만 해당한다)·하남시 · 고양시 · 수원시 · 성남시 · 안양시 · 부천시 · 광명시 · 의왕시 · 과천시 · 군포시 · 시흥시(반월특수지역은 제외한다)	· 동두천시 · 안산시 · 오산시 · 평택시 · 파주시 · 남양주시(와부읍, 진접읍, 별내면, 퇴계원면, 진건읍 및 오남읍만 해당한다) · 용인시(신갈동, 하갈동, 영덕동, 구갈동, 상갈동, 보라동, 지곡동, 공세동, 고매동, 농서동, 서천동, 언남동, 청덕동, 마북동, 동백동, 중동, 상하동, 보정동, 풍덕천동, 신봉동, 죽전동, 동천동, 고기동, 상현동, 성복동, 남사면, 이동면 및 원삼면 목신리·죽릉리·학일리·독성리·고당리·문촌리만 해당된다) · 연천군 · 포천시 · 양주시 · 김포시 · 화성시 · 안성시(가사동, 가현동, 명륜동 숭인동, 봉남동, 구포동, 동본동, 영동, 봉산동, 성남동, 창전동, 낙원동, 옥천동, 현수동, 발화동, 옥산동, 석정동, 서인동, 인지동, 아양동, 신흥동, 도기동, 계동, 중리동, 사곡동, 금석동, 당왕동, 신모산동, 신소현동, 신건지동, 금산동, 연지동, 대천동, 대덕동, 대덕면, 미양면, 공도읍, 원곡면, 보개면, 금광면, 서운면, 양성면, 고삼면, 죽산면 두교리·당목리·칠장리 및 삼죽면 마전리·미장리·진촌리·기솔리·내강리만 해당한다) · 인천광역시 중 강화군, 옹진군, 서구 대곡동·불로동·마전동·금곡동·오류동·왕길동·당하동·원당동, 인천경제자유구역, 남동 국가산업단지 · 시흥시 중 반월특수지역(반월특수지역에서 해제된 지역을 포함한다)	· 이천시 · 남양주시(화도읍, 수동면 및 조안면만 해당한다) · 용인시(김량장동, 남동, 역북동, 삼가동, 유방동, 고림동, 마평동, 운학동, 호동, 해곡동, 포곡읍, 모현동, 백암면, 양지면 및 원상면 가재월리·사암리·미평리·좌항리·맹리·두창리만 해당한다)·가평군 · 양평군 · 여주군 · 광주시 · 안성시(일죽면, 죽산면, 죽산리·용설리·창계리·매산리·장릉리·장원리·두현리 및 삼죽면 용월리·덕산리·율곡리·내장리·배태리만 해당한다)

수도권정비권역 현황(2009.12.31. 현재)

구분	과밀억제권역	성장관리권역	자연보전권역
면적(11,820㎢)	2,032㎢(17.2%)	5,958㎢(50.4%)	3,830㎢(32.4%)
인구(24,950,000명)	19,525,000명(78.3%)	4,417,000명(17.7%)	1,008,000명(4.0%)
행정구역	서울, 인천(일부), 의정부, 구리, 남양주(일부), 하남, 고양, 수원, 성남, 안양, 부천, 광명, 과천, 의왕, 군포, 시흥 등 16개 시	동두천, 안산, 오산, 평택, 파주, 남양주(일부), 연천군, 포천군, 양주군, 김포시, 화성시, 안성시(일부), 인천(일부),시흥(일부) 등 12개 시, 3개 군	이천, 남양주(일부), 용인(일부), 가평군, 양평군, 여주군, 광주시, 안성시(일부) 등 5개 시, 3개 군
정비전략	- 과밀화 방지 - 도시문제 해소	- 이전기능 수용 - 자족기반 확충	- 한강수계 보전 - 주민불편해소
지정기준	인구 및 산업이 과도하게 집중되었거나 집중의 우려가 있어 그 이전 또는 정비가 필요한 지역	과밀억제권역으로부터 이전하는 인구 및 산업을 계획적으로 유치하고 산업의 입지와 도시의 개발을 적정하게 관리할 필요가 있는지역	한강수계의 수질 및 자연환경의 보전이 필요한 지역

〈자료 : 국토해양부 국토정책국〉

「수도권정비법」상 권역별 행위제한의 구체적 고찰

공공청사(1,000㎡ 이상)에 대한 행위제한

1,000㎡ 이상의 공공청사에 대한 행위제한은 3개 권역 모두 신축의 경우에는 부단위 중앙행정기관의 청사로서 심의 후 허용되며, 증축·용도변경(매입·임차)의 경우에는 중앙행정기관 및 소속기관의 청사 및 문화·군사·무역·금융·보험·증권·언론·정보통신·관광·체육·예술·국가정책연구·의료·보건·위생·첨단과학·국제협력·중소기업지원과·관련 업무를 주된 기능으로 하는 공공법인의 사무소로서 심의 후 허용한다. 또한 관할구역이 수도권과 수도권 및 인근 도 지역에 국한되는

기관 및 법인의 청사 또는 사무소의 신축·증축·용도변경으로서 국토해양부장관과의 협의를 거치거나 승인을 득한 것이어야 한다. 다만 서울지역에 입지하는 경우에는 과밀부담금을 부과한다.

대규모개발사업

과밀억제권역과 성장관리권역에서는 택지 100만㎡, 공업용지 30만㎡, 관광지 10만㎡ 이상은 심의 후 허용된다. 자연보전권역에서는 공업용지 조성사업·관광지 조성사업은 3만㎡ 미만은 허용하지만, 6만㎡까지는 심의 후 허용하며 6만㎡를 초과하는 조성사업은 금지되어 있다. 택지조성사업의 경우에는 오염총량제 시행여부를 구분하여 사업의 허가가 결정된다. 오염총량제 시행지역에서는 도시지역(녹지지역제외)은 지구단위계획구역 내에서 10만㎡ 이상을 사업 시행할 경우에는 허용하며, 비도시지역에서는 10만~50만㎡까지 심의 후에 허용한다. 반면에, 오염총량제가 시행되지 않는 지역에서는 3만㎡ 미만인 경우에는 허용하며, 6만㎡까지는 심의 후에 허용하고 6만㎡를 초과하는 경우에는 개발 사업이 금지된다.

대규모개발사업의 종류

1. 「도시개발법」에 의한 도시개발사업으로서 그 면적이 100만㎡ 이상인 것 또는 그 면적이 100만㎡ 미만인 도시개발사업으로서 공업용도로 구획되는 면적이 30만㎡ 이상인 것

2. 「지역균형개발 및 지방중소기업 육성에 관한 법률」에 의한 지역종합개발사업으로서 그 면적이 100만㎡ 이상인 것과 그 면적이 100만㎡

미만인 지역종합개발사업으로서 30만㎡ 이상의 공업단지나 10만㎡ 이상의 관광단지가 포함된 것

3. 택지조성사업으로서 그 면적이 100만㎡이상인 것
    - 「택지개발촉진법」에 의한 택지개발사업
    - 「주택법」에 의한 주택건설사업 및 대지조성사업
    - 「산업입지 및 개발에 관한 법」에 의한 산업단지 및 특수지역 안에서의 주택지조성사업

4. 공업용지조성사업으로서 그 면적이 30만㎡이상인 것
    - 「산업입지 및 개발에 관한 법」에 의한 산업단지개발사업 및 특수지역개발사업
    - 「자유무역지역의 지정 등에 관한 법」에 의한 자유무역지역조성사업
    - 「중소기업진흥 및 제품구매촉진에 관한 법」에 의한 중소기업협동화단지조성사업
    - 「산업집적활성화 및 공장설립에 관한 법」에 의한 공장설립을 위한 공장용지조성사업

5. 관광지조성사업으로서 시설계획지구의 면적이 10만㎡이상인 것. 다만, 공유수면매립지에서 시행하는 관광지조성사업은 30만㎡이상인 것으로 한다.
    - 「관광진흥법」에 의한 관광지 및 관광단지조성사업과 관광시설조성사업

- 「국토의 계획 및 이용에 관한 법」에 의한 유원지설치사업
- 「온천법」에 의한 온천이용시설 설치사업

대형건축물(15,000~25,000㎡ 이상)과 공장(연면적 200㎡ 이상)

과밀억제권역에서 지자체가 출자한 건축물·벤처기업집적시설을 제외한 서울지역에 위치한 대형건축물은 과밀부담금이 부과되며, 공장은 총량으로 규제하며 개별입지규제는 「산업집적활성화법」에 의한다. 성장관리권역에서는 대형건축물에 대한 규제는 없으며, 공장은 과밀억제권역과 동일하게 규제한다. 자연보전권역은 대형건축물이 금지된다. 다만, 오수를 배출하지 않는 시설에 한하여 창고와 주차장면적을 제외한 면적을 기준으로 해서 면적을 산정한다. 또한 자연보전권역에서의 공장은 수도권총량으로 규제하며 개별입지는 「산업집적활성화법」에 의한다.

연수시설(연면적 3,000㎡ 이상) 및 공업지역

과밀억제권역에서는 연수시설의 설치는 금지되며, 공업지역의 지정은 기존면적의 범위 내에서 위치변경만 심의 후에 허용된다. 성장관리권역에서는 1994년 4월 30일 이전에 건축된 연수시설의 기존시설을 증축하는 경우에는 기존면적의 20% 이내로 가능하며, 신축은 심의 후에 허용한다. 연수시설의 이전은 동일규모로 성장관리권역 내 및 타권역에서 성장관리권역으로의 이전은 심의 없이 허용된다. 공업지역은 이미 계획된 공업지역과 수도권정비계획에 반영된 공업지역을 허용한다. 자연보전권역에서는 1994년 4월 30일 이전에 건축된 연수시설의 기존시설을 증축하는 경우에는 기존면적의 10% 이내로 가능하며 공업지역설치는 불가하다.

대학

구분		행위 제한		
		과밀억제권역	성장관리권역	자연보전권역
대학	4년제 대학 교육 대학	- 신설 : 금지 - 이전 : 심의후가능. 단, 서울시로 이전 금지	- 신설 : 금지 - 이전 : 권역 내 또는 타 권역에서 이전 가능	- 신설 : 금지 - 이전 : 금지
	소규모 대학	- 신설 : 금지 - 이전 : 심의 후 가능. 단, 서울시로 이전 금지	- 신설 : 심의 후 가능 - 이전 : 권역 내 또는 타 권역에서 이전 가능	- 신설 : 심의후 가능 - 이전 : 권역내 가능
	전문대학 산업대학 대학원대학	- 신설 : 가능. 단, 전문·산업대학은 서울시안 신설 금지 - 이전 : 가능. 단, 서울시안 이전금지	- 신설 : 가능 - 이전 : 권역내 또는 타권역에서 이전가능	- 신설 : 심의후 가능 - 이전 : 권역내 가능

대학의 증원

과밀억제권역과 성장관리권역 내에 있는 대학의 증원은 원칙적으로 총량규제를 한다. 대학·교육대학 및 입학정원 50인 이내 소규모대학(첨단학과는 100인 이내)의 증원은 심의 후에 허용하며, 산업대학·전문대학은 전국 증가수의 10% 이내에서 허용되며, 10%가 초과할 경우에는 심의 후에 허용한다. 대학원대학은 수도권 전체에서 첨단 분야를 제외하고 매년 300인 이내에서 허용되며, 300인을 초과할 경우에는 심의 후에 허용한다. 자연보전권역에서도 대학의 증원은 과밀억제권역과 동일하게 적용된다.

수도권 과밀부담금

과밀억제권역에 속하는 지역으로서 서울특별시에서 인구집중유발시설 중 업무용건축물, 판매용건축물, 공공청사, 복합건축물을 신축·증축 및 공공청사가 아닌 시설을 공공청사로 하는 용도변경, 업무용시설, 판매용시설 및 복합시설이 아닌 시설에서 업무용시설, 판매용시설 및 복합시설로 용도를 변경하려는 자는 과밀부담금을 내야한다. 과밀부담금은 건축비의 100분의 10으로 하되 지역별 여건 등을 고려하여 대통령령이 정하는 바에 따라 건축비의 100분의 5까지 조정할 수 있다. 과밀부담금은 부과대상건축물이 속하는 지역을 관할하는 시·도지사가 부과·징수하되, 건축물의 건축허가일·건축신고일 또는 용도변경일을 기준으로 산정하여 부과한다.

부담금의 납부기한은 건축물의 사용승인일(임시사용승인을 얻은 경우에는 임시 사용승인일)로 하되, 사용승인이 필요 없는 경우에는 부과일로부터 6월로 한다. 시·도지사는 납부기한 내에 납부하지 않은 때에는 납부기한의 경과 후 10일 이내에 10일기한의 독촉장을 발부하여야 한다. 또한 부담금의 100분의 5에 해당하는 가산금을 부과할 수도 있다. 특히 부담금을 내야 할 자가 정비사업조합이나 그 밖에 건축물의 건축을 위하여 관계 법률에 따라 구성된 조합인 경우 그 조합이 해산하면 그 조합원이 부담함을 유의하여야 한다. 부담금의 부과·징수에 대하여 이의가 있는 자는「공익사업을 위한 토지 등의 취득 및 보상에 관한 법률」에 의한 중앙토지수용위원회에 행정심판을 청구할 수 있다.

과밀부담금의 감면

① 국가 또는 지방자치단체가 건축하는 건축물에는 부담금을 부과하지 아니한다.
②「도시 및 주거환경정비법」에 의한 도시환경정비사업에 따른 건축물에는 부담금의 100분의 50을 감면한다.
③ 건축물중 주차장, 주택 및 국가나 지방자치단체에 기부 채납되는 시

설에 대하여는 과밀부담금의 산정방식에서 정하는 바에 따라 부담금을 감면한다.

④ 건축물 중 수도권만을 관할하는 지점을 포함한 공공법인의 사무소에 대하여는 부담금을 부과하지 아니한다.

⑤ 산업단지, 과학연구단지, 나노기술연구단지, 산업기술단지 중 어느 하나에 해당하는 단지에 건축하는 연구소에 대하여는 과밀부담금의 산정방식에서 정하는 바에 따라 부담금을 감면한다.

⑥ 금융 중심지에 건축하는 일반 업무시설 중 금융업소에 대하여는 과밀부담금의 산정방식에서 정하는 바에 따라 부담금을 감면한다.

⑦ 건축물중 부담금이 부과된 시설을 용도 변경하는 경우에는 부담금을 부과하지 아니한다.

⑧ 다음의 어느 하나에 해당하는 건축물의 경우에는 해당 면적에 대하여 각각 과밀부담금의 산정방식에서 정하는 바에 따라 부담금을 감면한다.

  ㉠ 업무용건축물 ; 25,000m^2

  ㉡ 판매용건축물 ; 15,000m^2

  ㉢ 복합건축물로서 부과대상 면적 중 판매용 시설의 면적이 용도별면적 중 가장 큰 건축물 ; 15,000m^2

  ㉣ ㉢항 이외의 복합건축물 ; 25,000m^2

⑨ 단위면적당 건축비는 1m^2당 표준건축비로서 국토교통부장관이 매년 고시한다.

◆ 공장의 설립·승인

공장이란
건축물 또는 공작물, 물품제조공정을 형성하는 기계·장치 등 제조시설(가공·조립·수리시설)과 그 부대시설을 갖추고 제조업(「석탄산업법」에 의한 석탄가공업 포함)을 영위하기 위한 사업장을 말한다.

공장부지안의 부대시설
① 사무실·창고·경비실·전망대·주차장·화장실 및 자전거보관시설
② 저장용 옥외구축물(지하 저장용 시설 포함)
③ 송유관, 옥외주유시설, 급·배수시설, 변전실, 기계실 및 펌프실
④ 폐기물처리시설 및 환경오염방지시설
⑤ 시험연구시설 및 에너지이용효율 증대를 위한 시설
⑥ 공동산업안전시설 및 보건관리시설
⑦ 복리후생증진시설
⑧ 제품전시·판매장, 호이스트
⑨ 기타 당해제조시설의 관리·지원, 종업원의 복지후생을 위하여 필요하다고 인정하는 시설

「수도권정비계획법」과 「산업집적활성화 및 공장설립에 관한 법」에 의한 공장의 규모

공장의 면적	「수도권정비계획법」에 의한 공장		「산업집적활성화및공장설립에관한 법」	
	500㎡ 미만	500㎡ 이상	500㎡ 미만	500㎡ 이상
공장총량제 적용여부	대상 아님	적용	–	–
공장설립승인 허용대상	–	–	대상아님(단, 원하는 경우에는 설립승인을 받을 수 있다.)	승인대상
면적산출방식	건축물연면적 =제조시설건축물+사업장+사무실+창고의 바닥면적의 합		공장건축면적=제조시설 건축물 각 층의 바닥면적+제조시설 옥외공작물의 수평투영면적	

※공장총량규제 대상의 기준은 건축물대장의 기재면적을 기준으로 한다.

제2종 근린생활시설 중 제조업소

같은 건축물에 해당 용도로 쓰는 바닥면적의 합계가 500㎡ 미만이고 아래의 요건 중 어느 하나에 해당하는 시설이어야 한다.

① 「대기환경보전법」, 「수질 및 수생태계 보전에 관한 법률」 또는 「소음·진동관리법」에 따른 배출시설의 설치허가 또는 신고의 대상이 아닌 것.

② 「대기환경보전법」, 「수질 및 수생태계 보전에 관한 법률」 또는 「소음·진동관리법」에 따른 설치허가 또는 신고 대상 시설이나 귀금속·장신구 및 관련 제품 제조시설로서 발생되는 폐수를 전량 위탁처리 하는 것.

「산업집적활성화 및 공장설립에 관한 법」에 의한 공장의 설립·승인

설립승인신청

공장설립·승인신청은 건축허가 신청 또는 건축허가 고시 전에 하여야 한다. 다만, 공장 설립승인으로써 건축허가 또는 건축신고를 의제 받고자 하는 경우에는 예외로 한다. 공장의 설립·승인신청은 공작물을 축조하는 것을 포함한 건축물의 신축·기존건축물의 용도를 공장용도로 변경하여 제조시설 등을 설치하는 공장의 신설, 등록된 공장의 공장건축면적 또는 공장부지 면적을 증가시키는 공장의 증축, 공장설립 승인을 얻은 공장 또는 등록된 공장의 다른 업종으로 변경하거나 당해 공장에 다른 업종을 추가하는 업종변경, 등록된 공장을 폐쇄하고 다른 위치로 이동하여 동종 업종의 공장을 신설 또는 증설하는 공장의 이전 등이 있다.

설립승인

공장의 설립승인은 시장·군수·구청장이 한다. 다만, 시장·군수·구청장에게 공장의 신설·증축·업종변경·이전에 대한 승인을 얻은 경우, 산업단지 관리기관과 입주계약 및 변경계약을 체결하는 경우, 「자유무역지역의 지정 및 운영에 관한 법률」에 따른 입주허가 · 「중소기업창업지원법」에 따른 사업계획의 승인, 「산업입지 및 개발에 관한 법률」에 의해 당해산업단지에 입주할 자가 산업단지개발 사업을 시행하는 경우에 실시계획의 승인에 의해 공장의 허가·인가·면허를 받은 경우에는 설립승인을 받은 것으로 본다.

공장설립의 승인신청에 따른 사전 검토사항

공장을 설립하고자 하는 자는 「산업집적활성화 및 공장설립에 관한 법률」 시행규칙 제6조 (별지 5호)에 의한 공장설립 승인 신청서를 제출한다. 다만, 관련서류를 제출하여 관계행정기관과 사전에 협의하는 경우에는 인·허가 등을 의제한다.

진입로 확보를 위한 해당법률에 의한 인·허가 검토

① 「사도법」에 의한 사도개설허가신청의 경우 : 「공장설립법」에 의한 특례조항에 의하여 처리
② 「농어촌정비법」에 의한 산업생산기반시설인 도로의 이용허가신청의 경우 : 도지사승인이 필요
③ 「하천관련법」·「국유재산법」·「공유재산 및 물품관리에 관한 법」에 의한 하천을 용도 폐지하여 진입로를 개설하려고 신청하는 경우 : 하천 용도폐지, 잡종재산인 폐천부지의 점용허가 또는 불하
④ 「하천관련법」에 의해서 기존의 하천을 복개하여 진입로 개설허가신청을 하려고 하는 경우 : 하천 점용허가를 신청한다.

공장부지 확보를 위한 해당법률에 의한 인·허가 검토

공장을 설립하고자 하는 당해부지가 임야인 경우에는 「산지관리법」, 농지인 경우에는 「농지법」, 초지인 경우에는 「초지법」에 의한 전용허가를 받아야 한다. 또한 사업부지에 인접하여 있거나 부지 내에 있는 하천, 구거 및 도로의 정비는 하천, 구거 및 도로의 점용허가, 점용폐지, 잡종재산의 점용허가 또는 불하를 관계 법령에 의하여 실시한다. 또한 사업부지가 임야

인 경우에는「장사 등에 관한법률」에 의한 분묘개장의 허가와「사방사업법」에 의한 사방지 안의 죽목의 벌채 등의 허가 및 사방지 지정의 해제 등을 반드시 검토하여야 한다. 그리고 업종에 따라서 환경 관련하여「수질환경보전법」,「대기환경보전법」,「소음·진동규제법」에 의한 배출시설 및 방지시설의 설치여부를 확인해야 한다.「폐기물관리법」에 의한 폐기물 처리시설의 설치를 승인받아야하며,「토양환경보전법」에 의한 토양 오염 유발시설의 설치도 신고하여야 한다.

건축허가의 신청

공장설립의 승인을 득한 경우에는「건축법」시행규칙 제6조제1항[별지1호의3]에 의한 건축허가 신청서를 작성하여야 한다. 또한「건축법」시행규칙 [별표2]에 의한 건물·전기·설비·소방·구조계산·토목·정화조·조경·주차장 등의 사항이 포함된 건축 설계서를 함께 제출하여야 한다. 건축허가와 관련하여 건축물의 건축을 위한 관련 법규에 의한 인·허가도 꼼꼼하게 확인하여야 한다.

① 「국토의 계획 및 이용에 관한 법률」에 의한 도시계획시설사업의 시행자 지정 및 실시계획인가
② 「국토의 계획 및 이용에 관한 법률」에 의한 개발행위의허가
③ 「도로법」에 의한 도로의 점용허가
④ 「건축법」에 의한 공사용 가설건축물의 축조신고
⑤ 「건축법」에 의한 공작물의 건축허가 또는 신고
⑥ 「수도법」에 의한 전용 상수도 설치의 인가
⑦ 「소방관련법」에 의한 건축허가 등의 동의 및 소방시설공시의 신고

⑧ 「위험물안전관리법」에 의한 제조소 등의 설치허가
⑨ 「전기사업법」에 의한 자가용 전기설비 공사계획의 인가 또는 신고
⑩ 「하수도법」에 의한 시설 및 공작물설치를 위한 점용허가 및 배수설비의 설치신고
⑪ 「오수·분뇨 및 축산폐수의 처리에 관한 법률」에 의한 오수처리시설의 설치 신고, 단독 정화조 설치신고
⑫ 「폐기물관리법」에 의한 폐기물 처리 시설의 설치 승인 또는 신고
⑬ 「토양환경보전법」에 의한 특정 토양오염관리대상 시설 설치 신고
⑭ 「액화석유법·고압가스법·총포 등 단속법」에 의한 각종 저장소 설치허가
⑮ 「수질환경보전법·대기오염 보전법, 소음진동규제법」에 의한 배출시설 설치의 허가 또는 신고

◆ 공장총량제

국토교통부장관은 공장·학교, 기타 인구집중유발시설이 수도권에 과도하게 집중되지 않도록 신설 및 증설의 총허용량을 정하여 이를 초과하는 신설·증설을 제한할 수 있다. 공장에 대한 총량규제의 내용 및 방법은 수도권정비위원회의 심의를 거쳐 결정하며, 국토교통부장관이 이를 고시한다. 국토교통부장관은 3년마다 수도권정비위원회의 심의를 거쳐 시·도별 공장건축의 총허용량을 결정하여 관보에 이를 고시하여야 한다. 이를 변경하고자 하는 경우에도 수도권정비위원회의 심의를 거쳐 관보에

이를 고시하여야 한다.

공장총량규제의 대상

공장에 대한 총량규제는 공장 건축물의 신축·증축 또는 용도변경 면적을 대상으로 하며, 건축별 연면적 250㎡ 이상의 공장 건축물이 총량 규제 대상이다. 건축허가·건축신고·용도변경신고 또는 용도변경을 위한 건축물대장의 기재내용 변경신청 면적을 기준으로 적용한다. 또한 공장부지 조성은 공장총량제의 대상이 아니다. 따라서 공장부지 조성은 총량제

공장 총허용량의 산출

① 국토교통부장관은 수도권정비위원회의 심의를 거쳐 공장건축의 총허용량을 산출하는 방식을 정하여 관보에 이를 고시한다.
② 국토교통부장관은 3년마다 수도권정비위원회의 심의를 거쳐 서울특별시·인천광역시 및 경기도별 공장건축의 총허용량을 결정하여 관보에 이를 고시한다.
③ 시·도지사는 시·도별 총허용량의 범위 안에서 연도별 배정계획을 수립하여 국토교통부장관의 승인을 얻은 후 그 내용을 당해 시·도의 공보에 고시한다.
④ 시·도지사는 관할 시·군·구의 지역별 여건을 감안하여 공장건축을 계획적으로 관리할 필요가 있다고 인정하는 경우에는 관계행정기관의 장과 협의하여 위의 승인을 얻은 연도별 배정계획의 범위 안에서 지역별로 공장건축의 총허용량을 할당할 수 있으며, 이 경우 그 내용을 시·도에서 발행하는 공보에 고시한다.

공장 총허용량의 집행

① 국토교통부장관은 시·도의 연도별 공장 건축량이 연도별 배정계획을 초과하여 공장이 과도하게 건축될 우려가 있는 때에는 수도권정비위원회의 심의를 거쳐 업종·규모 및 기간 등을 정하여 당해 시·도의 공장건축을 제한할 수 있으며, 그 제한내용을 관보에 고시한다.

② 시·도지사는 지역별·연도별 총 허용량이 할당된 경우 해당지역의 연도별 공장 건축량이 지역별·연도별 총 허용량을 초과하여 공장이 과도하게 건축될 우려가 있는 때에는 업종규모 및 기간 등을 정하여 당해 지역의 공장건축을 제한할 수 있으며, 이 경우 그 제한내용을 시·도에서 발행하는 공보에 고시한다.

③ 시장·군수·구청장은 공장 총량관리대장을 작성·관리하고, 공장건축량을 매 월별로 다음달 10일까지 시·도지사를 경유하여 국토교통부장관에게 보고한다.

공장총량의 확인

공장을 설립하고자 하는 시·군의 건축과에서 확인하면 공장총량의 배정 및 집행 사항을 확인해 준다.

국토해양부 고시 제2012- 104호

「수도권정비계획법」제18조 및 「주한미군기지 이전에 따른 평택시 등의 지원 등에 관한 특별법」제25조의 규정에 의하여 2012년부터 2014년까지 서울특별시 · 인천광역시 · 경기도 및 평택시(별도 배정분)의 공장건축 총허용량을 다음과 같이 결정하여 고시합니다.

2012년 3월 13일
국토해양부장관

1. 공장건축 총허용량(2012년부터 2014년까지)

1) 시 · 도별 공장건축 총허용량

(단위 : 천㎡)

구 분	수도권	서울특별시	인천광역시	경기도
총허용량	5,536	36	1,000	4,500
산단이외 공업지역	2,124	24	750	1,350
개별입지	3,412	12	250	3,150

2) 공장건축 총허용량 산출방식

2012년부터 2014년까지의 수도권 공장건축 총허용량은 최근 3년간('09 ~ '11) 집행실적을 바탕으로 향후 경제전망 등을 감안하여 산정

3) 적용기간 : 2012년 1월 1일부터 2014년 12월 31일까지

※ 국토해양부 「공장총량제도의 운영지침('09.2.25)」 5-5-1.에 의거 2012.1.1부터 고시일 현재까지 기집행된 공장건축물량은 이번 고시에 의한 공장건축총량에서 집행된 것으로 간주

4) 집행조건

  (1) 공장총량은 「산업집적활성화 및 공장설립에 관한 법률」 제2조의 규정에 의한 공

장으로서 건축물의 연면적(제조시설로 사용되는 기계·장치를 설치하기 위한 건축물 및 사업장 각층의 바닥면적 합계를 말함)이 500㎡이상인 공장 건축물을 대상으로 하며, 공장총량의 적용은 「건축법」에 의한 신축·증축 또는 용도변경에 대하여 동법에 의한 건축허가·건축신고·용도변경신고 또는 용도변경을 위한 건축물대장의 기재내용 변경신청 면적을 기준으로 함

(2) 시·도에 배정된 공장총량이 소진되는 경우에는 공장의 건축허가 등을 하여서는 아니됨

(3) 다음에 해당되는 경우에는 공장총량 적용대상에서 제외함

    가) 「산업집적활성화 및 공장설립에 관한 법률」에 따른 지식산업센터 건축
    나) 가설건축물 및 건축법상 허가나 사전신고대상이 아닌 건축
    다) 공공사업시행에 따라 공장을 이전하는 경우에는 종전의 건축물 연면적 이내의 공장 건축. 다만, 기존 공장 면적을 초과하는 면적은 공장총량을 적용한다
    라) 다음에 해당하는 지역안에서의 공장건축

        ① 「산업입지 및 개발에 관한 법률」에 의한 산업단지

        ② 그 밖의 관계 법률에서 「수도권정비계획법」 제18조에 따른 공장건축 총량 규제를 배제하도록 규정한 지역

부록

개발행위허가 운영지침

[시행 2013.12.23] [국토교통부훈령 제315호, 2013.12.23, 일부개정]
국토교통부(도시정책과), 044-201-3717

제1장 총 칙

제1절 개발행위허가지침의 목적

1-1-1. 이 지침은 「국토의 계획 및 이용에 관한 법률 시행령」 제56조제4항에 따라 개발행위허가의 대상·절차·기준 등에 대한 사항을 제시하여 개발행위허가제의 원활한 운영을 도모함을 목적으로 한다.

제2절 개발행위허가의 의의 및 운영원칙

1-2-1. 개발행위허가제는 개발과 보전이 조화되게 유도하여 국토관리의 지속가능성을 제고시키고, 토지에 대한 정당한 재산권 행사를 보장하여 토지의 경제적 이용과 환경적 보전의 조화를 도모하며, 계획의 적정성, 기반시설의 확보여부, 주변 경관 및 환경과의 조화 등을 고려하여 허가여부를 결정함으로써 난개발을 방지하고 국토의 계획적 관리를 도모하는 제도이다.

1-2-2. 특별시장·광역시장·특별자치시장·특별자치도지사·시장 또는 군수(이하 "허가권

자"라 한다) 는 「국토의 계획 및 이용에 관한 법률」(이하 "법"이라 한다), 법 시행령(이하 "영"이라 한다) 및 이 지침에서 위임하거나 정한 범위안에서 도시·군계획조례 또는 별도의 지침을 마련하여 개발행위허가제를 운영할 수 있다.

1-2-3. 이 지침은 개발행위허가를 함에 있어서 필요한 사항을 정한 것으로서 지침의 내용을 종합적으로 고려하여 적용하도록 하고, 지역실정 또는 당해 구역여건 등으로 인하여 지침의 세부내용 중 일부에 대하여 이를 그대로 적용하는 것이 매우 불합리한 경우에는 그 사유를 명백히 밝히고 다르게 적용할 수 있다. 이 경우에도 법령에서 정한 기준에 대하여는 그러하지 아니하다.

제3절 법적근거

1-3-1 법 제58조제3항

제58조(개발행위허가의 기준)

③ 개발행위허가 기준은 다음의 특성, 지역의 개발사항, 기반시설의 현황 등을 고려하여 다음 각 호의 구분에 따라 개발행위허가 기준을 차등화 한다.

1. 시가화 용도: 토지의 이용 및 건축물의 용도·건폐율·용적률·높이 등에 대한 용도지역의 제한에 따라 개발행위허가의 기준을 적용하는 주거지역·상업지역 및 공업지역
2. 유보 용도: 법 제59조에 따른 도시계획위원회의 심의를 통하여 개발행위허가의 기준을 강화 또는 완화하여 적용할 수 있는 계획관리지역·생산관리지역 및 자연녹지지역
3. 보전 용도: 법 제59조에 따른 도시계획위원회의 심의를 통하여 개발행위허가의 기준을 강화하여 적용할 수 있는 보전관리지역·농림지역·자연환경보전지역 및 생산녹지지역, 보전녹지지역

1-3-2 영 제56조제4항

제56조(개발행위허가의 기준)

① 법 제58조제3항의 규정에 의한 개발행위허가의 기준은 별표 1의2와 같다.
② 국토교통부장관은 제1항의 개발행위허가기준에 대한 세부적인 검토기준을 정할 수 있다.

제4절 개발행위허가의 대상

1-4-1 다음의 개발행위는 허가권자로부터 허가를 받아야 하며, 허가받은 사항을 변경하는 경우에도 허가를 받아야 한다.(영 제51조)

(1) 건축물의 건축 또는 공작물의 설치

　① 건축물의 건축 : 「건축법」 제2조제1항제2호에 따른 건축물의 건축

　② 공작물의 설치 : 인공을 가하여 제작한 시설물(「건축법」 제2조제1항제2호에 따른 건축물 제외)의 설치

(2) 토지의 형질변경(경작을 위한 토지의 형질변경 제외)

　절토 · 성토 · 정지 · 포장 등의 방법으로 토지의 형상을 변경하는 행위와 공유수면의 매립. 다만, 경작을 위한 토지의 형질변경의 범위와 이에 대한 허가에 관한 사항은 다음 각 항과 같다.

　① 경작을 위한 토지형질변경이란 조성이 완료된 농지에서 농작물 재배, 농지의 지력 증진 및 생산성 향상을 위한 객토나 정지작업, 양수 · 배수시설 설치를 위한 토지의 형질변경으로서 다음 각 호의 어느 하나에 해당되지 아니한 경우를 말한다.

　　㉮ 인접토지의 관개 · 배수 및 농작업에 영향을 미치는 경우

　　㉯ 재활용 골재, 사업장 폐토양, 무기성 오니 등 수질오염 또는 토질오염의 우려가 있는 토사 등을 사용하여 성토하는 경우

　　㉰ 지목의 변경을 수반하는 경우(전 · 답 · 과 상호간의 변경은 제외)

　② ①에서 정한 규정을 충족하는 경우에도 2m 이상의 성토나 절토를 하고자 하는 때에는 농지조성 행위로 보아 허가대상에 포함하고, 경작을 위한 형질변경을 함에 있어 옹벽의 설치(옹벽설치가 경미한 경우는 제외)가 수반되는 경우에도 개발행위 허가를 받아야 한다.

(3) 토석채취

　흙 · 모래 · 자갈 · 바위 등의 토석을 채취하는 행위(토지의 형질변경을 목적으로 하는 것은 제외)

(4) 다음 각 항의 어느 하나에 해당하는 토지분할(「건축법」 제57조에 따른 건축물이 있는 대지는 제외)

　① 녹지지역 · 관리지역 · 농림지역 및 자연환경보전지역안에서 관계 법령에 의한 허가 · 인

가 등을 받지 아니하고 행하는 토지의 분할
② 「건축법」 제57조제1항에 따른 분할제한면적 미만으로의 토지의 분할(관계 법령에 의한 허가 · 인가를 받은 경우도 포함)
③ 관계 법령에 의한 허가 · 인가 등을 받지 아니하고 행하는 너비 5m 이하로의 토지의 분할

(5) 물건적치

녹지지역 · 관리지역 또는 자연환경보전지역안에서 건축물의 울타리안(적법한 절차에 의하여 조성된 대지에 한함)에 위치하지 아니한 토지에 물건을 1월 이상 쌓아놓는 행위

1-4-2 토지형질변경 및 토석채취 중 도시지역 및 계획관리지역안의 산림에서의 임도의 설치와 사방사업에 관하여는 각각 「산림자원의 조성 및 관리에 관한 법률」과 「사방사업법」에 따르고, 보전관리지역 · 생산관리지역 · 농림지역 및 자연환경보전지역안의 산림에서 토지형질변경(농업 · 임업 · 어업을 목적으로 하는 토지의 형질 변경만 해당) 및 토석채취에 관하여는 「산지관리법」에 따른다.(법 제56조제3항). 이 경우 농업 · 임업 · 어업의 범위는 다음 각 호의 경우를 말한다.

① 농업 · 어업의 범위는 「농어업 · 농어촌 및 식품산업 기본법」제3조 및 같은 법 시행령 제2조에 의한 농업 및 어업
② 임업의 범위는 「임업 및 산촌진흥 촉진에 관한 법률」제2조 제1호에 의한 임업
③ 그 밖에 관계법령에 따라 농업 · 임업 · 어업으로 분류하는 시설

제5절 개발행위허가를 받지 않아도 되는 행위 (법 제56조제4항)

1-5-1 도시 · 군계획사업에 의한 개발행위. 이 경우 택지개발사업 · 산업단지개발사업 등 도시 · 군계획사업을 의제하는 개발행위도 개발행위허가에서 제외한다.
1-5-2 재해복구 또는 재난수습을 위한 응급조치(1월 이내에 신고하여야 함)
1-5-3 「건축법」에 의하여 신고하고 설치할 수 있는 건축물의 개축 · 증축 또는 재축과 이에 필요한 범위안에서의 토지의 형질변경(도시 · 군계획시설사업이 시행되지 아니하고 있는 도시 · 군계획시설부지인 경우에 한함)

1-5-4 다음의 경미한 행위. 다만, 그 범위에서 도시·군계획조례로 따로 정하는 경우에는 그에 따른다.(영 제53조)

(1) 건축물의 건축

「건축법」 제11조제1항에 따른 건축허가 또는 같은 법 제14조제1항에 따른 건축신고 및 같은 법 제20조 제1항에 따른 가설건축물의 허가 또는 같은 조 제2항에 따른 가설건축물의 축조신고 대상에 해당하지 아니하는 건축물의 건축

(2) 공작물의 설치

① 도시지역 또는 지구단위계획구역에서 무게가 50톤 이하, 부피가 50세㎥ 이하, 수평투영면적이 25㎡ 이하인 공작물의 설치(「건축법 시행령」 제118조제1항 각호의 어느 하나에 해당하는 공작물의 설치를 제외)

② 도시지역·자연환경보전지역 및 지구단위계획구역 외의 지역에서 무게가 150톤 이하, 부피가 150세㎥ 이하, 수평투영면적이 75㎡ 이하인 공작물의 설치(「건축법 시행령」 제118조제1항 각호의 어느 하나에 해당하는 공작물의 설치를 제외)

③ 녹지지역·관리지역 또는 농림지역안에서의 농림어업용 비닐하우스(비닐하우스안에 설치하는 육상어류양식장을 제외)의 설치

(3) 토지의 형질변경

① 높이 50센티m 이내 또는 깊이 50센티m 이내의 절토·성토·정지 등(포장을 제외하며, 주거지역·상업지역 및 공업지역외의 지역에서는 지목변경을 수반하지 아니하는 경우에 한함)

② 도시지역·자연환경보전지역 및 지구단위계획구역 외의 지역에서 면적이 660㎡ 이하인 토지에 대한 지목변경을 수반하지 아니하는 절토·성토·정지·포장 등(토지의 형질변경 면적은 형질변경이 이루어지는 당해 필지의 총면적을 말함. 이하 같음)

③ 조성이 완료된 기존 대지에 건축물이나 그 밖의 공작물을 설치하기 위한 토지의 형질변경(절토 및 성토는 제외한다). 이 경우 조성이 완료된 기존 대지란 다음 각 목의 어느 하나에 해당하는 토지로서 도로·상하수도 등 기반시설의 설치가 완료되어 해당 대지에 절토나 성토행위가 없이 건축물 등을 건축할 수 있는 상태로 조성되어 있는 대지를 의미한다. 다만, 영 제57조제2항에 따라 용도변경을 하지 아니하도록 조건을 붙인 건축물이

건축된 대지(건축물이 멸실된 대지를 포함한다)에 다른 용도의 건축물(영 제57조제1항제1의2호 다목부터 마목에 따라 건축할 수 있는 건축물은 제외한다)을 건축하고자 할 경우에는 기존 대지로 보지 아니한다.

    가. 도시개발사업·택지개발사업 등 관계 법률에 의하여 조성된 대지

    나. 지목이 대·공장용지·학교용지·주차장·주유소용지·창고용지인 대지

    다. 관계 법률에 따라 적법하게 건축된 건축물이 있는 대지(건축물이 멸실된 경우를 포함) 다만, 축사 등 농지전용허가를 받지 아니하고 건축된 건축물은 제외

  ④ 국가 또는 지방자치단체가 공익상의 필요에 의하여 직접 시행하는 사업을 위한 토지의 형질변경

(4) 토석채취

  ① 도시지역 또는 지구단위계획구역에서 채취면적이 25㎡ 이하인 토지에서의 부피 50세㎡ 이하의 토석채취

  ② 도시지역·자연환경보전지역 및 지구단위계획구역외의 지역에서 채취면적이 250㎡ 이하인 토지에서의 부피 500세㎡ 이하의 토석채취

(5) 토지분할

  ① 「사도법」에 의한 사도개설허가를 받은 토지의 분할

  ② 토지의 일부를 공공용지 또는 공용지로 하기 위한 토지의 분할

  ③ 행정재산중 용도폐지되는 부분의 분할 또는 일반재산을 매각·교환 또는 양여하기 위한 분할

  ④ 토지의 일부가 도시·군계획시설로 지형도면고시가 된 당해 토지의 분할

  ⑤ 너비 5m 이하로 이미 분할된 토지의 「건축법」 제57조제1항의 규정에 의한 분할제한면적 이상으로의 분할

(6) 물건적치

  ① 녹지지역 또는 지구단위계획구역에서 물건을 쌓아놓는 면적이 25㎡ 이하인 토지에 전체무게 50톤 이하, 전체부피 50세㎡ 이하로 물건을 쌓아놓는 행위

  ② 관리지역(지구단위계획구역으로 지정된 지역을 제외)에서 물건을 쌓아놓는 면적이 250㎡ 이하인 토지에 전체무게 500톤 이하, 전체부피 500세㎡ 이하로 물건을 쌓아놓는 행위

1-5-5. 다음에 해당하는 개발행위허가의 경미한 변경 (영 제52조)

(1) 사업기간을 단축하는 경우

(2) 사업면적을 5% 범위안에서 축소하는 경우

(3) 관계 법령의 개정 또는 도시·군관리계획의 변경에 따라 허가받은 사항을 불가피하게 변경하는 경우

(4) 「측량·수로조사 및 지적에 관한 법률」제26조제2항 및 「건축법」제26조에 따라 허용되는 오차를 반영하기 위한 변경

1-5-6 개발행위허가를 받은 자는 1-5-5.에 해당하는 경미한 사항을 변경한 때에는 지체없이 그 사실을 허가권자에게 통지하여야 한다.

제2장 개발행위허가의 절차 등

제1절 개발행위허가의 절차

2-1-1. 개발행위의 절차는 다음과 같다.

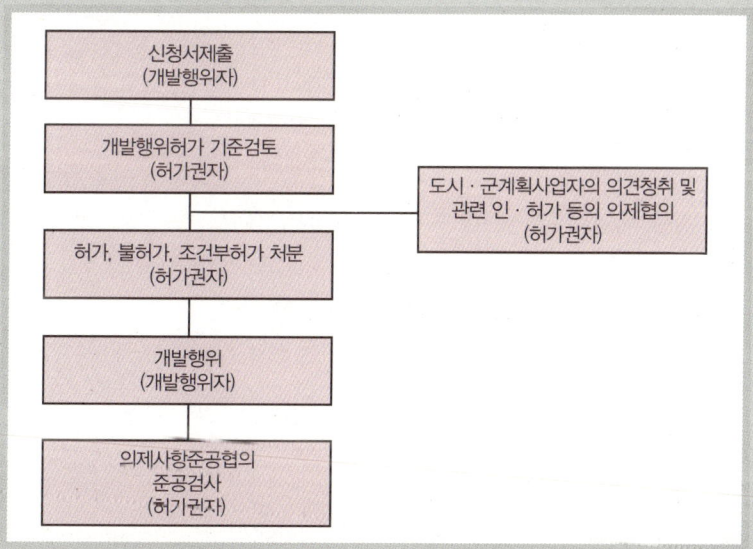

2-1-2 허가신청

(1) 개발행위허가신청서에는 다음의 서류를 첨부하여야 한다.(규칙 제9조)

① 개발행위에 따른 기반시설의 설치나 그에 필요한 용지의 확보, 위해방지, 환경오염방지, 경관, 조경 등에 관한 계획서(개발밀도관리구역안에서는 기반시설의 설치나 그에 필요한 용지의 확보에 관한 계획서를 제출하지 아니한다.)(법 제57조제1항)

② 토지의 소유권·사용권 등 신청인이 당해 토지에 개발행위를 할 수 있음을 증명하는 서류. 다만, 다른 법률에서 개발행위허가를 의제하는 경우 개별 법률에서 토지의 수용·사용, 매수청구 등 소유권 및 사용권에 관한 사항을 별도로 규정하고 있는 경우에는 당해 규정을 따를 수 있다.

③ 공사 또는 사업관련 도서(토지형질변경 및 토석채취인 경우)

④ 설계도서(공작물을 설치하는 경우)

⑤ 당해 건축물의 용도 및 규모를 기재한 서류(건축물의 건축을 목적으로 하는 토지의 형질변경인 경우)

⑥ 개발행위의 시행으로 폐지되거나 대체 또는 새로이 설치할 공공시설의 종류·세목·소유자등의 조서 및 도면과 예산내역서(토지형질변경 및 토석채취인 경우)

⑦ 법 제57조제1항의 규정에 의한 위해방지·환경오염방지·경관·조경 등을 위한 설계도서 및 그 예산내역서(토지분할의 경우는 제외). 다만, 「건설산업기본법 시행령」 제8조제1항의 규정에 의한 경미한 건설공사를 시행하거나 옹벽 등 구조물의 설치등을 수반하지 않는 단순한 토지형질변경일 경우는 개략설계서로 설계도서에 갈음할 수 있다.

⑧ 2-1-5.의 규정에 의한 관계 행정기관의 장과 협의에 필요한 서류

⑨ 다른 법령에 의한 인가·허가 등의 과정에서 제1항부터 제8항까지의 제출서류에 대한 내용을 확인할 수 있는 경우에는 그 확인으로 제출서류에 갈음할 수 있다.

(2) 개발행위허가신청서에는 개발행위의 목적·종류, 사업기간(착공 및 준공시기) 등을 명확히 기재하여야 한다.

(3) 개발행위허가신청서 첨부서류의 작성방법은 별표 1의 작성기준에 따른다.

2-1-3 허가기준 검토(법 제57조, 제58조제1항)

(1) 허가권자는 개발행위허가의 신청내용이 다음의 기준에 적합한 경우에 한하여 개발행위허가를 할 수 있다.
　① 3-1-1.에 규정된 개발행위허가 규모에 적합할 것
　② 도시·군관리계획의 내용에 배치되지 않을 것
　③ 도시·군계획사업의 시행에 지장이 없을 것
　④ 주변지역의 토지이용실태 또는 토지이용계획, 건축물의 높이, 토지의 경사도, 수목의 상태, 물의 배수, 하천·호소·습지의 배수 등 주변환경 또는 경관과 조화를 이룰 것
　⑤ 당해 개발행위에 따른 기반시설의 설치 또는 그에 필요한 용지의 확보 계획이 적정할 것
(2) 허가권자는 개발행위허가의 신청내용이 별표 3의 경관체크리스트, 별표 5의 위해방지 체크리스트, 그 밖에 이 지침에서 정하는 규정에 적합한지 여부를 검토한 후 개발행위허가 신청인에게 위해방지에 관한 계획서를 제출하게 하거나 개발행위허가 신청자의 의견을 듣고 필요한 조건을 붙일 수 있다.

2-1-4 도시·군계획사업자의 의견청취(법 제58조제2항)

　　허가권자가 개발행위허가를 하고자 하는 때에는 당해 개발행위가 도시·군계획사업의 시행에 지장을 주는지의 여부에 관하여 당해 지역안에서 시행되는 도시·군계획사업 시행자의 의견을 들어야 한다.

2-1-5 관련 인·허가 등의 의제협의(법 제61조)

　　허가권자는 개발행위허가를 함에 있어서 다음에 해당하는 사항이 있을 경우 미리 관계 행정기관의 장과 협의하여야 한다. 협의요청을 받은 관계 행정기관의 장은 20일 이내에 의견을 제출하여야 하며, 그 기간 내에 의견을 제출하지 아니하면 협의가 이루어진 것으로 본다. 허가권자가 당해 개발행위에 대하여 미리 관계행정기관의 장과 협의한 다음 사항에 대하여는 당해 인·허가 등을 받은 것으로 본다.
(1) 「공유수면 관리 및 매립에 관한 법률」제28조에 따른 공유수면의 매립면허, 같은 법 제38조의 규정에 따른 공유수면매립실시계획의 승인
(2) 「광업법」제42조에 따른 채광계획의 인가

(3) 「농어촌정비법」 제23조에 따른 농업기반시설의 목적외 사용의 승인
(4) 「농지법」 제34조에 따른 농지전용의 허가 또는 협의, 같은 법 제35조에 따른 농지전용의 신고 및 같은 법 제36조에 따른 농지의 타용도일시사용의 허가 또는 협의
(5) 「도로법」 제34조에 따른 도로공사시행의 허가, 같은 법 제38조에 따른 도로점용의 허가
(6) 「장사 등에 관한 법률」 제27조제1항에 따른 무연분묘의 개장허가
(7) 「사도법」 제4조에 따른 사도개설의 허가
(8) 「사방사업법」 제14조에 따른 토지의 형질변경 등의 허가, 같은 법 제20조에 따른 사방지지정의 해제
(9) 「산업집적활성화 및 공장설립에 관한 법률」 제13조에 따른 공장설립등의 승인
(10) 「산지관리법」 제14조·제15조에 따른 산지전용허가 및 산지전용신고, 같은 법 제15조의 2에 따른 산지일시사용허가·신고, 같은 법 제25조제1항에 따른 토석채석허가, 같은 법 제25조제2항에 따른 토사채취신고 및 「산림자원의 조성 및 관리에 관한 법률」제36조제1항?·제4항에 따른 입목벌채 등의 허가·신고
(11) 「소하천정비법」 제10조에 따른 소하천공사시행의 허가, 같은 법 제14조에 따른 소하천의 점용허가
(12) 「수도법」 제52조에 따른 전용상수도설치 및 같은 법 제54조에 따른 전용공업용수도설치의 인가
(13) 「연안관리법」 제25조에 따른 연안정비사업실시계획의 승인
(14) 「체육시설의 설치·이용에 관한 법률」 제12조에 따른 사업계획의 승인
(15) 「초지법」 제23조에 따른 초지전용의 허가, 신고 또는 협의
(16) 「측량·수로조사 및 지적에 관한 법률」 제15조제3항에 따른 지도등의 간행 심사
(17) 「하수도법」 제16조에 따른 공공하수도에 관한 공사시행의 허가 및 같은 법 제24조에 따른 공공하수도의 점용허가
(18) 「하천법」 제30조에 따른 하천공사 시행의 허가 및 같은 법 제33조에 따른 하천 점용의 허가

2-1-6 개발행위복합민원 일괄협의회 (법 제61조의2)
(1) 허가권자는 2-1-5에 따라 관계 행정기관의 장과 협의하기 위하여 개발행위 의제협의를 위한

개발행위복합민원 일괄협의회를 개발행위허가가 신청일부터 10일 이내에 개최하여야 한다.
(2) 허가권자는 협의회를 개최하기 3일 전까지 협의회 개최 사실을 법 제61조제3항에 따른 관계 행정기관의 장에게 알려야 한다.
(3) 법 제61조제3항에 따른 관계 행정기관의 장은 협의회에서 인·허가등의 의제에 대한 의견을 제출하여야 한다. 다만, 법령 검토 및 사실확인 등을 위한 추가 검토가 필요하여 해당 인·허가등에 대한 의견을 협의회에서 제출하기 곤란한 경우에는 요청을 받은 날부터 20일 이내에 그 의견을 제출할 수 있다.
(4) (1) ~ (3)에서 정한 사항 외에 협의회의 운영 등에 필요한 사항은 도시·군계획조례에 정한다.

2-1-7 허가처분 및 통지

(1) 허가권자는 허가신청에 대하여 특별한 사유가 없는 한 15일(심의 또는 협의기간 제외)내에 허가 또는 불허가 처분을 하여야 하며, 허가 또는 불허가처분을 하는 때에는 지체없이 신청인에게 허가증을 교부하거나 불허가처분사유를 서면으로 통지하여야 한다.(법 제57조제2항·제3항)

(2) 허가권자는 개발행위에 따른 기반시설의 설치 또는 그에 필요한 용지의 확보·위해방지·환경오염방지·경관·조경 등에 관한 조치를 할 것을 조건으로 다음과 같은 기준에 해당하는 때에는 개발행위를 조건부로 허가할 수 있다.(법 제57조제4항)

① 공익상 또는 이해관계인의 보호를 위하여 필요하다고 인정될 때

② 당해 행위로 인하여 주변의 환경·경관·미관 등이 손상될 우려가 있을 때

③ 역사적·문화적·향토적 가치가 있거나 원형보전의 필요가 있을 때

④ 조경·재해예방 등 조치가 필요한 때

⑤ 관계 법령의 규정에 의하여 공공시설 등이 행정청에 귀속될 때

⑥ 그 밖에 시·군의 정비 및 관리에 필요하다고 인정되는 때

(3) 허가권자가 개발행위허가에 조건을 붙이고자 하는 때에는 미리 개발행위허가를 신청한 자의 의견을 들어야 한다. 다만, 기반시설부담계획에 따라 기반시설의 설치 또는 부담을 조건으로 하는 경우에는 의견을 듣지 않고 조건을 붙일 수 있다.(영 제54조제2항)

2-1-8 준공검사(법 제62조)

(1) 공작물의 설치(「건축법」 제83조에 따라 설치되는 것은 제외), 토지의 형질변경 또는 토석채취를 위한 개발행위허가를 받은 자는 그 개발행위를 완료한 때에 개발행위준공신청서에 다음의 서류를 첨부하여 허가권자의 준공검사를 받아야 한다.(법 제62조제1항, 규칙 제11조제2항)

① 준공사진

② 지적측량성과도(토지분할이 수반되는 경우와 임야를 형질변경하는 경우로서 측량·수로조사 및 지적에 관한 법률 제78조에 의하여 등록전환신청이 수반되는 경우)

③ 2-1-5. 규정에 의한 관계 행정기관의 장과의 협의에 필요한 서류

(2) 「건설산업기본법 시행령」 제8조제1항의 규정에 의한 경미한 건설공사의 경우에는 공사완료 후 그 사실을 허가권자에게 통보함으로써 준공검사에 갈음한다.(규칙 제11조제1항)

(3) 허가권자는 허가내용대로 사업이 완료되었다고 인정하는 경우에는 개발행위 준공검사 필증을 신청인에게 교부하여야 한다.(규칙 제11조제3항)

(4) 준공검사를 받은 때에는 허가권자가 2-1-5.의 규정에 의하여 의제대상 인·허가 등에 따른 준공검사·준공인가 등에 관하여 관계 행정기관의 장과 협의한 사항에 대하여는 당해 준공검사·준공인가 등을 받은 것으로 본다.(법 제62조제2항)

제2절 개발행위허가의 이행담보

2-2-1 허가권자는 기반시설의 설치 또는 그에 필요한 용지의 확보·위해방지·환경오염방지·경관·조경 등을 위하여 필요하다고 인정되는 경우로서 다음과 같은 경우에는 이행을 담보하기 위하여 개발행위허가(다른 법률에 따라 개발행위허가가 의제되는 협의를 거친 인가·허가·승인 등을 포함한다.)를 받는 자로 하여금 이행보증금을 예치하도록 할 수 있다.(법 제60조제1항, 영 제59조제1항 제2항)

(1) 건축물 건축, 공작물 설치, 토지형질변경 또는 토석채취로서 당해 개발행위로 인하여 도로·수도공급설비·하수도 등 기반시설의 설치가 필요한 경우

(2) 토지의 굴착으로 인하여 인근의 토지가 붕괴될 우려가 있거나 인근의 건축물 또는 공작물이 손괴될 우려가 있는 경우

(3) 토석의 발파로 인한 낙석·먼지 등에 의하여 인근지역에 피해가 발생할 우려가 있는 경우

(4) 토석을 운반하는 차량의 통행으로 인하여 통행로 주변의 환경이 오염될 우려가 있는 경우
(5) 토지의 형질변경이나 토석의 채취가 완료된 후 비탈면에 조경을 할 필요가 있는 경우

2-2-2 국가 · 지방자치단체 · 대통령령으로 정하는 공공기관 · 지방자치단체의 조례로 정하는 공공단체가 시행하는 개발행위에 대하여는 2-2-1.의 규정에 의한 이행보증금 예치를 면제한다.(법 제60조제1항)

2-2-3 이행보증금의 예치금액은 기반시설의 설치, 위해의 방지, 환경오염의 방지, 경관 및 조경에 필요한 비용의 범위안에서 산정하되, 구체적인 산정방법은 허가권자의 도시 · 군계획조례로 정한다. 다만, 산지안에서의 개발행위에 대한 이행보증금의 예치금액은 「산지관리법」 제38조 및 같은 법 시행규칙 제39조에 따른 복구비용(토사유출 방지시설 설치, 경관복원, 시설물의 철거비용 등을 고려하여 산림청장이 고시하는 복구비 산정기준에 의한다)을 포함하여 정하되, 위 규정에 의한 복구비용이 이행보증금에 중복계상되어서는 아니된다.

2-2-4 이행보증금의 예치금액은 총공사비의 20% 범위안에서 결정한다.

제3절 개발행위허가의 제한

2-3-1 국토교통부장관, 시 · 도지사, 시장 · 군수는 다음에 해당하는 지역으로서 도시 · 군관리계획상 특히 필요하다고 인정되는 지역에 대하여는 중앙 또는 지방도시계획위원회의 심의를 거쳐 1회에 한하여 3년 이내의 기간동안 개발행위허가를 제한할 수 있다. 다만, (3)부터 (5)까지에 해당하는 지역에 대하여는 1회에 한하여 2년 이내의 기간동안 개발행위허가의 제한을 연장할 수 있다. 이 경우 제한지역 · 제한사유 · 제한대상행위 및 제한기간을 미리 고시하여야 한다.(법 제63조제1항 · 제2항)

(1) 녹지지역이나 계획관리지역으로서 수목이 집단적으로 자라고 있거나 조수류 등이 집단적으로 서식하고 있는 지역 또는 우량 농지 등으로 보전할 필요가 있는 지역
(2) 개발행위로 인하여 주변의 환경 · 경관 · 미관 · 문화재 등이 크게 오염 · 손상될 우려가 있

는 지역
(3) 도시 · 군기본계획이나 도시 · 군관리계획을 수립하고 있는 지역으로서 그 도시 · 군기본계획이나 도시 · 군관리계획이 결정될 경우 용도지역 · 용도지구 또는 용도구역의 변경이 예상되고 그에 따라 개발행위허가의 기준이 크게 달라질 것으로 예상되는 지역
(4) 지구단위계획구역으로 지정된 지역
(5) 기반시설부담구역으로 지정된 지역

2-3-2 국토교통부장관, 시 · 도지사, 시장 · 군수는 개발행위허가제한 기간내에도 도시 · 군관리계획의 변경 등으로 제한의 필요성이 없어진 경우 즉시 개발행위허가 제한을 해제하여야 한다.

제4절 도시 · 군계획시설부지에서의 개발행위

2-4-1. 도시 · 군계획시설결정의 고시일부터 10년 이내에 도시 · 군계획시설사업이 시행되지 아니하는 도시 · 군계획시설 부지로서 지목이 대인 토지에 대하여 매수청구를 하였으나 매수의무자가 매수하지 아니하기로 결정한 경우 또는 매수 결정을 알린 날부터 2년이 지날 때까지 매수하지 아니하는 경우에는 다음의 어느 하나에 해당하는 건축물 또는 공작물로서 조례로 정하는 건축물 또는 공작물에 대하여 법 제56조에 따라 개발행위허가를 할 수 있다. 이 경우 법 제58조(개발행위허가의 기준) 및 제64조(도시 · 군계획시설 부지에서의 개발행위)는 적용하지 아니한다.(법 제47조제7항)
(1) 「건축법 시행령」 별표 1 제1호 가목의 단독주택으로서 3층 이하인 것
(2) 「건축법 시행령」 별표 1 제3호의 제1종근린생활시설로서 3층 이하인 것
(3) 「건축법 시행령」 별표 1 제4호의 제2종근린생활시설(같은 호 차목 및 타목 및 파목은 제외)로서 3층 이하인 것
(4) 공작물

2-4-2 허가권자는 도시 · 군계획시설 부지에 대하여는 당해 도시 · 군계획시설이 아닌 건축물의 건축이나 공작물의 설치를 허가해서는 아니된다. 다만, 다음의 어느 하나에 해당하

는 경우에는 허가할 수 있다.
(1) 지상·수상·공중·수중 또는 지하에 일정한 공간적 범위를 정하여 도시·군계획시설이 결정되어 있고, 그 도시·군계획시설의 설치·이용 및 장래의 확장 가능성에 지장이 없는 범위에서 도시·군계획시설이 아닌 건축물 또는 공작물을 그 도시·군계획시설인 건축물 또는 공작물의 부지에 설치하는 경우
(2) 도시·군계획시설과 도시·군계획시설이 아닌 시설을 같은 건축물안에 설치한 경우(법률 제6243호 도시계획법 개정 법률에 의하여 개정되기 전에 설치한 경우를 말한다)로서 법 제88조의 규정에 의한 실시계획인가를 받아 다음 각목의 어느 하나에 해당하는 하는 경우
① 건폐율이 증가하지 아니하는 범위 안에서 당해 건축물을 증축 또는 대수선하여 도시·계획시설이 아닌 시설을 설치하는 경우
② 도시·군계획시설의 설치·이용 및 장래의 확장 가능성에 지장이 없는 범위 안에서 도시·군계획시설을 도시·군계획시설이 아닌 시설로 변경하는 경우
(3) 「도로법」 등 도시·군계획시설의 설치 및 관리에 관하여 규정하고 있는 다른 법률에 의하여 점용허가를 받아 건축물 또는 공작물을 설치하는 경우(도시지역 외의 지역에서 공원 및 녹지에 대하여 「도시공원 및 녹지 등에 관한 법률」을 준용하여 점용허가를 받아 설치하는 경우를 포함)
(4) 도시·군계획시설의 설치·이용 및 장래의 확장 가능성에 지장이 없는 범위에서 「신에너지 및 재생에너지 개발·이용·보급 촉진법」 제2조제2호에 따른 신·재생에너지 설비 중 태양에너지 설비 또는 연료전지 설비를 설치하는 경우

2-4-3 허가권자는 도시·군계획시설결정의 고시일부터 2년이 경과할 때까지 당해 시설의 설치에 관한 사업이 시행되지 아니한 도시·군계획시설중 단계별 집행계획이 수립되지 않거나 단계별 집행계획에서 제1단계집행계획(단계별 집행계획을 변경한 경우에는 최초의 단계별 집행계획)에 포함되지 않은 도시·군계획시설부지에 대하여는 2-4-2.에 불구하고 다음의 개발행위를 허가할 수 있다.(법 제64조제2항)
(1) 가설건축물 건축과 이에 필요한 범위안에서의 토지형질변경
(2) 도시·군계획시설 설치에 지장이 없는 공작물 설치와 이에 필요한 범위안에서의 토지형질변경

(3) 건축물 개축 또는 재축과 이에 필요한 범위안에서의 토지형질변경(1-5-3.에 해당하는 경우를 제외)

제5절 개발행위허가의 취소

2-5-1 허가권자는 다음에 해당하는 자에게 개발행위허가의 취소, 공사의 중지, 공작물 등의 개축 또는 이전 그 밖에 필요한 처분을 하거나 조치를 명할 수 있다.(법 제133조)
(1) 법 제56조에 따른 개발행위허가 또는 변경허가를 받지 아니하고 개발행위를 한 자
(2) 법 제60조제1항에 따른 이행보증금을 예치하지 아니하거나 같은 조 제3항에 따른 토지의 원상회복명령에 따르지 아니한 자
(3) 개발행위를 끝낸 후 법 제62조에 따른 준공검사를 받지 아니한 자
(4) 부정한 방법으로 개발행위허가, 변경허가 또는 준공검사를 받은 자
(5) 사정이 변경되어 개발행위를 계속적으로 시행하면 현저히 공익을 해칠 우려가 있다고 인정되는 경우의 그 개발행위허가를 받은 자
(6) 개발행위허가 또는 변경허가를 받고 그 허가받은 사업기간 동안 개발행위를 완료하지 아니한 자

2-5-2 허가권자는 개발행위허가를 취소 처분을 하고자 하는 경우에는 청문을 실시하여야 한다. (법 제136조)

제3장 개발행위허가기준

제1절 개발행위허가의 규모

3-1-1. 개발행위허가의 규모
(1) 토지의 형질변경을 하는 경우 다음의 면적(개발행위시기에 관계없이 기존 대지를 확장하는 경우에는 그 기존 대지의 면적을 포함한다. 다만, 확장면적이 기존 대지 면적의 100분의5 이하 이고 용도지역별 개발행위허가 규모 이하인 경우에는 그러하지 아니하다. 이 경우 2회 이상 확장할 때에는 누적면적을 기준으로 한다) 이상으로 개발할 수 없다. 관리지역·농림

지역에 대하여는 아래의 ② 및 ③의 면적 범위에서 도시·군계획조례로 면적을 따로 정할 수 있다.(영 제55조제1항)

① 도시지역

    주거지역·상업지역·자연녹지지역·생산녹지지역 : 1만m^2

    공업지역 : 3만m^2, 보전녹지지역 : 5천m^2

② 관리지역 : 3만m^2

③ 농림지역 : 3만m^2

④ 자연환경보전지역 : 5천m^2

(2) (1)의 규정을 적용함에 있어서 개발행위허가의 대상인 토지가 2 이상의 용도지역에 걸치는 경우에는 각각의 용도지역에 위치하는 토지부분에 대하여 각각의 용도지역의 개발행위의 규모에 관한 규정을 적용한다. 다만, 개발행위허가의 대상인 토지의 총면적이 당해 토지가 걸쳐 있는 용도지역중 개발행위의 규모가 가장 큰 용도지역의 개발행위의 규모를 초과하여서는 아니 된다.(영 제55조제2항)

(3) 다음에 해당하는 경우에는 (1)의 면적제한을 적용하지 아니한다.(영 제55조제3항)

  ① 지구단위계획으로 정한 가구 및 획지의 범위안에서 이루어지는 토지의 형질변경으로서 당해 형질변경과 관련된 기반시설이 이미 설치되었거나 형질변경과 기반시설의 설치가 동시에 이루어지는 경우

  ② 해당 개발행위가 「농어촌정비법」 제2조제4호에 따른 농어촌정비사업으로 이루어지는 경우

  ③ 해당 개발행위가 「국방·군사시설 사업에 관한 법률」 제2조제2항에 따른 국방·군사시설사업으로 이루어지는 경우

  ④ 초지조성, 농지조성, 영림 또는 토석채취를 위한 경우

  ⑤ 해당 개발행위가 다음의 어느 하나에 해당하는 경우로서 시·도도시계획위원회 또는 대도시도시계획위원회의 심의를 거친 경우. 이 때, 시장(대도시 시장은 제외한다)·군수·구청장(자치구의 구청장을 말한다)은 시·도도시계획위원회 심의를 요청하기 전에 시·군·구도시계획위원회에 자문을 할 수 있다.

    가. 하나의 필지(법 제62조에 따른 준공검사를 신청할 때 둘 이상의 필지를 하나의 필

지로 합칠 것을 조건으로 하여 허가하는 경우를 포함하되, 개발행위허가를 받은 후에 매각을 목적으로 하나의 필지를 둘 이상의 필지로 분할하는 경우는 제외한다)에 건축물을 건축하거나 공작물을 설치하기 위한 토지의 형질변경

나. 하나 이상의 필지에 하나의 용도에 사용되는 건축물을 건축하거나 공작물을 설치하기 위한 토지의 형질변경

⑥ 폐염전을 「어업허가 및 신고 등에 관한 규칙」 별표 4에 따른 수조식양식어업 및 축제식양식어업을 위한 양식시설로 변경하는 경우

⑦ 관리지역에서 '93. 12. 31. 이전에 설치된 공장의 증설로서 「국토의 계획 및 이용에 관한 법률 시행규칙」(이하 "규칙"이라 한다) 제10조제2호에 해당하는 경우

(4) 도시·군계획사업이나 도시·군계획사업을 의제하는 사업은 개발행위허가대상에서 제외되므로, 개발행위허가규모의 제한도 받지 아니한다.

(5) 개발행위규모 적용대상은 토지형질변경이므로 조성이 완료된 부지에 건축물을 건축하는 등 토지의 형질변경이 수반되지 않는 경우는 개발행위허가규모의 제한을 적용하지 아니한다.

(6) 영 제55조제1항에 따른 개발행위허가규모를 산정할 때에는 무상귀속되는 공공시설(무상귀속 대상이 아닌 도로 등 공공시설과 유사한 시설로서 지방자치단체에 기부채납하는 시설을 포함한다)은 개발행위 면적에서 제외한다.

(7) 용도지역·용도지구 또는 용도구역안에서 허용되는 건축물 또는 시설을 설치하기 위하여 공사현장에 설치하는 자재야적장, 레미콘·아스콘생산시설 등 공사용 부대시설은 영 제83조 제4항 및 제55조·제56조의 규정에 불구하고 당해 공사에 필요한 최소한의 면적의 범위 안에서 기간을 정하여 사용후에 그 시설 등을 설치한 자의 부담으로 원상복구할 것을 조건으로 설치를 허가할 수 있다.(영 제83조제5항)

제2절 분야별 검토사항 (영 별표 1의 2)

3-2-1 공통분야

(1) 조수류·수목 등의 집단서식지가 아니고, 우량농지 등에 해당하지 아니하여 보전의 필요가 없을 것

(2) 역사적·문화적·향토적 가치, 국방상 목적 등에 따른 원형보전의 필요가 없을 것

(3) 토지의 형질변경 또는 토석채취의 경우에는 표고 · 경사도 · 임상 및 인근 도로의 높이, 물의 배수 등을 참작하여 도시 · 군계획조례가 정하는 기준에 적합할 것. 다만, 골프장, 스키장, 기존 사찰, 풍력을 이용한 발전시설 등 개발행위의 특성, 지형 여건 또는 사업수행상 매우 불합리하다고 인정되는 경우에는 위해 방지, 환경오염 방지, 경관 조성, 조경 등에 관한 조치가 포함된 개발행위내용에 대하여 해당 개발행위허가권자에게 소속된 도시계획위원회(영 제55조제3항제3호의2 각 목 외의 부분 후단 및 영 제57조제4항에 따라 중앙도시계획위원회 또는 시 · 도도시계획위원회의 심의를 거치는 경우에는 중앙도시계획위원회 또는 시 · 도도시계획위원회를 말한다)의 심의를 거쳐 이를 완화하여 적용할 수 있다.

3-2-2 도시 · 군관리계획
(1) 용도지역별 개발행위의 규모 및 건축제한 기준에 적합할 것
(2) 개발행위허가제한지역에 해당하지 아니할 것

3-2-3 도시 · 군계획사업
(1) 도시 · 군계획사업부지에 해당하지 아니할 것(제2장제4절에 따라 허용되는 개발행위를 제외)
(2) 개발시기와 가설시설의 설치 등이 도시 · 군계획사업에 지장을 초래하지 아니할 것

3-2-4. 주변지역과의 관계
(1) 개발행위로 건축하는 건축물 또는 설치하는 공작물이 주변의 자연경관 및 미관을 훼손하지 아니하고, 그 높이 · 형태 및 색채가 주변건축물과 조화를 이루어야 하며, 도시계획으로 경관계획이 수립되어 있는 경우에는 그에 적합할 것
(2) 개발행위로 인하여 당해 지역 및 그 주변지역에 대기오염 · 수질오염 · 토질오염 · 소음 · 진동 · 분진 등에 의한 환경오염 · 생태계파괴 · 위해발생 등이 발생할 우려가 없을 것. 다만, 환경오염 · 생태계파괴 · 위해발생 등의 방지가 가능하여 환경오염의 방지, 위해의 방지, 조경, 녹지의 조성, 완충지대의 설치 등을 조건으로 붙이는 경우에는 그러하지 아니하다.
(3) 개발행위로 인하여 녹지축이 절단되지 아니하고, 개발행위로 배수가 변경되어 하천 · 호소 · 습지로의 유수를 막지 아니할 것

3-2-5 기반기설

(1) 진입도로는 건축법에 적합하게 확보(다른 법령에서 강화된 기준을 정한 경우 그 법령에 따라 확보)하되, 해당 시설의 이용 및 주변의 교통소통에 지장을 초래하지 아니할 것
(2) 대지와 도로의 관계는 「건축법」에 적합할 것
(3) 도시·군계획조례로 정하는 건축물의 용도·규모(대지의 규모를 포함한다)·층수 또는 주택호수 등에 따른 도로의 너비 또는 교통소통에 관한 기준에 적합할 것

3-2-6 그 밖의 사항

(1) 공유수면매립의 경우 매립목적이 도시·군계획에 적합할 것
(2) 토지분할 및 물건을 쌓아놓는 행위에 죽목의 벌채가 수반되지 아니할 것
(3) 허가권자는 제3장 및 제4장의 개발행위허가기준을 적용함에 있어 지역특성을 감안하여 지방도시계획위원회의 자문을 거쳐 높이·거리·배치·범위 등에 관한 구체적인 기준을 정할 수 있다.
(4) 비도시지역의 경관관리를 위하여 허가권자는 제3장 및 제4장의 개발행위허가기준에 추가하여 별표 4의 경관관리기준을 참고할 수 있다.
(5) 건축법의 적용을 받는 건축물의 건축 또는 공작물의 설치에 해당하는 경우 그 건축 또는 설치의 기준에 관하여는 건축법의 규정과 법 및 영에서 정하는 바에 의하고, 그 건축 또는 설치의 절차에 관하여는 건축법의 규정에 의한다. 이 경우 건축물의 건축 또는 공작물의 설치를 목적으로 하는 토지의 형질변경, 토지분할 또는 토석채취에 관한 개발행위허가는 건축법에 의한 건축 또는 설치의 절차와 동시에 할 수 있다.

제3절 건축물의 건축 및 공작물의 설치

3-3-1 입지기준

(1) 상위 계획에 부합되고 관련 법규상 제한사항이 없는 지역
(2) 생태자연도 1등급지가 아닌 지역 (대규모 개발행위허가로 인하여 해당 지역을 일부 포함하는 것이 불가피한 경우 해당지역은 원형으로 존치하도록 한다.)
(3) 그 밖에 도시·군 계획조례가 정하는 기준 및 지침에 부합할 것

3-3-2 계획기준

3-3-2-1 도로
(1) 진입도로는 도시·군계획도로 또는 시·군도, 농어촌도로에 접속하는 것을 원칙으로 하며, 위 도로에 접속되지 아니한 경우 (2) 및 (3)의 기준에 따라 진입도로를 개설해야 한다. 단, 차량진출입이 가능한 기존 마을안길, 농로 등에 접속하는 농업·어업·임업용 시설(가공, 유통, 판매 및 이와 유사한 시설은 제외), 부지면적 1천㎡ 미만으로서 제1종 근린생활시설 및 단독주택의 건축인 경우는 그러하지 아니하다.
(2) 별도의 진입도로를 개설하고자 하는 경우 진입도로의 폭은 개발규모가 5천㎡ 미만은 4m 이상, 5천㎡ 이상 3만㎡ 미만은 6m 이상으로서 개발행위규모에 따른 교통량을 고려하여 적정 폭을 확보하여야 한다.
(3) 별도의 진입도로를 개설하는 경우로서 개발규모가 3만㎡ 이상인 경우에는 진입도로의 폭은 8m 이상으로서 교통성검토 등 교통영향분석결과에 따라 적정 폭을 확보한다.
(4) (1)~(3)까지의 기준을 적용함에 있어 지역여건이나 사업특성을 고려하여 법령의 범위내에서 도시계획위원회 심의를 거쳐 이를 완화하여 적용할 수 있다.
(5) (2)와 (3)을 적용함에 있어 산지에 대해서는 산지관리법령의 규정에도 적합하여야 한다.

3-3-2-2 상수도
(1) 상수도가 설치되지 아니한 지역에 대해서는 건축행위를 원칙적으로 허가하지 아니한다. 다만, 상수도의 설치를 필요로 하지 아니하는 건축물의 경우 건축물 용도변경을 금지하는 조건(상수도 설치가 필요하지 아니한 건축물로 변경하는 경우 제외)으로 허가할 수 있다.

3-3-2-3 하수도
(1) 하수도가 설치되지 아니한 지역에 대해서는 건축행위를 원칙적으로 허가하지 아니한다. 다만, 하수도의 설치를 필요로 하지 아니하는 건축물의 경우 용도의 변경을 금지하는 조건(하수도 설치가 필요하지 아니한 건축물로 변경하는 경우 제외)으로 허가할 수 있다.
(2) 오수는 공공하수처리시설을 통하여 처리하는 것을 원칙으로 하되, 지역여건상 불가피하다

고 인정하는 경우에는 마을 하수도와 개인하수처리시설을 통하여 처리할 수 있다.

3-3-2-4. 기반시설의 적정성

　　도로·상수도 및 하수도가 3-3-2-1 ~ 3-3-2-3의 규정에 따라 설치되지 아니한 지역에 대하여는 건축물의 건축행위(건축을 목적으로 하는 토지의 형질변경 포함)는 원칙적으로 허가하지 아니한다. 다만, 무질서한 개발을 초래하지 아니하는 범위 안에서 도시·군계획조례로 정하는 경우에는 그러하지 아니한다.

3-3-3 환경 및 경관기준

(1) 유보 용도와 보전 용도에서 개발행위허가시 도로(폭 4m 이상) 또는 구거에 접하는 경우에는 도로 또는 구거와 건축물 사이를 2m 이상 이격하여 완충공간을 확보(접도구역 지정지역은 제외)하도록 한다. 다만, 허가권자가 완충공간이 필요하지 않다고 인정되는 경우에는 그러하지 아니하다.
(2) 유보용도와 보전용도에서 건축되는 3층 이하의 건축물은 경사 지붕을 권장 하며, 평지붕으로 건축하는 경우는 옥상에 정원을 설치하도록 권장한다.
(3) 유보용도와 보전용도에서 하천지역과 인접한 건축물에 대해서는 개발행위로 인한 안전, 하천경관 보호 및 오염방지를 위하여 하천구역선 경계부에서 일정부분 이내 지역에서는 건축물의 배치를 제한할 수 있으며, 하천 폭으로부터 후퇴된 공간은 녹지 등 공익의 목적에 사용될 수 있도록 한다.
(4) 급경사지역, 양호한 수목이 밀집되어 있는 지역 등에 대하여는 건축물의 건축이나 공작물의 설치를 제한할 수 있다.
(5) 녹지지역 및 비도시지역에 주택단지를 조성할 경우 경계부는 콘크리트 옹벽보다는 주변경관과 조화될 수 있는 재료를 사용하여 사면으로 처리한다.
(6) 산지·구릉지에는 건축물로 인하여 자연경관이 차폐되지 않도록 건축물의 길이 및 배치를 결정하도록 한다.

3-3-4 방재기준

3-3-4-1 단지조성

개발행위시 원칙적으로 자연배수가 되도록 계획한다. 불가피할 경우에는 유수지를 충분히 확보하도록 하며, 지표수의 중요한 유출경로로 식별된 지점에 대해서는 시설물의 설치로부터 보호해야 한다.

3-3-4-2 대지성토

(1) 상습침수의 우려가 있어 지정된 자연재해위험지구 또는 방재지구에서 불가피하게 건축이 이루어질 때에는 계획홍수위 또는 방재성능목표 기준강우량(시우량 및 3시간 연속강우량 등)에 의한 홍수위의 60cm 이상 성토하여 침수위험을 방지해야 한다.

(2) 인접 도로와 비교하여 지반고가 낮은 지역은 도로의 노면수가 유입되지 않도록 방수턱 내지 둑을 설치하거나 도로의 경계면에 우수배제시설을 설치하도록 한다.

제4절 토지의 형질변경

3-4-1 입지기준

(1) 상위 계획에 부합되고 관련 법규상 제한사항이 없는 지역

(2) 그 밖에 경사도, 임상도, 표고 등에 대한 도시·군 계획조례가 정하는 기준에 부합할 것

3-4-2 계획기준(부지조성)

(1) 절토시 비탈면 일단의 수직높이는 용도지역의 특성을 고려하여 아래의 높이 이하로 하는 것을 원칙으로 하되 비탈면은 친환경적으로 처리하고, 안전대책을 수립하도록 한다.

① 시가화 용도와 유보 용도의 경우는 비탈면의 수직 높이는 15m이하

② 보전 용도의 경우 비탈면 수직높이는 10m이하

③ ① 및 ②에도 불구하고 산지비율이 70%이상인 시·군·구는 위 기준의 10%범위에서 완화하여 적용할 수 있다.

(2) 성토시 비탈면 일단의 수직높이는 용도지역의 특성을 고려하여 아래의 높이 이하로 함을 원칙으로 하되 비탈면은 친환경적으로 처리하고 안전대책을 수립하도록 한다.

① 시가화 용도와 유보 용도의 경우는 비탈면의 수직 높이는 10m이하

② 보전 용도의 경우 비탈면 수직높이는 5m이하.
③ ① 및 ②에도 불구하고 산지비율이 70%이상인 시·군·구는 위 기준의 10%범위에서 완화하여 적용할 수 있다.
(3) 시가화 및 유보용도에서 2단 이상의 옹벽을 설치하는 경우는 옹벽간 수평거리를 2m이상 이격하고, 보전용도에서는 2단 이상의 옹벽을 설치하지 않는 것을 원칙으로 한다.
(4) 비탈면의 높이가 5m를 넘을 경우 수직높이 5m마다 폭 1m이상의 소단을 만들어 사면안정을 기함은 물론 비탈면의 점검, 배수 등이 이루어 질 수 있도록 해야 하며, 지피식물, 소관목 등 비탈면의 구조안전에 영향이 없는 수종으로 녹화처리를 하여야 한다. 다만 비탈면이 암반 등으로 이루어져 유실이나 붕괴의 우려가 없다고 허가권자가 인정하는 경우에는 그러하지 아니한다.
(5) (1)~(4)까지의 기준을 적용함에 있어 지역여건이나 사업특성을 고려하여 법령의 범위내에서 도시계획위원회 심의를 거쳐 이를 완화하여 적용할 수 있다.
(6) (1)~(4)까지의 기준을 적용함에 있어 산지에 대해서는 산지관리법령을 적용한다.

3-4-3 환경 및 경관기준
(1) 제거된 양질의 표토는 개발행위 후 가급적 재사용 될 수 있도록 한다.
(2) 절토·성토시 사면의 안정과 미관을 위해 가급적 구조물 공법보다 친환경적 공법을 사용토록 하여야 한다.
(3) 녹지지역 및 비도시지역에서의 절·성토의 처리는 콘크리트 옹벽 등과 같이 자연경관과 부조화를 이룰 수 있는 재료보다는 주변환경과 조화를 이룰 수 있는 재료를 사용하여 사면처리를 하도록 한다.
(4) 도로의 개설로 인하여 녹지축 또는 산림연결축이 단절되지 않도록 한다.

3-4-4. 방재기준
(1) 토지의 지반이 연약한 때에는 그 두께·넓이·지하수위 등의 조사와 지반의 지지력·내려앉음·솟아오름에 관한 시험결과 및 흙바꾸기·다지기·배수 등의 개량방법을 개발행위허가 신청시 첨부하도록 한다.
(2) 토지형질변경에 수반되는 절·성토에 의한 비탈면 또는 절개면에 대하여 옹벽 또는 석축을

설치할 경우에는 관련법령 및 도시·군계획조례에서 정하는 안전조치를 하도록 한다.

제5절 토석채취

3-5-1 입지기준

(1) 상위계획에 부합하고 관련 법규상 제한사항이 없는 지역

(2) 생태자연도 1등급지가 아닌 지역

(3) 그 밖에 도시·군 계획조례가 정하는 기준에 부합할 것

3-5-2 도로 및 하수처리

(1) 진입도로는 도시·군계획도로 혹은 시·군도, 농어촌 도로와 접속하는 것을 원칙으로 하며, 진입도로가 위 도로와 접속되지 않을 경우 다음 각호의 기준에 따라 진입도로를 개설하여야 한다. 다만, 당해 지역의 여건 등을 고려하여 허가권자가 강화 또는 완화할 수 있다.

① 사업부지 면적이 5만㎡ 미만인 경우 진입도로의 폭은 4m이상

② 사업부지 면적이 5만㎡ 이상일 때에는 6m 이상을 확보한다.

(2) 대상지에서 발생하는 하수는 하천 등으로 배수되도록 배수시설을 설치하여야 하며 하수로 인한 하천과 주변지역의 수질이 오염되지 않도록 조치를 취하여야 한다.

3-5-3 환경 및 경관기준

(1) 토석채취 후 복구대상 비탈면에 수직높이 5m마다 1m이상의 소단을 설치하고 당해 소단에 평균 60cm 이상의 흙을 덮고 수목, 초본류 및 덩굴류 등을 식재하며, 최초의 소단 앞부분은 수목을 존치하거나 식재하여 녹화하여야 한다. 다만, 산지에서는 산지관리법을 준용한다.

(2) 채광·석재의 굴취 채취인 경우 비탈면을 제외한 5m 이상의 바닥에 평균깊이 1m이상 너비 3m이상의 구덩이를 파고 흙을 객토 한 후 수목을 식재한다.

(3) 일반국도, 특별시·광역시도, 지방도, 시·군·구도 등 연변가시지역으로서 2km 이내지역에 대해서는 높이 1m 이상의 나무를 2m 이내 간격으로 식재하여 차폐하도록 한다.

(4) (1)~(3)을 적용함에 있어 산지에 대해서는 산지관리법령을 따른다.

3-5-4 방재기준

토석채취로 인하여 생활환경 등에 영향을 받을 수 있는 인근지역에 대하여는 배수시설, 낙석방지시설, 비탈면 안정을 위한 보호공법, 비사(飛沙)방지시설, 저소음·진동 발파공법의 채택, 표토와 폐석의 처리대책 등 재해를 방지하기 위한 계획 및 시설을 설치하여야 한다.

제6절 토지분할

3-6-1 용도지역 상향을 위한 토지분할 방지

2 이상의 용도지역이 인접하고 있는 경우 용도지역 상향을 목적으로 행위제한이 강한 지역의 토지를 분할하는 행위를 제한할 수 있다.

3-6-2 분할제한면적 이상으로의 토지분할

녹지지역·관리지역·농림지역 및 자연환경보전지역 안에서 관계 법령에 의한 허가·인가 등을 받지 아니하고 토지를 분할하는 경우에는 다음의 요건을 모두 갖추어야 한다.

(1) 「건축법」 제57조제1항에 따른 분할제한면적 이상으로서 도시·군계획조례가 정하는 면적 이상으로 분할하여야 한다.

(2) 「소득세법 시행령」 제168조의3제1항 각 호의 어느 하나에 해당하는 지역 중 토지에 대한 투기가 성행하거나 성행할 우려가 있다고 판단되는 지역으로서 국토교통부장관이 지정·고시하는 지역 안에서의 토지분할이 아닐 것(본항은 국토교통부장관이 지정·고시한 경우에만 적용). 다만, 다음의 어느 하나에 해당되는 토지의 경우는 예외로 한다.

① 다른 토지와의 합병을 위하여 분할하는 토지
② 2006년 3월 8일 전에 토지소유권이 공유로 된 토지를 공유지분에 따라 분할하는 토지
③ 그 밖에 토지의 분할이 불가피한 경우로서 국토교통부령으로 정하는 경우에 해당되는 토지

(3) 국토의계획및이용에관한법률 또는 다른 법령에서 인가·허가 등을 받지 않거나 기반시설이 갖추어지지 않아 토지의 개발이 불가능한 토지의 분할에 관한 사항은 당해 특별시·광역시·특별자치시·특별자치도, 시 또는 군의 도시·군계획조례로 정하는 기준에 적합하여야 한다.

3-6-3 분할제한면적 미만으로의 토지분할

「건축법」 제57조제1항에 따른 분할제한면적(이하 "분할제한면적"이라 함) 미만으로 분할하는 경우에는 다음 기준에 해당하여야 한다.

(1) 녹지지역·관리지역·농림지역 및 자연환경보전지역 안에서 기존 묘지의 분할
(2) 사설도로를 개설하기 위한 분할(「사도법」에 의한 사도개설허가를 받아 분할하는 경우를 제외)
(3) 사설도로로 사용되고 있는 토지중 도로로서의 용도가 폐지되는 부분을 인접토지와 합병하기 위하여 하는 분할
(4) 토지이용상 불합리한 토지경계선을 시정하여 당해 토지의 효용을 증진시키기 위하여 분할 후 인접토지와 합필하고자 하는 경우에는 다음의 1에 해당할 것. 이 경우 허가신청인은 분할 후 합필되는 토지의 소유권 또는 공유지분을 보유하고 있거나 그 토지를 매수하기 위한 매매계약을 체결하여야 한다.
① 분할 후 남는 토지의 면적 및 분할된 토지와 인접토지가 합필된 후의 면적이 분할제한면적에 미달되지 아니할 것
② 분할전후의 토지면적에 증감이 없을 것
③ 분할하고자 하는 기존토지의 면적이 분할제한면적에 미달되고, 분할된 토지와 인접토지를 합필한 후의 면적이 분할제한면적에 미달되지 아니할 것

3-6-4 주변 토지이용 및 도로조건과의 조화

(1) 건축물을 건축하기 위하여 토지를 분할하는 경우 주변 토지이용 및 도로조건을 종합적으로 검토하여 주변지역과 현저한 부조화를 이룰 수 있는 과소·과대 필지가 되지 않도록 한다.
(2) 너비 5m 이하로의 토지분할은 주변토지의 이용 현황과 분할되는 토지의 용도 등을 감안하여 토지의 합리적인 이용을 저해하지 않는 범위에서 허용한다.

제7절 물건적치

3-7-1 입지기준

(1) 관련 법규상 제한사항이 없는 지역

(2) 자연 생태계가 우수한 지역이 아닌 지역
(3) 당해 행위로 인하여 위해발생, 주변환경오염 및 경관훼손 등의 우려가 없고, 당해 물건을 쉽게 옮길 수 있는 경우로서 도시·군계획조례가 정하는 기준에 적합할 것
(4) 입목의 벌채가 수반되지 아니할 것
(5) 해당 산지표고의 100분의 50 미만에 위치한 지역

3-7-2 환경 및 경관기준
(1) 적치물이 주변경관에 영향을 미칠 수 있는지를 검토하고, 특히 허가신청대상지가 문화재 등 경관상 인근 주요 시설물에 영향을 미치지 않도록 한다.
(2) 적치물의 높이는 10m이하가 되도록 하되, 허가권자가 판단하여 안전·경관·환경에 문제가 없는 경우에는 그러하지 아니하다.
(3) 물건적치로 인하여 악취, 토질 및 수질오염, 홍수 등 자연재해로 인한 적치물 유실, 주변지역의 환경오염 등의 발생 우려가 있는지를 검토한다.
(4) 주요 간선도로변과 인접하고 있는 곳에서 물건적치를 하고자 하는 경우에는 도로변에서 시각적 차폐 및 경관문제로 인한 영향이 최소화 되도록 완충공간(녹지대 등)을 조성한다.

3-7-3. 방재기준
(1) 물건적치로 인한 적치대상물의 유실 및 추락 등 위험의 발생가능성이 있는지를 검토한다.
(2) 자연재해 발생시 적치물이 주변지역에 피해가 발생되지 않도록 안전조치를 취하도록 한다.
(3) 폭 8m이상의 도로 또는 철도부지와 접하고 있는 지역에 물건을 적치를 하고자 하는 경우에는 적치물은 도로로부터 적치물의 높이에 5m를 더한 거리를 이격하는 등 충분한 안전조치를 취하도록 한다.

제4장 비도시지역에서의 특정시설에 대한 추가적인 허가기준

비도시지역에서 숙박시설·음식점·창고·공장 및 전기공급설비 등의 시설에 대하여는 제

3장에서 제시된 개발행위허가기준에 추가하여 아래의 기준을 적용한다. 허가권자는 영 별표 20 및 27에 의하여 계획관리지역 및 관리지역안에서 휴게음식점 등을 설치할 수 있는 지역을 정할 수 있다.

4-1-1 숙박시설, 음식점
(1) 하수처리시설 미설치 지역에는 숙박시설 및 음식점의 입지를 원칙적으로 제한한다. 다만, 상수원의 수질오염, 자연환경·생태계·경관의 훼손, 농업활동의 침해 등의 우려가 없다고 허가권자가 인정하는 경우는 예외로 한다.
(2) 건물의 형태 및 색채, 간판 및 광고물의 설치에 관한 사항은 도시계획위원회의 자문을 거쳐 허가권자가 정할 수 있다.

4-1-2 창고
(1) 도로변에 규모가 큰 건물의 입지와 주변과 조화되지 않는 지붕 색채로 인하여 경관이 훼손 되는지 여부를 검토한다.
(2) 저장물의 부패와 훼손으로 인한 토양 및 수질오염, 위험물의 저장 등으로 인한 안전문제 등의 발생가능 여부를 검토하고, 창고시설의 설치는 상수원의 수질오염, 자연환경·생태계· 경관의 훼손, 농업활동의 침해 등의 우려가 없는 지역에 허용한다.
(3) 창고시설은 도로변에서 이격하여 시각적 차폐가 최소화되도록 하고, 도로변에서 창고시설 이 쉽게 인지되지 않도록 창고시설 주변에 수목을 식재하도록 한다.
(4) 지붕 및 외벽의 색채에 대한 별도의 기준을 마련하고자 하는 경우에는 도시계획위원회의 자문을 거쳐 허가권자가 정할 수 있다. 별도의 기준이 없는 경우에는 가능한 원색은 피하고 주변의 수목 및 토양과 조화될 수 있는 저채도의 색채를 사용한다.

4-1-3 공장
(1) 토양 및 수질오염을 예방하기 위하여 공장은 상수원의 수질오염, 자연환경·생태계·경관 의 훼손, 농업활동의 침해 등의 우려가 없고 하수처리시설이 설치된 지역에 허용한다.
(2) 공장은 도로변에서 시각적 차폐가 최소화되도록 하며, 대지경계부에는 공장시설로 인한 환경오염을 방지하기 위하여 일정폭 이상의 완충녹지를 설치하도록 할 수 있다.

(3) 지붕 및 외벽의 색채에 대한 별도의 기준을 마련하고자 하는 경우에는 도시계획위원회의 자문을 받아 허가권자가 정할 수 있다. 별도의 기준이 없는 경우에는 가능한 원색은 피하고 주변의 수목 및 토양과 조화될 수 있는 저채도의 색채를 사용한다.

4-1-4 전기공급설비

비도시지역(지구단위계획구역을 제외)에서 「도시계획시설의 결정·구조 및 설치기준에 관한 규칙」 제67조에서 정하는 전기공급설비를 도시·군계획시설이 아닌 시설로 설치하기 위하여 개발행위허가를 받는 경우에는 같은 규칙 제68조(허용 용도지역은 영 제71조 등에 의함) 및 제69조를 준용한다.

제5장 개발행위허가 도서작성 기준 및 이력관리

제1절 운영원칙

5-1-1 개발행위허가신청 도서작성시 도시계획위원회 심의 적용여부에 따라 제출도서를 차등화하도록 한다.
(1) 도시계획위원회 심의를 거치지 않는 개발행위허가는 행정업무 부담 저감과 토지소유자의 원활한 재산권 행사를 보장하기 위해 제출도서를 간소화한다.
(2) 도시계획위원회 심의대상인 개발행위허가의 경우 도시적 차원에서의 정확한 판단과 계획적 개발을 유도하기 위한 계획도서를 작성하도록 한다.

5-1-2 개발행위허가 도서 작성시 책임 있는 계획을 수립하기 위하여 도서작성책임자가 허가신청 도서에 서명하고 날인 한다.

제2절 도서작성 기준

5-2-1 축척의 표기
(1) 개발행위허가를 위한 각종 증빙서류를 제외한 계획도서(용도지역 및 도시·군 관리계획

현황도 제외)는 1/1000 이상의 축척을 사용하는 것을 원칙으로 하며, 반드시 축척을 표기한다.
(2) 계획도서의 축척은 계획내용의 파악이 용이하도록 가능한 통일한다.

5-2-2 도서의 제출
(1) 도서 제출시에는 A3 좌측 편철을 원칙으로 하며, 계획도면은 제출용지에 따라 적절히 배치하도록 한다. (필요시 별도 크기 도면 제출이 가능하며, A3 이상의 제출용지 사용시 접지제출)

5-2-3 재협의, 재심의 등 계획내용의 보완, 수정 등이 있는 경우에는 변경 전·후의 계획내용을 파악할 수 있도록 한다.

5-2-4 개발행위허가 신청서에 첨부되는 서류(시행규칙 제9조)의 세부 작성기준은 별표 1의 작성기준을 따르도록 한다.
(1) 심의제외 대상 개발행위허가 신청시 [별표 1]의 1. 심의 제외대상 개발행위허가 신청시 도서 작성기준
(2) 심의대상 개발행위허가 신청시 [별표 1]의 2.심의대상 개발행위허가 신청시 도서작성기준

제3절 개발행위허가 이력관리
5-3-1 개발행위허가 관리대장 작성
(1) 허가권자는 개발행위허가의 투명성 확보 및 효율적 사후관리를 위하여 개발행위허가 관련 서류를 관리하는 대장을 작성하여 관리 한다.

5-3-1-1 개발행위허가 접수대장
(1) 허가권자는 개발행위허가 신청 접수시 개발행위허가신청 내용과 처리일자, 처리결과를 기록한 접수대장을 작성하여 관리 한다.
(2) 개발행위허가 접수대장의 양식은 별표 2의 서식 1을 따른다.

5-3-1-2 개발행위허가 허가대장

(1) 허가권자는 개발행위허가가 이루어졌을 시 개발행위허가의 주요 사항을 기록한 허가대장을 작성하여 관리 한다.

(2) 개발행위허가 대장에는 다음의 내용을 담아야 한다.

　① 허가일자, 준공일

　② 수허가자의 이름 및 거주지

　③ 개발행위허가가 이루어진 토지의 위치 및 현황

　④ 개발행위허가의 목적

　⑤ 준공일

　⑥ 개발행위허가 신청관련 도서작성 책임자의 소속/기술등급/성명

　⑦ 개발행위허가 담당 공무원 직위/성명

(3) 개발행위허가 허가대장의 양식은 별표 2의 서식 2를 따른다.

부칙 〈제2009-0호, 2009.7.7〉

1-1. 이 개정지침은 2009년 7월 7일부터 시행한다.

1-2. (연접제한 적용 특례)

① 영 제55조의 개정규정이 시행된 후 1개월까지는 같은 연접개발 대상지의 범위에서 관계법령에 따라 적법하게 2건 이상의 개발행위허가를 신청(「건축법」 등 관계법령에 따라 개발행위허가를 의제처리하는 경우를 포함)되어 같은 날에 접수된 경우에는 각각의 개발행위가 해당 연접개발 대상지에서 허용할 수 있는 연접개발제한면적을 초과하지 아니할 경우 각각의 개발행위를 허가할 수 있다.

② 영 제55조의 개정규정이 시행됨에 따라 영 제55조제5항제3호 및 제4호의 규정에 따라 이미 건축된 주택 및 제1종근린생활시설, 공장을 당해 용도지역에서 허용되는 다른 용도로 변경하고자 하는 경우 해당 연접개발 대상지에서 허용할 수 있는 연접개발제한면적을 초과하지 아

니하는 면적의 범위안에서 건축법령 등에서 정한 절차에 따라 용도를 변경할 수 있다. 이 경우 허용할 수 있는 연접개발면적은 용도변경하고자 하는 건축물의 부지면적을 빼고 산정한다.

1-3. (지형지물 인정에 관한 경과조치)
이 지침 시행당시 신청한 개발행위허가에 대하여는 3-2-2(2)①가목의 개정규정에도 불구하고 종전의 규정에 따른다.

부칙 〈제424호, 2009.8.24〉

1. (시행시기) 이 지침은 발령한 날부터 시행한다.
2. (재검토 기한) 「훈령·예규 등의 발령 및 관리에 관한 규정」(대통령훈령 제248호)에 따라 이 훈령을 발령한 후의 법령이나 현실 여건의 변화 등을 검토하여 개정 등의 조치를 하는 기한은 2012년 8월 23까지로 한다.
3. (연접제한 적용 특례)
   ① 영 제55조의 개정규정이 시행(2009년 7월 7일)된 후 2009년 8월 6일까지는 같은 연접개발 대상지의 범위에서 관계법령에 따라 적법하게 2건 이상의 개발행위허가를 신청(「건축법」 등 관계법령에 따라 개발행위허가를 의제처리하는 경우를 포함)되어 같은 날에 접수된 경우에는 각각의 개발행위가 해당 연접개발 대상지에서 허용할 수 있는 연접개발 제한면적을 초과하지 아니할 경우 각각의 개발행위를 허가할 수 있다.
   ② 영 제55조의 개정규정이 시행됨에 따라 영 제55조제5항제3호 및 제4호의 규정에 따라 이미 건축된 주택 및 제1종근린생활시설, 공장을 당해 용도지역에서 허용되는 다른 용도로 변경하고자 하는 경우 해당 연접개발 대상지에서 허용할 수 있는 연접개발제한면적을 초과하지 아니하는 면적의 범위안에서 건축법령 등에서 정한 절차에 따라 용도를 변경할 수 있다. 이 경우 허용할 수 있는 연접개발면적은 용도변경하고자 하는 건축물의 부지면적을 빼고 산정한다.
4. (일반적인 경과조치) 이 지침 시행 당시 종전의 지침에 따라 허가 받은 개발행위허가는 이

지침에 따라 개발행위허가를 받은 것으로 본다.

5. (지형지물 인정에 관한 경과조치) 종전의 개정 지침(2009.7.7 시행) 시행당시 신청한 개발행위허가에 대하여는 3-2-2(2)①가목의 규정에도 불구하고 종전 지침 부칙 1-3의 규정에 따른다.

6. (다른 지침의 폐지) 종전의 개발행위허가운영지침(도시정책과-3633,2009.7.6)은 폐지한다.

부칙 〈제604호, 2010.6.30〉

1. (시행시기) 이 지침은 발령한 날부터 시행한다.

2. (적용례) 3-2-1. (1) 괄호 및 3-2-2. (1) 단서의 개정규정은 이 지침 시행 후 최초로 신청하는 개발행위허가부터 적용한다.

3. (도시계획조례에 위임된 사항에 관한 경과조치) 3-2-2 (2) 의 개정규정은 해당 조례가 제정되거나 개정될 때까지 종전의 규정에 따른다.

부칙 〈제636호, 2010.10.1〉

이 지침은 발령한 날부터 시행한다.

부칙 〈제875호, 2012.8.22〉

1. (시행일) 이 지침은 2012년 8월 24일부터 시행한다.

2. (재검토기한) 「훈령·예규 등의 발령 및 관리에 관한 규정」(대통령훈령 제248호)에 따라 이 훈령 발령 후의 법령이나 현실여건의 변화 등을 검토하여 이 훈령의 폐지, 개정 등의 조치를 하여야 하는 기한은 2015년 8월 23까지로 한다.

부칙 〈제217호, 2013.5.16〉

이 훈령은 발령한 날부터 시행한다.

부칙 〈제315호, 2013.12.23〉

1. (시행일) 이 지침은 발령한 날부터 시행한다. 다만, 1-4-1(2)②, 3-3-1~3-3-4, 3-4-1~3-4-4, 3-5-1~3-5-4, 3-7-1~3-7-3, 5-1-1~5-3-1은 2014년 1월 1일부터 시행하고, 2-2-1의 괄호 규정은 2014년 1월 17일부터 시행한다.
2. (적용례) 1-4-1(2)②, 3-3-1~3-3-4, 3-4-1~3-4-4, 3-5-1~3-5-4, 3-7-1~3-7-3, 5-1-1~5-3-1, 2-2-1은 이 훈령 시행 이후 최초 신청하는 개발행위허가부터 적용한다.

【별표 1】 개발행위허가 도서작성기준

개발행위허가 도서작성기준 (2-1-2(1)관련)

1. 심의제외 대상 개발행위허가 신청시 도서작성기준

구분			내용 및 작성기준	비고
개발행위가신청서			- 국토의계획및이용에관한법률 시행규칙 별지 제5호 서식 ※ 개발행위의 목적, 종류, 사업기간(착공 및 준공시기) 등을 명확히 기재하여야 함	공통
토지의 소유권·사용권 등의 증빙 서류			- 토지대장, 등기부등본 - 토지사용동의서 등	공통
공사 또는 사업 관련 도서	1) 개요		- 공사 또는 사업의 개요 (위치, 목적, 면적, 규모 등) - 위치도	공통
	2) 현황		- 지적도 - 현장실측도 - 용도지역 및 도시·군관리계획 현황도 : 도시·군관리계획도를 활용하여 작성하되, 주변지역 500m 내외의 현황 파악이 가능하도록 작성 - 현장사진 (2매 이상, 전체전경사진 권장)	공통
			- 산림조사서, 경사분석도 등	토지 형질 변경, 토석채취
	3) 개발행위의 내용		- 토지이용계획도 (시설 배치 계획도) - 공사계획평면도	토지 형질 변경, 토석채취
			- 대지 종/횡단면도 (주요부) ※ 절/성토 또는 옹벽 설치시	토지 형질 변경, 토석채취
	4) 기반시설계획		- 공사계획평면도로 같음 ※ 공사계획평면도상에 진입도로, 상/하수도 등 기반시설계획 내용을 표기하여야 함	토지 형질 변경, 토석채취
	5) 기타		- 토지이용계획도로 같음 ※ 녹지 및 공개공지 계획, 주민 등 편의시설 계획이 포함된 경우 토지이용계획도상 표시	해당 계획 포함시
	6) 예산내역서		- 공사내역 및 예산서 ※ 위해방지, 환경오염방지, 경관조경 등 위해방지계획, 공공시설 관련 계획 포함시 그 내역을 포함함	공통 (토지분할 제외)
설계도서			- 상세도	공작물 설치
당해 건축물의 용도 및 규모를 기재한 서류			- 건축개요, 개략 설계도서 : 배치도/평면도/입면도/단면도	토지의 형질변경 (건축물 건축 목적)
폐지/대체 또는 신설하는 공공시설의 종류·세목·소유자등의 조서 및 도면			※ 해당 계획 포함시 작성	토지 형질 변경, 토석채취

위해방지 · 환경오염방지 · 경관 · 조경 등을 위한 설계도서	– 피해방지계획도, 복구계획도 ※ 「건설산업기본법 시행령」 제8조제1항의 규정에 의한 경미한 건설공사를 시행, 옹벽 등 구조물의 설치등을 수반하지 않는 단순한 토지형질변경의 경우 개략설계서로 갈음	공통 (토지분할 제외)
관계 행정기관의 장과 협의에 필요한 서류	– 관계기관 협의의견 첨부	공통

※ 해당 계획내용이 없거나, 타 계획도면으로 갈음할 경우 개발행위 개요 기재시 해당 계획내용 유무 등 기재 필요

2. 심의대상 개발행위허가 신청시 도서작성기준

구분		내용 및 작성기준	비고
개발행위가신청서		– 국토의계획및이용에관한법률 시행규칙 별지 제5호 서식 ※ 개발행위의 목적, 종류, 사업기간(착공 및 준공시기) 등을 명확히 기재하여야 함	공통
토지의 소유권, 사용권 증빙 서류		– 토지대장, 등기부등본 – 토지사용 동의서 등	공통
공사 또는 사업 관련 도서	1) 개요	– 공사 또는 사업의 개요 (위치, 목적, 면적, 규모 등) – 위치도 – 개략 개발행위 계획설명서	공통
	2) 현황	– 지적도, 현장실측도 – 용도지역 및 도시 · 관리계획 현황도 : 도시 · 관리계획도를 활용하여 작성하되, 주변지역 500m 내외의 현황 파악이 가능하도록 작성 – 현장사진 (2매 이상, 전체 전경사진 권장)	공통
		– 산림조사서, 경사분석도 등	토지형질변경, 토석채취
	3) 개발행위의 내용	– 토지이용계획도 (시설 배치 계획도) – 공사계획평면도	토지형질변경, 토석채취
		– 대지 종/횡단면도 (주요부)	토지형질변경, 토석채취
	4) 기반시설계획	– 진입도로계획도/교통처리계획도 : 차선, 도로면 표시 등 – 상/하수 계획평면도 : 관망, 규격, 재질 등 표현 : 지하수이용시설, 오수정화시설 설치시 위치, 용량 등	토지형질변경, 토석채취
	5) 기타	– 녹지 및 공개공지 계획도 (조경계획도) – 주민 등 편의시설 계획도 ※ 개별법에 따른 녹지/공개공지 확보 대상이 아닐 경우, 해당 계획이 없는 경우 토지이용계획도로 갈음	해당 계획 포함시
	6) 예산내역서	– 공사내역 및 예산서 ※ 위해방지, 환경오염방지, 경관조경 등 위해방지계획, 공공시설 관련 계획 포함시 그 내역을 포함하여야	공통 (토지분할 제외)
설계도서		– 상세도	공작물 설치

당해 건축물의 용도 및 규모를 기재한 서류	- 건축개요, 설계도서 : 배치도/ 평면도/ 입면도/ 단면도	토지의 형질 변경 (건축물 건축 목적)
폐지/대체 또는 신설하는 공공시설의 종류·세목·소유자등의 조서 및 도면	※ 해당 계획 포함시 작성	토지형질변경, 토석채취
위해방지, ·환경오염방지, ·경관·조경 등을 위한 설계도서	- 피해방지계획도, 복구계획도 ※「건설산업기본법 시행령」제8조제1항의 규정에 의한 경미한 건설공사를 시행, 옹벽 등 구조물의 설치등을 수반하지 않는 단순한 토지형질변경의 경우 개략설계서로 갈음	공통 (토지분할 제외)
	- 투시도 또는 조감도(필요시) : 사업시행 전·후 비교 경관분석	토지의 형질 변경 (건축물 건축 목적)
관계 행정기관의 장과 협의에 필요한 서류	- 관계기관 협의의견 첨부	공통

※ 해당 계획내용이 없거나, 타 계획도면으로 갈음할 경우 개발행위 개요 기재시 해당 계획내용 유무 등 기재 필요

1. 다른 법령에 의한 인가·허가 등의 과정에서 위 기준상 제출서류의 내용을 확인할 수 있는 경우에는 그 확인으로 제출서류에 갈음할 수 있다.
2. 공사 또는 사업관련 도서(개발행위의 내용, 기반시설계획) 및 설계도서, 건축 설계도서 작성 시에는 1/1000 이상을 원칙(용도지역 및 도시관리계획 현황도 제외)으로 하며, 반드시 축척을 표시하도록 함
3. 개발행위허가에 필요한 도면 제출시 A3 좌측 편철을 원칙으로 하며, 주요 계획도면의 경우 필요시 별도 크기 도면 제출 가능(접지 제출)